Bayerische Studien zur Geschichtsdidaktik

Band 6

Wolfgang Hasberg/ Manfred Seidenfuß (Hg.)

ZWISCHEN POLITIK UND KULTUR

PERSPEKTIVEN EINER KULTURWISSENSCHAFTLICHEN ERWEITERUNG DER MITTELALTER-DIDAKTIK

ars una

Bibliografische Information Der Deutschen Bibliothek

Die Deutsche Bibliothek verzeichnet diese Publikation in der Deutschen Nationalbibliografie; detaillierte bibliografische Daten sind im Internet über http://dnb.ddb.de abrufbar.

ISBN 3-89391-492-7

*Gedruckt mit finanzieller Unterstützung
der Universität Regensburg*

Gesamtherstellung: ars una, Neuried

Gedruckt auf säurefreiem Papier

INHALT

Wolfgang Hasberg/Manfred Seidenfuß
Einleitende Vorbemerkungen 5

Teil I

Perspektiven einer kulturwissenschaftlichen Erweiterung der Mittelalter-Didaktik

Wolfgang Hasberg
Politik oder Kultur? Zur Notwendigkeit einer kulturwissenschaftlichen Ausrichtung der Geschichtsdidaktik 9

Manfred Seidenfuß/Uwe Uffelmann
Stand und Perspektiven einer Didaktik des Mittelalters 23

Hans-Werner Goetz
Vorstellungen und Wahrnehmungen mittelalterlicher Zeitzeugen. Neue Fragen an die mittelalterliche Historiografie 45

Folker Reichert
Vorwissen und Wahrnehmung. Reisen und die Vielfalt der Kulturen im späten Mittelalter 59

Bea Lundt
Mediävistische Genderforschung. Fragestellungen – Ergebnisse – Geschichtsdidaktische Überlegungen 71

Wolfgang Hasberg
Eckpunkte einer kulturwissenschaftlichen Erweiterung der Mittelalter-Didaktik 109

Teil II

Erzählende Quellen im Geschichtsunterricht

Wolfgang Hasberg/Manfred Seidenfuß
Pflege der Vergangenheit oder Umgang mit Geschichte. Zum Einsatz erzählender Quellen...145

Andreas Körber
Anna, Peter und der Erste Kreuzzug 157

Bea Lundt
„Narrating Gender". Das erzählte Geschlecht im späteren
Mittelalter am Beispiel von „Genovefa" und „Griselda" 199

Wolfgang Hasberg
Propaganda zwischen Wunderbericht und Kriegsrapport.
Die Preußenchronik des Petrus von Dusberg 249

Manfred Seidenfuß
Von der „realen" in die mentale Heimat. Die Wallfahrt
Eberhards im Bart zu den Heiligen Stätten (1468) 295

Autoren 347

EINLEITENDE VORBEMERKUNGEN

Genau 20 Jahre hat es gedauert, bis das Mittelalter – nachdem ihm zuletzt 1982 in Münster eine geschichtsdidaktische Historikertagssektion gewidmet war – auf dem Hallenser Historikertag 2002 erneut als Epoche zum Gegenstand geschichtsdidaktischer Reflexion wurde. Die Sektion, die in diesem Band in erweiterter Form dokumentiert wird, hatte sich zum Ziel gesetzt, den Diskussionsfaden um einen geschichtsdidaktisch legitimen Gesamtzugriff auf diese Epoche wieder aufzunehmen, um der eher schwelenden denn lodernden Diskussion neue Nahrung zu geben. Im Zentrum der Überlegungen stand dabei das Bemühen, Eckpunkte einer kulturwissenschaftlichen Ausrichtung der Mittelalter-Didaktik und einer kulturwissenschaftlichen Erneuerung des Mittelalter-Unterrichts zu erwägen.

Dabei waren die Initiatoren sich durchaus bewusst, dass es eine von der allgemeinen Didaktik der Geschichte abgetrennte Mittelalter-Didaktik nicht geben kann – dass es vielmehr darum gehen muss, einen didaktischen Gesamtaufriss einzelner Epochen auf der Basis des allgemeinen geschichtsdidaktischen Diskurses zu begründen. Eine kurze Einführung in die Sektion stand deshalb unter dem Thema: *Politik oder Kultur? – Zur Notwendigkeit einer kulturwissenschaftlichen Ausrichtung der Geschichtsdidaktik.*

In einem zweiten Schritt kamen Geschichtsdidaktiker und Mediävisten zu Wort, von denen die Diskussion um die didaktischen Potenzen der Epoche sowie „neue" Zugangsweisen und Inhalte einer kulturwissenschaftlich ausgerichteten Mediävistik benannt und auf Geschichtsdidaktik und Geschichtsunterricht bezogen wurden. Dabei musste der Unterrichtsbezug notwendig auf prinzipielle Hinweise beschränkt bleiben.

Über die Sektion hinaus geht der vorliegende Band deshalb einen Schritt weiter, indem er in einem zweiten Teil die unterrichtspraktische Einbindung erzählender Quellen in einen kulturwissenschaftlich ausgerichteten Mittelalter-Unterricht präsentiert. Damit bemüht er sich um die konsequente Umsetzung der auf dem Historikertag vorgetragenen Anregungen und weist zugleich einen Weg, welcher der Ausdifferenzierung eines „reflektierten Geschichtsbewusstseins" entspricht.

Traditionen – Visionen - so lautete das Motto des 44. Historikertages 2002 in Halle. *Traditionen und Visionen* beleuchtete infolgedessen auch die hier

dokumentierte Sektion. Denn *Traditionen* lebten auf, wo ganz gezielt an –
z.T. gar nicht so neue – Trends der historischen Mediävistik angeknüpft
wurde. *Traditionen* wurden aufgegriffen, indem der Anschluss an den zwar
schmalen, aber zu keiner Zeit versiegenden Gesprächsfluss um die konzeptionelle Grundlegung der Mittelalter-Didaktik gesucht wurde. Insofern
darüber hinaus Perspektiven einer kulturwissenschaftlich ausgerichteten
Mittelalter-Didaktik entwickelt und damit die verwegene Hoffnung verbunden wurde, sie möchten bis auf die Ebene des Geschichtsunterrichts
durchschlagen, kann das Unterfangen der Sektion durchaus auch als *visionär* betrachtet werden. Denn geschichtsdidaktisch innovative Bemühen
haben es in aller Regel schwer, bis in den Unterrichtsalltag vorzudringen.

Mit der Konzeption, die die Herausgeber dem vorliegenden Band gegeben haben, verbindet sich die Hoffnung, eine Form gefunden zu haben, die
Historiker und Mediävisten, Geschichtsdidaktiker und Geschichtslehrer
gleichermaßen anspricht und auf diesem Wege eine Brücke schlagen kann,
auf der Theorie und Praxis einander zu begegnen.

Wolfgang Hasberg   Manfred Seidenfuß
Köln   Regensburg

Teil I

PERSPEKTIVEN EINER KULTURWISSENSCHAFTLICHEN ERWEITERUNG DER MITTELALTER-DIDAKTIK

Wolfgang Hasberg

POLITIK ODER KULTUR?
Zur Notwendigkeit einer
kulturwissenschaftlichen Ausrichtung der Geschichtsdidaktik

I.

Geschichte, Politik oder Kultur? – Das schmale Bändchen, in dem der 1934 emigrierte deutsch-amerikanische Historiker F. Gilbert (1905 - 1991) sich dieser Dichotomie widmet, trägt den Untertitel „Rückblick auf einen klassischen Konflikt".[1] – Sehr zu recht! – Denn gegenüber gestellt finden sich die Positionen L. v. Rankes (1795 - 1886) und seines Schülers J. Burckhardts (1818 - 1897): der eine, Bahnbrecher einer methodisch regulierten, positivistischen Politikgeschichte und einer zugleich kunstvollen, am Idealismus orientierten Geschichtsschreibung, der andere, Protagonist einer Kulturgeschichte, die das Geistes- und Gefühlsleben auf der Basis der materiellen Gegebenheiten zu erforschen sucht.[2] Kulturen, verstanden als das Insgesamt geistiger und materieller Gegebenheiten, kommen und vergehen, ohne dass es dem Historiker möglich wäre, die darin waltenden „höheren, unergründlichen Lebensgesetze" zu erkunden, mit anderen Worten: ohne die Gesetzmäßigkeiten des historischen Fortschritts ergründen zu können – so der Basler Kulturhistoriker.[3]

Politik oder Kultur? – Nicht allein für die historisch-empirische Forschung stellt diese Frage einen klassischen Konflikt dar. Spätestens seit den Vorstößen K. Biedermanns (1812 – 1901) ab Mitte des 19. Jahrhun-

---

[1]   Gilbert, Felix: Politik oder Kultur? Rückblick auf einen klassischen Konflikt (Edition Pandora, Bd. 6), Frankfurt a.M. 1992 [Orig. Princeton/New Jersey 1990]. Zur Person vgl. Gilbert, Felix: Lehrjahre im alten Europa. Erinnerungen 1905 - 1945, Berlin 1989.

[2]   So Burckhardt, Jacob: Weltgeschichtliche Betrachtungen, TB-Aufl. München 1978, S. 41 - 50. Zu Recht weist Gilbert (Anm. 1), insb. S. 69 f. aufgrund seiner Analysen darauf hin, dass Burckhardt im Rahmen der praktischen Geschichtsschreibung eindeutig die geistigen Gegebenheiten ins Zentrum stellt. Vgl. Burckhardt, Jacob: Die Kultur der Renaissance in Italien (Gesammelte Werke, Bd. 3), Darmstadt 1955 sowie ders.: Griechische Kulturgeschichte, 4 Bde. (Gesammelte Werke, Bd. 5 - 8), Darmstadt 1956 - 1957.

[3]   Burckhardt (Anm. 2), S. 43.

derts ist die Fragestellung „Kultur oder Politik?" im Bereich dessen, was heute als Geschichtsdidaktik bezeichnet wird, nicht weniger präsent und nicht weniger brisant.[4] Neben (unterrichts-) methodischen Aspekten ging es K. Biedermann vor allem um den Zusammenhang: um den Zusammenhang unterschiedlicher Dimensionen der vergangenen Wirklichkeit (z.b. Wirtschaft/Politik), um den Zusammenhang der Vergangenheit mit der Gegenwart (Kontinuität).[5]

Ebenso wenig wie der berühmte Lamprecht-Streit um die Jahrhundertwende eine nachhaltige Veränderung zugunsten der Wirtschafts- und Sozialgeschichte in der deutschen Historikerschaft bewirken konnte,[6] vermochte K. Biedermann sich mit seinem kulturgeschichtlichen Plädoyer Gehör zu verschaffen. Allzu übermächtig war die Phalanx der Rankeaner und der borussischen Geschichtswissenschaft, die weiterhin das Denken der Historiker und der Geschichtslehrerschaft bestimmten.

Im Kaiserreich, in der Weimarer Republik und im „Dritten Reich" dominierte demzufolge weiterhin die Politikgeschichte den Geschichtsunterricht und – will man von einem solchen sprechen – den geschichtsdidaktischen Diskurs.[7]

---

[4]   Vgl. Hasberg, Wolfgang: Empirische Forschung in der Geschichtsdidaktik, 2 Bde. (BStG 3), Neuried 2001, Bd. 1, S. 203 ff. S. insb. Erdmann, Elisabeth: Karl Biedermann (1912 - 1901), in: Quandt, Siegfried (Hg.): Deutsche Geschichtsdidaktiker des 19. und 20. Jahrhunderts. Wege, Konzeptionen, Wirkungen, Paderborn u.a. 1978, S. 84 - 109.

[5]   Biedermann, Karl: Der Geschichtsunterricht in der Schule, seine Mängel und ein Vorschlag zu seiner Reform, Braunschweig 1869; ders.: Der Geschichtsunterricht auf Schulen nach kulturgeschichtlicher Methode, 2. Aufl. Wiesbaden 1900 (1. Aufl. 1885) u. ders.: Zur Methode des Geschichtsunterrichts, in: Erziehungsschule. Zts. f. Reform der Jugenderziehung 4 (1884), S. 41 - 44, 56 - 58, 68 - 70, 101 - 104 u. 120 - 123.

[6]   Zum Hintergrund vgl. Iggers, Georg G.: Deutsche Geschichtswissenschaft. Eine Kritik der traditionellen Geschichtsauffassung von Herder bis zur Gegenwart, 2. durchges. u. erw. Aufl. Wien/Köln/Weimar 1997, S. 256 - 260 u. ders.: Geschichtswissenschaft im 20. Jahrhundert, 2. durchges. Aufl. Göttingen 1996, S. 26 - 30.

[7]   Zur Geschichte der Geschichtsdidaktik in diesen Epochen s. die Beiträge in: Quandt (Anm. 4); Bergmann, Klaus/Schneider, Gerhard (Hg.): Gesellschaft - Staat - Geschichtsunterricht. Beiträge zu einer Geschichte der Geschichtsdidaktik und des Geschichtsunterrichts von 1500 - 1980, Düsseldorf 1980 u. Leidinger, Paul (Hg.): Geschichtsunterricht und Geschichtsdidaktik vom Kaiserreich bis zur Gegenwart, Stuttgart 1988 sowie die Monografien von Huhn, Jochen:

Und als nach dem Zweiten Weltkrieg – nicht nur die Alliierten – die Gefahren erkannt hatten, die von einem einseitig an der Politik orientierten Geschichtsunterricht ausgehen können, da hatte es für einen kurzen Moment den schwachen Anschein, als würde sich eine unpolitische Welt- und Menschenkunde im Geschichtsunterricht durchsetzen können.[8] Doch Vordenker wie F. Messerschmidt (1904 - 1981) oder E. Weniger (1894 - 1961) brachten Geschichtsdidaktik und Geschichtsunterricht wieder auf Kurs – auf Politik-Kurs wohlgemerkt! Bis in die späten 1960er-Jahre hinein besaß erneut die Politikgeschichte den Vorrang im Geschichtsunterricht. Nur allmählich änderte sich dies mit dem Paradigmawechsel, der nach 1968 zu einer grundlegenden Veränderung der Geschichtswissenschaft führte, was notwendig auch ihre Teildimension Geschichtsdidaktik berühren musste. Während die historisch-empirische Forschung vielerorts die Form einer historischen Sozialwissenschaft annahm, bildeten sich in der Geschichtsdidaktik verschiedene Positionen aus: unterrichtspraktische, schülerorientierte, kritisch-emanzipatorische und wissenschaftsorientierte Konzepte,[9] die alle das eine gemein hatten, dass sie nicht länger an einer uneingeschränkten Politikdominanz festhielten.

Nach der Ausrichtung am Paradigma einer Historischen Sozialwissenschaft folgten einige – eher wenige – Vertreter der Geschichtsdidaktik in den 1980er-Jahren der gesellschaftsgeschichtlichen Wende à la H.-U. Weh-

---

Politische Geschichtsdidaktik. Untersuchungen über politische Implikationen der Geschichtsdidaktik in der Weimarer Republik und in der Bundesrepublik (Skripten Pädagogik 3), Königstein/Ts. 1975 u. Gies, Horst: Geschichtsunterricht unter der Diktatur Hitlers, Köln 1992. Einen Gesamtabriss unter methodologischem Aspekt bietet Hasberg: Empirische Forschung (Anm. 4).

[8] Vgl. Herbst, Karin: Didaktik des Geschichtsunterrichts zwischen Traditionalismus und Reformismus, Hannover u.a. 1977 u. Mayer, Ulrich: Neue Wege im Geschichtsunterricht? Studien zur Entwicklung der Geschichtsdidaktik und des Geschichtsunterrichts in den westlichen Besatzungszonen und in der Bundesrepublik Deutschland 1945 - 1953 (Stud. u. Dokumentationen zur deutschen Bildungsgeschichte, Bd. 31), Köln/Wien 1986. Komprimiert Hasberg: Empirische Forschung in der Geschichtsdidaktik, Bd. 1 (Anm. 4), S. 335 - 341.

[9] Zur Unterscheidung der Positionen s. Hasberg: Empirische Forschung in der Geschichtsdidaktik, Bd. 1 (Anm. 4), S. 98 ff. Zur Entwicklung der westdeutschen Geschichtsdidaktik seit 1970 s. Kuss, Horst: Geschichtsdidaktik und Geschichtsunterricht in der Bundesrepublik Deutschland (1945/49 - 1990). Eine Bilanz, in: GWU 45 (1994), S. 735 - 758 u. 46 (1995), S. 3 - 15.

ler und der Bielefelder Schule.[10] Die Wandlungen der Geschichtsdidaktik lassen sich vielleicht am besten am Umgang mit der Epoche Mittelalter im Geschichtsunterricht ablesen, die von der personen- und dynastienzentrierten Politikgeschichte hin zur wirtschafts- und sozialwissenschaftlichen Gesellschaftsgeschichte mutierte.

Während sich seit nunmehr fast 20 Jahren – gespeist aus unterschiedlichsten Quellen – eine kulturwissenschaftliche Wende in der Geschichtswissenschaft anbahnt,[11] sind die Stimmen, die für eine ebensolche in der Geschichtsdidaktik plädieren, äußerst rar geblieben.[12] Angesichts des furiosen Aufschwungs, den der Begriff „Geschichtskultur" in den letzten Jahren zu verzeichnen hat,[13] mag diese Aussage zunächst befremden.[14] Aber kul-

---

[10] Wehler, Hans-Ulrich: Was ist Gesellschaftsgeschichte? (1986), in: Ders.: Aus der Geschichte lernen? München 1988, S. 115 - 129 sowie ders.: Deutsche Gesellschaftsgeschichte, Bd. 1, München 1987, S. 6 - 31. Vgl. ders.: Das Deutsche Kaiserreich 1871 - 1918 (Deutsche Geschichte, Bd. 9), 2. durchges. Aufl. Göttingen 1975, S. 11 - 18 u. dazu Nipperdey, Thomas: Wehlers „Kaiserreich". Eine kritische Auseinandersetzung, in: Ders.: Gesellschaft, Kultur, Theorie (Krit. Studien, Bd. 18), Göttingen 1976, S. 360 - 389.

[11] Vgl. bspw. Kocka, Jürgen: Veränderungen in der Geschichtswissenschaft. Eine „Geisteswissenschaft"?, in: Prinz, Wolfgang/Weingart, Peter (Hg.): Die sogenannten Geisteswissenschaften: Innenansichten, Frankfurt a.M. 1990, S. 134 - 137. Vgl. Oexle, Otto Gerhard: Kultur, Kulturwissenschaft, Historische Kulturwissenschaft. Überlegungen zur kulturwissenschaftlichen Wende, in: Das Mittelalter 5 (2000), S. 13 - 33 nimmt eine Achsenzeit für das Entstehen der Kulturwissenschaft zwischen 1880 – 1932 an.

[12] Pandel, Hans-Jürgen: Richtlinienmodernisierung am Beispiel des Faches Geschichte – Vom Umgang mit Kultur, in: Lisa-Jahrbuch 1997/98. Überarbeitung der Rahmenrichtlinien für Sekundarschulen und Gymnasien in Sachsen-Anhalt, Dessau 1998, S. 101 - 113 u. Hasberg, Wolfgang: Methoden geschichtsdidaktischer Forschung. Problemanzeige zur Methodologie einer Wissenschaftsdisziplin, in: ZGD 1 (2002), S. 59 - 77. Neuerdings auch Uffelmann, Uwe: Politische Wegzeichen. Bausteine zu den westdeutschen Weichenstellungen und zur staatlichen Formierung Südwestdeutschlands nach dem Zweiten Weltkrieg (Schriftenreihe der PH Heidelberg, Bd. 40), Weinheim/Basel 2002, S. 8.

[13] Mütter, Bernd/Schönemann, Bernd/Uffelmann, Uwe (Hg.): Geschichtskultur. Theorie – Empirie – Pragmatik (Schriften zur Geschichtsdidaktik, Bd. 11), Weinheim 2000.

[14] Rüsen, Jörn: Was ist Geschichtskultur? Überlegungen zu einer neuen Art über Geschichte nachzudenken, in: Ders.: Historische Orientierung. Köln/Weimar/ Wien 1994, S. 211 - 234; ders.: Geschichtskultur als Forschungsproblem, in: ebd., S. 235 - 245; ders.: Vernunftpotentiale der Geschichtskultur, in: ebd., S. 246 - 258 sowie ders.: Auf dem Weg zu einer Pragmatik der Geschichtskultur,

turwissenschaftliche Erneuerung, von der in diesem Band in Hinsicht auf das Mittelalter, die Mittelalter-Didaktik und schließlich den Mittelalter-Unterricht die Rede sein soll, meint etwas anderes als *Geschichtskultur* oder *Kulturgeschichte*.

Geschichtskultur wurde bekanntlich von J. Rüsen als Kategorie in die Geschichtsdidaktik eingeführt, der darunter die „praktisch wirksame Artikulation von Geschichtsbewußtsein im Leben einer Gesellschaft" versteht.[15] Nur auf den ersten Blick erweitert sich damit das mögliche Spektrum geschichtsdidaktischer Forschung. Denn betrachtet man Geschichtskultur als das Gesamt der Objektivationen der durch das Geschichtsbewusstsein geleisteten historischen Erinnerung in einer Gesellschaft, dann ist sie in der Tat nur die äußere Seite eines inneren, eines mentalen Phänomens, eben des Geschichtsbewusstseins. Das heißt aber zugleich: Geschichtsbewusstsein als mentale Größe ist auf keine andere Weise zugänglich als über seine Äußerungen, über Geschichtskultur also. Wer Geschichtsbewusstsein erforschen will, dem kann dies nur über die Erkundung der (gegenwärtigen wie vergangenen) Geschichtskultur gelingen.[16]

---

[15] in: Baumgärtner, Ulrich/Schreiber, Waltraud (Hg.): Geschichtserzählung und Geschichts-Kultur. Zwei geschichtsdidaktische Leitbegriffe in der Diskussion (Münchner Geschichtsdidaktisches Kolloquium, 3), München 2001, S. 81 - 97. Vgl. auch Füßmann, Klaus/Grütter, Heinrich Theodor/Rüsen, Jörn (Hg.): Historische Faszination. Geschichtskultur heute, Köln/Weimar/Wien 1994; Grütter, Heinrich Theodor: Aspekte der Geschichtskultur, in: Bergmann, Klaus u.a. (Hg.): Handbuch der Geschichtsdidaktik. 5. überarb. Aufl. Seelze-Velber 1997, S. 601 - 611. Zur Rezeption in der Geschichtsdidaktik s. Mütter, Bernd: "Geschichtskultur" – Zukunftsperspektive für den Geschichtsunterricht am Gymnasium, in: GPD 26 (1998), S. 165 - 184; Mütter, Bernd/Schönemann, Bernd/ Uffelmann, Uwe (Hg.): Geschichtskultur. Theorie – Empirie – Pragmatik (Schriften zur Geschichtsdidaktik, Bd. 11), Weinheim 2000; Kuss, Horst: Geschichtskultur im Geschichtsunterricht. Eine neue Chance für historisches Lernen, in: GPD 29 (2001), S. 10 - 21; Baumgartner, Ulrich/Schreiber, Waltraud (Hg.). Geschichts-Erzählung und Geschichts-Kultur. Zwei Leitbegriffe in der Diskussion (Münchner Geschichtsdidaktisches Kolloquium 3), München 2001 u. Hasberg: Methoden geschichtsdidaktischer Forschung (Anm. 13), S. 64 - 66.

[15] Rüsen: Was ist Geschichtskultur? (Anm. 13), S. 213.

[16] So Hasberg: Methoden geschichtsdidaktischer Forschung (Anm. 13) gegen Schönemann, Bernd: Geschichtsdidaktik und Geschichtskultur, in: Mütter/Schönemann/Uffelmann: Geschichtskultur (Anm. 13), S. 26 - 60 u. ders.: Geschichtskultur als Forschungskonzept der Geschichtsdidaktik, in: ZGD 1 (2002), S. 78 - 87.

Damit wird die Dringlichkeit der Erforschung von Geschichtskultur also keineswegs in Abrede gestellt, sondern – im Gegenteil – als eine zentrale Forschungsaufgabe erkannt, über die allein es gelingen kann, Struktur und Genese, Funktion und Pragmatik des Geschichtsbewusstseins zu ergründen.[17]

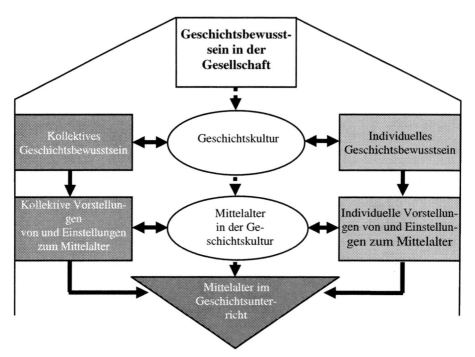

Abb. 1: Verhältnis von Geschichtsbewusstsein und Geschichtskultur in Bezug auf die Mittelalter-Didaktik und den Mittelalter-Unterricht

Ebenso wenig wie bei *Geschichtskultur* handelt es sich bei *Kulturgeschichte* um einen originären Begriff der neueren Geschichtswissenschaft. Allerdings findet er eine völlig neuartige Verwendung, wie ein Blick in das *Kompendium Kulturgeschichte* zeigt, das U. Daniel 2001 vorgelegt hat. Darin weigert sie sich beharrlich, den Begriff prägnant zu umschreiben: Weder vom Gegenstand noch von spezifischen Zugriffsweisen her ließe sich die Kulturgeschichte definieren, behauptet sie; vielmehr gründe der

---

[17] Zu den Forschungsaufgaben der Wissenschaftsdisziplin Geschichtsdidaktik nach wie vor aktuell: Jeismann, Karl-Ernst: Didaktik der Geschichte, in: Kosthorst, Erich (Hg.): Geschichtswissenschaft, Göttingen 1977, S. 9 - 33, insb. S. 13 - 15.

Sachzusammenhang Kulturgeschichte im je zugrunde gelegten wissenschaftlichen Selbstverständnis. Unter ihrem Signum kann demnach alles zum Gegenstand historischer Re-Konstruktion werden, solange „die Bedeutungen, Wahrnehmungsweisen und Sinnstiftungen der zeitgenössischen Menschen in das Verstehen, Beschreiben oder Erklären" einbezogen werden.[18] Darüber hinaus hält U. Daniel

- das Bewusstsein des Involviertseins des erkennenden Subjekts in den historischen Rekonstruktionsprozess
- sowie die Anerkenntnis der Insuffizienz geschichtswissenschaftlicher Erkenntnis zur Selbstvergewisserung (Identität)

für Konstituenten der *Kulturgeschichte*. Durch die Hintertüre gelangen auf diesem Wege doch wieder Inhalte und Zugriffsweisen zum Vorschein. Inhalte und Zugriffsweisen allerdings, die sich nicht unerheblich von denen unterscheiden, die im 19. Jahrhundert mit der Kulturgeschichte verbunden waren.[19] Damit sind der Begriffsverwirrung Tür und Tor geöffnet. Es empfiehlt sich deshalb, vom Begriff *Kulturgeschichte* Abstand zu nehmen und stattdessen von Geschichte als einer historischen Kulturwissenschaft zu sprechen.[20]

Was aber heißt, *Geschichte als historische Kulturwissenschaft* zu betreiben? Womit sind Kulturwissenschaften befasst? Und was ist eigentlich Kultur? Zufolge der lesenswerten Einführung von K. P. Hansen handelt es

---

[18] Daniel, Ute: Kompendium Kulturgeschichte. Theorien, Praxis, Schlüsselwörter, Frankfurt a.M. 2001, S. 17.

[19] Zur Kulturgeschichte im 19. Jahrhundert vgl. die knappen Skizzen von Gilbert: Geschichte. Politik oder Kultur? (Anm. 1), S. 81 - 90 u. Schorn-Schütte, Luise: Ideen-, Geistes-, Kulturgeschichte, in: Goertz, Hans-Jürgen (Hg.): Geschichte. Ein Grundkurs, 2. Aufl. Reinbek 2001, S. 489 - 515, hier S. 497 - 504.

[20] So bspw. Oexle, Otto Gerhard: Geschichte als Historische Kulturwissenschaft, in: Hardtwig, Wolfgang/Wehler, Hans-Ulrich (Hg.): Kulturgeschichte heute (GuG Sonderheft 16), Göttingen 1996, S. 14 - 40 sowie ders.: Von Fakten und Fiktionen. Zu einigen Grundsatzfragen der historischen Erkenntnis, in: Laudage, Johannes (Hg.): Von Fakten und Fiktionen. Mittelalterliche Geschichtsdarstellungen und ihre kritische Aufarbeitung (Europäische Geschichtsdarstellungen, Bd. 1), Köln/Weimar/Wien 2003, S. 1 - 42. Vgl. auch Vierhaus, Rudolf: Dimensionen einer historischen Kulturwissenschaft, in: Ders.: Vergangenheit als Geschichte. Studien zum 19. und 20. Jahrhundert, Göttingen 2003, S. 111 - 123.

sich bei Kultur um die „Gesamtheit der Gewohnheiten eines Kollektivs".[21] Kultur – so präzisiert er – „umfaßt Standardisierungen, die in Kollektiven gelten".[22] Solche Standardisierungen umgreifen neben dem Verhalten, dem Denken und dem Empfinden insbesondere auch die Kommunikation.[23] Denn Gewohnheiten oder Standardisierungen können sich in Gruppen nur durch die Verständigung über die Bedeutung dieser Gewohnheiten ausbilden und ausbreiten.[24]

Historisch gewendet ist Kultur mit M. Weber (1864 - 1920) gesprochen „ein vom Standpunkt des Menschen aus mit Sinn und Bedeutung bedachter endlicher Ausschnitt aus der sinnlosen Unendlichkeit des Weltgeschehens."[25] Mit dieser unter kulturwissenschaftlichen Historikern weitgehend zustimmungsfähigen Definition wird deutlich, dass der verwendete Kulturbegriff von einer völlig anderen Tragweite ist als in der Gesellschaftsgeschichte. Bekanntlich steht Kultur bei H.-U. Wehler gleichrangig neben Politik (Herrschaft) und Wirtschaft (Arbeit).[26] Im Zusammenwirken konstituieren diese drei Komponenten Gesellschaft, verstanden als „histoire total", als Gesamtzugriff auf einen Zeitabschnitt.

Gesellschaft		
konstituiert sich aus		
Politik	Wirtschaft	Kultur
(Herrschaft)	(Arbeit)	(Sprache)

Abb. 2: Gesellschaftsgeschichte nach H.-U. Wehler

Der umfassende Begriff von Kultur, wie er in den

---

[21] Hansen, Klaus Peter: Kultur und Kulturwissenschaft. Eine Einführung, 2. voll. überarbeit. u. erw. Aufl. Tübingen/Basel 2000, S. 17 f. in Anlehnung an E. B. Taylor, einem der Begründer der modernen Ethnologie.

[22] Ebd., S. 39.

[23] In einem solchen weit gefassten Verständnis steht *Kultur* keineswegs gleichberechtigt neben anderen Potenzen wie Politik, Wirtschaft und Gesellschaft, sondern rangiert eindeutig über ihnen. Das gilt im Übrigen auch für ein entsprechendes Verständnis von Kulturgeschichte s. Daniel: Kompendium Kulturgeschichte (Anm. 18), S. 13. Vgl. dazu die scharfe Kritik von Wehler, Hans-Ulrich: Ein Kursbuch der Beliebigkeit, in: Die Zeit Nr. 31 (26.07.2001), S. 37 f.

[24] Vgl. Hansen: Kultur und Kulturwissenschaft (Anm. 21), S. 46 ff.

[25] Weber, Max: Gesammelte Aufsätze zur Wissenschaftslehre, 5. Aufl. Tübingen 1982, S. 180 f. Zit. nach Oexle: Kultur, Kulturwissenschaft, Historische Kulturwissenschaft (Anm. 11), S. 19.

[26] Wehler: Deutsche Gesellschaftsgeschichte (Anm. 10) u. ders.: Was ist Gesellschaftsgeschichte? (Anm. 10), insb. S. 120.

Kulturwissenschaften Verwendung findet, liegt der Gesellschaft indes voraus. Kultur ist nach C. Geertz „keine Instanz, der gesellschaftliche Ereignisse, Verhaltensweisen, Institutionen oder Prozesse kausal zugeordnet werden könnten."[27] Es handelt sich vielmehr um den Rahmen „ineinandergreifender Systeme auslegbarer Zeichen ... in dem sie verständlich – nämlich dicht – beschreibbar sind."[28] Um einen „endliche(n) Ausschnitt aus der sinnlosen Unendlichkeit des Weltgeschehens" (M. Weber) verstehen zu können – so folgert daraus – muss dieses Ineinandergreifen, dieses „selbstgesponnene Bedeutungsgewebe" (C. Geertz) zunächst beschrieben und dann erklärt werden.[29]

Wenn damit feststeht, worum es der Kulturwissenschaft geht, nämlich um die Analyse der Kultur eines Zeitabschnitts, die als ein System „komplexer, oft übereinander gelagerter und ineinander verwobener Vorstellungsstrukturen" (C. Geertz) verstanden wird, dann stellt sich als nächste Frage die nach ihren Zugriffsweisen.

Einiges ist bereits im Zusammenhang mit der Kulturgeschichte angeklungen. Geschichte als historische Kulturwissenschaft ist geprägt durch die Anerkennung und Berücksichtigung:[30]

- des Konstruktivismus' aller historischen Erkenntnis,
- der Standortgebundenheit historischer Erkenntnis (Zirkularität),
- des instrumentellen Theoriegebrauchs (z.B. Sozialkonstruktivismus),
- der sprachlichen Komponente in Überlieferung und historischer Re-Konstruktion,
- Betonung der Individualität und Singularität vergangenen Geschehens,
- eines integrativen (mehrdimensionalen) Forschungsansatzes,

---

[27] Geertz, Clifford: Dichte Beschreibung. Bemerkungen zu einer deutenden Theorie von Kultur, in: Ders. (Hg.): Dichte Beschreibung. Beiträge zum Verstehen kultureller Systeme, Frankfurt a.M. 1986, S. 7 - 43, hier S. 21.

[28] Ebd., S. 21.

[29] Ebd., S. 9.

[30] Wertvolle Hinweise, wenngleich methodologisch nicht sehr ausführlich, liefert die Zwischenbilanz der neueren Theoriedebatte von Mergel, Thomas/Welskopp, Thomas (Hg.): Geschichte zwischen Kultur und Gesellschaft. Beiträge zur Theoriedebatte, München 1997; insb. der einleitende Aufsatz von dens.: Geschichtswissenschaft und Gesellschaftstheorie, ebd., S. 9 - 35.

- eines interdisziplinären Forschungsansatzes.

Essentials, die dem wissenschaftsorientierten Geschichtsdidaktiker nicht neu sind. Sie brauchen an dieser Stelle nicht näher ausgeführt werden, da im Zusammenhang mit der *Mediävistik als historische Kulturwissenschaft* darauf zurückzukommen sein wird.[31]

Statt dessen soll kurz die geschichtsdidaktische Bedeutsamkeit des kulturwissenschaftlichen Ansatzes beleuchtet werden. Allein H.-J. Pandel hat sich bislang dazu geäußert.[32] Unter Kultur versteht er ein „Integrationskonzept für Aneignung, Deutung und Gestaltung menschlicher Lebensverhältnisse."[33] Daraus folgert: Gesellschaften bilden sich durch kulturelle Vergesellschaftung. Ihm erscheint das Konzept geschichtsdidaktisch fruchtbar, weil es

- interdisziplinär ausgerichtet ist,
- per se den Gegenwartsaspekt akzentuiert,
- die Möglichkeit bietet, Allgemeinbildung formal zu beschreiben.[34]

H.-J. Pandel fordert deshalb, das kulturelle Orientierungsbedürfnis ernst zu nehmen, Geschichte im Unterricht nicht als Politik, sondern als Fundus menschlicher Erfahrungen zu thematisieren und „methodenorientierte Kul-

---

[31] Vgl. u. S. 107.

[32] Damit soll nicht in Abrede gestellt werden, dass Geschichtsdidaktiker wie B. v. Borries, B. Schönemann, P. Schulz-Hageleit u.a. kulturwissenschaftliche Elemente in ihre Konzeptionen integriert haben. Eine konsequent kulturwissenschaftliche Grundlegung der eigenen Position ist in diesen Fällen indes nicht beabsichtigt. Die Nähe seiner Ausführungen zu den Kulturwissenschaften verkennt auch Heil, Werner: Der stille Ruf des Horusfalken. Ist die Geschichtswissenschaft unhistorisch, Marbach a.N. 1999 sowie bereits ders.: Vom Nutzen der Theorie für Geschichtswissenschaft und Geschichtsunterricht. Wider Theoriemüdigkeit und Theorieabstinenz, in: IGG 52/1996, S. 24 - 36 u. ders.: Reform des Geschichtsunterrichts, in: GWU 52 (2001), S. 91 - 103.

[33] Pandel: Richtlinienmodernisierung (Anm. 12), S. 101.

[34] Ebd., S. 102. Vgl. auch ders.: Erzählen und Erzähltakte. Neue Entwicklungen in der didaktischen Erzähltheorie, in: Demantowsky, Marko/Schönemann, Bernd (Hg.): Neue geschichtsdidaktische Positionen (Dortmunder Arbeiten zur Schulgeschichte und zur hist. Didaktik, Bd. 32), Bochum 2002, S. 39 - 55 u. neuerdings ders.: Die Wiedergewinnung von Sinn und Sinnlichkeit. Geschichtsdidaktische Konsequenzen aus PISA in zehn Thesen, in: IGG 65/2003, S. 61 - 69.

turkompetenz" auszubilden. Damit ist gemeint, „die Lernenden in Stand (zu) setzen, Kultur ständig neu für sich auszulegen", indem sie in die Lage versetzt werden, Traditionen stetig neu zu interpretieren und zu bewerten.[35] Dass dazu der Geschichtsunterricht einen unverzichtbaren Beitrag liefern kann, liegt auf der Hand – vor allem dann, wenn in ihm Gegenstände aus der alltäglichen (Gegenwarts-) Kultur Aufnahme finden und der Umgang mit ihnen geübt wird.[36]

Erklärt sich von diesen Überlegungen aus bereits, warum sich die Geschichtsdidaktik - stärker als bislang geschehen – mit der kulturwissenschaftlichen Wende in der Geschichtswissenschaft und darüber hinaus befassen muss, kommt ein Weiteres hinzu, das an dieser Stelle allerdings nicht ausgeführt werden kann: Geschichtsdidaktik ist selbst eine kulturwissenschaftliche Disziplin, insofern ihr alle die Merkmale zu eigen sind, die aufgeführt wurden.[37]

II.

Damit sind die Umrisse abgesteckt, in denen sich die Beiträge im ersten Teil des vorliegenden Bandes bewegen. Ein erster Abschnitt ist darin der Entwicklung der Mittelalter-Didaktik gewidmet, die – wie bereits angesprochen – durchaus als Abbild der geschichtsdidaktischen Diskussion im allgemeinen betrachtet werden kann. U. Uffelmann setzt sich dabei mit M. Seidenfuß über die Notwendigkeit und Perspektiven neuer Impulse für die Mittelalter-Didaktik auseinander. Nachdem die Anknüpfungspunkte für eine Weiterentwicklung der Mittelalter-Didaktik gelegt sind, wenden die folgenden Abschnitte sich der Mediävistik als historischer Kulturwissen-

---

[35] Pandel: Richtlinienmodernisierung (Anm. 12), S. 110 (Klammerg. W.H.) sowie ders.: Wiedergewinnung von Sinn und Sinnlichkeit (Anm. 34), S. 66. Vgl. hierzu bereits die Vorstellungen zur Lernzielbestimmung bei Hug, Wolfgang: Geschichtsunterricht in der Praxis der Sekundarstufe I (Geschichte lehren und lernen), 3. Aufl. Frankfurt a.M. 1985, insb. S. 24.

[36] Pandel: Richtlinienmodernisierung (Anm. 12), S. 113 sowie ders.: Geschichtskultur als Gegenstand und Problem historischen Lernens in der Schule, in: Schönemann, Bernd/Schreiber, Waltraud (Hg.): Historische Orientierung (Schriften zur Geschichtsdidaktik, Bd. 15), Idstein 2003 (angenommen).

[37] Hasberg: Methoden geschichtsdidaktischer Forschung (Anm. 13), insb. S. 70 f.

schaft zu. Seit seiner Dissertation zu Otto von Freising[38] liegt ein Schwerpunkt der Forschungen von H.-W. Goetz auf der Geschichtsschreibung des Mittelalters. Seit 1979 verfolgt er das Konzept der „Vorstellungsgeschichte",[39] wobei er sich zuletzt vor allem dem Geschichtsbewusstsein zugewendet hat, das in historiografischen wie nicht-historiografischen Quellen des hohen Mittelalters aufzufinden ist.[40] An einem Beispiel veranschaulicht er die heuristische Fruchtbarkeit dieser Zugangsweise, welche die Quellen selbst zum Erkenntnisgegenstand werden lässt.

An einer Reihe von bekannten Fallbeispielen mittelalterlicher Reisender thematisiert F. Reichert im Anschluss daran die Rolle der Vorstellungen bei der Wahrnehmung fremder Kulturen.[41] Er illustriert an ihnen „Alterität und Interkulturalität" als bevorzugte Inhalte einer kulturwissenschaftlich orientierten Mediävistik. Kulturwissenschaftliche Aspekte können in der mediävistischen Forschung mithin nicht nur im methodischen Sektor, sondern auch auf inhaltlicher Ebene Berücksichtigung finden. Davon zeugt auch der Beitrag von B. Lundt, die in ihrem Überblick den Einfluss der Geschlechtergeschichte auf die Mediävistik darstellt und dabei das Ineinandergreifen von (konzeptionellen) Zugriffsweisen und Inhalten an der Entwicklung der Frauen- zur Geschlechtergeschichte berührt.[42]

---

[38] Goetz, Hans-Werner: Das Geschichtsbild Ottos von Freising. Ein Beitrag zur historischen Vorstellungswelt und zur Geschichte des 12. Jhs. (AKG Beih. 19), Köln/Wien 1984.

[39] Goetz, Hans-Werner: „Vorstellungsgeschichte": Menschliche Vorstellungen und Meinungen als Dimension der Vergangenheit. Bemerkungen zu einem jüngeren Arbeitsfeld der Geschichtswissenschaft als Beitrag zu einer Methodik der Quellenauswertung, in: AKG 61 (1979), S. 253 - 271.

[40] Ders.: Geschichtsschreibung und Geschichtsbewusstsein im hohen Mittelalter (Orbis Mediaevalis, Bd. 1), Berlin 1999 u. ders. (Hg.): Hochmittelalterliches Geschichtsbewusstsein im Spiegel nichthistoriographischer Quellen, Berlin 1998.

[41] Vgl. die letzte Monografie von Reichert, Folker: Erfahrung der Welt. Reisen und Kulturbegegnung im späten Mittelalter, Stuttgart/Berlin/Köln 2001.

[42] Vgl. auch Lundt, Bea: Frauen- und Geschlechtergeschichte, in: Goertz: Geschichte (Anm. 19), S. 579 - 597. V.a. hat sie die Gender-Forschung immer wieder an erzählenden Texten betrieben: Lundt, Bea: Melusine und Merlin im Mittelalter. Entwürfe und Modelle weiblicher Existenz im Beziehungs-Diskurs der Geschlechter, München 1991 sowie dies.: Berta mit den großen Füßen, in: Eifert, Christiane u.a. (Hg.): Was sind Frauen? Was sind Männer? (Gender Studies. Vom Unterschied der Geschlechter), Frankfurt a.M. 1996, S. 97 - 121; dies.: Geschlechterrollen im imaginären Raum. Entwurf einer Liebesbeziehung

Abgerundet wird der erste Teil schließlich durch den Versuch einer Zusammenschau, die einerseits am markierten Entwicklungsstand der Mittelalter-Didaktik, andererseits an den Impulsen der kulturwissenschaftlichen Mediävistik anknüpft. Zugleich wird die Blickrichtung um weitere Ansätze erweitert und versucht, Eckpunkte einer kulturwissenschaftlichen Ausrichtung der Mittelalter-Didaktik und einer kulturwissenschaftlichen Erweiterung des Mittelalter-Unterrichts zu benennen. Dabei sollen keine abschließenden Befunde vorgestellt, sondern Perspektiven eröffnet werden, um ein noch unabgebundenes Fundament für das Fortschreiben der Mittelalter-Didaktik zu legen.

Die im zweiten Teil des Buches abgedruckten Beiträge tragen (unterrichts-) pragmatische Züge, insofern sie versuchen, die Potenzen für das historische Lernen aufzudecken, die in den *erzählenden Quellen* ruhen.[43] Damit greifen sie gezielt auf eine in den Beiträgen des ersten Teils mehrfach erhobene Forderung zurück und versuchen diese, in unterschiedliche Richtungen fortzutreiben: Mit der Perspektivität thematisiert A. Körber ein Charakteristikum, das erzählende Quellen mit dokumentarischen gemeinsam haben. Den-

---

des weisen Mannes mit der gelehrigen Schülerin, in: Sciurie, Helga/Bachorski, Hans-Jürgen (Hg.): Eros – Macht – Askese. Geschlechterspannungen als Dialogstruktur in Kunst und Literatur (Literatur – Imagination, Realität, Bd. 14), Trier 1996; S. 247 - 277; dies.: Fee, Drache, Nixe. Die Wandlungen der Melusinengestalt vom 12. bis 16. Jahrhundert und ihre Deutungen, in: Zts. f. Kultur- u. Bildungswissenschaften 7 (1999), S. 25 - 40; dies.: Die „Prinzessin auf der Erbse" als Quelle historischer Sozialisationsforschung, in: Arnold, Udo/Meyers, Peter/Schmidt, Uta C. (Hg.): Stationen einer Hochschullaufbahn (Fs A. Kuhn), Dortmund 1999, S. 247 - 260; dies.: Modelle weiblicher Unschuld in populären Schriften am Beispiel der Genovefatradition vom 16. - 19. Jahrhundert, in: Chartier, Roger/Lüsebrink, Hans-Jürgen (Hg.): Colportage et Lecture Populaire, Paris 1996, S. 399 - 423; dies.: Von Selbstgeburt und Spinnentod. Kontinuität und Kontrast der Genderbilder in erzählenden Texten über Paracelsus, in: Nova Acta Paracelsica. Beiträge zur Paracelsus-Forschung, NF 14 (2000), S. 97 - 132 u. dies.: Konzepte für eine (Zu-) Ordnung der Geschlechter zu Krieg und Frieden (9. bis 15. Jahrhundert), in: Garber, Klaus/Held, Jutta (Hg.): Erfahrung und Deutung von Krieg und Frieden. Religion – Geschlechter – Natur und Kultur (Der Frieden. Rekonstruktion einer europäischen Vision), Bd. 1: Erfahrung und Deutung von Krieg und Frieden. Religion – Geschlechter – Natur und Kultur, München 2001, S. 335 - 356.

43 Zur in der Mediävistik gängigen Unterscheidung von erzählenden und dokumentarischen Quellen vgl. Boshof, Egon: Mittelalterliche Geschichte, in: Ders./Düwell, Kurt/Kloft, Hans: Grundlagen des Studiums der Geschichte. Eine Einführung, 5. Aufl. Köln/Wien 1997, S. 111 - 210, hier S. 115 ff.

noch schlägt es in den erzählenden Quellen ungleich gewichtiger zu Buche, da die Perspektive, der Sehepunkt (J. M. Chladenius), des Autors nicht nur die Wertung einzelner mitgeteilter Ereignisse, sondern die gesamte Konzeption seines Werkes durchwaltet, indem sie Auswahl und Anordnung der einzelnen „Fakten" beeinflusst. Fiktionale Quelle macht B. Lundt zum Gegenstand ihrer Ausführungen, in denen sie u.a. auf die Evidenz von Erzähltraditionen hinweist, in denen die einzelnen Texte stehen. Ein Hinweis, der gleichermaßen bei der De-Konstruktion historiografischer Quellen Berücksichtigung verdient. Die textkritischen Studien zur Preußenchronik des Petrus von Dusburg greift W. Hasberg in seinem Beitrag auf, in dem er versucht, über den Erzählplan die mit dem monumentalen Text verbundenen Intentionen aufzudecken und zugleich mit *Glaube* und *Krieg* zwei grundlegende Konstanten mittelalterlichen Lebens transparent werden zu lassen. Dem Wechselspiel von Vorstellung und Wahrnehmung, von Toposwissen und Beobachtungswissen widmet sich das Textbeispiel von M. Seidenfuß, der dieses im Pilgerbericht über die Jerusalemwallfahrt des Grafen und späteren Württembergischen Herzogs Eberhard im Bart beleuchtet. Damit ist ein gemeinsamer Grundzug aller Artikel des zweiten Teils angesprochen: Neben der Darstellung zu Inhalt und Überlieferung sowie textkritischen Anmerkungen enthalten sie alle unterrichtspraktische Hinweise sowie eine Dokumentation der jeweiligen Quellen, die in der dargebotenen Form unmittelbar im Unterricht einsetzbar ist. Ihre Aufgabe ist es zugleich, die theoretischen Ausführungen exemplarisch zu konkretisieren und die Praxis theoriegeleitet zu befruchten.

Manfred Seidenfuß/Uwe Uffelmann

STAND UND PERSPEKTIVEN
EINER DIDAKTIK DES MITTELALTERS

I.

Mittelalter-Boom im Geschichtsbewusstsein der Gesellschaft – konventionelles Mittelalterbild bei Jugendlichen

Für Uli Jakob und Andrea Schießl ging vermutlich ein Kindheitstraum in Erfüllung, als ihnen vom Bürgermeister und dem Festausschuss der Grenzgemeinde Furth im Wald (Landkreis Cham) die Hauptrollen im Further *Drachenstich* angetragen wurden; ein Schauspiel, das auf eine über 500 Jahre dauernde Tradition zurückblicken kann. In der aktuellen Fassung kommen mittelalterliche Personen und kriegerische Auseinandersetzungen zu Wort, die Not des Volkes, die Tücke der Machthaber und darin verwoben der Kampf zwischen Gut und Böse, als dessen Sieger - wen will es wundern - die Liebe zwischen dem Ritter Udo und dem Burgfräulein hervorgeht. [1]

Wenn heute am Ende des achtmal präsentierten mittelalterlichen Festspiels der Ritter das mechanisierte, feuerspeiende Ungetüm erlegt, ist dieses *spectaculum* eingebunden und eingepasst in die postmoderne Erlebnisgesellschaft.[2] Ähnlich wie im Barock bildet nun die Historie die Kulisse für die fünfte Jahreszeit der Grenzstadt, umrankt von einem Volksfest und von weiteren kulturellen Veranstaltungen, die Zehntausende von Besuchern quer durch Altersgruppen und soziale Schichten vereint: Der historische Festzug schiebt sich mit rund 1.400 Kostümierten durch die Gassen der Stadt, der Topos des mittelalterlichen Ritterspiels darf nicht fehlen und

---

[1] Weitere Informationen finden sich im Internet unter *www.drachenstich.de.*

[2] Dementsprechend passt dieses *spectaculum* in die von Schönemann, Bernd: Geschichtsdidaktik und Geschichtskultur, in: Mütter, Bernd/ders./Uffelmann, Uwe (Hg.): Geschichtskultur. Theorie - Empirie - Pragmatik. Weinheim 2000, S. 26 - 58, hier S. 46 - 55 vorgestellten drei Leitmuster gesellschaftlicher Geschichtskultur (Geschichte als Nutzen, Geschichte als Bildung, Geschichte als Erlebnis), die sich von der Vormoderne, über die Moderne bis hin zur Postmoderne entfaltet haben und sich in vier Dimensionen (Institutionen - Professionen - Adressaten - Publika) ausfalten.

selbstverständlich dürfen die kleinen Adressaten nicht vergessen sein, die sich auf einem mittelalterlichen Kinderfest (!) tummeln. Dieses enorme Interesse am Mittelalter bedient inzwischen eine eigene Industrie mit entsprechenden Sinnstiftungsangeboten, die hier nicht erschöpfend dargestellt werden muss. Die bundesrepublikanische Öffentlichkeit und mit ihr die heutige Schülergeneration schöpften ihr Interesse am Mittelalter längst nicht mehr aus der mediävistischen Literatur. Sie nehmen diese sinnlichen Angebote wahr und stehen vor Ausstellungsräumen und Kinos Schlange, wenn die *Ritter aus Leidenschaft* zum Kampf bitten oder *Robin Hood* zum wiederholten Male den fiesen Sheriff von Nottingham besiegt. Historische Romane - dicke Schinken wie die *Säulen der Erde*, *Die Päpstin* oder *Die Löwin von Aquitanien* - zwingen so manchen Campingtisch in der Toskana in die Knie und dürften schon den ein oder anderen Familienstreit verursacht haben. Und auch das Netz macht's möglich. Unter dem Sigilum *Mittelalter* tummeln sich inzwischen Myriaden von Mittelalter-Begeisterten in der Topografie des Faszinosums. Es verbrüdern und verschwestern sich Live-Rollenspieler in der „Gilde der Drachenreiter e.V." oder etwa im „Hessischen Ritterbund".[3]

Die in wissenschaftlicher Begleitung und unter großem Aufwand realisierten Mittelalter-Expositionen treffen seit der legendär gewordenen Staufer-Ausstellung (1977) regelmäßig den Nerv der Zeit.[4] Am 2. Dezember 2001

---

[3]   S. dazu: *http://home.t-online.de/home/hessischer.ritterbund/ahome.htm*. Eine interessante und packende Odyssee erwartet den Interessierten, wenn er sich mit den bekannten Suchmaschinen ins Mittelalter begibt oder sich allein mit folgender Seite befasst (*http://www.tu-harburg.de/~vbp/docs/medi.html*).

[4]   Besonders das frühe und das hohe Mittelalter wurden zu Verkaufsschlagern vielfältiger Ausstellungen: zur Merowingerzeit die Franken-Ausstellung in Paris, Mannheim und Berlin 1996; zur Karolingerzeit die Ausstellungen in Aachen 1965 (Karl der Große. Lebenswerk und Nachleben) und Paderborn 1999 (799. Kunst und Kultur der Karolingerzeit. Karl der Große und Papst Leo III. in Paderborn); zur Zeit der Ottonen die Theophanu-Ausstellung in Köln 1991, die Bernward-Ausstellung in Hildesheim 1993, die Europa-Ausstellung in Berlin u. Mannheim 2001/2002 (Europas Mitte um 1000) und die bereits genannte Ottonen-Ausstellung 2001 in Magdeburg; zur Zeit der Salier die Anno-Ausstellung in Köln 1975 und die Salier-Ausstellung in Speyer 1992; zur Zeit der Staufer die Staufer-Ausstellung in Stuttgart 1977, die Welfen-Ausstellung in Braunschweig 1995 und die Friedrich II.-Ausstellung in Rom 1995/1996. Weitere Ausstellungen widmeten sich frühmittelalterlichen Völkern (Alemannen, Bayern/Bajuwaren), bedeutenden Adelsgeschlechtern (Zähringer, Wittelsbacher, Andechs-Meranier), Orden (Zisterzienser, Deutscher Orden), einzelnen

schloss die Ausstellung „Otto der Große - Magdeburg – Europa" ihre Pforten. Das Besucherinteresse war immens. Über 300.000 Menschen begaben sich *auf die Reise in die bunte Welt des frühen Mittelalters.*[5] Prachtvolle Goldschmiedearbeiten, kunstvolle Elfenbeinschnitzereien, Urkunden aus tausendjährigem Pergament, aber auch Gegenstände aus dem Alltagsleben der Menschen vor mehr als 1000 Jahren waren im Kulturhistorischen Museum Magdeburg zu sehen. Am Beginn des dritten Jahrtausends führte die Zeitreise in die Welt des 10. Jahrhunderts. *Die Faszination Mittelalter erwartet den Besucher; ein Blick in eine Zeit, die uns heute fremd erscheint, in der aber die Wurzeln unseres heutigen Europas liegen*, so die Auskunft der Veranstalter.

Das Mittelalter kehrt jedoch nicht nur im Gewand des Faszinosums und der Fremdheit zurück. Die im Umfeld des 11. September 2001 kolportierten Meinungen stehen exemplarisch für eine andere deutungsmächtige Valenz dieser Epoche. Ein anderer, ein finsterer und rückständiger Bedeutungskontext gesellt sich hinzu. Ungleichzeitige oder komplementäre Momente einer globalisierten Gesellschaft lassen sich darunter vortrefflich subsumieren: fundamentalistische Gotteskrieger, Frauen in Burkas, der dominante Einfluss von Warlords und Mullahs in Staat, Gesellschaft und Kultur – all dies ist auch Mittelalter.

Den Geschichtslehrern kann die Aktualität des Mittelalters in dem Deutungsfeld zwischen diesen beiden Polen nur recht sein.[6] Doch wie ist es nun bestellt mit den Aktualisierungen des Mittelalters in den Vorstellungen heutiger Jugendlicher. Eine empirische Zusammenstellung der Mittelalter-

---

Klöstern (St. Gallen), Städten (Frankfurt, Lübeck) und Universitäten (Heidelberg, Köln) oder herausragenden Persönlichkeiten (Elisabeth von Thüringen, Albertus Magnus): vgl. hierzu die Übersicht auf der „Erlanger Historikerseite" (*http://www.phil.uni-erlangen.de/~p1ges/zfhm/kataloge.html*).

[5] *www.ottodergroße.de.*

[6] Oexle, Otto Gerhard: Das entzweite Mittelalter, in: Althoff, Gerd (Hg.): Die Deutschen und ihr Mittelalter. Themen und Funktionen moderner Geschichtsbilder vom Mittelalter. Darmstadt 1992, S. 7 - 28 führte für die Gegenwart des Mittelalters im Denken der Moderne den Begriff des „entzweiten Mittelalters" ein: Dieses aktualisiert sich „in einer positiven und negativen Auffassung, in einer positiven und einer negativen Besetzung des Begriffs, in Abstoßung und Aneignung, in Verurteilung und Identifikation zugleich. Beide Auffassungen stehen in einem kontradiktorischen Gegensatz zueinander; sie schließen sich gewissermaßen wechselseitig aus und beziehen sich doch zugleich unausgesetzt zueinander." (Zitat, ebd., S. 7).

vorstellungen von Jugendlichen liegt bereits vor und muss nicht nochmals breit vorgestellt werden.[7] Bis etwa 1970, so ein Fazit, vermochte ein stark durch die politische Geschichte und die Verfassungsgeschichte dominierter Mittelalterunterricht weder Interesse an noch Kenntnisse über die Epoche auszubilden.[8] Bescheidene Kenntnisinseln zum Mittelalter ermittelte B. v. Borries auch in seiner qualitativen Untersuchung von drei Altersgruppen (Klassen 6, 9 und 12) aus dem Jahre 1988.[9] Bereits bei dieser Untersuchung formulierte er Hypothesen über jugendliche Vorstellungen zum Mittelalter, die sich in den quantitativen Befragungen von 1988, 1990, 1992 und 1994/95 bestätigen sollten. Anhand theoretischer Vorüberlegungen und empirischer historiografischer Strömungen wurden unterschiedliche „Mittelalter-Konzepte" formuliert:

Konzept	Item
struktur- und sozialgeschichtliches Konzept	rücksichtslose Adelsherrschaft über leibeigene Bauern
romantisch-abenteuerliches, fiktiv-projektives Konzept	glanzvolle Turniere tapferer Ritter
katholisch-restauratives und nostalgisches Ordo-Konzept	starker Glaube und eindrucksvolle Kirchenbauten
aufklärerisches Konzept	finsterer Aberglaube und grausame Hexenverfolgung
nationalistisch-romantisches Konzept	bedeutsame Anfänge des deutschen Volkes und Staates

Abb. 1: Mittelalter-Konzepte und dazugehörige Items[10]

---

[7] Hasberg, Wolfgang: Das Mittelalter - Quellgrund der Moderne für den (post-?) modernen Schüler, in: Ders./Uffelmann, Uwe (Hg.): Mittelalter und Geschichtsdidaktik. Zum Stand einer Didaktik des Mittelalters (Fs C. A. Lückerath), Neuried 2002, S. 227 - 258, insb. S. 231 - 242.

[8] Ebd., S. 235.

[9] Ebd., S. 236. Borries, Bodo v.: Geschichtslernen und Geschichtsbewußtsein. Empirische Erkundungen zum Erwerb und Gebrauch von Historie, Stuttgart 1988, S. 144 - 146.

[10] Die Formulierungen von Konzepten und Items haben sich im Laufe der Untersuchungen (leicht) verändert. Mittelalter-Konzepte nach der repräsentativen Untersuchung von 1992: Zustimmung bzw. Ablehnung nach den fünfstufigen Likert-Skalen von +2,0 (volle Zustimmung), +1,0 (eher Zustimmung), 0,0

Die Schüler bildeten daraus eine Rangfolge (1988, 1990), später bekundeten sie Zustimmung bzw. Ablehnung nach den Likert-Skalen (1992, 1994/95). Interessant ist zum einen, dass in den unteren Altersgruppen ein romantisch-abenteuerliches, fiktiv-projektives Mittelalter-Bild dominiert,

---

(teils-teils), -1,0 (eher Ablehnung) bis -2,0 (volle Ablehnung): Borries, Bodo v.: Das Geschichtsbewußtsein Jugendlicher, Weinheim/München 1995, S. 57 - 60.

Items	Gesamtmittelwert
Finsterer Aberglaube und grausame Hexenverfolgung	+0,14
Starker Glaube und eindrucksvolle Kirchenbauten	+0,31
Rücksichtslose Adelsherrschaft über leibeigene Bauern	+0,62
Glanzvolle Turniere tapferer Ritter	+0,49
Bedeutsame Anfänge des deutschen Volkes und Staates	-0,33

Mittelalter-Konzepte von 1988 (Pilotierung): Rangfolgeaufgabe, ebenso 1990: Borries, Bodo v.: Kindlich-jugendliche Geschichtsverarbeitung in West- und Ostdeutschland. Pfaffenweiler 1992, S. 10, 27 - 33, 190.

Woran denkst Du bei Mittelalter zuerst, woran zuletzt? (1-5)	Gesamt-mittelwert	Klasse 6	Klasse 7	Klasse 12
1. Finsterer Aberglaube und blutige Hexenverfolgung	**3,3**	3,72	3,31	2,9
2. Wundervolle Kirchenbauten und zuverlässige Ständeordnung	**3,58**	3,47	3,62	3,65
3. Bäuerliche Leibeigenschaft und rücksichtslose Adelsherrschaft	**2,06**	2,61	1,91	1,71
4. Glanzvolles Rittertum und abenteuerliche Kreuzzüge	**2,6**	2,09	2,5	3,16
5. Deutsches Kaisertum und römisches Papsttum	**3,46**	3,12	3,65	3,58

Mittelalter-Konzepte der europäischen Studie von 1995 nach der fünfstufigen Likert-Skala (hier von 1.0 bis 5.0): Borries Bodo v.: Jugend und Geschichte. Ein europäischer Kulturvergleich aus deutscher Sicht, Opladen 1999, S. 27, 216.

	Mittelwert (Europa)	Mittelwert (Dtld.)
Ein dunkles und abergläubisches Zeitalter	3,00	3,10
Die Zeit, in der Adel, Kirche und König über die Bauern herrschten	3,81	4,16
Eine Zeit der Kämpfe zwischen Kirche und König in vielen europäischen Ländern	3,56	3,76
Die Zeit, in der die großen Kathedralen gebaut wurden	3,33	3,06
Eine ruhmreiche Periode für mein Land	2,84	2,54
Eine romantische, abenteuerliche Periode von Rittern und Burgfräulein	3,19	3,06

und zum anderen, dass dieses Konzept mit zunehmendem Alter und in Abhängigkeit von Schulart und Schichtzugehörigkeit relativiert wird. Bei älteren Gymnasiasten und bei Jugendlichen der Mittelschicht treten an Stelle dieses Konzeptes nun negative Kennzeichnungen der Epoche.[11] Die Mittelalterkonzeptionen scheinen sich vor allem mit fortschreitendem Geschichtsunterricht und mit zunehmendem Erfahrungswissen zu verändern. Jugendliche der sechsten Klasse lehnen das struktur- und sozialgeschichtliche Konzept ab und stehen dem aufklärerischen Konzept, dem ältere Jugendliche folgen, distanziert gegenüber.[12] Was Borries in diesem Zusammenhang im Jahre 1992 noch vorsichtig formulierte,[13] brachte er 1995 mit dem Interpretationsmodell *„Konventionalität"* oder *„Reflexivität"* auf den Punkt. Der Einfluss „fertiger" Deutungsprodukte in Medien, Schulbüchern und Lehreräußerungen begünstigt eine konventionelle Übernahme dieser Bewusstseinsinhalte. Was bei den Jüngeren nur tendenziell angelegt ist, äußert sich expressis verbis bei den Älteren.

Vier Jahre später folgte die Anwendung dieses Interpretationsmodells auf die Epoche des Mittelalters im europäischen Survey. Unterstützt durch die Auswahl der Einzelitems ließ sich die aufeinander bezogene Polarität von „finsterem" und „glänzendem" Mittelalter in Historiografie und Öffentlichkeit auf die Mittelaltervorstellungen der Jugendlichen beziehen. Das Stereotyp des finsteren überholte das des glänzenden Mittelalters, „und zwar umso mehr, je älter und gebildeter die befragten Jugendlichen sind".[14] Dieses europäische Muster zeigt sich in Deutschland besonders stark. „Kein Zweifel: In den Köpfen deutscher Lernender ist - schon in der 9. Klasse, für die 12. gilt das nach den Ergebnissen von 1992 erst recht ... - das Mittelalter recht finster."[15] Damit scheint eine gelungene Sozialisation im Hinblick auf eine historische Leitkultur erfolgreich vollzogen, der jedoch abhanden gekommen ist, was die Didaktik der Geschichte auf normativer Ebene seit den 1970er Jahren zu postulieren nicht müde wurde:

---

[11] Borries: Jugend und Geschichte (Anm. 10), S. 218 f.; Geschichtsbewußtsein Jugendlicher (Anm. 10), S. 57 - 60; ders.: Geschichtslernen und Geschichtsbewußtsein (Anm. 9), S. 147.

[12] Ders.: Geschichtsbewußtsein Jugendlicher (Anm. 10), S. 58.

[13] Ders.: Geschichtsverarbeitung (Anm. 10), S. 29.

[14] Ders.: Jugend und Geschichte (Anm. 10), S. 217.

[15] Ebd., S. 218.

selbstständiges Urteilen, kritisches Verhältnis zu (kollektiven) kulturellen Deutungsmustern und Aufbau eines reflektierten Geschichtsbewusstseins.

Zusammenfassend lässt sich sagen, dass das Mittelalter in der Öffentlichkeit boomt. In den bundesrepublikanischen Schulstuben dominieren seit mindestens 15 Jahren dagegen konventionelle Deutungen und kümmerliche Wissensbestände. Unbequeme Fragen drängen sich auf: Hat die Didaktik der Geschichte *Dornröschen Mittelalter* nicht geweckt, bewegt sich die Didaktik des Geschichtsunterrichts im Kreise und fern einer konzeptionellen Ausrichtung und welche Impulse hat eine konzeptionelle Didaktik denn überhaupt gesetzt, tragfähige und praktizierbare Konzepte für Lehrende und Lernende zu entwickeln?

II.
Konzeptionelle Überlegungen zu einer Didaktik des Mittelalters: Der fachdidaktische Gesamtzugriff von 1978

An dieser Stelle werden die Kontinuitätslinien aufgezeigt, die dem Fundament der geplanten Erweiterung der Didaktik Festigkeit verleihen können. J. Fried ist mit seinem Plädoyer über die Aktualität des Mittelalters voll im Recht, nur fehlt ihm in seiner Diagnose des Nicht-Funktionierens der Mediävistik im Hinblick auf das gesellschaftliche Geschichtsbewusstsein die fachdidaktische Dimension, die er überhaupt nicht wahrnimmt: „Es muß uns gleichwohl zu denken geben, daß wir bei aller Ernsthaftigkeit und popularisierenden Präsentation unserer Forschungen es nicht vermochten, die Mediävistik angemessen an den Schulen und in universitären Examensordnungen zu halten, dort also, wo Humanismus und schöpferischer Weitblick grundgelegt werden müssen. Wer immer die Unterrichtspläne macht, attestiert dem Mittelalter wenig Nutzen für eine auf Humanum gerichtete Erziehung ...“.[16]

Es ist doch wohl kaum verzeihlich, dass die Mediävistik das Signal der didaktischen Historikertagssektion von Münster 1982 fast vollständig übersehen hat und wohl auch wollte, wie an der fehlenden Teilnahme der damals erwarteten Kollegen zu ersehen war. Und hier liegt der Ort des Vorwurfes der Mittelalter-Didaktiker, dass, selbst wenn das damalige Konzept mehrheitlich abgelehnt worden wäre, die Bereitschaft der Mediävisten, sich

---

[16] Fried, Johannes: Die Aktualität des Mittelalters, Stuttgart 2002, S. 19.

mit den vermeintlichen „Niederungen" der Didaktik zu beschäftigen, aus welchem Mut auch immer, schlicht nicht vorhanden war.

Es war eben in diesem erwähnten Jahr 1982, als sich der Versuch der Begründung einer Didaktik der Geschichte des Mittelalters zum ersten Male beim Historikertag in Münster auf den Prüfstand begab. Dieses Wagnis unternahmen C. A. Lückerath und U. Uffelmann, die dort ihre Vorarbeiten zu einer Didaktik des Mittelalters vorstellten. C. A. Lückerath hatte 1974 das sich durchsetzende sozialgeschichtliche Paradigma der Geschichtswissenschaft auf das Lernen mittelalterlicher Geschichte in der Schule angewandt und damit Neuland betreten.[17]

Der Paradigmawechsel zur Sozialgeschichte und weiter zur Strukturgeschichte begleitete also auch die didaktische Reflexion des Mittelalters für die Schule. U. Uffelmann hatte 1978 einen fachdidaktischen Gesamtzugriff auf die Epoche des Mittelalters vorgenommen. Er bestand aus zwei Säulen: aus dem gerade genannten sozialwissenschaftlichen sowie dem spezifisch strukturgeschichtlichen Ansatz der Annales, den H. Süssmuth 1972 in die Geschichtsdidaktik eingeführt hatte,[18] dann aber in einer Einbindung dieser fachwissenschaftlichen Kategorien in eine grundsätzlich didaktische Fragestellung, die der am Anfang der siebziger Jahre entstandenen neuen Wissenschaftsdisziplin Didaktik der Geschichte und nicht mehr der alten Methodenlehre entsprach.

III.
Einbettung der Mittelalter-Didaktik
in den Problemorientierten Geschichtsunterricht

Dieser sozial- und strukturgeschichtliche Ansatz verband sich mit einer Rezeption zeitgemäßer wissenschaftstheoretischer Erwägungen von Frankfurter Schule sowie Kritischem Rationalismus, einem neuen Verständnis von Geschichtsdidaktik als wissenschaftlicher Disziplin, anthropologischer Befunde - wie menschliche Bedürfnisse - und neuen identitätstheoretischen

---

[17] Lückerath, Carl August: Didaktische Probleme einer Sozialgeschichte des Mittelalters, ND in: Hasberg/Uffelmann: Mittelalter und Geschichtsdidaktik (Anm. 7), S. 11 - 28.

[18] Süssmuth, Hans: Lernziele und Curriculumelemente eines Geschichtsunterrichts nach strukturierendem Verfahren, in: Lernziele und Stoffauswahl im politischen Unterricht (Schriftenreihe der Bundeszentrale für politische Bildung, Heft 93), Bonn 1972, S. 37 - 83.

Erkenntnissen, die sich in dem heute als „Problemorientierter Geschichtsunterricht" bekannten, der Historischen Sozialwissenschaft verpflichteten Ansatz verbanden.[19] Die Entwicklung der Mittelalter-Didaktik und des Problemorientierten Geschichtsunterrichts verknüpften sich - wie der verstorbene Passauer Geschichtsdidaktiker H. E. Hilpert einmal feststellte - zu einer Einheit. Insofern war diese Beobachtung richtig, als das Mittelalter zum Experimentierfeld für den Problemorientierten Geschichtsunterricht wurde, den H.-J. Pandel 1990 als Unterrichtsstrategie, Arbeitsform und Erkenntnisweise charakterisierte.[20]

In der zentralen Frage nach der Auswahl historischer Unterrichtsinhalte hatten sich die kombinierten fachwissenschaftlichen und fachdidaktischen Kategorien zu erweisen. Primär aber hatte unzweideutig die didaktische Fragestellung zu sein, ehe das von der Gesellschaft über Jahrhunderte hin erarbeitete, sanktionierte und ständig in Erweiterung begriffene, nun didaktisch zu strukturierende Wissen, eben diesem so genannten „Lernpotenzial Geschichte" entnommen werden konnte. Auf dieser Basis musste er auf seine Relevanz geprüft und als Unterrichtsinhalt gesetzt werden. P. Knoch sprach immer davon, dass der Gegenstand in den „Sinnhorizont" der Schülerinnen und Schüler gerückt werden müsse.

Diese Setzung hatte mit Hilfe des Kriteriums der *Bedeutsamkeit* in seinen Dimensionen *Ursachen gegenwärtiger Probleme* sowie *Gelebte und gedachte Möglichkeiten menschlich-gesellschaftlicher Existenz* zu geschehen. Das Kriterium der *Betroffenheit* sollte als Prüfinstanz mit seinen Aspekten *Sozialer Ort*, und *Mittlere Bedürfnisorientierung der Gesellschaft* wirken.

---

[19] Uffelmann, Uwe: Das Mittelalter im Historischen Unterricht, Düsseldorf 1978; ders.: Vorüberlegungen zu einem problemorientierten Geschichtsunterricht im sozialwissenschaftlichen Lernbereich, in: APuZ B33/1975, S. 3 - 23.

[20] Pandel, Hans-Jürgen: Geschichtsdidaktik und Problemorientierter Geschichtsunterricht. Eine Einführung, in: Uffelmann, Uwe et al.: Problemorientierter Geschichtsunterricht. Grundlegung und Konkretion, Villingen-Schwenningen 1990, S. 7 - 17.

IV.
Gliederung des Unterrichtsinhaltes „Mittelalter" (Curriculum)

Das Ergebnis bildete ein aus zwei Strängen geformtes Curriculum, ein Modell der mittelalterlichen Gesellschaft insgesamt. Die Stränge bestehen aus den genannten beiden Dimensionen des Bedeutsamkeitskriteriums in der Verarbeitung des strukturgeschichtlichen Ansatzes. Struktur bedeutet Mauerwerk, aber nicht dieses als Ganzes, sondern als die besondere Fügung der Bausteine, die den Halt des Ganzen bewirkt.

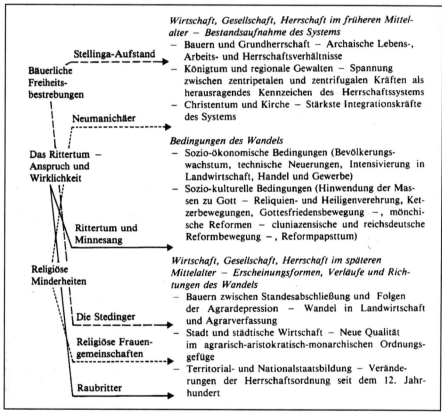

Abb. 2: Gliederung des Unterrichtsinhaltes 'Mittelalter'[21]

[21] Uffelmann, Uwe: Das Mittelalter im Historischen Unterricht, in: Hasberg/Uffelmann: Mittelalter und Geschichtsdidaktik (Anm. 7), S. 43 - 87, hier S. 87.

1. Untersuchung der Struktur einer Gesellschaft
   – Ermittlung der Strukturelemente (u. a. wirtschaftliche, soziale, politische, ideologische, kulturelle), die das System, das Ganze der Gesellschaft bilden
   – Gewichtung der einzelnen Elemente für den Zusammenhalt des Ganzen durch Benennung der wichtigsten Bedingungen der Entstehung des Systems

2. Untersuchung der Bedingungen des Wandels der Gesellschaft
   – Ermittlung der Strukturelemente, die bestimmte Veränderungen bewirken
   – Überprüfung der Bedeutung dieser Elemente für Konstanz oder Labilität des Strukturgefüges
   – Untersuchung von Verlaufsformen und Richtungen des Wandels der Gesellschaft

3. Untersuchung der Verlaufsformen und Richtungen des Wandels der Gesellschaft
   – Identifizierung des Ausmaßes der Veränderung (Geringfügigkeit - Radikalität)
   – Ermittlung der Geschwindigkeit des Wandels und des Verhältnisses von geplanten und ungeplanten Veränderungen

Abb. 3: Das didaktische Modell zur Gesellschaftsanalyse ohne Inhalte[22]

Dieses zunächst einmal allgemein gültige geschichtsdidaktische Modell der Analyse einer Gesellschaft wurde - wie oben gezeigt - am Beispiel des west- und mitteleuropäischen Mittelalters seit Mitte des ersten Jahrtausends erprobt:

1. Das System seit der Fränkischen Reichsgründung bis hin zu den spät- und nachkarolingischen Teilreichen

2. Der sich anbahnende Wandel seit der zweiten Hälfte des 11. Jahrhunderts, hin zu den Ausprägungen des hohen Mittelalters

3. Die Verlaufsformen und Richtungen des Wandels des hochmittelalterlichen Systems bis hin zu den Krisen des späten Mittelalters.

---

[22] Uffelmann, Uwe: Was kann die Historische Verhaltensforschung für die Geschichtsdidaktik leisten, in: Uffelmann: Problemorientierter Geschichtsunterricht (Anm. 20), S. 165 - 187, S. 179.

V.
Mittelalter-Didaktik und Geschichtsbewusstsein

Jeder über Jahrzehnte verfolgte Ansatz reflektiert permanent neue wissenschaftliche Strömungen und Fragestellungen, um sie abzuweisen oder zu integrieren.

Das seit Ende der siebziger Jahre zur Zentralkategorie der Geschichtsdidaktik avancierte Geschichtsbewusstsein fand am Ende der achtziger Jahre Eingang in den Problemorientierten Geschichtsunterricht. Der Pandelsche Coup von 1987, der zur definitiven Überwindung des von J. Rohlfes 1986 gemeinten Leerformelcharakters der neuen Kategorie beitrug, war ein Stimulans für die Weiterentwicklung der Theorie des Problemorientierten Geschichtsunterrichts.[23] Für die Beschäftigung mit dem Mittelalter wurde diese indessen nicht explizit angewendet, was sicher ein Versäumnis war, zumal den Dimensionen Pandels eine weitere in Gestalt des „Methodischen Bewusstsein" hinzugefügt wurde.[24] Die Theorie des Problemorientierten Geschichtsunterrichts hat dem Mittelalter offensichtlich den Rang abgelaufen, was sich spätestens 1998 in der entsprechenden Sektion auf dem Frankfurter Historikertag zeigte.

Dieses Defizit hat W. Hasberg schon 1996 wettgemacht und die zentrale Dimension „Identitätsbewusstsein" mit dem Bedeutsamkeitskriterium und dem Geschichtsbewusstsein verknüpft und sie in den Mittelpunkt gerückt (Abb. 4).[25]

---

[23] Pandel, Hans-Jürgen: Dimensionen des Geschichtsbewusstseins, in: Gd 12 (1987), S. 132 - 140; Uffelmann, Uwe: Geschichtsbewusstsein und Problemorientierter Geschichtsunterricht, in: Ders.: Problemorientierter Geschichtsunterricht (Anm. 20), S. 230 - 243.

[24] Uffelmann, Uwe: Methodisches Bewusstsein als Dimension des Geschichtsbewusstsein, in: Schönemann, Bernd/Uffelmann, Uwe/Voit, Hartmut (Hg.): Geschichtsbewusstsein und Methoden historischen Lernens (Schriften zur Geschichtsdidaktik, Bd. 8) Weinheim 1998, S. 138 - 142.

[25] Hasberg, Wolfgang: Lehrplanung im epochalen Zusammenhang. Sondierende Hinweise zu einer Didaktik des Mittelalters, in: Hasberg/Uffelmann: Mittelalter und Geschichtsdidaktik (Anm. 7), S. 213 - 225, hier S. 225.

Abb. 4: Geschichtsdidaktisches Auswahlraster

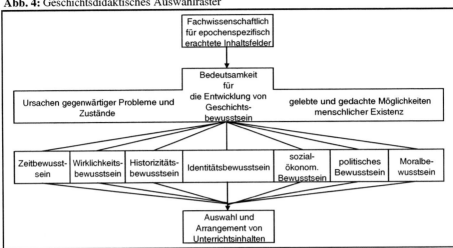

VI.
Die Bedeutung der Kommunikation und der Historischen Verhaltensforschung für die Mittelalter-Didaktik

Der sozial- und strukturgeschichtliche Ansatz wurde nach den genannten Vorarbeiten auch gewahrt, als C. A. Lückerath und U. Uffelmann versuchten, den Menschen stärker zu gewichten.

Zu diesem Zweck wurde auf dem Historikertag in Münster 1982 ein neues, dem kommunikationswissenschaftlichen Ansatz verpflichtetes Konzept vorgestellt,[26] das in Rekurs auf P. Watzlawick u.a sowie auf H. Wagner auf seine möglichen Leistungen für Geschichtswissenschaft und Geschichtsdidaktik befragt wurde.[27]

Davon ausgehend, dass moderne Kommunikation eigentlich die Gleichrangigkeit der Partner verlangt und dass der mittelalterliche Kommunikationsprozess notwendigerweise eingeschränkten Bedingungen unterliegt, lässt sich nach Wagner Kommunikation als das „fundamentale soziale Vermögen und Handeln des Menschen definieren, Innerungen zu äußern

---

[26] Lückerath, Carl August/Uffelmann, Uwe (Hg.): Geschichte des Mittelalters. Gesellschaftsprozeß als Leitthema des Unterrichts, Düsseldorf 1982.

[27] Watzlawick, Paul u. a.: Menschliche Kommunikation. Formen, Störungen, Paradoxien. 2. Aufl. Stuttgart/Wien 1971; Wagner, Hans: Kommunikation und Gesellschaft, Teil I: Einführung in die Zeitungswissenschaft, Teil II: Kasuistik. Arbeitsbuch, München 1978.

und so Selbst- und Weltbewußtsein gemeinsam zu machen, auf den Weg der Gemeinsamkeit zu bringen."[28] Kommunikation kann je nach räumlichen und/oder sachbezogenen Gegebenheiten partikular als Austausch in lokal und/oder fachlich gesonderten gesellschaftlichen Subsystemen stattfinden oder die ganze Gesellschaft betreffen und umfassen. Maximal kann also in dieser Sichtweise die aktive Teilnahme aller an der Gestaltung, Ausformung und Veränderung der Gesellschaft gesichert werden.[29]

Insofern wurden auf der Grundlage der Befindlichkeit des Menschen in Raum und Zeit (frühes contra spätes Mittelalter) wirtschaftliche, religiöse und politische Kommunikation sowie Kommunikation im Zeichen des Krieges unterschieden. Mit Hilfe vorliegender und erforschter historischer Befunde wurden das frühe und das späte Mittelalter einander gegenüber gestellt, um den Wandel manifest zu machen.

Ein zweiter Versuch, noch ein weiteres Stück näher an den Menschen heranzukommen, diente die Fortentwicklung des anthropologischen Ansatzes von 1978 (Bedürfnistheorie), wozu die Historische Verhaltensforschung nach dem Modell von A. Nitschke auf seine Brauchbarkeit hin zu überprüfen war. „Die historische Verhaltensforschung befasst sich mit dominanten Verhaltensweisen einer Gesellschaft. Die Handlungen einzelner Personen sind für sie nur interessant, wenn sie gesellschaftstypische Handlungsweisen repräsentieren."[30] A. Nitschke zufolge fragt der Verhaltenshistoriker, welche Handlungen in einer Gesellschaft wirkungsvoll sind und welche Zeitgliederungen in Handlungen erkennbar werden. Darüber hinaus fragt er, welche Dynamikform die Menschen in einer Gesellschaft in ihrer Umweltordnung bevorzugen, um sich gegen Bedrohungen zu verteidigen oder um herausragende Positionen zu gewinnen.

Aus heutiger Sicht geschah Mitte der achtziger Jahre mit dem Ansatz der Historischen Anthropologie wohl ein Paradigmawechsel in der Geschichtswissenschaft, gegen den z. B. J. Kocka damals heftig focht. War der Weg damit weg von der Sozialgeschichte eingeschlagen, so erweiterte sich dadurch auch der Zugriff zum Mittelalter.

---

28   Wagner (Anm. 27), Teil II, S. 199.
29   Lückerath/Uffelmann (Anm. 26), S. 78.
30   Nitschke, August: Handeln in der Sicht der historischen Verhaltensforschung, in: Lenk, Hans: (Hg.): Handlungstheorien interdisziplinär III, Zweiter Halbband. München 1984, S. 895 - 913, S. 895.

Ausgangspunkt der Historischen Verhaltensforschung sind nach A. Nitschke die aus der Hilflosigkeit des Menschen (Mängelwesen Mensch) resultierenden Handlungen. Diese Handlungen dienen folglich der Überwindung der Hilflosigkeit, wozu es aber der Unterstützung durch die natürliche und soziale Umwelt, in die der Mensch eingebunden ist, die Mensch-Umwelt-Ordnung, bedarf. Diese Mensch-Umwelt-Ordnung ist der Feldtheorie K. Lewins zufolge ein Bewegungsfeld, das Energien aus Mensch und Umwelt erweckt und Umstände sowie Gegebenheiten zu Veränderungen führt.

Die Historische Verhaltensforschung untersucht, so können wir resümieren, Handlungen, mit denen die Menschen bestimmte Erwartungen verknüpfen, nämlich die Hoffnung, durch sie aus einer mit Mängeln verbundenen Situation herauszukommen. Da sie sich mit erwartungsbezogenen Handlungen befasst, ist sie im Unterschied zu den anderen historischen Modellen vom Ansatz her zeit- und zukunftsbezogen.[31]

Auf dieser Grundlage wurde ein didaktisches Modell zur Analyse der mittelalterlichen Gesellschaft entworfen, darüber hinaus aber ein zweites, da der handlungsbezogene Ansatz weitaus stärker durch die Struktur- und Prozessanalysen abgesichert werden musste.[32]

1. Untersuchung einer Gesellschaft in der Phase ungeordneter Bewegungen
   - Ermittlung der menschlichen Handlungen gegenüber der Umwelt, die sich angesichts einer als bedrückend und bedrohend empfundenen Lage als besonders wirkungsvoll erweisen
   - Identifizierung des gewonnenen Bewegungsspielraums
2. Untersuchung der Gesellschaft, in der einige Bewegungen von anderen abhängig werden
   - Ermittlung der Verhaltensweisen, die das Bewegungsfeld ordnen
   - Erarbeitung der Verhaltensweisen der Menschen im Prozess ihrer Unterordnung
3. Untersuchung der Gesellschaft in der Phase, in der sich alle Bewegungen in eine Ordnung einfügen

---

[31] Uffelmann: Was kann die Historische Verhaltensforschung für die Geschichtsdidaktik leisten? (Anm. 22), S. 165 - 187.
[32] Ebd. S. 179 f. und 181 f.

- Identifizierung der Gruppen, die ihrerseits durch einfügendes Handeln die Ordnung stabilisieren
- Prüfung der Besonderheiten des Zusammenspiels der Faktoren der durch Dynamik gekennzeichneten bewegten Ordnung
4. Untersuchung der Gesellschaft in der Phase neuer Spannungen in der bewegten Ordnung
  - Erarbeitung der Verhaltensweisen, welche die bewegte Ordnung infrage stellen
  - Ermittlung der Richtung, in welche die neue Unruhe zielt

Abb. 5: Didaktisches Modell zur Gesellschaftsanalyse nach dem Ansatz der Historischen Verhaltensforschung[33]

Das an der Historischen Verhaltensforschung orientierte Modell ist nur dann auf das Mittelalter anwendbar, wenn die dort ermittelten Konfigurationen mit den von der Strukturgeschichte ermittelten Zäsuren übereinstimmen. Wenn man die zweite Hälfte des 11. Jahrhunderts mit K. Bosl als Aufbruchsphase der archaischen Gesellschaft erkennt, in der spätere Entwicklungen erstmals quellenmäßig sichtbar werden, kann man in der Tat mit den nach A. Nitschke „ungeordneten Bewegungen" beginnen. Allerdings bleibt der erste Schritt der Analyse nach dem strukturgeschichtlichen Ansatz ausgeblendet, das System des frühen Mittelalters betreffend. Die zweite und dritte Stufe des Modells der Verhaltensforschung betreffen das 12. und 13. Jahrhundert, in denen es um die dynamischen Vorgänge der so genannten „bewegten Ordnung" geht. Die vierte Stufe der „neuen Unruhe" betrifft die Krisen seit dem 14. Jahrhundert. Da das zur Erklärung von Verhaltenweisen notwendige strukturgeschichtliche Element aber fehlt, bietet sich eine Kombinierung beider Modelle an. [34]

A. Nitschke selbst hat die Legitimation zu einem derartigen Verfahren geliefert, indem er die Energiezufuhren innerhalb eines Systems mit Bevölkerungswachstum und wirtschaftlichen Gegebenheiten erklärte und sagte, dass neue Konfigurationen neue Wirtschaftsformen, neue Verfassungen, neue wissenschaftliche Erkenntnisse hervorbringen. Wenn dem so ist, müssen diese Energien, die sie erzeugen, ebenfalls von ökonomischen, gesellschaftlichen, politischen und kulturellen Faktoren bedingt sein.[35]

---

[33]   Ebd., S.179 f.
[34]   Ebd., S. 181 f.
[35]   Ebd., S. 180.

Abschließend kann zu diesem Punkt der konzeptionellen und inhaltlichen Vorarbeiten festgestellt werden, dass die in den siebziger Jahren erfolgten Versuche zur Grundlegung einer Mittelalter-Didaktik seit Mitte der achtziger Jahre Forschungsaspekte rezipiert haben, die heute dazu angetan sein können, eine kulturwissenschaftliche Erweiterung des bisher Gedachten zu forcieren.

VII.
Rezeption und erste Akzentverlagerungen

Nahezu zwanzig Jahre bedurfte es, bis die gerade vorgestellten Überlegungen rezipiert wurden. Ohne Rezeption keine Diskussion und ohne Diskussion keine wesentlich neuen Impulse, das ist eine triviale Bemerkung. Bis 1996 war *Mittelalter-Didaktik* - so fragwürdig dieser Terminus auch sein mag - rezeptionsgeschichtlich ein wenig fruchtbares Unterfangen. Neuansätze für eine Mittelalter-Didaktik müssen zumindest zwei Säulen bedienen und sie in einen Zusammenhang stellen. Sie verlangen nach einem konzeptionellen Rahmen und nach inhaltlichen Konturierungen. Mit den eben genannten Vorleistungen ist eine Reflexionsebene skizziert, hinter die weitere Ansätze nicht zurückfallen dürfen. Die wenigen Unterrichtsvorschläge in bekannten Zeitschriften und Unterrichtsmaterialien vermochten trotz der Verdienste um inhaltliche Fragen eben keine Gesamtperspektive zu entwickeln, innerhalb dessen die Beispiele zu verhandeln sind.

Bei der erwähnten Rezeption aus dem Jahre 1996 wurde am konzeptionellen Rahmen gefeilt. Geschichtsbewusstsein erhielt nun den Stellenwert, den diese Kategorie insgesamt in der Didaktik der Geschichte genießt. Es handelte sich hierbei weder um eine Neukonzeption noch um neue inhaltliche Konkretisierungen. In den Jahren 1999 und 2002 ist das anders. Auf der Basis gegenwärtiger Geschichtsdidaktik wurde die Notwendigkeit erkannt, Impulse für eine neue Richtung zu setzen. Im Jahre 1999 wurde das Modell von 1996 inhaltlich konkretisiert und zwar in zwei Schritten:[36]

1. Die Suche nach Lernpotenzialen in und an der Epoche des Mittelalters
   Die Dichotomie von Kontinuität und Alterität wurde durchgespielt und dabei das didaktische Potenzial des Mittelalters als das nächste Fremde der Neuzeit verstanden. Ein bekannter Punkt, der sich schon 1978 bei

---

[36] Hasberg: Quellgrund der Moderne (Anm. 7), insb. S. 247 - 258.

U. Uffelmann findet.[37] Ein Schritt für eine Fortentwicklung war getan, indem der Komplex des „Kirchendenkens" als epochenspezifisches Inhaltsfeld erschlossen wurde, das nun nicht mehr diesen doppelten Filter überwiegend sozialwissenschaftlicher Füllung („Bedeutsamkeit" und „Betroffenheit" mit den entsprechenden Subkategorien) passieren muss. Prüfkriterium ist nun Geschichtsbewusstsein und mit diesem Gewichtungsinstrument ergeben sich Lernpotenziale für Fremdverstehen. Die historischen Akteure helfen aufgrund ihrer Fremdheit, die gegenwärtige Realität zu profilieren (Das Fremde im Mittelalter). Diese treten gleichzeitig als Handelnde auf, deren Denken, Verhalten und Empfinden in dem für sie gültigen Rahmen verstanden werden kann.[38] Damit sind zeitgebundene Bedeutungen und Verhaltensweisen erreicht, die mitunter Einblicke in ein fremdes Mittelalter gestatten.

2. Bedeutung erzählender Quellen
Interessant sind ferner die Gedanken, erzählende und hier vor allem historiografische Quellen als Spiegel mittelalterlicher Fremdheit zu begreifen. Wenn dort der späte Frost, der die Ernte verdirbt, das Feuer, welches das Kloster zerstört, oder Krankheiten als Ausdruck der göttlichen Präsenz gedeutet werden, dürfte klar sein, dass sich der vom „Kirchendenken" ausgehende Fremdheitsaspekt nicht auf eine Unterrichtsstunde oder -einheit reduzieren lässt, sondern maßgeblich Denken, Empfinden und Verhalten der Menschen bestimmt. Damit ist die inhaltliche und ansatzweise die konzeptionelle Ebene beschritten; inhaltlich insofern - wir wiederholen uns - , weil in diesem Aufsatz am Beispiel des Berichtes über den Ersten Kreuzzug aus der Feder eines normannischen Anonymus das Inhaltsfeld „Kirchendenken" unter den fachdidaktischen Prämissen durchgespielt wird; konzeptionell deshalb, weil am Ende des Aufsatzes generell über diese erzählende Quellen und deren Einsatz für historisches Lernen reflektiert wird.[39] Diese wenngleich vorsichtige explizite Hinwendung zu bestimmten Quellen markiert auch eine Akzentverlagerung auf inhaltlicher und konzeptioneller Ebene. Das Studium erzählender Quellen, von Narrativitätstheorie und solcher Wissenschaften, die sich zentral mit diesen Texten befassen, dürfte in den nächsten

---

[37] Uffelmann: Mittelalter (Anm. 19), S. 43 ff.
[38] Hasberg: Quellgrund der Moderne (Anm. 7), S. 248, 250 f.
[39] Ebd., S. 252 - 258.

drei Jahren im Mittelpunkt gestanden haben,[40] bis dann im Jahre 2002 Neues auf konzeptioneller Ebene gewagt werden konnte.

VIII.
Kulturwissenschaftliche Erweiterung einer Mittelalter-Didaktik

Im Jahr 2002 münden unterschiedliche Anstrengungen für eine neue Orientierung einer Mittelalter-Didaktik zusammen. Konzeptionelle Ansätze zur Mittelalter-Didaktik der letzten rund 25 Jahre liegen erstmals in einer Publikation vor.[41] Auswahl und Anordnung der Beiträge spiegeln dabei die Entwicklung dieser Aufgaben in diesem Zeitraum. Im Herbst 2002 standen der Ist-Stand und neue Perspektiven einer Mittelalter-Didaktik auf dem Hallenser Historikertag zur Disposition. Mit dieser Publikation wird dieser Arbeitsschritt dokumentiert, der bereits über das in Halle Referierte hinausgreift und inhaltliche Konkretionen mit der Vorstellung erzählender Quellen liefert. In einem weiteren noch zu leistenden Schritt wird das in der Diskussion von Halle angemahnte Desiderat eines in sich schlüssigen Binnencurriculums für einen Mittelalter-Unterricht aufgearbeitet werden.[42]

Ausgehend von der kulturwissenschaftlichen Wende in den Humanwissenschaften, also auch in Geschichtswissenschaft und Geschichtsdidaktik, suchte W. Hasberg nach Eckpunkten für eine künftige Entwicklung der Mittelalter-Didaktik.[43] Diese Eckpunkte finden sich in aktuellen Strömungen der Mediävistik, in der Symbolischen Kommunikation, in der Historischen Verhaltensforschung und in der Vorstellungs- und Wahrnehmungsgeschichte.[44] Diese historiografischen Standortentscheidungen dürfen nicht als abgeschlossene Akte missverstanden werden, denn zum einen geht es

---

[40] Grundlegend dazu: Hasberg, Wolfgang: Ad Fontes narrantes! Quelle - Quelleneinsatz - Quellenarbeit im Unterricht über das Mittelalter, in: GPD 30 (2002), S. 15 - 32, insb. S. 18 - 22, 26 - 29.

[41] Hasberg/Uffelmann: Mittelalter und Geschichtsdidaktik (Anm. 7).

[42] Dazu demnächst: Hasberg, Wolfgang/Seidenfuß, Manfred: Das Mittelalter im Geschichtsunterricht, Schwalbach 2004.

[43] Hasberg, Wolfgang: Do dat loch volgraven wart – Eckpunkte einer kulturwissenschaftlichen Erneuerung der Mittelalter-Didaktik, in: Ders./Uffelmann: Mittelalter und Geschichtsdidaktik (Anm. 7), S. 267 - 291. Vgl. auch den Beitrag von Hasberg, Wolfgang: Eckpunkte einer kulturwissenschaftlichen Ausrichtung der Mittelalter-Didaktik in diesem Band, S. 109 ff.

[44] Hasberg: Do dat loch volgraven wart (Anm. 43), S. 267, 272 f., 285.

um die Erschließung neuer kulturgeschichtlicher Inhaltsfelder und zum andern um kulturwissenschaftliche Zugriffsmöglichkeiten auf konzeptioneller Ebene. Die Integration der Gender-Studies auf Konzeption und Inhalt belegt die Unabgeschlossenheit und die Offenheit dieses Ansatzes.[45] Es geht also nicht darum, die „Moden" der Geschichtswissenschaft unreflektiert zu übernehmen. Stattdessen wurden und werden diese überwiegend kulturwissenschaftlich ausgerichteten Strömungen dahingehend geprüft, ob sie Lernpotenziale für historisches Lernen frei zu legen vermögen und ob sie mit einer am Leitbegriff „reflektiertes Geschichtsbewusstsein" orientierten Geschichtsdidaktik zu verhandeln sind.[46] Diese Vorgehensweise, Mittelalterdidaktik stets auf dem neuesten fachwissenschaftlichen und fachdidaktischen Stand zu diskutieren, zeichnete auch das Schaffen von U. Uffelmann aus. Kommunikation und Verhalten spielten bereits in der früheren Konzeption eine wichtige Rolle. Es stellt sich die Frage, worin denn nun das Neue bzw. das Erweiterte zu sehen ist.

Die frühere Instrumentalisierung der Historischen Verhaltensforschung und die Bedeutung der Kommunikation im Mittelalter für eine Gesamtkonzeption sowie die inhaltlichen Konkretionen (Curricula, Reliquientranslation) sahen sich der Sozial- und Strukturgeschichte verpflichtet und wollten Beiträge besonders für das Identitätsbewusstsein der Adressaten liefern. W. Hasberg dagegen versteht die Wissenschaftsdisziplin Geschichtsdidaktik als eine kulturwissenschaftliche. Die alte sozialwissenschaftlich ausgelegte Konzeption wird nicht mit einer kulturwissenschaftlichen ersetzt, sondern mit kulturwissenschaftlichen Einschüben auf konzeptioneller und inhaltlicher Ebene erweitert. Freilich wird man davon ausgehen dürfen, dass die Kultur dabei den übergeordneten Rahmen bildet. In Anlehnung an den Kulturbegriff von K.P. Hansen versteht W. Hasberg unter Kultur die Gesamtheit der Gewohnheiten eines Kollektivs. Solche Gewohnheiten zeigen sich im Verhalten, im Denken, dem Empfinden und der Kommunikation.[47] Diese Gewohnheiten lassen sich nun auf das Erkenntnisinteresse der Geschichtsdidaktik transferieren.

Diese interessiert sich bekanntlich für Regelmäßigkeiten in einem Teilbereich der Kultur, eben der Geschichtskultur. Über die Erkundung der

---

[45]   S. dazu den Beitrag von Bea Lundt in diesem Band, S. 71 ff.
[46]   S. dazu besonders den Unterpunkt „Kulturwissenschaftliche Erweiterung der Mittelalter-Didaktik" bei W. Hasberg (in diesem Band S. 109 ff.).
[47]   Hasberg: Do dat loch volgraven wart (Anm. 43), S. 272.

Standardisierungen des historischen Erkennens, Empfindens und Verhaltens lassen sich Einblicke in Struktur, Genese, Funktion und Pragmatik des Geschichtsbewusstseins gewinnen. Diese Standardisierungen sind bei der Interpretation historiografischer Texte - und darin zeigt sich ein methodischer, medialer und pragmatischer Schwerpunkt sowie ein konzeptioneller Zugriff - dann zu respektieren, wenn die sog. doppelte Theoriebindung (J. Fried) berücksichtigt wird: Der Autor ist einmal an sein Aussageinteresse und dann an seine zeit- und raumbedingten Aussagemöglichkeiten gebunden. In dieser Blickrichtung geraten die Eckpunkte dieser kulturwissenschaftlicher Erweiterung, Historische Verhaltensforschung, das Konzept Vorstellungsgeschichte und die Kategorie reflektiertes Geschichtsbewusstsein, in einen strukturellen Gesamtzusammenhang: durch die Texte gelangen wir zu den Mentalitäten und über die Mentalitäten zum Verhalten. Für historisches Lernen, das sich zum Ziel setzt, narrative Kompetenz auszubilden, verlangt dies bei der Würdigung der erzählenden und gedeuteten Quellen zumindest zweierlei: Rekonstruieren durch Narrativieren und zum anderen Dekonstruieren der in den Quellen verfestigten Deutungen.[48]

Das Gesagte muss sich, was unverzichtbar ist, mit dem Theoriekonzept von Geschichtsbewusstsein und einer Geschichtslerntheorie vereinbaren lassen. Nach der Definition von K.-E. Jeismann ist Geschichtsbewusstsein „das Insgesamt der unterschiedlichsten Vorstellungen von und Einstellungen zur Vergangenheit".[49] Die Vergangenheit tritt uns in diesen historiografischen Quellen als Bewusstseinsinhalt (eben als Vorstellungen) und nicht als eine positivistische Ansammlung von *res gestae* entgegen. Geschichtsbewusstsein umfasst ferner Dispositionen (also Einstellungen), die der Autor aus seiner Gegenwart auf sein Erkenntnisobjekt anwendet.

Autoren wie Lampert von Hersfeld oder Gerlach vom Hauve[50] haben prinzipiell nichts anderes getan, als historisches Lernen vollzogen zu haben. Dieses ist Erinnerungsarbeit. Sie befragen aus einem gegenwärtigen Interesse die Vergangenheit. Erkenntnisfortschritt stellt sich ein, wenn sie die Daten sichten, Zusammenhänge herstellen und über eine Gewichtung

---

[48] Ebd., S. 18, 20 f.

[49] Jeismann, Karl-Ernst: Didaktik der Geschichte. Die Wissenschaft von Zustand, Funktion und Veränderung geschichtlicher Vorstellungen im Selbstverständnis der Gegenwart, in: Kosthorst, Erich (Hg.): Geschichtswissenschaft. Didaktik – Forschung - Theorie. Göttingen 1977, S. 9 - 33, S. 13.

[50] Auf diesen bezieht sich Hasberg in seinem Beitrag in diesem Band, S. 109 ff.

deuten. In diese „Produkte" sind Handlungsentwürfe vereint, die prinzipiell auf die Zukunft gerichtet sind und die auf diesem Wege einen Zusammenhang von Vergangenheit, Gegenwart und Zukunft herstellen. Historisches Lernen heute verlangt nun, diesen Komplex so in die Gegenwart zu ziehen, dass der Jugendliche aus einer heutigen Problemstellung die Fakten sichtet, Zusammenhänge konstruiert und diese auf die gegenwärtige Bedeutsamkeit gewichtet,[51] wozu er mentale Operationen (Analyse, Sachurteil und Wertung) durchzuführen versteht. Dabei müsste es ihm erlaubt sein, die zeitgebundenen Standardisierungen zu durchschauen.

Das Dumme ist nur, dass diese Standardisierungen den Lesern und Zuhörern im Mittelalter bekannt und daher nicht expressis verbis im Text formuliert wurden. Deshalb sind wir auf kulturwissenschaftliche und auf historiologische Theorien angewiesen sowie auf solche historiografische Strömungen verwiesen, die sich damit zentral befassen; d.h. auf inhaltlicher Ebene wird man auf bekannte Vorleistungen zurückgreifen können (Überschneidungen und Veränderungen). Neue Impulse werden durch die Aufnahme neuer Inhalte (u.a. Symbolische Kommunikation, Kulturbegegnungen) und Zugriffsweisen (Konzept Vorstellungsgeschichte, Beschäftigung mit gedeuteter Geschichte) gesetzt, die jedoch in Einklang mit den fachdidaktischen Leitbegriffen stehen müssen.

Der Rekurs auf die Kulturwissenschaften ist das Neue an dieser Erweiterung und die Favorisierung bestimmter historiografischer Zugriffe und Inhalte von daher die konsequente Fortführung dieses Ansatzes. Wenn also die Geschichtsdidaktik anscheinend die kulturwissenschaftliche Wende verschlafen hat, darf mit aller Bescheidenheit behauptet werden, dass darüber im Bereich der Mittelalter-Didaktik Eckpunkte und Erweiterungen formuliert wurden, die auf inhaltlicher und konzeptioneller Ebene weiter zu entwickeln sind.

---

[51] Hasberg: Do dat loch volgraven wart (Anm. 43), S. 286.

Hans-Werner Goetz

VORSTELLUNGEN UND WAHRNEHMUNGEN MITTELALTERLICHER ZEITZEUGEN
Neue Fragen an die mittelalterliche Historiografie

Einleitung

„Kulturwissenschaft" ist ein mittlerweile viel gebrauchtes Schlagwort, um den Wandel (oder „Paradigmenwechsel") auszudrücken, in dem sich die gegenwärtige Geschichtswissenschaft befindet bzw. der sie in neue interdisziplinäre Zusammenhänge einordnet und eine veränderte Ausrichtung der Geisteswissenschaft insgesamt ausdrückt.[1] Was ist darunter zu verstehen? Es geht offensichtlich nicht (jedenfalls nicht in erster Linie) um eine Wiederbelebung der – in Deutschland seit dem so genannten Lamprechtstreit – „verschütteten Tradition" der Kulturgeschichte, auch nicht um einen bestimmten Sektor der Geschichte, sondern um deren Gesamtinterpretation unter der Perspektive der (begrifflich bewusst sehr weit verstandenen) „Kultur".[2] Das schlägt sich in einer veränderten thematischen Ausrichtung (einer „historischen Anthropologie" im weitesten Sinne, die sich zunehmend wieder den Menschen selbst und ihren „Hervorbringungen" zuwendet) wie auch in einem neuen, stärker interdisziplinären Verständnis der Geisteswissenschaften als „Kulturwissenschaften" nieder und wird gern, allerdings nicht völlig zu Recht, in einen Gegensatz zur „Historischen Sozialwissenschaft" gestellt.

---

[1] Vgl. zur Orientierung: Hardtwig, Wolfgang/Wehler, Hans-Ulrich (Hg.): Kulturgeschichte heute, Göttingen 1996. Zum wissenschaftstheoretischen Hintergrund vgl. Daniel, Ute: Kompendium Kulturgeschichte. Theorien, Praxis, Schlüsselwörter, Frankfurt/Main 2001. Zur Mediävistik: Goetz, Hans-Werner (Hg.): Mediävistik als Kulturwissenschaft?, Berlin 2000 (Das Mittelalter. Perspektiven mediävistischer Forschung. Zeitschrift des Mediävistenverbandes, Bd. 5/1).

[2] Vgl. die Definition von „Kultur" bei Dinzelbacher, Peter: Volkskultur und Hochkultur im Spätmittelalter, in: Ders./Mück, Hans-Dieter (Hg.): Volkskultur des europäischen Spätmittelalters (Böblinger Forum Bd.1), Stuttgart 1987, S. 1 - 14, hier S. 2 (Kultur als „die Summe der materiellen und geistigen Hervorbringungen einer Gesellschaft während einer bestimmten Periode ihrer Geschichte"), oder bei Oexle, Otto Gerhard: Geschichte als Historische Kulturwissenschaft, in: Hardtwig/Wehler: Kulturgeschichte (Anm. 1), S. 14 - 40, hier S. 25 (Kultur als „die Gesamtheit der Hervorbringungen des Menschen auf allen Gebieten des Lebens").

Die „kulturwissenschaftliche Erneuerung" der Geschichtswissenschaft wie
– als Thema dieser Sektion – der Geschichtsdidaktik erfasst nun nicht nur die
Themen und Fragestellungen (wie Alltag, Mentalitäten, Schriftlichkeit und
Mündlichkeit, Begrifflichkeiten und Vorstellungswelten, symbolische Kommunikation, kulturelles Gedächtnis und manches andere mehr),[3] sondern auch
die wissenschaftlichen Herangehensweisen sowie die Quellen als Grundlage
jeder Geschichtswissenschaft: Diese interessieren nicht mehr nur als Informanten für vergangenes Geschehen (jeder Art), als „Zeitzeugnis", sondern
werden, als ein „Stück Geschichte", selbst zum Erkenntnisobjekt der Geschichtswissenschaft. Das entspricht einer Verschiebung der (Forschungs-)
Perspektive von der „Geschichte" (als Prozess) zu den Menschen in diesem
Prozess: Der Autor (samt seinen Rezipienten) wird in solcher Geschichtsan-
schauung zum „Zeitzeugen" bzw. als solcher interessant, mit seinen Anschauungen und Wahrnehmungsweisen, seiner Vorstellungswelt und seinen
Deutungsmustern sowie deren sprachlicher Umsetzung in den (uns erhaltenen) Texten. Solche Fragen, die (unter anderem) eine „moderne Mediävistik"
interessieren und eine zentrale Stellung in einer Kulturwissenschaft einnehmen, sollen in meinem Beitrag zunächst theoretisch reflektiert und dann an
einem Beispiel veranschaulicht werden.

I.
Theoretisch-methodische Grundlegung: Vom „Faktum" zur Dar-
stellung (und zurück zur Vorstellungswelt)

Die mittelalterliche „Vorstellungswelt",[4] einer der vier Kernbereiche, die W.
Hasberg – neben Spielregeln, Verhaltensformen und symbolischer Kommunikation – exemplarisch als fachwissenschaftliche Annäherungsfelder einer
„kulturwissenschaftlichen Erneuerung" herausgreift,[5] ist ein nur scheinbar
selbstverständlicher Zugang zur Geschichte, der methodisch erst zu erschlie-

---

[3]   Vgl. den Forschungsüberblick bei Goetz, Hans-Werner: Moderne Mediävistik.
       Stand und Perspektiven der Mittelalterforschung, Darmstadt 1999, S. 262 - 370.
[4]   Zum Inhalt vgl. Kortüm, Hans Henning: Menschen und Mentalitäten. Einführung
       in Vorstellungswelten des Mittelalters, Berlin 1996.
[5]   Hasberg, Wolfgang: Do dat loch volgraven wart – Eckpunkte einer kulturwis-
       senschaftlichen Erweiterung der Mittelalter-Didaktik, in: Ders./Uffelmann, Uwe
       (Hg.): Mittelalter und Geschichtsdidaktik. Zum Stand einer Didaktik des Mittelal-
       ters (Carl August Lückerath zum 65. Geburtstag), Neuried 2002, S. 267 - 291, hier
       S. 272 ff.

ßen ist.[6] Wie alle historischen Teilbereiche ist auch die „Vorstellungswelt"
zunächst einmal ein „Sektor" der Geschichte, zugleich aber eine Perspektive,
unter der die gesamte Geschichte betrachtet werden kann. Vergegenwärtigen
wir uns einleitend kurz ihren „Ort" in Geschichte und Geschichtswissenschaft
(Abb. 1), so wird man die „Vorstellungswelt" zunächst eindeutig dem Menschen zuordnen dürfen, der ohnehin im Mittelpunkt des Geschichtsinteresses

Abb. 1: Schematische Darstellung des Menschen (M) in seiner Lebenswelt

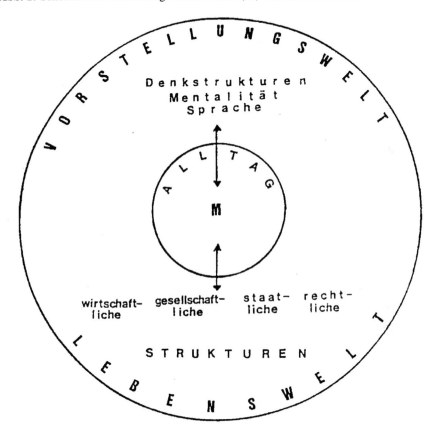

steht und dessen Handlungen – die Ebene der Ereignisse („histoire événémen-
tielle") – zum einen durch den „strukturellen Unterbau", die – zum großen

---

6   Vgl. Goetz, Hans-Werner: „Vorstellungsgeschichte": Menschliche Vorstellungen
     und Meinungen als Dimension der Vergangenheit. Bemerkungen zu einem jünge-
     ren Arbeitsfeld der Geschichtswissenschaft als Beitrag zu einer Methodik der
     Quellenauswertung, in: AKG 61 (1979, erschienen 1982), S. 253 - 271.

Teil natürlich ebenfalls vom Menschen geschaffene – „Lebenswelt", zum andern durch die geistige Durchdringung, eben die „Vorstellungswelt", geprägt und bestimmt ist. „Vorstellungsgeschichte" ist somit die geschichtswissenschaftliche Perspektive, die nicht die (ereignisgeschichtlichen oder strukturellen) „Fakten" der Vergangenheit, sondern deren geistige Verarbeitung durch die damaligen Zeitgenossen zum Gegenstand hat und folglich den (zeitgenössischen) Interpreten des vergangenen Geschehens in das Zentrum ihrer Betrachtung stellt. Der Zugang erfolgt – geschichtswissenschaftlich – selbstverständlich auch hier über die „Quelle", die nun aber weniger nach ihren sachlichen Inhalten als vielmehr nach den Ansichten ihres Verfassers befragt wird. Neuere Arbeiten sprechen daher gern von der „Wahrnehmung" der Zeitgenossen (und nicht mehr von der „Vorstellung"). Darauf ist zurückzukommen.

Betrachten wir nun – und auch das kann hier nur sehr verkürzt angesprochen werden – die methodische Aufarbeitung der Vorstellungswelt aus unseren Quellen, so können wir uns den Prozess der menschlichen Aneignung und Verarbeitung historischen Geschehens, also dessen historiografischer oder überhaupt literarischer Erfassung durch die Zeitgenossen, in etwa folgendermaßen vorstellen (Abb. 2): Auf der Ebene der Vergangenheit haben wir einen Prozess vor uns, der vom „Faktum" („F"), wobei unter „Faktum" hier jedes Geschehen der Vergangenheit im weitesten Sinn verstanden werden soll, über dessen Wahrnehmung („W") durch den Zeitgenossen zur schriftlichen Verarbeitung in der Darstellung („D"), unserer „Quelle", führt. Wir haben also gewissermaßen drei oder vier „Fixpunkte" dieses Ablaufs: auf der einen Seite das (irgendwie geartete) „Faktum" damaliger Vergangenheit, über das berichtet wird, dessen tatsächlichen Ablauf und Charakter wir aber nur über die Quellen kennen (das ist eine altbekannte Tatsache und von jeher Gegenstand jeder „Quellenkritik"), auf der anderen Seite den Bericht selbst, die Darstellung. Dazwischen liegt die Wahrnehmung durch den Zeitgenossen, der das „Geschehen" ja nicht so wiedergibt, wie es sich abgespielt hat, sondern wie er es wahrgenommen hat. Das Verhältnis von „Wahrnehmung" und „Vorstellung" („V") werde ich gleich erläutern.

Tatsächlich ist der Weg vom „Faktum" zur Darstellung ein höchst komplexer, durch mehrere Einflüsse bestimmter Vorgang. Zum einen ist die Darstellung neben dem Berichtsgegenstand (in der Wahrnehmung des Autors) ebenso durch dessen bewusste Intentionen und Darstellungsabsichten wie durch literarische Traditionen und narrative Strukturen beeinflusst. Sie ist also

Abb. 2: Geschichte der Wahrnehmung als methodischer Ansatz

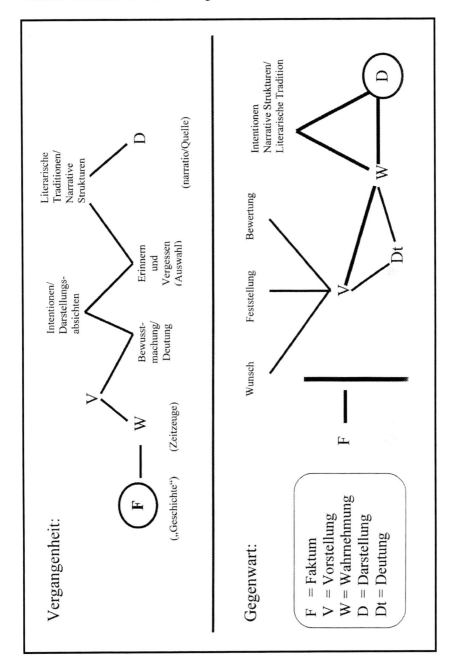

– neben dem potentiellen „Wissen", das sich aus Bildung, persönlicher Einsicht, Informanten und materiellen Grundlagen (Bibliothek) speist – durch bewusste Absichten, Auswahl („Erinnern und Vergessen") und Stilmuster geprägt. Das alles muss folglich Gegenstand historischer Betrachtung sein. Die Diskrepanz zwischen historischem (tatsächlich geschehenem) und dargestelltem Geschehen wird heute gern als „Verformung" bezeichnet, ist tatsächlich jedoch Teil der Geschichte und wird im vorstellungsgeschichtlichen Ansatz zum unmittelbaren Forschungsgegenstand. Zum andern ist die „Wahrnehmung", sofern ich sie zunächst als „sinnliche Wahrnehmung" begreife, erstens stets eine beschränkte[7] und zweitens nicht in sich wirksam, sondern erst in der (geistigen) Bewusstmachung und Deutung („Dt"), die sie durch den Wahrnehmenden erfährt, also als „geistige Wahrnehmung", die bereits eine verarbeitete ist. Sie kann eine bloße Feststellung, eine Wunschvorstellung oder eine Bewertung (Kritik) enthalten. Diese „Deutung" oder „geistige Wahrnehmung" aber erfolgt aus dem „Kenntnishorizont", dem Wissen und der Erfahrung des Wahrnehmenden, heraus, nämlich eben aus seiner Vorstellungswelt, die daher – ich bleibe dabei – das eigentliche Erkenntnisziel unseres Ansatzes bleibt. Wenn also heute vielfach von „Wahrnehmung" gesprochen wird, so ist letztlich doch dasselbe, nämlich die Erforschung der Vorstellungswelt, gemeint. Der Begriff „Wahrnehmung" – als geistige Wahrnehmung – bleibt dabei noch einem traditionellen Vorgehen verpflichtet, dem es um die „Rekonstruktion" der Fakten geht, die durch die „Perspektive" des Autors verzerrt werden. Der hier beschriebene Ansatz wendet sich hingegen der „Konstruktion" der „Fakten" durch den Autor vor dem Hintergrund seiner Vorstellungswelt zu. Wenn J. Fried von einer „doppelten Theoriebindung des Historikers" gesprochen hat – nämlich seiner eigenen und der seiner Quellen[8] –, so geht es hier um das letztere: die moderne Erfassung der mittelalterlichen Theoriebindung. Auf der Ebene der Gegenwart (der geschichtswissenschaftlichen Aufarbeitung) wird zwangsläufig der umgekehrte Weg beschritten, in-

---

[7]   Vgl. Fried, Johannes: Erinnerung und Vergessen. Die Gegenwart stiftet die Einheit der Vergangenheit, in: HZ 273 (2001), S. 561-593. Nach neueren neurobiologischen Untersuchungen selektiert der wahrnehmende Mensch allerdings bereits vor der Bewusstmachung.

[8]   Fried, Johannes: *Gens* und *Regnum*. Wahrnehmungs- und Deutungskategorien politischen Wandels im früheren Mittelalter. Bemerkungen zur doppelten Theoriebindung des Historikers, in: Miethke, Jürgen/Schreiner, Klaus (Hg.): Sozialer Wandel im Mittelalter. Wahrnehmungsformen, Erklärungsmuster, Regelungsmechanismen, Sigmaringen 1994, S. 73 - 104.

dem aus der Darstellung (Quelle) heraus Wahrnehmungen und Vorstellungen der Menschen erforscht werden (hingegen nicht mehr, wie in der traditionellen Geschichtswissenschaft, nach dem Faktum selbst gefragt wird).[9] Wenngleich grundsätzlich alle Quellen (auch nichtschriftliche) einem solchen Ansatz zugänglich sind, so bildet die mittelalterliche *Historiografie* doch seit langem ein bevorzugtes Objekt, weil sie ihrer Funktion nach eigentlich damaliges Geschehen festhalten wollte, tatsächlich aber nicht die damalige Wirklichkeit, sondern – bewusst oder unbewusst verändert – eine vom Zeitzeugen „konstruierte Gegenwarts- und Vergangenheitsdarstellung", ein (subjektives) Geschichts*bild,* darstellt, das im Zuge des beschriebenen Paradigmenwechsels der Geschichtswissenschaft somit unmittelbar zur Wahrnehmungsweise und Vorstellungswelt eines „Zeitzeugen" führt. Sie kann daher geradezu als Paradebeispiel einer Mediävistik angesehen werden, die den Vorstellungswelten der mittelalterlichen Menschen nachspürt, und ist in dieser Hinsicht bereits vielfach erprobt.[10] Kann man inhaltlich nach vielen Aspekten der Vorstellungswelt fragen, so bleibt die „historische Vorstellungswelt" doch der Bereich, der sich am unmittelbarsten mit der Historiografie verknüpft. Dieser Aspekt mag daher – auch eigenen Forschungen gemäß – das Beispiel bilden, an dem der vorgestellte Ansatz im folgenden exemplarisch veranschaulicht werden soll.

II.
Exemplarische Veranschaulichung:
Das Beispiel der „historischen Vorstellungswelt"

Ich greife dazu die „Gesta Karoli" des St. Galler Mönchs Notker „Balbulus" heraus, der mit den „Taten" Karls des Großen ein bestimmtes Geschichtsbild transportiert, das in die zeitgenössische Vorstellungswelt einzuordnen ist. Für die Geschichte Karls des Großen ist die rund 80 Jahre nach den Ereignissen

---

[9] Selbstverständlich lässt sich auch weiterhin nach dem „Faktum" fragen, doch sollte der Geschichtswissenschaft inzwischen bewusst sein, dass dieses sich *nur* in der „Spiegelung" des Wahrnehmungs-, Bewusstmachungs- und Darstellungsprozesses durch den Quellenautor erfassen lässt, wie er hier beschrieben wird.

[10] Grundlegend zur Historiographie als Quelle einer „politischen Ideengeschichte": Beumann, Helmut: Die Historiographie des Mittelalters als Quelle für die Ideengeschichte des Königtums (1955), zusammen mit anderen einschlägigen Aufsätzen, in: Ders.: Wissenschaft vom Mittelalter. Ausgewählte Aufsätze. Köln/ Wien 1972, S. 201 - 240.

verfasste, anekdotenhaft strukturierte Schrift wertlos. Um so klarer aber tritt hier die Vorstellungswelt des Mönchs Notker und seiner Zeitgenossen zum Vorschein.[11] Notker beschreibt – und hier zeigt sich die Bedeutung der narrativen Strukturen – die Taten Karls nicht in historiografischer Form (wie in den beiden Viten Ludwigs des Frommen oder Assers Leben des Königs Alfred), sondern als ein sich im Handeln des Herrschers entfaltendes Königsideal, als eine Art praxisorientierten Fürstenspiegel. Die Aussagen sind deshalb nicht eigentlich an den historischen König gebunden, und so kann Notker zwanglos Anekdoten über andere Könige (Pippin, Ludwig den Frommen und vor allem Ludwig den Deutschen) einfügen: In der exemplarisch-didaktischen Literatur macht sich die Handlung weitgehend unabhängig von Raum und Zeit. Dennoch ist sie nicht losgelöst von Notkers „Geschichtsbild", denn erstens handelt es sich durchweg um ein der Vergangenheit zugeschriebenes, aber an die Gegenwart gerichtetes Ideal: die „Zeit der Väter" wird hier zum Vorbild für die eigene Zeit (*nostrum tempus*). Zweitens zeichnet Notker ein heilsgeschichtliches Bild, in dem Karl (bzw. der König) als weltlicher Arm Gottes fungiert. Und drittens – und auf diesen Aspekt möchte ich etwas genauer eingehen – wird die Karlszeit bei Notker bewusst in den Geschichtsablauf eingegliedert, indem das Frankenreich als neues Weltreich von den Römern abgegrenzt wird.

All das zeigt sich in den gesamten „Gesta", wird explizit aber, an exponierter Stelle, gleich zu Beginn der ersten beiden Bücher angesprochen. Die gesamten „Gesta" werden folglich unter dieses Motto gestellt. Der Eingangssatz ist entsprechend viel sagend:

> *Omnipotens rerum dispositor ordinatorque regnorum et temporum, cum illius admirandę statuę pedes ferreos vel testaceos comminuisset in Romanis, alterius non minus admirabilis statuę caput aureum per illustrem Karolum erexit in Francis.* (übers.: Der allmächtige Lenker der Dinge [des Geschehens] und Ordner der Reiche und Zeiten hat, nachdem er die eisernen und tönernen Füße jener wunderbaren Bildsäule in den Römern zermalmt hatte, das goldene

---

[11] Vgl. zu dem gesamten Komplex Goetz, Hans-Werner: Strukturen der spätkarolingischen Epoche im Spiegel der Vorstellungen eines zeitgenössischen Mönchs. Eine Interpretation der „Gesta Karoli" Notkers von Sankt Gallen, Bonn 1981; zum mönchischen Hintergrund vgl. Siegrist, Theodor: Herrscherbild und Weltsicht bei Notker Balbulus. Untersuchungen zu den „Gesta Karoli" (Geist und Werk der Zeiten, Bd. 8), Zürich 1963.

Haupt einer zweiten, nicht minder wunderbaren Bildsäule durch den erlauchten Karl in den Franken aufgerichtet.)[12]

In diesem Kernzitat zeigen sich wichtige Elemente des Geschichtsbildes Notkers: Gott ist Herr der Geschichte, deren Eigenart durch den Zeitablauf und deren wesentlicher Inhalt durch die Weltreiche bestimmt ist. Die Anspielung auf das Danielgleichnis (Dan. 2,36 ff.: Deutung des Traums Nebukadnezars von einer vierteiligen Statue als vier aufeinander folgenden Weltreichen) ist eigenwillig, nicht nur weil hier von einer zweiten Statue die Rede ist, die nun vom (goldenen) Haupt her beginnt, sondern weil sie eine neue Geschichtssicht enthält. Erstens konstatiert Notker das Ende des Römischen Reiches (der eisernen Füße der ersten Statue), und gerade dieses Thema wird bezeichnenderweise im Prolog des zweiten Buchs wieder aufgegriffen: Das Ende des Imperium Romanum wird dort als himmlische Strafe für die Apostasie des „gottverhassten" (*Deo odibilis*) Julian gedeutet:

Cum Deo odibilis Iulianus in bello Persico cǫlitus fuisset peremptus et a regno Romanorum non solum transmarinǫ provintiǫ sed et proxima Pannonia, Noricus, Retia vel Germania Francique vel Galli defecissent ipsique reges Gallorum vel Francorum propter interfectionem sancti Desiderii Vienensis episcopi et expulsionem sanctissimorum advenarum, Columbani videlicet et Galli, retro labi cǫpissent, gens Hunorum, prius per Franciam et Equitaniam vel Gallias sive Hispanias latrocinari solita, tota simul egressa quasi latissimum incendium cuncta devastans, reliquias, quǫ remanere poterant, ad tutissima latibula comportavit. (übers.: Als der gottverhasste Julianus im Perserkrieg nach Gottes Willen umgekommen war und vom Römerreich nicht bloß die Provinzen jenseits des Mittelmeers, sondern auch die nächsten, Pannonien, Noricum, Rätien und Germanien sowie die Franken und die Gallier abgefallen waren und es nun anfing, mit den Königen der Gallier und Franken selbst abwärts zu gehen wegen der Tötung des Bischofs von Vienne, des heiligen Desiderius, und wegen der Vertreibung der ehrwürdigen Columbanus und Gallus, die aus der Fremde gekommen waren, brach das Volk der Hunnen, das bis dahin nur Raubzüge zu machen pflegte, durch Francien, Aquitanien, Gallien und Spanien in ganzer Stärker hervor, indem es wie ein Flächenbrand alles verwüstete, und schleppte, was übrig bleiben konnte, in sichere Verstecke weg.)[13]

Zweitens sind (hier wie dort) die Franken Erben und Nachfolger des Römerreichs. (Am Beginn des zweiten Buchs zählt Notker kaum zufällig die Reihe jener von Rom abgefallenen Provinzen auf, die nun sämtlich – freiwillig –

---

[12] Notker: Gesta Karoli Magni imperatoris, ed. Haefele, Hans F., in: MGH SSrG n.s. 12, 2. Aufl. München 1980, S. 1.
[13] Ebd., 2,1, S. 49.

unter der Herrschaft der Franken standen).[14] Drittens bedeutet die Errichtung
einer zweiten Statue Kontinuität und Bruch (Zäsur) bzw. Neubeginn zugleich.
Viertens symbolisiert sie nicht das Ende, sondern einen neuen politischen
Anfang und zugleich einen neuen Höhepunkt (im goldenen Haupt). Notker ist
also weit entfernt von einem eschatologischen Bewusstsein im Sinne einer
nahen Endzeiterwartung, wie sie dem Mittelalter heute so gern unterstellt
wird.[15] Die Träger des neuen Reiches aber sind – und hier verbinden sich
Geschichts- und Reichsbewusstsein Notkers – die Franken, die gezielt von
den „alten" (*antiqui*) Römern und Griechen abgehoben werden.[16] Der Schöpfer dieses Reichs ist Karl, das *caput orbis*, das – ganz entsprechend – nach
Rom als dem *caput quondam orbis* reist.[17] Die Franken werden damit den
alten Reichen (mehr als) gleichwertig (*non minus admirabilis*) an die Seite
gestellt; ihnen aber gehört die Zukunft, während jene vergangen sind. Mehr
noch: Sie sind – erneut in heilsgeschichtlicher Perspektive – das (neue) Got-
tesvolk (Gott hat die „Statue" errichtet). Indem Karl die „Hunnen" unter-
warf[18] – gemeint sind die Awaren, und auch diese Gleichsetzung ist ein spre-
chendes Beispiel für das mittelalterliche Kontinuitätsverständnis –, hat er
eben jenen Gegner bezwungen, der einst das Römerreich zerstört hatte.

Die Episode ist bezeichnend. Sie zeigt, wie Notkers Darstellung gezielt
von seiner (spezifischen) Wahrnehmung der Vergangenheit geprägt ist, die
ihrerseits ein geschlossenes Geschichtsbild enthüllt, das eben diese Wahrnehmung bestimmt und der Darstellung ihren Stempel aufdrückt und das
nicht nur an den hier besprochenen Stellen expliziert wird, sondern die gesamten „Gesta" gestaltet, indem Notker immer wieder – gezielt und oft nur in
Andeutungen – darauf rekurriert. Heinz Löwe hat die behandelte Episode als
zentrales Beispiel für das frische Selbstbewusstsein des fränkischen Früh-

[14] Vgl. ebd., 1,10, S. 13.
[15] Vgl. etwa Fried, Johannes: Endzeiterwartung um die Jahrtausendwende, in: DA
     45 (1989), S. 381 - 473; Landes, Richard: Millenarismus absconditus. L'histo-
     riographie augustinienne et le millénarisme du haut Moyen Âge jusqu'à l'an
     Mil, in: Le Moyen Âge 98 (1992), S. 355 - 377; ders.: Sur les traces du Mille-
     nium. La „Via Negativa", in: ebd., 99 (1993), S. 5 - 26; Ders.: The Fear of an
     Apocalyptic Year 1000: Augustinian Historiography, Medieval and Modern,
     in: Speculum 75 (2000), S. 97 - 145. Kritisch Gouguenheim, Sylvain: Les faus-
     ses terreurs de l'an mil. Attente de la fin des temps ou approfondissement de la
     foi?, Paris 1999.
[16] Vgl. Notker (Anm. 12), 1,2, S. 3.
[17] Ebd., 1,26, S. 35.
[18] Ebd., 2,1, S. 49 ff.

mittelalters gegenüber der Antike gewertet,[19] dabei allerdings das komplexe Verhältnis von Vorstellungswelt und Darstellung übersehen, um das es hier geht, denn Notker handelt – als eine weitere, letzte Beobachtung – hier keineswegs von seiner Gegenwart, sondern er zeichnet bereits ein Vergangenheitsbild als Ideal der im Niedergang befindlichen eigenen Zeit. Fragt man deshalb abschließend nach den aus diesem Geschichtsbild heraus scheinenden Mustern der historischen Vorstellungswelt Notkers, so wird man erstens – trotz mancher „Entzeitlichung" der Episoden – einen Vergangenheitssinn feststellen dürfen, der die „Fakten" aus früheren Zeiten – sehr bewusst – zuordnet und deutet. Zweitens handelt es sich bei Notker (in Bezug auf Karl) um eine Idealisierung der Vergangenheit: das Bild eines idealen Königs in einer idealen Epoche. Und drittens „gebraucht" Notker dieses Bild, um es seiner eigenen Zeit entgegen zu halten (sein „Geschichtsbewusstsein" wird hier zum „Geschichtsinteresse"). Daraus ergibt sich insgesamt eine „gestufte" Geschichtsdeutung: Der Rückblick auf Rom – an zentraler Stelle der „Gesta" – legitimiert die Frankenherrschaft Karls des Großen, der Rückblick auf Karl aber kritisiert die Gegenwart. Erst diese Sicht erschließt uns überhaupt den Sinn der nachfolgenden Anekdoten.

Noch vieles ließe sich über Notkers historische Vorstellungswelt anfügen, die hier nicht erschöpfend dargestellt werden kann und soll. Die Wahrnehmung der Vergangenheit bei Notker ist – das dürfte deutlich geworden sein – eine sehr bewusste, hinter der ein bestimmtes Geschichtsbild (die historischen Vorstellungen) und ein bestimmtes Geschichtsbewusstsein (der literarische Einsatz dieses Geschichtsbildes aus Gegenwartsinteressen heraus) steht.[20] Das

---

[19] Löwe, Heinz: Von Theoderich dem Großen zu Karl dem Großen. Das Werden des Abendlandes im Geschichtsbild des frühen Mittelalters, in: DA 9 (1952), S. 354 - 401 (ND. Darmstadt 1956). Löwe will zeigen, dass Karls Herrschaft sich nicht aus dem römischen Imperium rechtfertigt, sondern sich auf den Germanenherrscher Theoderich beruft (ebd., S. 397). Diese Ansicht spiegelt weit mehr die Vorstellungen der Zeit Löwes als die Ideen der Zeit Karls des Großen wider, der die Besinnung auf „Germanisches" gänzlich fremd war.

[20] Geschichtsbewusstsein ist nicht eine spezifische Kategorie der Geschichtsdidaktik, sondern eine anthropologische Kategorie, die Geschichtswissenschaft und Geschichtsdidaktik gleichermaßen betrifft. Auf das Mittelalter angewandt, ist nach dem spezifisch mittelalterlichen Geschichtsbewusstsein zu fragen. Hingegen wäre es falsch, dem Mittelalter ein Geschichtsbewusstsein abzusprechen, wie es immer wieder geschieht. Damit ist tatsächlich nichts anderes gemeint als die banale Feststellung, dass dem Mittelalter ein dem modernen entsprechendes Geschichtsbewusstsein gefehlt habe.

Beispiel Notkers zeigt – und deshalb ist es hier eingefügt –, wie Vergangen-
heitswahrnehmung, Geschichtsbild (historische Vorstellungswelt), Geschichtsbewusstsein (Geschichtsinteresse und Gegenwartszweck, Intention
und Funktion) gezielt zur (literarischen) Darstellung (zum „Zeugnis") führen
und wie sie sich dem Historiker aus dieser Darstellung (dem Zeugnis als
„Quelle") erschließen. Es zeigt damit aber auch, dass die „Wahrnehmungs-
perspektive" im engeren Sinn (wie nimmt der mittelalterliche Autor seine
Umwelt wahr?) in Bezug auf das Thema dieser Sektion zu kurz greift, weil
sich die kulturwissenschaftliche Perspektive heutiger Geschichtswissenschaft
erst in dem gesamten *Geflecht* von Faktum, Wahrnehmung, Vorstellungswelt
und Darstellung – in diesem Fall anekdotenhaften Episoden mit fürstenspie-
gelartiger, didaktischer Tendenz – erschließt. Dabei steht im Hinblick auf eine
kulturwissenschaftliche Ausdeutung die Vorstellungswelt – in unserem Bei-
spielfall die historischen Vorstellungen – durchaus im Mittelpunkt.

III.
Folgerungen für den Geschichtsunterricht

Mit dem kurzen Beitrag wollte ich – exemplarisch – aufzeigen, welche Bedeutung die Vorstellungswelt für das heutige Geschichtsbild, die heutige Geschichtswissenschaft und die Geschichtsdidaktik (und somit auch für den
Unterricht) hat: Sie ist nicht nur integrativer Teil der Geschichte, sondern sie
führt uns zum einen ganz eng an die Menschen der Vergangenheit (als Gegenstand jeder Geschichtswissenschaft) und zum andern an die Quellen als
Produkt der Vorstellungswelt dieser Menschen heran, die hier einen anderen
Stellenwert erhalten als in der traditionellen Wissenschaft, indem sie in ihrer
(literarischen) Gestaltung und um ihrer selbst willen ernst genommen werden.
Eine solche „kulturwissenschaftliche Erneuerung" hat Folgen für den Geschichtsunterricht, der

- erstens nicht nur ebenfalls auf Quellen aufbauen oder sie jedenfalls integrieren muss – das geschieht ja längst –, sondern die „Quelle" selbst zum
  Untersuchungsgegenstand machen sollte,

- der zweitens nicht nur nach deren Inhalt fragen darf, sondern sie als „Produkt menschlichen Geistes" betrachten muss, nämlich im Hinblick auf die
  darin geäußerten Ideen und Wahrnehmungen, die dahinter stehenden Vorstellungen wie auch auf die darstellerische Verarbeitung solcher Gedanken, und

- der sich drittens nicht ausschließlich auf kurze Quellenausschnitte beschränken darf: Erkennbar wird die menschliche Vorstellungswelt nur aus der ganzen Quelle. Die Didaktik wird darüber nachzudenken haben, wie ein solches Vorgehen methodisch umgesetzt und zumindest exemplarisch in das Curriculum eingefügt werden kann und wie sich entsprechende Hilfsmittel (Lehrbücher) schaffen lassen.

Folker Reichert

VORWISSEN UND WAHRNEHMUNG
Reisen und die Vielfalt der Kulturen im späten Mittelalter

Alterität und Interkulturalität sind bevorzugte Themen einer kulturwissenschaftlich orientierten Mediävistik.[1] Ich verstehe darunter die Erfahrung von Distanz aufgrund individueller, sozialer oder kultureller Umstände und die Möglichkeit, kulturelle Differenzen auf kommunikativem, intellektuellem oder auch intuitivem Wege wenn schon nicht zu überwinden, so doch wenigstens zeitweise zu überbrücken.[2] Mit der beliebten Formel vom Eigenen und Fremden ist angedeutet, was die Thematik beinhaltet.[3] Fragen nach mentalen Grundlagen und kulturellen Identitäten ergeben sich aus ihr: Auf welchen materiellen und intellektuellen Voraussetzungen beruhte der Kontakt? Was wusste man, was konnten die Vertreter verschiedener Kulturen voneinander wissen? Über welche Mittel verfügten sie, um miteinander zu kommunizieren? Gab es überhaupt die Aussicht einander zu verstehen?

Auch innerhalb von Gesellschaften wird Alterität, Anderssein, sichtbar. Man denke nur an die Marginalen und Marginalisierten im mittelalterlichen Alltag, an die Bettler, Totengräber und Scharfrichter, an Abdecker, Huren und das so genannte fahrende Volk, um nur beispielhaft einige randständige Gruppen zu benennen.[4] Doch nirgends wird die Spannung von Eigenem und Fremdem so fasslich wie in der Geschichte des Reisens. Vor

---

[1] Vgl. Münkler, Marina: Alterität und Interkulturalität: Ältere deutsche Literatur, in: Benthien, Claudia/Velten, Hans Rudolf (Hg.): Germanistik als Kulturwissenschaft. Eine Einführung in neue Theoriekonzepte, Reinbeck 2002, S. 323 - 344.

[2] Vgl. Osterhammel, Jürgen: Distanzerfahrung. Darstellungsweisen des Fremden im 18. Jahrhundert, in: König, Hans-Joachim/Reinhard, Wolfgang/Wendt, Reinhard (Hg.): Der europäische Beobachter außereuropäischer Kulturen. Zur Problematik der Wirklichkeitswahrnehmung, Berlin 1989 (Zts. f. hist. Forsch., Beiheft 7), S. 9 - 42.

[3] Stutzinger, Dagmar/Kühnel, Harry/Classen, Albrecht: Das Fremde und das Eigene, in: Dinzelbacher, Peter (Hg.): Europäische Mentalitätsgeschichte. Hauptthemen in Einzeldarstellungen. Stuttgart 1993, S. 400 - 450.

[4] Vgl. Hergemöller, Bernd-Ulrich (Hg.): Randgruppen der spätmittelalterlichen Gesellschaft. Ein Hand- und Studienbuch, neu bearb. Ausgabe, Warendorf 2001; Schubert, Ernst: Fahrendes Volk im Mittelalter, Bielefeld 1995.

allem der Fernreisende, der eine oder mehrere Grenzen – Sprachgrenzen, Glaubensgrenzen oder auch allgemein: kulturelle Grenzen – hinter sich ließ, kann und konnte dies erfahren. Er wird sich einerseits seiner eigenen Herkunft bewusst und realisiert andererseits, wieviel ihn von seiner zeitweiligen Umgebung unterscheidet. Denn Weltbilder, Bilder von sich selbst und den Anderen, schärfen sich vor allem dort, wo sie an ihre Grenzen stoßen.[5] Welche Konsequenzen sich daraus ergeben konnten, will ich an drei charakteristischen Beispielen aus dem späten Mittelalter erörtern. Es sind prominente Beispiele, die jedem Lernenden bekannt sind oder wenigstens bekannt sein sollten. Das Gespräch über sie kann somit auch im schulischen Unterricht an Vorkenntnisse anknüpfen.

I. Marco Polo

Der venezianische Kaufmannssohn Marco Polo (1254 - 1324) lebte 17 Jahre, von 1275 bis 1292, am Hofe des Großkhans der Mongolen und Kaisers von China, Khubilai, in Khanbaliq bei Peking.[6] Die mongolische Reichsbildung seit Dschingis Khan und die dadurch begründeten politischen und wirtschaftlichen Kontakte hatten es ihm ermöglicht, einen prägenden und dadurch wesentlichen Teil seines Lebens im Osten Asiens, unter Mongolen und Chinesen zu verbringen. Seine Sozialisation kann man als vielfältig charakterisieren: Venezianisch, italienisch, christlich waren

---

5   Münkler, Alterität (Anm. 1), S. 324. Von zahlreichen Monografien und Tagungsbänden zur Geschichte des Reisens vgl. etwa Martels, Zweder von (Hg.): Travel Fact and Travel Fiction. Studies on Fiction, Literary Tradition, Scholarly Discovery and Observation in Travel Writing, Leiden u.a. 1994; Maczak, Antoni: Travel in Early Modern Europe, Cambridge 1995; Reichert, Folker (Hg.): Fernreisen im Mittelalter (Das Mittelalter 3,2), Berlin 1998; Ertzdorff, Xenja von (Hg.): Beschreibung der Welt. Zur Poetik der Reise- und Länderberichte. Amsterdam 2000 (Chloë. Beihefte zum Daphnis 31); Reichert, Folker: Erfahrung der Welt. Reisen und Kulturbegegnung im späten Mittelalter, Stuttgart 2001.

6   Zu Marco Polos Biografie vgl. Münkler, Marina: Marco Polo. Leben und Legende, München 1998. Zu Marco Polos Buch: Reichert, Folker: Begegnungen mit China. Die Entdeckung Ostasiens im Mittelalter, Sigmaringen 1992 (Beiträge zur Geschichte und Quellenkunde des Mittelalters 15), S. 142 ff., 154 ff.; Critchley, John: Marco Polo's Book, Aldershot 1992; Münkler, Marina M: Erfahrung des Fremden. Die Beschreibung Ostasiens in den Augenzeugenberichten des 13. und 14. Jahrhunderts, Berlin 2000, S. 102 ff.

seine Wurzeln, seine Stellung als Höfling des Khans bestimmte sein Selbstverständnis und den Völkern Zentral-, Ost-, Südost- und Südasiens begegnete er mit merklichem Interesse, oft aber auch mit einigem Abstand. Namentlich die Kultur der Chinesen betrachtete er aus der Perspektive der Mongolen, deren Sprache, Begriffe und Wertmaßstäbe er sich zu eigen gemacht hatte. Sie galt im Reiche Khubilais als Kultur der Verlierer und blieb ihm selbst dann fremd, wenn er als interessierter Beobachter neugierige Blicke auf sie warf.

So und nur so erklären sich jene charakteristischen Auslassungen, die von jeher an seinem Bericht aus Ostasien bemerkt wurden:[7] Die chinesischen Schriftzeichen musste er nicht beschreiben, da sie im mongolischen China bedeutungslos waren. Statt dessen hatte Marco Polo die in der Reichsverwaltung vorherrschenden Schriften zu erlernen: die uiguromongolische Schrift sowie die so genannte Quadrat- oder 'Phags-pa-Schrift, die ein tibetischer Geistlicher für den Großkhan erfunden hatte. Die Große Mauer wird von Marco Polo nicht erwähnt, da die Mongolen sie längst überwunden hatten, und vom Tee der Chinesen schweigt der Verfasser, da er wie jeder Mongole keinen Tee, sondern viel lieber Alkoholisches trank. Es ist bezeichnend, dass er ein anderes chinesisches Getränk, den gelblichen, handwarm genossenen Reiswein, sehr schmackhaft fand. Sein Urteil war das eines Mongolen: Man werde davon eher betrunken als von anderem Wein.[8] Denn die Mongolen waren große Trinker vor dem Herrn und Marco mit ihnen. Man hat all diese Auslassungen als Indizien dafür verstehen wollen, dass Marco Polo vielleicht niemals in China, sondern bestenfalls in Persien gelebt hat. In Wirklichkeit bezeugen sie jedoch nur, dass er zwar manches vom chinesischen Alltag bemerkte, aber Anderes nicht wahr nahm, da er als enkulturierter Mongole die Lebensweise der Chinesen nur von oben und außen betrachten konnte. Was aussieht wie das Fehlen von Augenzeugenschaft und Erfahrung, erweist sich als lückenhafte Wahrnehmung bzw. als eine Folge kultureller Präferenzen, wie sie sich aus der Biografie des Autors ergaben.

Europäischen Maßstäben blieb Marco Polo verpflichtet, wo Religion und Moral tangiert wurden. Religiöses steht nicht im Mittelpunkt seiner Interessen; doch an seiner Distanz zu den Praktiken der „Götzendiener",

---

[7] Zum Folgenden vgl. Reichert, Erfahrung (Anm. 5), S. 193 ff.
[8] Polo, Marco: Il Milione - Die Wunder der Welt. Übersetzung aus altfranzösischen und lateinischen Quellen von Guignard, Elise, Zürich 1983, S. 163.

der Buddhisten und Hindus vor allem, ließ er nie einen Zweifel und aus
seiner Beschreibung vielarmiger „Götzenbilder" in Japan spricht der Ab-
scheu des Christen.[9] Die Entdeckung einer manichäischen Religionsge-
meinschaft in Südchina, die sich dann zum Christentum bekannte, beschrieb er ausführlich.[10] Denn das war ihm wichtig und tröstlich. An den
freizügigen Sexualbräuchen der Tibeter nahm er vielleicht sogar aktiven
Anteil; zumindest glaubte er, jungen Männern den Besuch der Gegend
empfehlen zu sollen.[11] Doch grundsätzlich lobte er die Sittenstrenge bei
den Chinesen mit ihrer unbedingten Forderung weiblicher Unberührtheit
vor der Ehe. Mannesehre (Erfahrungen sammeln) und Frauenrolle (Erfahrungen vermeiden) standen für Marco Polo offenbar in keinem Widerspruch.[12] Die doppelte Moral seiner Aussagen war ihm kein Thema.[13] Gerade in der Beurteilung solch fundamentaler Sachverhalte wie Religion und
Sitte ist das europäische Erbe des Beobachters mit Händen zu greifen.

II. Christoph Kolumbus

Christoph Kolumbus (1451 - 1506), Sohn eines ligurischen Wollwebers,
blieb seiner Heimatstadt Genua auch dann noch verbunden, als er ihren
Anregungen und Anstößen längst entwachsen war und über Mittelmeer
und den sogenannten mediterranen Atlantik (d.i. der Raum zwischen der
Iberischen Halbinsel, Nordafrika, den Azoren und den Kanarischen Inseln)
hinausdachte.[14] Auf dem emotionalen Höhepunkt seines Lebens, als er
glaubte, am Orinoco das irdische Paradies ausfindig gemacht zu haben,
zitierte er – auf Spanisch – ein Sprichwort aus seiner ligurischen Heimat:
Andando más, más se sabe, d. i.: „Più si via, più si sa" - „je weiter man

---

[9]   Ebd. S. 284. Vgl. dazu Reichert, Folker: Zipangu. Marco Polos Japan und das
      europäische Weltbild zwischen Mittelalter und Neuzeit (im Druck).
[10] Vgl. Reichert, Begegnungen (Anm. 6), S. 108.
[11] Polo, Milione (Anm. 8), S. 183.
[12] Vgl. Reichert, Folker: Fremde Frauen. Die Wahrnehmung von Geschlechter-
      rollen in den spätmittelalterlichen Orientreiseberichten, in: Engels, Odilo/
      Schreiner Peter (Hg.): Die Begegnung des Westens mit dem Osten. Kongreß-
      akten des 4. Symposions des Mediävistenverbandes in Köln 1991, Sigmaringen
      1993, 167 - 184, hier S. 174 f.
[13] Vgl. dazu allgemein Schubert, Ernst: Alltag im Mittelalter. Natürliches Le-
      bensumfeld und menschliches Miteinander, Darmstadt 2002, S. 231 f., 262 ff.
[14] Fernández-Armesto, Felipe: Columbus, Oxford/New York 1991.

fährt, desto mehr weiß man."[15] In Wirklichkeit beweist die Biografie des
Kolumbus das genaue Gegenteil. Weniger auf Erfahrung basierte sein Wissen, sondern es war ganz wesentlich durch literarische Kenntnisse geformt
und orientiert. Bei keinem anderen Reisenden des späten Mittelalters und
der frühen Neuzeit lässt sich der Zusammenhang von Vorwissen und
Wahrnehmung so sinnfällig rekonstruieren wie im Fall des Kolumbus. Ein
Teil seiner Bücher ist erhalten geblieben, die Kenntnis anderer lässt sich
aus seinen Briefen und Berichten erschließen. Insbesondere das Werk Marco Polos diente ihm zur Vorbereitung und als Unterlage seiner vier Reisen.
Denn dort fanden sich nicht nur die geografischen Argumente, die ihn darin bestärkten, im Westen des Atlantiks den Osten Asiens zu suchen, sondern auch Nachrichten und Beschreibungen von all den Schätzen und
Reichtümern Asiens, die das Unternehmen lukrativ erscheinen ließen. Kolumbus war bestens auf Marco Polos China und das Reich des mongolischen Großkhans präpariert, als er am 3. August 1492 von Palos an der
spanischen Westküste abfuhr. Sogar ein Empfehlungsschreiben, das auf die
früheren Verbindungen abhob, führte er mit sich.[16]

Dass er den Großkhan nicht antraf und statt der erwarteten Großstädte
nur dürftige Weiler, statt geschäftiger Häfen nur stille Buchten vorfand, hat
ihn kaum irritiert. Denn viele seiner Beobachtungen stimmten mit den Erwartungen überein: Die Zahl der karibischen Inseln lag scheinbar so hoch
wie die der Philippinen und die Gesichtszüge der Indianer erinnerten an die
von Tataren. Haïti identifizierte Kolumbus mit Japan, Jamaica mit Java,
Costa Rica mit Vietnam und scharfen Chili mit indischem Pfeffer. In karibischen Menschenfressern erblickte er die Leute des Großkhans; seitdem
sind wir gewohnt, von Kan(n)ibalen zu sprechen. Anderes konnte man mit
Gewalt zurechtbiegen, um auch dort noch ein Stück Asien zu finden, wo
sich schon Amerika abzeichnete. So machte er irgendwo an der mittelamerikanischen Küste das antike Volk der iranischen Massageten ausfindig. An

---

[15] Reichert, Folker: Columbus und Marco Polo - Asien in Amerika. Zur Literaturgeschichte der Entdeckungen, in: Zts. f. hist. Forsch. 15 (1988), S. 1 - 63,
    hier S. 62 f.
[16] Wehle, Winfried (Hg.): Das Columbus-Projekt. Die Entdeckung Amerikas aus
    dem Weltbild des Mittelalters, München 1995; Reichert, Erfahrung (Anm. 5),
    S. 207 ff.; Flint, Valerie I. J.: The Imaginative Landscape of Christopher Columbus, Princeton 1992.

ihren losen, allzu freizügigen Sitten könne man sie erkennen. Denn davon hatte er in seinen Büchern gelesen.[17]

Wenn man Kolumbus übel will, dann waren seine vier Reisen nach Amerika ein einziges hermeneutisches Desaster. Was er sah, hat er nicht begriffen, und wenn er etwas zu begreifen glaubte, dann stützte er sich auf Texte, die ganz anderes beschrieben als das, was er sah. Meines Erachtens wird man der Persönlichkeit des Kolumbus und der Situation, in der er sich befand, aber nur dann gerecht, wenn auch die Voraussetzungen und die Umstände seines Unternehmens bedacht werden. Er hatte sein Vorhaben theoretisch begründet, mit dem Studium der Bücher sich intellektuell munitioniert und mit dem Versprechen, im Westen den Osten Asiens zu erreichen, die eigenen Wahrnehmungen präjudiziert. Seine Erfahrungen vor Ort widersprachen den Unterlagen seines Wissens nicht völlig, sondern ließen die gewünschten Deutungen gerade noch zu. Er war durchaus bereit, einige seiner Vermutungen zu korrigieren; doch an ihrem Kern: der Annahme, mit Haïti, Kuba und den mittelamerikanischen Küsten den äußersten Zipfel Ostasiens erreicht zu haben, hielt er unbeirrt und meines Erachtens nicht völlig zu Unrecht sein Leben lang fest.

III. Felix Fabri

Auf ganz anderen Schauplätzen trieb sich der Ulmer Dominikaner Felix Fabri (1438 - 1502) herum. Zweimal, 1480 und 1483, reiste er als Pilger zum Heiligen Land und nach Jerusalem, im zweiten Anlauf auch nach Ägypten und zum Katharinenkloster auf dem Sinai. Norditalien und die griechischen Inseln, Adria und Levante waren ihm vertraut, von den islamischen Ländern wusste er mehr als die Meisten.[18] Über beide Reisen schrieb Fabri ein Buch von monumentaler Geschwätzigkeit, informativ, assoziativ, weitschweifig und exzessiv persönlich zugleich. Obwohl Schweizer von Geburt und Schwabe durch Gewöhnung, ließ er sich keine Gelegenheit

---

[17] Reichert, Columbus (Anm. 15), S. 34 ff.; ders.: Columbus und das Mittelalter. Erziehung, Bildung, Wissen, in: GWU 44 (1993), S. 428 - 450, hier S. 440 ff.

[18] Zu Felix Fabri vgl. Paravicini, Werner (Hg.): Europäische Reiseberichte des späten Mittelalters. Eine analytische Bibliographie, Teil 1: Deutsche Reiseberichte, bearb. von Halm, Christian, 2. Aufl., Frankfurt a.M. 2001, S. 195, 210 ff., 547 ff.

entgehen, von seinen Erlebnissen, Anschauungen und Empfindungen zu berichten.[19]

Mit Muslimen hatte er bei verschiedenen Gelegenheiten zu tun und nicht immer gab es Anlass zur Klage. Ein Besuch im „Haus des Pilatus" in Jerusalem wurde ihm ausnahmsweise ermöglicht und in Gaza durfte er sogar einen Blick hinter den Schleier tun und die Gesichter einiger palästinensischer Damen betrachten. Zwar erschrak er über die Gesichter der Dienerinnen; denn diese kamen aus Afrika und waren schwarz wie Kohle – *sicut carbones*, aber als dann auch deren Herrinnen den Gesichtsschleier abnahmen, da fand er sie weiß und schön – *albae et formosae*.[20] Bei der Ankunft in Jaffa traf er den Eseltreiber von der ersten Reise wieder. Dieser half ihm beim Ritt nach Jerusalem, so gut er konnte, und teilte mit dem Christen seine Speisen. Fabri seinerseits hatte dem Araber zwei eiserne Steigbügel mitgebracht und zur Begrüßung geschenkt. Denn eine Freundschaft war damals entstanden.

Dennoch ließ sich Fabri in seinen Grundsätzen nicht erschüttern. Seine Haltung zum Islam stimmte mit dem herkömmlichen Bild von Mohammed und den Muslimen überein. Es bestand aus einer Reihe von Vorurteilen und Stereotypen, die auf folgenden Grundannahmen aufbauten (die im übrigen bis heute nachwirken):

1. Der Islam ist religionsgeschichtlich ein Ableger des Christentums. Mohammed und die Muslime galten als Renegaten, seine Lehren als Häresie.
2. Mohammed stiftete die neue Religion aus persönlichen Motiven. Auch die von jeher augenfälligen Verbote des Genusses von Schweinefleisch und Alkohol wurden von christlichen Autoren mit der Biografie des Propheten begründet.
3. Mohammed genießt übertriebene, ja göttliche Verehrung. Der Islam ist eine polytheistische Religion. Seine Anhänger machen sich des Götzendiensts schuldig.
4. Der Islam erlaubt den Muslimen eine unmäßige und ausschweifende Lebensführung, vor allem in sexueller Hinsicht. Das Le-

---

[19] Fabri, Felix: Evagatorium in Terrae Sanctae, Arabiae et Egypti peregrinationem, 3 Bde., ed. Hassler, Cunradus Dietericus (Bibliothek des Litterarischen Vereins in Stuttgart 2 - 4), Stuttgart 1843 - 1849.

[20] Ebd., Bd. 2, S. 373. Vgl. dazu Reichert, Fremde Frauen (Anm. 12), S. 172.

ben der Muslime erschien als „Schwelgerei" (*luxuria*) und „Unzucht" (*fornicatio*), als sündhaft in christlichem Sinn.[21]

Auch für Felix Fabri war der Koran „ein säuisches Gesetz", die islamische Gemeinschaft eine „perverse Sekte", die den Teufel verehre, „gotteslästerlich", „abergläubisch und immer falsch" (*secta Sarracenorum perversissima, blasphemans, superstitiosa et falsa semper*) und auch er kolportierte die Geschichte, Mohammed habe den Genuss alkoholischer Getränke nur deshalb verboten, weil er selbst im Vollrausch den Tod seines besten Freundes verschuldet habe. Wie ein Gott werde er in Mekka verehrt, wo sein eiserner Sarkophag auf magische Weise schwebend in der Luft gehalten werde. Im übrigen gelte der Kult in der Wüste nicht dem einzigen Gott, sondern der Göttin Venus, der „schamlosesten Hure" (*impudicissimae meretrici*). Dies könne man – so Felix Fabri – schon daran erkennen, dass die Muslime nicht den Samstag oder Sonntag, sondern ausgerechnet den Freitag als geheiligt betrachteten. Dieser aber heiße auf Latein: *dies Veneris*, der Tag der Venus.[22] Der lateinische Kalender konnte mittels willkürlicher Assoziationen dazu dienen, die Religion der Muslime zu diffamieren.

Fabris Bild der Muslime entspricht voll und ganz den tradierten Urteilen. Es gibt ein Beispiel dafür, dass religiöse und ethnische Stereotypen oft auch dann noch überdauern, wenn die persönliche Erfahrung eigentlich zu ganz anderen Haltungen und Denkweisen hätte führen müssen. Reisen kann zwar den Horizont weiten, dennoch macht Welterfahrung nicht immer weltklüger.

IV. Ergebnisse

Drei Beispiele, drei Fälle. Sie handelten von kulturellen Mustern der Wahrnehmung und von literarischem Vorwissen, schließlich auch von der Beharrlichkeit der Stereotypen. Andere, freilich weniger prominente Bei-

---

[21] Zum europäischen Islambild vgl. Daniel, Norman: Islam and the West. The Making of an Image, Edinburgh 1960; Southern, Richard W.: Das Islambild des Mittelalters, Stuttgart 1981; Rotter, Ekkehart: Abendland und Sarazenen. Das okzidentale Araberbild und seine Entstehung im Frühmittelalter (Studien zur Sprache, Geschichte und Kultur des islamischen Orients NF 11), Berlin/New York 1986; Luchitskaya, Svetlana: The Image of Muhammad in Latin Chronography of the Twelfth and Thirteenth Centuries, in: Journal of Medieval History 26 (2000), S. 115 - 126.

[22] Fabri: Evagatorium (Anm. 19), Bd. 2, S. 117.

spiele ließen sich anfügen. Denn jeder Reisende hat nicht nur reales, sondern auch geistiges, intellektuelles Gepäck bei sich. Oft ist es hinderlich, wenn es darum geht, die Erscheinungsformen einer fremden Kultur zu verstehen. Aber voraussetzungslos ist niemandes Blick und Fremdes zu begreifen, bedarf der Begriffe. Die aber sind nur im Erfahrungsraum des Betrachters zu finden. Reisende erinnerten sich daher gerne der heimischen Verhältnisse und verglichen das, was sie sahen, mit dem, was sie kannten. Nur so gelang ihnen die Einordnung des Neuen in das Vertraute, des Unbekannten in den eigenen Horizont.[23] Sogar Stereotypen konnten dabei helfen, gegenüber einer irritierenden Fremde einen scheinbar sicheren Standpunkt zu gewinnen. Denn gerade an den Grenzen der kulturellen Erfahrung kam es erst einmal darauf an, sich der eigenen Maßstäbe zu vergewissern.

Grenzen zu überschreiten, war gleichwohl möglich. Marco Polo tat es, als er sich an das Leben und Denken der Mongolen gewöhnte. Felix Fabri überwand eine Grenze, als er mit einem muslimischen Eseltreiber Freundschaft schloss. Weitere Beispiele einer „teilnehmenden Beobachtung" ließen sich anfügen:

- Wilhelm von Rubruk, Franziskaner, Missionar und Bote Ludwigs des Heiligen zu den Mongolen (1253 - 1255), litt sichtlich darunter, von seinen Gastgebern nicht ernst genommen zu werden, da er allzu unscheinbar auftrat; aber nach seiner Heimkehr vermisste er die Steppe und ihre Bewohner; sogar an vergorener Stutenmilch und Pferdewürsten fand er allmählich Gefallen.[24]
- Odorico da Pordenone, ebenfalls Missionar aus dem Franziskanerorden, sammelte in Indien und China weniger Täuflinge als persönliche Erfahrungen (ca. 1314 - 1330); zum Teil waren sie eindringlicher und genauer als die Marco Polos.[25]

---

[23] Vgl. Esch, Arnold: Anschauung und Begriff. Die Bewältigung fremder Wirklichkeit durch den Vergleich in Reiseberichten des späten Mittelalters, in: HZ 253 (1991), S. 281 - 312.

[24] Wyngaert, Anastasius van den (Hg.): Sinica Franciscana. Itinera et relationes fratrum minorum saeculi XIII et XIV, Bd. 1, Quaracchi 1929, S. 164 - 332; Jackson, Peter (Hg.): The Mission of Friar William of Rubruck. His Journey to the Court of the Great Khan Möngke 1253 - 1255, London 1990.

[25] Van den Wyngaert: Sinica (Anm. 24), S. 413 - 495; Die Reise des seligen Odorich von Pordenone nach Indien und China (1314/18 - 1330), übersetzt, eingeleitet und erläutert von Reichert, Folker, Heidelberg 1987.

- Bertrandon de La Broquière bereiste im Auftrag Herzog Philipps des Guten von Burgund den Nahen Osten, um die Möglichkeiten eines neuen Kreuzzugs zu erkunden (1432 - 1433); zunächst als Heiliglandpilger, dann als Sklave verkleidet, lernte er die Lebensweise der (osmanischen) Türken näher kennen und fand an deren Rechtschaffenheit und Frohsinn zusehends Gefallen.[26]
- Georg von Ungarn (aus Mühlbach in Siebenbürgen) geriet als junger Mann in türkische Gefangenschaft, in der er zwanzig lange Jahre verblieb (1438 - 1458); als Haussklave eines „gütigen und weisen" Herrn nahm er an religiösen Feierlichkeiten teil, lernte die ekstatischen Praktiken der Mevlevî-Derwische kennen und erwog sogar die Konversion zum Islam; mit einer Art Lebensbeichte schrieb er sich seine Gewissensbisse von der Seele.[27]

Als kulturelle Grenzgänger und Überläufer hat man all jene Reisenden bezeichnet, die sich auf ihr kulturelles Gegenüber einließen und zeitweilig wie die Einheimischen lebten, also eine Art „going native" praktizierten.[28] Es sind die Paradebeispiele für Grenzüberschreitungen in der Geschichte des Reisens. Andere warfen wenigstens Blicke in fremde Lebenswelten und konnten so den Horizont ihres Wissens mehr oder weniger erweitern. Neugier, obwohl seit Augustinus verdächtig, zeigte sich dabei.[29]

Reisen erweist sich somit als ein Geschehen mit offenem Ausgang. Es kann Pfade des Verstehens erschließen oder aber in Sackgassen führen. Man kann unterwegs die Vielfalt der Kulturen erfahren oder aber (was

---

[26] La Broquière, Bertrandon de: Le Voyage d'Outremer de Bertandon de La Broquière, premier écuyer tranchant et conseiller de Philippe le Bon, duc de Borugogne, publié et annoté par Schefer, Ch. (Recueil de voyages et de documents pour servir à l'histoire de la géographie 12), Paris 1892; Kline, Galen R.: The *Voyage d'Outremer* by Bertrandon de la Broquière, New York u.a. 1988.

[27] Georgius de Hungaria: Tractatus de moribus, condictionibus et nequicia Turcorum, hg. von Reinhard Klockow (Schriften zur Landeskunde Siebenbürgens 15), Köln u.a. 1993.

[28] Kohl, Karl-Heinz: „Travestie der Lebensformen" oder „kulturelle Konversion"? Zur Geschichte des kulturellen Überläufertums, in: Ders.: Abwehr und Verlangen. Zur Geschichte der Ethnologie, Frankfurt a.M./New York 1987, S. 7 - 38.

[29] Vgl. Stagl, Justin: Eine Geschichte der Neugier. Die Kunst des Reisens 1550 - 1800, Wien/Köln/Weimar 2002.

Jean-Jacques Rousseau den Europäern ganz allgemein unterstellte)[30] immer nur bei sich selbst ankommen. Dies gilt für die Reisenden des Mittelalters so gut wie für uns heute. Darüber auch und gerade im Geschichtsunterricht zu sprechen, halte ich für ungemein wichtig.

[30] Rousseau, Jean-Jaques: Diskurs über die Ungleichheit - Discours sur l'inégalité. Kritische Ausgabe von Meier, Heinrich, Paderborn 1984, S. 338 ff. (Anm. 10).

Bea Lundt

MEDIÄVISTISCHE GENDERFORSCHUNG.
Fragestellungen - Forschungsergebnisse -
Geschichtsdidaktische Überlegungen

Bodo von Borries zu seinem 60. Geburtstag 2003

I.
Das Fallbeispiel Hildegard von Bingen

Viele Namen von Frauen aus den mittelalterlichen Jahrhunderten finden sich bis heute nicht in den Überblicksdarstellungen und Nachschlagewerken. Aber: Alle kennen Hildegard von Bingen (1098 - 1179) und alle lieben sie. Ihr 900. Geburtstag im Jahre 1998 wurde mit großer Anteilnahme gefeiert: von Feministinnen und Nonnen, Musikern und Kirchenmalern, von Mädchengymnasien und Kegelklubs, von der esoterischen Szene, von Reformhäusern, Gastronomie und Tourismusbranche. Die Würdigungen von Leben und Werk Hildegards zeugen denn auch von ganz unterschiedlichen inhaltlichen, identifikatorischen, ja kommerziellen Bedürfnissen und Interessen. Betont wird etwa ihre universale Begabung als Wissenschaftlerin, Künstlerin, Visionärin, Ärztin oder ein jeweils gewünschter Teilaspekt. Die Mediävisten freilich äußerten sich eher verärgert über diese Begeisterung einer breiten Öffentlichkeit für eine Gestalt ihres Faches. Der Bochumer Philosoph K. Flasch warnte nachdrücklich vor dem „Hildegardtrubel", der der historischen Persönlichkeit Hildegards nicht gerecht werde, ja sie verfälsche und missbrauche.[1] Die Autorinnenschaft Hildegards an vielen der ihr zugeschriebenen Schriften sei völlig ungesichert. In ihren religiösen Visionen habe sie eine symbolistisch orientierte ältere Tradition fortgesetzt. Man könne also keine innovative Wissenschaftlerin in ihr sehen, denn als zukunftsweisend habe sich die an den neuen Universitäten entstehende scholastische Lehre erwiesen, die sie stets ablehnte.

In der Tat wird die Progressivität Hildegards nicht nur aus der Sicht der Philosophiegeschichte in Frage gestellt. Angesichts des Aufstieges der Städte mit ihren neuen Lebensformen gerade auch für Frauen repräsentierte

---

[1] Flasch, Kurt: Wenn Hildegard die Stimme hob, hatten die Priester nichts zu lachen, in: Frankfurter Allgemeine Zeitung 14. April 1998, S. 42.

sie das traditionelle ländliche Klosterwesen mit seiner monastisch-elitären Basis. Sie begriff nicht den Aufbruch und die Intentionen der religiösen Frauenbewegung, die sich gegen die Amtskirche richtete und Teilhabe am geistlich-kulturellen Leben auch für jene Frauen forderte, die weniger vermögenden und angesehenen sozialen Milieus entstammten. Ja, sie sorgte gar für die Fortsetzung der hierarchischen Exklusivität in ihrem Kloster, führte ein herrisches Regiment über ihre Mitschwestern, lehnte Judentum und Islam ab und zelebrierte gerne die liturgischen Rituale der reichen, der prunkvollen Kirche; eine Provokation und Einschüchterung für jene, die im Umkreis der Bettelorden das Armutsideal neu akzentuierten.

Die Kritik am „Hildegard-Kult" verhallte nicht ungehört. Die Nachlese zu dem Jubiläums-Jahr brachte gleich mehrere Tagungsbände hervor, die von vielfältiger Erforschung Hildegards auf der Basis gesicherter Texterschließung, auch mit Hilfe neuer Medien, berichten.[2] Selbst die Honoratioren der Stadt Bingen - die lokale Verwurzelung der so leidenschaftlich vereinnahmten „großen Tochter" hatte K. Flasch ebenfalls bestritten – erklärten nun, es müsse ein „reinigendes Fegefeuer" entfacht werden, um den „für viele beziehungslos schwebenden Lichtengel Hildegard zu erden".[3]

Doch wo findet die mittelalterliche Gestalt heute ihren irdischen Ort? Das lange Leben Hildegards, die fast das ganze 12. Jahrhundert - gleichsam eine Schlüsselphase für den „Aufbruch" Europas[4] - erlebte, ist offenbar gut geeignet, um sich phantasievoll gestalten zu lassen. Die Gattung der Biografie provoziert ohnehin eine Identifikation von Autor und Autorin mit der Titelfigur, in deren Vita ein erwünschter Sinn nachträglich als Kontinuität hineingesehen wird. So erschien auch angesichts der Bemühungen um eine Entmythifizierung Hildegards 2001 eine Biografie aus der Feder

---

[2]   Bäumer-Schleinkofer, Änne (Hg.): Hildegard von Bingen in ihrem Umfeld – Mystik und Visionsformen im Mittelalter und früher Neuzeit, Würzburg 2001; Berndt, Rainer (Hg.): Im Angesicht Gottes suche der Mensch sich selbst. Hildegard von Bingen (1098 - 1179), Berlin 2001; Haverkamp, Alfred (Hg.): Hildegard von Bingen in ihrem historischen Umfeld. Internationaler wissenschaftlicher Kongress zum 900jährigen Jubiläum 1998 Bingen am Rhein. Mainz 2000. Vgl. dazu meine Doppelrezension in: HPB 50 (2002), S. 259-261.

[3]   Collin-Langen, Birgit (Oberbürgermeisterin der Stadt Bingen): Geleitwort, in: Haverkamp (Hg.) 2000, S. 11-12, hier S. 11.

[4]   Über die „Hildegard-Zeit" vgl.: Borgolte, Miachael: Europa entdeckt seine Vielfalt 1050 - 1250 (Handbuch der Geschichte Europas, Bd. 3), Stuttgart 2002.

einer Wissenschafts-Journalistin, die Hildegards besondere Eignung, als „Kultfigur" vereinnahmt zu werden, zwar thematisiert, im Grunde aber eine einseitig beschönigende Sicht auf Hildegard fortsetzt und ihre Schwächen apologetisch wohlwollend umdeutet.[5]

Aber auch den „Ort" der Kritiker an den Lobreden gilt es näher zu kennzeichnen. Mit seinem polemischen Statement, „draußen tobt das Hildegard-Jahr", markierte K. Flasch eine unüberbrückbare Distanz zwischen einem Innen- und einem Außenraum: Wer sich aus einem gesicherten „Drinnen" zu Wort meldet, nimmt die Autorität der verbindlichen Deutungsmacht für sich in Anspruch und setzt jene zumeist weiblichen Anhänger Hildegards, die er als unwissende, ja auch motorisch ungeordnet agierende Existenzen kennzeichnet, vor die Tür.

Der hektische Streit um die widersprüchliche Rezeption einer der ganz wenigen bekannten weiblichen Figuren aus den mittelalterlichen Jahrhunderten macht nachdenklich und wirft vielfältige Fragen auf. Denn auch die Anhängerinnen Hildegards haben gute Gründe, ihre Position zu verteidigen. Reicht die gesicherte Leistung nicht aus, so wird etwa gefragt, um ihr ein Podest zu errichten? Von der Kirche offiziell als Prophetin anerkannt, galt sie bei den Großen ihrer Zeit als Autorität, deren Meinung geschätzt wurde. Ihre Weltoffenheit und Mobilität sind unbestritten und für eine Klosterfrau ihrer Zeit außerordentlich. Kann man eine historische Person überhaupt an heutigen Idealen von Demokratie, Gleichheit, Sparsamkeit messen? Darf ihr Lebenswerk beurteilt werden nach fachlichen Gesichtspunkten, die sich letztendlich durchsetzten; gilt es nicht gerade die Ausnahmeleistung gegenüber dem „mainstream" ihrer Zeit zu würdigen? Und wie steht es mit dem Kriterium der Authentizität von Schriften, die in einer Zeit entstanden, als die individuelle AutorInnenschaft noch nicht bei der VG-Wort registriert und rechtlich geschützt war? Müssen nicht umgekehrt überlieferte Werke im Zweifelsfall gerade positiv solange als von Hildegard stammend betrachtet werden, bis nicht Fachleute sie eindeutig falsifiziert haben? Wird eine weibliche Gestalt hier mit einem anderen Maßstab gemessen, als es für männliche Protagonisten üblich ist? Was ist nicht alles in entsprechenden Gedenkjahren veranstaltet worden zur Feier von Gutenberg, Luther und Bismarck! Schließlich folgt Panegyrik, das „Herrscher-

---

[5] Beuys, Barbara: Denn ich bin krank vor Liebe. Das Leben der Hildegard von Bingen, München/Wien 2001, S. 11. Vgl. dazu meine kritische Rezension „Multitalent mit Visionen", in: Frankfurter Rundschau 2.5.2002, S. 20.

lob", so wird es bei Festivitäten immer wieder betont, anderen Kriterien als
der historischen Wahrheit. Warum sollte diese Textgattung, die bereits im
Namen trägt, dass sie an männlichen Beispielen entwickelt wurde, nicht
auch einmal auf eine Frau angewandt werden? Und: Ist es denn auf dem
erreichten Stand der Genderforschung über die mittelalterlichen Jahrhunderte nicht sachlich und eindeutig zu klären, wer Hildegard war?

Gender-Themen über die mittelalterlichen Jahrhunderte polarisieren
noch immer die Gemüter und es wird zugleich Nähe und Distanz mit ihnen
verbunden. Zum einen herrschen Berührungsangst und Unsicherheit, wie
mit der Problemdimension ferner Geschlechterwelten umzugehen sei und
wie sie in Unterricht und in der öffentlichen Diskussion gehandhabt werden können. Zum anderen stellen sie Angebote und Exempel für menschliches Handeln als Mann und Frau dar, die auf hochaktuelle Weise mit unserer Identität verwoben und tauglich sind, Antworten auf virulente Fragen
der Gegenwart zu geben.

Ich möchte im Folgenden den Ort der Genderforschung des Mittelalters
kennzeichnen. Dabei kann es nicht darum gehen, Einzelergebnisse aufzu-
listen - dafür verweise ich auf die Forschungsberichte und Zusammenfas-
sungen, welche die Phasen der Entwicklung der Genderforschung begleiten
und dokumentieren.[6] Vielmehr werde ich mich auf einige ausgewählte

---

6   Röckelein, Hedwig: Neue Historische Literatur. Historische Frauenforschung.
     Ein Literaturbericht zur Geschichte des Mittelalters, in: HZ 255 (1992), S. 377
     - 409; Baumgärtner, Ingrid: Eine neue Sicht des Mittelalters? Fragestellungen
     und Perspektiven der Geschlechtergeschichte, in: Fößel, Amalie/Kampmann,
     Christoph (Hg.): Wozu Historie heute?, Köln u.a. 1996, S. 29 - 44; Goetz,
     Hans-Werner: Frauen in Früh- und Hochmittelalter. Ergebnisse der Forschung,
     in: Kuhn, Annette/Lundt, Bea (Hg.): Lustgarten und Dämonenpein. Konzepte
     von Weiblichkeit in Mittelalter und Früher Neuzeit, Dortmund 1997, S. 21 -
     28; Signori, Gabriela: Frauengeschichte/Geschlechtergeschichte/Sozialge-
     schichte. Forschungsfelder-Forschungslücken: Eine bibliographische Annähe-
     rung an das spätere Mittelalter, in: ebd. S. 29 - 53; Affeldt, Werner: Frauen und
     Geschlechterbeziehungen im Frühmittelalter. Ein Forschungsbericht, in: Medi-
     aevistik 10 (1997), S. 15 - 156. Einen gewissen Überblick über Forschungs-
     stand und Forschungsergebnisse bietet auch der populärwissenschaftliche
     Band: Kuhn, Annette /Pitzen, Marianne (Hg.): Stadt der Frauen. Szenarien aus
     spätmittelalterlicher Geschichte und zeitgenössischer Kunst (Frauen-Museum
     Bonn), Zürich/Dortmund 1994. Vgl. auch die Literaturberichte zur frühneuzeit-
     lichen Genderforschung von Ulbrich, Claudia: Aufbruch ins Ungewisse. Femi-
     nistische Frühneuzeitforschung, in: Fieseler, Beate/Schulze, Birgit (Hg.): Frau-
     engeschichte: gesucht-gefunden?, Köln u.a. 1991; dies.: Frauen- und Ge-

Publikationen aus den letzten Jahren beschränken. Ich fasse Diskussionen über solche zentralen Bereiche zusammen, in denen unterschiedliche, ältere und neuere Bilder aufeinanderprallen und Kontroversen herausgearbeitet werden können. Es sind dies die Fragen nach „Zeit", „Ort" und „Sinn". Bei der ersteren handelt es sich um die zentrale Variable für die Definition von Ordnungsvorstellungen im historischen Kontinuum. Danach werde ich zwei Schwerpunkte für die Konstruktion des sozialen Raumes aufgreifen: das Leben in der Familie und die Frage nach Arbeit und Status innerhalb der Standesgesellschaft mit den Polen „Herrschaft" und „Knechtschaft" bzw. Abhängigkeit. Die „Sinnkomponente" lässt sich innerhalb der mittelalterlichen Jahrhunderte an den weiblichen Leitbildern Eva und Maria verdeutlichen, die sich in den vielfältigen Existenzangeboten für ein „jungfräuliches" Leben innerhalb der religiösen Welt realisieren. Zuletzt möchte ich der Erforschung männlicher Identitäten einen Abschnitt widmen. Ich möchte die Bedeutung dieser Themenkreise für die Korrektur veralteter Geschichtsbilder und Leitvorstellungen über Genderwelten herausarbeiten und einige Überlegungen zur Verbindung dieser Forschung mit der geschichtsdidaktischen Arbeit formulieren.

II.
Der aktuelle Ort der Genderforschung

Auffallend ist sicher, dass die mediävistische Genderforschung zum Hildegard-Jahr und den in ihm aufbrechenden Kontroversen nichts Fundamentales beizutragen wusste. Kein Wunder also, dass die schon länger verbreitete Vorstellung, es gäbe eine „Frauensicht" und eine „wissenschaftliche", neue Nahrung erhielt. Wenn ich am Beispiel Hildegards das Fortbestehen symbolischer Orte einer dominanten Geschichtsdeutung und einer ausgegrenzten Sicht behauptet habe, so ist dies aber zweifellos nur eine grobe Orientierungsfigur, und, wie alle zweipoligen Konstruktionen, wenig geeignet, die Situation zu beschreiben, in der die Frauen- und Geschlechtergeschichte, vor allem die mediävistische Genderforschung, sich befindet.

---

schlechtergeschichte, Tl. I: Renaissance, Humanismus und Reformation, in: GWU 45 (1994), S. 108 - 120. Für die englischsprachige Forschung ist der *Medieval Feminist Newsletter* maßgeblich, der seit 1986 zweimal jährlich erscheint, z.Zt. unter dem Titel: *Medieval Feminist Forum*.

In der Tat geht die Forschung über Frauen und Männer in der Geschichte zur Zeit ganz andere Wege. Sie hat die Pointierung „großer" Frauengestalten, die den männlichen Akteuren in der Geschichte entgegengestellt werden sollten, als unzureichende pure „Addition" kritisiert, die Frauen nur wiederum an den traditionellen männlichen Kriterien vom spektakulären Wirken in der Öffentlichkeit messe. Dagegen hat sie darauf beharrt, dass alle Frauen als historische Subjekte sichtbar gemacht werden müssten und könnten, indem Geschichte als eine allgemeine Kulturwissenschaft neu definiert werde,[7] die sich mit dem Alltag, den kulturellen Akten und symbolischen Artikulationen aller Menschen befasse. Nicht nur Frauen gelte es zudem zu erforschen, sondern beide Geschlechter müssten in ihrer wechselseitigen Bezogenheit als Genderwesen verstanden werden. Damit hat die ältere „Frauengeschichte" sich zur „Geschlechterforschung" gewandelt. Geschlecht, so wurde gefordert, müsse als eine allgemeine historische Kategorie wie Nation, Klasse oder Schicht auf die verschiedensten historischen Phänomene hin angewandt werden. Während die angelsächsischen Länder zwischen einem biologisch-gegebenen (sex) und einem sozial-erworbenen Geschlecht (gender) unterscheiden, gibt es im Deutschen keine entsprechende Differenzierung. Daher wurde der englische Begriff „Gender" übernommen. Inzwischen wurde dieser aber in Frage gestellt, da er einen „essenzialistischen" Dualismus von männlich-weiblich implizierte. Der statischen Polarität konträr einander gegenüberstehender Geschlechterwelten wird entgegengehalten, dass erst auf vielfältige Weise, durch verbale Deutungen oder praktisches Handeln, „gemacht", „konstruiert" oder auch „getan" (Doing-Gender-Konzept) wird, was innerhalb einer Gesellschaft als männlich oder weiblich gilt.[8] Diese Definitionen und Konzepte von Geschlecht gilt es in ihrem Wandel zu erforschen.

---

[7] Zur Konzeption dieser neuen Ansätze vgl. Dinges, Martin: Neue Kulturgeschichte, in: Eibach, Joachim/Lottes, Günther (Hg.): Kompass der Geschichtswissenschaft. Ein Handbuch, Göttingen 2002, S. 179 - 192 sowie Chartier, Roger: New Cultural History, in: ebd., S. 193 - 205 u. Burghartz, Susanna: Historische Anthropologie/Mikrogeschichte, in: ebd., S. 206 - 218.

[8] Vgl. dazu vor allem Scott, Joan W.: Gender. A Useful Category of Historical Analysis, in: AHR 91 (1996), S. 1053 - 1075, 1067 sowie verschiedene Beiträge in dem Band: Honegger, Claudia/Arni, Caroline (Hg.): Gender. Die Tücken einer Kategorie (Beiträge zum Symposion anlässlich der Verleihung des Hans-Sigrist-Preises 1999 der Universität Bern an Joan W. Scott), Zürich 2001. Vgl. auch Aegerter, Veronika u.a. (Hg.): Geschlecht hat Methode. Ansätze und Perspektiven in der Frauen- und Geschlechtergeschichte, Zürich 1999.

Die Genderforschung hat eine ganze Reihe anderer methodisch und inhaltlich innovativer Entwicklungen innerhalb der historischen Wissenschaften entscheidend mitgeprägt und vorangetrieben. Sie überschneidet sich daher zum Teil auch personell mit Alltagsgeschichte, Körperforschung, Mentalitätengeschichte und der historischen Anthropologie. Unter letztere rechnet der Hamburger Mediävist H.-W. Goetz, selber ein profilierter Genderforscher[9], die mittelalterliche Frauen- und Geschlechtergeschichte.[10] Die zunehmende Ausdifferenzierung der Historizität des Wissens über die unterschiedlichen Lebensbereiche, in denen Männer und Frauen auf besondere Weise als Geschlechtswesen agieren, führt dazu, dass Ergebnisse spezialisierter Nachbardisziplinen hinzugezogen werden[11]: insbesondere solche der Familiengeschichte, der historischen Demografie, der sich neu konstituierenden historischen Sozialisationsforschung.[12] Ohnehin hat sich die Mediävistik schon immer deutlicher als die Neuzeitforschung als interdisziplinärer Arbeitszusammenhang definiert und organisiert.[13] Mehr und mehr öffnet sich das Interesse jetzt auch solchen Arbeitsbereichen, die traditionell unter die Naturwissenschaften gerechnet wurden und der Erforschung von Umwelt, Sexualität, Ernährung, Klima, Hygiene, von Gesundheit und Krankheit des menschlichen Körpers dienen sowie sich seinem Verhältnis zur Tier- und Pflanzenwelt zuwenden. Solche Per-

---

[9] Vgl. etwa zuletzt seine Monographie: Goetz, Hans-Werner: Frauen im frühen Mittelalter. Frauenbild und Frauenleben im Frankenreich, Weimar u.a. 1995.

[10] Goetz, Hans-Werner: Moderne Mediävistik. Stand und Perspektiven der Mittelalterforschung, Darmstadt 1999, Kapitel: Mittelalterliche Frauen- und Geschlechtergeschichte, S. 318 - 329, zur Begründung: S. 318. Erst das folgende Kapitel widmet er der „Mediävistik als ‚Historische Kulturwissenschaft'". Über die Abgrenzung und Zuordnung lässt sich streiten, sie belegt jedenfalls, dass die Begriffe in der augenblicklichen Diskussion nicht trennscharf sind.

[11] Als Beispiel für die interdisziplinäre Genderforschung vgl. etwa die Sammelbände: Kasten, Ingrid u.a. (Hg.): Kulturen der Gefühle in Mittelalter und Früher Neuzeit (Querelles. Jahrbuch für Frauenforschung Bd. 7), Stuttgart/Weimar 2002 sowie Stafford, Pauline/Mulder-Bakker, Anneke B. (Hg.): Gendering the Middle Ages, Oxford/Malden 2001.

[12] Vgl. dazu die Überblicksdarstellung von Gestrich, Andreas: Vergesellschaftungen des Menschen. Einführung in die Historische Sozialisationsforschung, Tübingen 1999, die freilich zu der Epoche des Mittelalters wenig zu sagen weiß.

[13] Der Mediävistenverband ist ein Zusammenschluss von Vertretern aller Fächer, die sich mit dem Mittelalter beschäftigen.

spektiven werden in der historischen Genderforschung wiederum in ihre sozialen Bezüge und symbolischen Sinnsysteme zurückversetzt.[14]

Zugleich mit dem Wissen um die Mechanismen, die innerhalb des gesellschaftlich-historischen Prozesses definieren, was Männlichkeit und was Weiblichkeit ausmacht und wie sie sich jeweils artikuliert, wächst aber auch die Einsicht in die Konstruktionen der geschichtswissenschaftlichen Rezeption von Historie. So hat sich die Erkenntnis durchgesetzt, dass auch unsere Bilder von Geschichte nicht immer gesicherte Erkenntnisse spiegeln, sondern dass sie interessegeleitete „Konstruktionen" sind. In die unendliche Fülle von Fakten bringen Menschen Ordnung, Struktur, Kontinuität und Bruch. Dabei bedienen sie sich immer der Erzählung mittels Sprache, die wiederum eigenen, den „narrativen" Strukturen folgt.[15]

Die Theoriediskussion hat sich als äußerst innovativ erwiesen. Sie ist kontrovers, anspruchsvoll und keineswegs abgeschlossen. Es sei an der Zeit, „neue Geschlechterdebatten zu eröffnen", so fordern die Herausgeberinnen des Fachorgans für die historische Genderforschung *L'Homme. Zeitschrift für Feministische Geschichtswissenschaft* 2003. Und sie ermuntern nachdrücklich ihre LeserInnen dazu, „sich daran zu beteiligen."[16] Diese Einstellung mag manche Rezipienten befremden, die nach verbindlichen Aussagen suchen. Sie kann aber auch jene beruhigen, die angesichts der Komplexität der Argumente nicht nur Überblick und Geduld verlieren, sondern bisweilen in Verzweiflung geraten darüber, wie sich diese hochkomplizierte Diskussion in didaktischen Problemstellungen manifestiert und umsetzen lässt.

In der Tat ist die augenblickliche Situation äußerst lebendig. Die Bedeutung der Genderforschung ist international unbestritten, kein Einführungs-Reader ohne einen Gender-Artikel,[17] kaum eine große Tagung ohne ent-

---

[14]   Die Interdisziplinäre Jahrestagung 2003 des *Arbeitskreises Historische Frauen und Geschlechterforschung* in Münster steht unter dem Rahmenthema „Das Geschlecht der Dinge".

[15]   Vgl. dazu den zweiten Teil dieses Bandes.

[16]   Bosch, Mineke/Haan, Francisca de/Ulbrich, Claudia: Editorial, in: L'Homme. Zts. f. feministische Geschichtswissenschaft 13 (2002)2, S. 167 - 170, hier: S. 170.

[17]   Vgl. etwa die Stichworte in den Einführungswerken: Lundt, Bea: Frauen- und Geschlechtergeschichte, in: Goertz, Hans-Jürgen (Hg.): Geschichte. Ein Grundkurs, 2. Aufl. Reinbek bei Hamburg 2001, S. 579 - 597; Budde, Gunilla-Friederike: Geschlechtergeschichte, in: Cornelißen, Christoph (Hg.): Ge-

sprechende Sektionen. Verschiedene Netzwerke verbessern die Kommunikation innerhalb der Forschung. In diesem Kontext sei der *Arbeitskreis Historische Frauen- und Geschlechterforschung* genannt, ein internationaler Verbund, dessen deutsche Sektion 1989 gegründet wurde.[18] Der Weg von der Frauen- zur Genderforschung hat auch der expliziten Männerforschung den Weg bereitet.[19] In jährlichen Tagungen werden Überblicke über den erreichten Stand vermittelt.[20]

Das Interesse an einem „gendering" des Mittelalters, dem Erschließen der Geschlechterkonzepte in ihrer Vielfalt, trifft ins Zentrum des Anliegens einer kulturwissenschaftlichen Erneuerung der Mediävistik auf der Basis eines neuen umfassenden Kulturbegriffes, wie es W. Hasberg formuliert und als orientierendes Prinzip für die Vermittlung von fachwissenschaftlichen Erkenntnissen in die gesellschaftlichen Praxisbereiche wie Schule und Medien gefordert hat.[21] Die lange zeitliche Distanz zur Moderne und die

---

schichtswissenschaften. Eine Einführung, Frankfurt/Main 2000, S. 282 - 294; Habermas, Rebekka: Frauen- und Geschlechtergeschichte, in: Eibach/ Lottes: Kompass der Geschichtswissenschaft (Anm. 7), S. 231 - 245 u. 257 - 260.

[18]   AKHFG, zur Zeit koordiniert von Martina Kessel und Wiebke Kolbe in Bielefeld. Der AK steht allen zum Thema Forschenden offen, bietet ihnen eine Datei für die Kommunikation sowie einen Newsletter. Neben Bundestagungen gibt es auch regionale Gruppen mit vielfältigen Aktivitäten. Der im Internet erreichbare Arbeitskreis (http://www. geschiche. uni-bielefeld.de/akhfg/) wird ab Sommer 2003 an der Universität Flensburg angesiedelt sein.

[19]   Der *Arbeitskreis für interdisziplinäre Männerforschung: Kultur-, Geschichts- und Sozialwissenschaften* (AIM Gender) veranstaltete 2002 seine 2. Jahrestagung in Zusammenarbeit mit der Akademie der Diözese Rottenburg-Stuttgart, Referat Geschichte. Informationen zum Arbeitskreis, der einen online-Newsletter an alle Interessierten verschickt über http://www.ruendal.de/aim/gender.html.

[20]   Vgl. die Internationale Tagung des Arbeitskreises Frauen- und Geschlechtergeschichte der Frühen Neuzeit im Juni 2002 in Weingarten zum Thema „Neue Perspektiven. Geschlechtergeschichte nach dem ‚linguistic turn'; die 2. Fachtagung des Arbeitskreises für interdisziplinäre Männer- und Geschlechterforschung (AIM Gender) zum Thema „Mannsein und Männlichkeiten" im November 2002 in Hohenheim; die interdisziplinäre Tagung des Arbeitskreises Historische Frauen- und Geschlechterforschung im Juni 2003 in Münster zum Thema „Das Geschlecht der Dinge".

[21]   Hasberg, Wolfgang: Do dat loch volgraven wart - Eckpunkte einer kulturwissenschaftlichen Erneuerung der Mittelalter-Didaktik, in: Ders./Uffelmann, Uwe (Hg.): Mittelalter und Geschichtsdidaktik. Zum Stand einer Didaktik des Mittelalters (Fs Carl August Lückerath), Neuried 2002, S. 267 - 291.

Alterität der Geschlechterwelten bieten gerade der Genderforschung über die vorindustrielle europäische Gesellschaft besondere Chancen, typische Vorurteile unserer Gegenwart über Genderrollen abzubauen und die Historizität zentraler Begriffe und elementarer Vorstellungen wie Gleichheit, Freiheit oder Selbstbestimmung aufzuzeigen.[22] Damit kann auch der gegenwärtige Wandel besser verstanden werden, die wichtigste Voraussetzung dafür, ihn selber gestalten und bewusst vorantreiben zu können.

III.
Genderkonzepte des Mittelalters

1. „Zeit": Epocheneinteilung und Lebenszeiten als Ordnungskonzepte

Epocheneinteilungen stellen einen zentralen Ordnungs- und Orientierungsfaktor dar innerhalb der Konstruktion des historischen Kontinuums von einzelnen Daten und Fakten, das zunächst als unendlich wahrgenommen wird. Viele Lehrerinnen und Lehrer beharren darauf, dass die gesamte Geschichte ein sinnhaft aufeinander aufbauendes System repräsentiere, das nur in seinem systematischen Durchlauf verständlich gemacht werden könne. Dagegen haben sich die neuen Theoriedebatten misstrauisch gerade an dieser Überzeugung von der Unverzichtbarkeit der traditionellen Chronologie festgebissen und immer wieder auf die Willkür und Zufälligkeit bei der Zäsurensetzung hingewiesen, die zudem alternative Verläufe zerschnitten und ausgegrenzt habe. Unhinterfragt werden bestimmte Gesichtspunkte als historisch relevant hochbewertet, während andere Phänomene gar nicht erst als Selektionskriterium in die Auswahl zur Abgrenzung einer Phase aufgenommen worden sind. Die Priorität galt weitgehend ausschließlich der politischen und nationalen Ereignisgeschichte. Diese Hochachtung ist durch die Akzentuierung kulturwissenschaftlicher und anthropologischer Phänomene ohnehin fragwürdig geworden. Das Mittelalter definierte seine politischen Einheiten - anders als die Moderne - über einen sakral-spirituell

---

[22] So Griesebner, Andrea/Lutter, Christina: Mehrfach relational: Geschlecht als soziale und analytische Kategorie, in: Die Macht der Kategorien. Perspektiven historischer Geschlechterforschung. Wiener Zeitschrift zur Geschichte der Neuzeit 2 (2002) H. 2, S. 3 nennen auch die Erkenntnis, dass „v.a. Geschlecht, Ethnie, Nationalität und sexuelle Orientierung Produkte der Moderne und Postmoderne sind."

legitimierten Herrschaftsgedanken.[23] Es endete auch nicht abrupt mit einem „Reichsuntergang".[24] Schon länger wehrt sich die Mediävistik daher dagegen, dass Mittelalterthemen als "Vorgeschichte" für die moderne Nationalstaatsbildung missbraucht werden.

Die Genderforschung hat nun zusätzlich auf die männliche Konnotation entscheidender Merkmale für diese Strukturierung hingewiesen, wie sie etwa das „Lehnswesen" oder der „Personenverbandsstaat"[25] darstellen. Ohnehin werden „Kollektivbegriffe", die am Beispiel von Männergruppen entwickelt worden sind, oft unreflektiert auf Gruppen übertragen, in denen sich mehrheitlich Frauen befinden.[26] Während aber zunächst insgesamt davon ausgegangen wurde, dass eine gesellschaftsgeschichtlich orientierte Markierung von Phasen eine Parallelität zwischen dem allgemeinen Wandel und den für die Gendergeschichte elementaren Phasen ergeben müsse, dass also in „gesellschaftlichen Umbruchsituationen ... das Geschlechterverhältnis aus der Balance"[27] gerät, wurde bald überlegt, ob nicht ganz andere Ordnungskonzepte die Erfahrungen der Geschlechterkonstruktion rhythmisieren könnten. Spätestens seit dem wegweisenden Aufsatz aus der Feder J. K. Gadols 1977 mit dem Titel „Did women have a Renaissance?"[28] gilt „das altbewährte Korsett der Historiographie"[29] nicht mehr als geeignet, die Erfahrungen, die Frauen als fundamental wahrnehmen, abzubilden. Aus der Sicht der Männerforschung hat B.-U. Hergemöller

---

[23] Über die Problematik des Begriffes des „Deutschen" Reiches im Mittelalter vgl. etwa Goetz: Moderne Mediävistik (Anm. 10), S. 185 - 193.

[24] Goetz: Moderne Mediävistik (Anm. 10), S. 42, der eher die Kontinuitäten betont. Der eigentliche Einschnitt wird heute eher im Hohen Mittelalter gesehen (ebd. S. 45).

[25] Der „Personenverbandsstaat" sei eher, so Hergemöller, ein „Männerverbandsstaat", „in dem sich Männer mit anderen Männern darauf verständigen, wie sie das öffentliche und ökonomische Leben beherrschen und kontrollieren können." Hergemöller, Bernd-Ulrich: Masculus et Femina. Systematische Grundlinien einer mediävistischen Geschlechtergeschichte, Hamburg 2001, S. 82.

[26] So Hergemöller: Masculus und Femina (Anm. 25), S. 112.

[27] So die Herausgeber in ihrer Einleitung: Kornbichler, Thomas/Maaz, Wolfgang (Hg.): Variationen der Liebe. Historische Psychologie der Geschlechterbeziehung, Tübingen 1995, S. 7 f., hier: S. 7.

[28] Kelly-Gadol, Joan: Did Women have a Renaissance? (1977); dt. Fassung: Gab es die Renaissance für die Frauen?, in: Schaeffer-Hegel, Barbara/Watson-Franke, Barbara (Hg.): Männer, Mythos, Wissenschaft, Grundlagentexte zur feministischen Wissenschaftskritik, Pfaffenweiler 1989, S. 17 - 31.

[29] Hergemöller: Masculus et Femina (Anm. 25), S. 8.

kürzlich darauf hingewiesen, dass diese Einschränkung sich auch „auf sexuelle Minoritäten, besonders auf Homosexuelle, ausdehnen" lasse.[30] Nach
wie vor ist das Konzept der „Wendepunkte" aktuell, das B. von Borries
bereits 1990 für die Zeitkonstruktion der Geschlechterwelten in Sinnab-
schnitte zugrunde legte[31] und als „beschleunigte Entwicklungen und Wandlungen im Verhältnis der Geschlechter" definierte.[32]

Es wird heute von einer langfristigen Schwellenphase des Übergangs
zwischen Mittelalter und Früher Neuzeit ausgegangen, die fundamentale
Veränderungen für die Genderkonzepte hervorgebracht habe. Freilich werden diese nicht als abrupter Bruch, sondern als jahrhundertelange kontinu-
ierliche Entwicklung aus dem Mittelalter sichtbar, die nicht einseitig als
Erfolgsgeschichte im Sinne einer Frauenemanzipation verbucht werden
darf. So bedeutet etwa die Reformation für Frauen zwar eine Höherbewer-
tung des Leitbildes der sexuell aktiven Frau und Mutter in ihrer Rolle als
Ehefrau,[33] zugleich aber auch eine deutlichere Rückbindung an das Haus
und ihre Verdrängung aus dem Berufsleben. Die neuzeitlich problematische Trennung von Beruf und Familienleben und die entsprechende geschlechterspezifische Arbeitsteilung haben gerade in dieser Epoche einen
deutlichen Schub erfahren.[34]

Ob die Reformation nicht ohnehin in ihrer epochalen Bedeutung als Beendigung eines mittelalterlich katholischen Heilskonzeptes überschätzt
worden ist, wird zur Zeit gerade diskutiert. Denn in den letzten Jahren ist
verstärkt auf die Vielfalt der Religionen und Kulturen im vormodernen
Europa hingewiesen worden, auf Judentum, Islam, auf das Fortwirken

---

[30] Ebd.

[31] Borries, Bodo v.: Wendepunkte der Frauengeschichte. Ein Lese- und Arbeitsbuch zum An- und Aufregen, Bd. I, 2. Aufl. Pfaffenweiler 2001 (1. Aufl. ebd.
1998); Bd. II.: Über Muttergöttinnen, Männeransprüche und Mädchenkindhei-
ten. Modelle und Materialien zum Ausprobieren und Bessermachen, Herbolz-
heim 2003. Auch Hergemöller spricht davon, dass möglicherweise ein neues
„Wendedatum" zur Abgrenzung des Mittelalters gegen die Moderne gefunden
werden könne, wobei er die „Pax Augustana" 1555 empfiehlt.

[32] Borries, Bodo v.: Wendepunkte der Frauengeschichte. Bd. II (Anm. 31), S. 1.

[33] Zu den reformatorischen Ehekonzepten vgl. die Habilitationsschrift von Burghartz, Susanna: Zeiten der Reinheit, Orte der Unzucht, Paderborn 1999.

[34] Auf die „Domestizierung der Reformation" durch Eingliederung der Frauen in
die Familie hat vor allem hingewiesen: Roper, Lyndal: Das Fromme Haus.
Frauen und Moral in der Reformation, Frankfurt/New York 1995 (zuerst Ox-
ford 1989).

heidnischer Traditionen und „magischer" Welterklärungsmodelle neben dem Christentum.[35] Dabei ist nicht nur die alleinorientierende Autorität der römisch-katholischen Kirche in Europa bezweifelt worden. Die „Einheit" der Christenheit stellt sich differenzierter dar, je mehr nicht nur auf das oströmische Christentum,[36] sondern auch auf die vielfältigen Ketzer- und Reformbewegungen innerhalb der weströmischen Kirche hingewiesen wurde.[37] Gerade Frauen haben innerhalb dieser Bewegungen eine bedeutende Rolle gespielt und dabei immer wieder Forderungen aufgestellt, die später als typisch „reformatorisch" gelten. Sie wandten sich gegen die Autorität der Amtsträger, forderten das Recht, die Bibel lesen und selbständig deuten sowie ihre Erkenntnisse vor anderen vortragen zu dürfen.[38] Dagegen konnten sie hier offenbar als „Perfecta" eine leitende Funktion ausüben.

Die aktuelle europäische Einigungsbewegung hat Historiker- und Schulbuchkommissionen hervorgebracht, die zur Zeit gemeinsam an einem Geschichtsbild arbeiten, das gerade auch dem Anteil der osteuropäischen Gruppen an der kulturellen Entwicklung in Europa gerecht zu werden versucht. Dabei geht es entscheidend darum, die Reformation nicht länger punktuell mit dem Protest Martin Luthers gleichzusetzen, sondern als eine umfassende Bewegung zu verstehen, die in verschiedenen Schüben während des Mittelalters langfristig gedanklich vorstrukturiert wurde.[39] So

---

[35] Vgl. dazu etwa Borgolte, Michael (Hg.): Unaufhebbare Pluralität der Kulturen? Zur Dekonstruktion und Konstruktion des mittelalterlichen Europa (HZ Beih. 32), München 2001.

[36] Vgl. dazu etwa Segl, Peter (Hg.): Byzanz - das „andere" Europa. Themenheft von: „Das Mittelalter". Perspektiven mediävistischer Forschung. Zeitschrift des Mediävistenverbandes 6 (2001) H. 2.

[37] Vgl. dazu etwa Lambert, Malcom: Häresie im Mittelalter. Von den Katharern bis zu den Hussiten, Darmstadt 2001.

[38] Vgl. dazu die Habilitationsschrift von Müller, Daniela: Frauen vor der Inquisition. Lebensform, Glaubenszeugnis und Aburteilung der deutschen und französischen Katharerinnen, Mainz 1996 sowie weitere Titel der Spezialistin für weibliches Ketzertum. Doch warnt Hergemöller davor, von einer weiblichen „Gleichberechtigung innerhalb der Großhäresien" zu sprechen: Hergemöller: Masculus et Femina (Anm. 25), S. 109.

[39] Hans Hillerbrand (Duke University), hat auf der „Sixteenth-Century-Studies-Conference" im Oktober 2002 in San Antonio seinen Abendvortrag unter die Frage gestellt „Was there a Reformation in the Sixteenth Century?" und diese Frage zur allgemeinen Zustimmung verneint.

brachte etwa der Hussitismus bereits egalitäre Gemeindekonzepte hervor, die in den Taboritengruppen jahrelang realisiert wurden.[40] Die Rolle der Geschlechterfrage innerhalb dieser vorreformatorischer Bewegungen ist noch nicht zureichend erforscht. Jedenfalls wird immer wieder hervorgehoben, in den mittelalterlichen Reform- und Protestgruppen hätten Männer und Frauen sich nicht nur konsequent über den Ausschluss von Frauen vom Priesteramt, sondern auch über die gesellschaftlich dominanten Moral- und Ehekonzepte hinweggesetzt.[41]

Die Tendenz der Pluralisierung der mittelalterlichen Erfahrungswelten jenseits der von der Kirche gesetzten Normen würde die skizzierte Öffnung der Epochengrenze noch bestärken. Ohnehin erfüllt die Schranke zwischen Mittelalter und Moderne vor allem die Funktion, ein längst überholtes Stereotyp von finsteren Zeiten zu nähren, gegen die sich die Neuzeit glorreich durchsetzte. Gerade in Zeiten der krisenhaften Weltwahrnehmung besteht offenbar ein Bedürfnis, die eigene Lebenswelt als überlegen zurechtzukonstruieren und sie in einer steil aufsteigenden Fortschrittskurve gegen noch bedrohlichere Geschichtsphasen abzugrenzen. In den Richtlinien für den Geschichtsunterricht hat sich teilweise eine Sichtweise durchgesetzt, die explizit fordert, dass die mittelalterlichen Jahrhunderte nicht länger pauschal als Negativschablone fungieren sollten. Die Hexenverfolgung des 16./17. Jahrhunderts, ein sicher nur multikausal zu erklärendes Phänomen, ist wohl eher den „Geburtswehen der Neuzeit" anzulasten als dem „Todeskampf des Mittelalters", eine Alternative, die B. v. Borries anbietet.[42] Für Frauen ist die vormoderne Zeit keineswegs nur als Horrorszenarium einzustufen. Vielmehr boten die mittelalterlichen Jahrhunderte ihnen durchaus

---

[40] Šmahel, František: Die Hussitische Revolution, 3 Bde. (MGH Schriften, Bd. 43, I – III), Hannover 2002.

[41] Die „Libertinage" im Sexualleben ist ein Vorwurf, der immer wieder gegen alle abweichenden Gruppen erhoben wurde. Angesichts der insgesamt extrem leibfeindlichen Lehren der Häresien handelt es sich wohl kaum um eine „sexuelle Befreiung". Wohl aber wäre es interessant, ob hier eine Alternative zu den bisher erforschten Ehekonzepten vorhanden war.

[42] Borries, Bodo v.: Wendepunkte der Frauengeschichte, Bd. 2 (Anm. 31) Kapitelüberschrift: Die „Große Hexenverfolgung" (1555 - 1665), „Todeskampf des Mittelalters" oder „Geburtswehen der Neuzeit?" In seinen Materialien bietet er zwölf Erklärungsversuche und verweist auf die verbreitete „Einseitigkeit der Quellenauslegung", die „weder die - relative – ‚Funktionalität' und ‚Rationalität' der Verfolgung noch die blinden Flecken in der aufklärerischen Position ... genügend scharf ins Bild" kommen lässt (S. 195).

vielfältige Lebensentwürfe und Existenzangebote, wie ich im Folgenden explizieren werde. Zur Zeitdimension gehört auch eine individuelle und gesellschaftliche Deutung der Erfahrung von Lebenszeit und Altersphase. Über den menschlichen Lebenszyklus, gerade auch über die geschlechtsspezifische Ausprägung von Geburt und Kindheit, Jugendzeit und Alter, Krankheit und Tod sowie Liebe, Ehe, Witwenschaft wird zur Zeit geforscht.[43] Als „essenzialistisch" in Frage gestellt wurde etwa die verbreitete Vorstellung, Mädchen wüchsen über ihre erste Menstruation naturbedingt in ihr Erwachsenenalter hinein, Jungen dagegen würden über eine ganze Reihe ritualisierter Proben gesellschaftlich sozialisiert.[44] Dass die Pubertät ein Mädchen nicht automatisch in die Ehe führte, zeigt gerade das Mittelalter. Die „historische Erzählforschung", die narrativ gestaltete Modelle von Lebensläufen in populären Texten untersucht hat,[45] konnte zeigen, dass zahlreiche Geschichten und Märchen über „Brautproben" von der gedanklich-mentalen Arbeit berichten, die für eine junge Frau entweder zur Identifikation mit der „biologischen" Geschlechtsreife und einer entsprechenden Rolle als Ehefrau und Mutter oder auch zur Annahme eines Lebenskonzeptes auf der Basis des Status der Jungfräulichkeit führen konnte.[46] Auch die ältere These, „Kindheit" und „Jugend" sei eine Erfindung der Moderne, konnte widerlegt werden. Innerhalb der Erzähltradition von den „Sieben Weisen Meistern" zum Beispiel wird gerade umgekehrt die mittelalterliche Geschlechtskonstruktion des männlichen Protagonisten durch Proben und Läuterungsphasen hindurch vorgestellt, die erst ein Hereinwachsen in

---

[43] Bisher allerdings mit einem deutlichen Akzent auf der Frühen Neuzeit. Vgl. etwa: Labouvie, Eva: Andere Umstände. Eine Kulturgeschichte der Geburt, Köln u.a. 1998; Horn, Klaus-Peter u.a. (Hg.): Jugend in der Vormoderne, Köln u.a. 1998; Dülmen, Richard v. (Hg.): Entdeckung des Ich. Die Geschichte der Individualisierung vom Mittelalter bis zur Gegenwart, Köln u.a. 2001.

[44] Dies vertritt etwa noch Mitterauer, Michael: Sozialgeschichte der Jugend, Frankfurt/M. 1986.

[45] Vgl. etwa die „Enzyklopädie des Märchens", ein kulturwissenschaftliches Standardwerk, dessen Konzept erst im Untertitel deutlich wird: Brednich, Rolf Wilhelm u.a. (Hg.): Enzyklopädie des Märchens. Handwörterbuch zur historischen und vergleichenden Erzählforschung, Göttingen 1977 ff.. Bisher sind 10 Bände erschienen.

[46] Vgl. dazu etwa: Lundt, Bea: Weiser und Weib. Weisheit und Geschlecht am Beispiel der Erzähltradition von den „Sieben Weisen Meistern" (12. - 15. Jahrhundert), München 2002.

Männerbünde ermöglichen. Dagegen entfiel diese Initiierung in den früh-
modernen Varianten weitgehend. Dort erweist sich die Tauglichkeit des
Herrschers von morgen nicht mehr durch das erfolgreiche Ringen um pu-
bertäre Selbstbeherrschung, vielmehr muss er seine Majestät als reifer Er-
wachsener durch rituelle Selbstinszenierungen unter Beweis stellen.[47] Gerade die historische Jugend- und Erziehungsforschung wird ihre statischen
Modelle von der alternativlosen Sozialisation zur Reproduktion der Standesgesellschaft dynamisieren und geschlechterspezifisch ausdifferenzieren
müssen.[48]

2. „Ort" als sozialer Raum: Frau in der Familie

Die Ehe ist die zentrale gesellschaftlich legitimierte Geschlechtergemeinschaft, in der sich Sexualität und Reproduktion, Intimität und Rollenhan-
deln von Männern und Frauen realisiert. Die Erforschung des Familienle-
bens in der Geschichte ist daher ein Schlüssel zum Verständnis der gesellschaftlichen Konstruktion der Geschlechterbeziehungen in ihrem Wandel.
Noch immer verbreitet ist die Vorstellung, Frauen seien in den mittelalterlichen Jahrhunderten schutz- und hilflos der Willkür ihrer Väter, Gatten
und Herren ausgeliefert gewesen, als Verhandlungsobjekt familiärer Willkür in frühen Jahren einem ungeliebten Ehemann „verkauft" worden und
hätten von da an jedes Jahr ein Kind gebären müssen. Dieser einseitigen
Sicht hat die Genderforschung schon lange widersprochen.[49] Vermutlich
handelt es sich um eine linear die Lage verschlechternde Rückprojektion
einer im 19. Jahrhundert verbreiteten Frauenrolle. Zweifellos kann kein

---

[47] Die Verschiebung in das Rituelle bestätigt Muir, Edward: Ritual in Early Mo-
      dern Europe, Cambridge 1999.

[48] Gestrich: Vergesellschaftungen des Menschen (Anm. 12) bestreitet zwar, dass
      Jugend eine „Erfindung" des 18. Jahrhunderts war, hält aber daran fest, dass
      eine Phase der Jugend durch frühe Heirat bald nach Eintritt der Geschlechtsrei-
      fe für Mädchen „gewissermaßen ausfiel", S. 115. Das ältere Mittelalterbild fin-
      det sich geradezu klassisch ausformuliert von Hammerstein, Notker: Vorwort
      des Herausgebers, in: Ders. (Hg.): Handbuch der deutschen Bildungsgeschich-
      te, Bd. 1, München 1996, S. XV - XVIII, wo es etwa heißt: „Die Zuordnung
      von Fähigkeiten, Privilegien, Aufgaben, Möglichkeiten blieb an Stand und
      Standesgrenzen gebunden, die selbst bei Ausnahmen niemals in Frage gestellt
      wurden" (S. XVI).

[49] Vor allem der Basler Germanist R. Schnell hat in zahlreichen Schriften dieser
      These widersprochen. Zuletzt Schnell, Rüdiger: Sexualität und Emotionalität in
      der vormodernen Ehe, Köln u.a. 2002.

moderner Gleichheitsmaßstab angelegt werden, vielmehr unterstanden Frauen weitgehend der „munt" eines Mannes, befanden sich also in einem Verhältnis der Abhängigkeit; dieses verpflichtete aber auch den Mann zu Schutz und Hilfe. Insbesondere P. Dinzelbacher hat gezeigt, dass Darstellungen über Liebesbeziehungen spätestens seit dem 12. Jahrhundert immer stärker den individuellen Gefühlszusammenhang thematisieren.[50] Die „romantische" Liebe ist, wie der Name sagt, eine Erfindung der Romantik, doch bot auch die vorindustrielle Zeit zahlreiche Beispiele für innige Verbindungen von Paaren. Dass dabei auch Frauen ihre Lust und Liebe artikulierten und einforderten, zeigt etwa der Briefwechsel zwischen Heloise und Abaelard.[51] Die Kirche favorisierte die auf gegenseitiger Zustimmung der Partner basierende und durch einen Priester legitimierte Gemeinschaft, die Konsensehe, und erklärte dieses Modell zu einer universalen Lebensform. Auch in den sexuellen Beziehungen jenseits dieser Geschlechterverbindung, die bis in das 12. Jahrhundert weit verbreitet waren, etwa dem „Konkubinat", war die Partnerin nicht völlig rechtlos. Die Existenz einer systematischen „Friedelehe" aus freier Absprache der Partner, von der man lange ausging, wird in der neuesten Forschung freilich in Abrede gestellt.[52]

Die amerikanische Mediävistin L. Otis-Cour fasst den Erkenntnisstand zum Thema „Lust und Liebe" im Mittelalter in einer im Jahre 2000 erschienenen populären Schrift zusammen.[53] Durch die Ehe gewannen Frauen im Laufe des Mittelalters an sozialem Status, so hebt sie hervor. Ihnen wurde mehr Einfluss auf Kinder und Besitz zugestanden, etwa nach dem Tode des Gatten. Und auch innerhalb der Familie des Ehemannes spielten sie eine immer aktivere Rolle; sie blieben also nicht, wie bisher oft behauptet, ein Erwachsenenleben lang in der Familie ihres Ehemannes „fremd" und ohne soziale Integration fern ihrer eigenen Sippschaft.

---

[50] Dinzelbacher, Peter: Sexualität/Liebe. Mittelalter, in: Ders. (Hg.): Europäische Mentalitätsgeschichte, Stuttgart 1993, S. 70 - 89.

[51] Brost, Eberhard (Hg.): Abaelard. Die Leidensgeschichte und der Briefwechsel mit Heloisa, 4. Aufl. München 1979. Die Authentizität der Briefe der Heloise wird immer wieder einmal bestritten, zumeist mit dem Argument, es sei ganz unwahrscheinlich, dass eine Frau im Mittelalter ihre sexuellen Bedürfnisse einem Mann gegenüber so deutlich artikuliere.

[52] Asmyol, Andrea: Geliebte oder Ehefrau. Konkubinen im frühen Mittelalter, Köln u.a. 2002.

[53] Otis-Cour, Leah: Lust und Liebe. Geschichte der Paarbeziehungen im Mittelalter, Frankfurt/M. 2000, S. 184.

Die Familienforschung hat schon lange die Vorstellung, während des Mittelalters habe man harmonisch in mindestens drei Generationen unter einem Dach als Großfamilie zusammengelebt, zu einem „Mythos" erklärt. Allein schon demografische Fakten widersprechen dieser Deutung. Wegen der frühen Sterblichkeit konnte man von einer Jahrzehnte langen personell stabilen Gemeinschaft niemals mit statistisch gestützter Gewissheit ausgehen. Stiefeltern und Stiefgeschwister gehörten zu den verbreiteten Erfahrungen, die wenigsten Kinder erlebten ihre Großeltern, früh verließen sie das Haus, um eine Arbeit zu erlernen, die immer häufiger nicht mit der von den Eltern ausgeübten Tätigkeit identisch war. Es setzt sich also während des Mittelalters die monogame Kleinfamilie aus antiker Tradition fort.[54]

Die Beschäftigung mit der mittelalterlichen Familiensituation vermittelt daher einige grundlegende Einsichten über die Historizität der elementarsten Modelle der geschlechtsspezifischen Identität und der Geschlechterbindung. Zum einen kann eine überraschende Ähnlichkeit mit postmodernen Verhältnissen festgestellt werden. Die „Patchwork-Familie", angeblich als Folge moderner Säkularisation und Bindungslosigkeit entstanden und heute so oft beklagt, ist die bereits im Mittelalter typische soziale Einheit. Zum anderen kann mit dem Vorurteil aufgeräumt werden, dass angesichts einer kürzeren Lebenszeit die sog. „reproduktive Phase" innerhalb der Geschlechtergemeinschaft völlig im Vordergrund stand, während die Erhöhung der Alterserwartung erstmalig den Blick auf andere weibliche Lebensschwerpunkte eröffnet habe. Denn gerade angesichts der frühen Sterblichkeit richteten sich Frauen während des Mittelalters auf ein Dasein alleine ein und bewahrten eine gewisse Unabhängigkeit, wie sie ohnehin mit langen Phasen der Trennung durch Kriegszüge und Pilgerfahrten rechnen mussten. Und die immer als Kaufpreis oder Loslösung verächtlich gemachte Mitgift stammte oft aus dem selbstverdienten Geld der Frau vor ihrer Ehe, die in dem häufigen Fall einer frühen Verwitwung ihrer Absicherung diente.[55]

---

[54] Vgl. dazu etwa: Burgiuère, André u.a. (Hg.): Geschichte der Familie, Bd. 2: Mittelalter, Frankfurt/M. 1997, ein Band, der kulturübergreifend auch über die Familie in China, Japan, Indien und im arabischen Islam informiert. Die ersten Kapitel stellen sich dem Mythos von der Großfamilie oder von dem germanischen Urvolk entgegen. Vgl. auch die Zusammenfassung langjähriger Forschungen von Goody, Jack: Geschichte der Familie, München 2002.

[55] So etwa Otis-Cour: Lust und Liebe (Anm. 53), S. 46 f.

Obwohl das Verhältnis zu körperlicher Intimität und zum Geschlechtsverkehr in der europäischen dualistischen Tradition zu Sexualität und Körperlichkeit negativ bewertet war, konnte sich auch diese Einstellung zum Positiven hin verändern. In der Frühen Neuzeit verschärfte sich die Rigidität der Sexualmoral und ihre Einhaltung wurde zunehmend öffentlich kontrolliert.[56]

3. „Arbeit" in Herrschaft und Knechtschaft

Zugleich mit der Vorstellung von der Position der Frau, deren Arbeit sich in lebenslanger häuslicher Zuwendung zu Eltern, Ehemann und Familie erschöpft habe, hält sich zähflüssig auch diejenige von der Stagnation und Undurchlässigkeit der Ständegesellschaft des Mittelalters. Die einprägsame Abbildung der so genannten „Ständepyramide" verhärtet dieses gedankliche Kernstück einer traditionellen Mittelaltersichtweise. Obwohl eine Zusammenfassung der Forschungsergebnisse zu diesem Thema von H. Bookmann mehrfach veröffentlicht wurde, die an Deutlichkeit nichts zu wünschen übrig lässt, perpetuieren Schulbuchverlage den Abdruck dieser unhaltbaren Skizze.[57] Diese Darstellung teilt die Gesellschaft des Mittelalters in drei Stände auf. An der Spitze steht der König, darunter folgen die adligen geistlichen und weltlichen Herrschenden und am breiten untersten Ende gibt es ein oft eingedunkeltes Feld, in dem, meist in geduckter Haltung, die „Bauern" dargestellt werden, jene in abhängigen Beschäftigungsverhältnissen auf dem Lande tätigen Bevölkerungsgruppen. Pfeile sollen die Machtstruktur erläutern. Diese laufen ausschließlich von unten nach oben, um die Rechtlosigkeit der Leibeigenen zu kennzeichnen, die angeblich unter der Knute der beiden anderen Stände und in dumpfer Unwissenheit vor sich hin vegetierten. Sie alleine, so legt es dieses Bild nahe, „arbeiteten", um die gesamte Gesellschaft zu ernähren. Und Frauen sind generell, - wenn sie überhaupt auftauchen - nur in dem untersten Feld angesiedelt.

Die dreigeteilte Lehnspyramide beruft sich auf eine Quelle Eike von Repgows, aus dessen Feder der „Sachsenspiegel" auf uns kam. Er erläuterte die Heerschildordnung, die in sechs Stufen die Hierarchie der Rechtsbeziehungen unter den Freien und Adligen regelte und dabei festlegte, wer

---

[56] Ebd., S. 90.
[57] Zuletzt: Bookmann, Hartmut: Über einen Topos in den Mittelalter-Darstellungen der Schulbücher. Die Lehnspyramide, in: Geschichtsunterricht heute. Grundlagen, Probleme, Möglichkeiten. Seelze 1999, S. 111 - 122.

von wem Lehen empfangen konnte. Die Abbildung erhebt dagegen einen völlig anderen Anspruch; nämlich den, die Gesellschaftsstruktur des gesamten Mittelalters zu charakterisieren. Ganze Bevölkerungsgruppen, die für das Verständnis des Mittelalters unverzichtbar sind, fallen dabei heraus. Die Bewohner der Städte, von den Handwerkern bis zu dem neuen Stand der „Intellektuellen", fehlen ganz. Der Stand des Klerus wird vereinfacht dargestellt: Seine Ansiedelung direkt unterhalb des Königs suggeriert, es habe innerhalb der Kirche keine sozialen Differenzierungen, sondern nur adlige Bischöfe gegeben. „Die Kirche" wurde aber für die meisten Menschen durch den Dorfpfarrer oder Mönch repräsentiert. Die unterste Stufe schließlich wird ohne Quellenbezug hinzuphantasiert.

In der Tat lebte die Mehrheit der Menschen während des Frühmittelalters und bis weit in die Zeit der Städtegründungen hinein auf dem Lande. „Ancilla", wörtlich übersetzt die „Dienerin", „Magd", auch „Sklavin" bzw. die unfreie Frau innerhalb der Grundherrschaft, steht im Stand persönlicher Unfreiheit und einer grundsätzlichen Rechtlosigkeit.[58] Doch bedeutet „Freiheit" im Mittelalter etwas anderes als in der Zeit nach Konstituierung der Menschenrechte. Zwar ist die Unfreie zunächst einmal eine Sache, doch als solche zugleich auch „eine kostbare res",[59] die zudem die Möglichkeit zu sozialem Aufstieg hatte. Es gab Halbfreie, Freigelassene und solche, die sich freiwillig in Abhängigkeit begaben, weil sie den Schutz eines Herrn suchten. Auch die Vorstellung von der sexuellen Auslieferung der Frau an ihren Herrn, dem offiziell das Recht der Entjungferung zugestanden habe, das berüchtigte „Ius Primae Noctis", konnte nicht als gängige Praxis belegt, freilich auch nicht mit Sicherheit widerlegt werden.[60]

---

[58] Kuchenbuch, Ludolf: Opus feminile. Das Geschlechterverhältnis im Spiegel von Frauenarbeiten im früheren Mittelalter, in: Goetz, Hans-Werner (Hg.): Weibliche Lebensgestaltung im frühen Mittelalter, Köln u.a. 1991, S. 139 - 175.

[59] Obermeier, Monika: „Ancilla". Beiträge zur Geschichte der unfreien Frauen im Frühmittelalter, Pfaffenweiler 1996, S. 235. Vgl. dazu auch meine Rezension in: L'Homme 2003 (im Druck).

[60] Vgl. dazu etwa Boureau, Alain: Das Recht der Ersten Nacht. Zur Geschichte einer Fiktion, Düsseldorf/Zürich 1996 oder Wettlaufer, Jörg: Das Herrenrecht der ersten Nacht. Hochzeit, Herrschaft und Heiratszins im Mittelalter und in der frühen Neuzeit, Frankfurt a.M./New York 1999. Dazu die kritische Rezension von Maren Lorenz, die in dem Satz kulminiert: „Wir wissen immer noch nicht, ob es die Praxis (des Ius primae noctis. B.L.) im Mittelalter wirklich gegeben hat". Abrufbar unter: http://www.sfn.uni-muenchen.de.

Auch ohne Ehemann hatte die „ancilla" eine relativ stabile Position. Für eine Witwe war es verbreitet, dass sie allein die Hufe weiterführte; aber auch die allein stehende Frau konnte eine Hofstelle übernehmen. Wurde sie als Unverheiratete Mutter, so hatte sie in der bäuerlichen Gesellschaft des frühen Mittelalters keine einschneidenden Diskriminierungen zu erwarten. Für den Fall von extremen Notzeiten mit drohender Verarmung wurden gesetzliche Regelungen getroffen, die den Grundherrn in die Pflicht nahmen. Und keineswegs war ihre Tätigkeit auf Haus und Garten beschränkt. Eine grundsätzliche geschlechtsspezifische Arbeitsteilung ist, so fasst M. Obermeier 1996 – in Bestätigung einer Beobachtung H. Röckeleins[61] – zusammen, quellenmäßig nicht zu belegen. Damit konnten weit verbreitete Vorstellungen über abhängige weibliche Arbeit in der frühmittelalterlichen Grundherrschaft korrigiert werden.

An der Spitze der Ständepyramide befinden sich laut Schulbuch überhaupt keine Frauen. Schon länger ist bekannt, dass Ehefrauen von Herrschern als Mitregentin, als „consors regni" bezeichnet wurden.[62] Doch ging man davon aus, dass sie ein „Schattendasein" neben ihrem Gatten fristeten. Angesichts der Ablehnung der Frauenforschung, die männliche Herrschaftsgeschichte durch weibliche Analogbeispiele zu ergänzen, gab es lange keine Konkretisierung dieser Rolle. Es ist A. Fößel zu verdanken, dass es nunmehr eine systematische Übersicht über die vielfältigen selbständigen Akte politischer und sozialer Art gibt, die Königinnen vollzogen.[63] Sie erfüllten nicht nur Repräsentationsaufgaben an der Seite ihres Mannes, sondern übten auch selbständig Macht aus, zumindest bis in das 12. Jahrhundert, vergleichbar, so A. Fößel, mit der von Reichsfürsten.

---

[61] Röckelein, Hedwig: Frauen auf dem Land im frühen und hohen Mittelalter im Spiegel der Grundherrschaften Werden an der Ruhr und Essen. Eine Fallstudie, in: Lundt, Bea (Hg.): Vergessene Frauen an der Ruhr. Von Herrscherinnen und Hörigen, Hausfrauen und Hexen 800 - 1800, Köln u.a. 1992, S. 17 - 50.

[62] Viel rezipiert wurde der begriffsgeschichtliche Beitrag: Vogelsang, Thilo: Die Frau als Herrscherin im hohen Mittelalter. Studien zur „consors regni" Formel, Göttingen u.a. 1954.

[63] Fößel, Amalie: Die Königin im mittelalterlichen Reich, Darmstadt 2000. Vgl. auch dies.: Politische Handlungsspielräume der Königin im hochmittelalterlichen Reich, in: GWU 53 (2002), S. 650 - 664.

Auch die adelige Dame innerhalb der Hofkultur befand sich in einer
„stets prekären(n) Stellung von Einschluss und Ausschluss." [64]
   Weibliche Herrschaft war aber keineswegs an die Ehe gebunden. Dass
auch geistliche Frauen die Funktion eines Reichsfürsten bzw. Bischofs
erfüllen konnten, hat U. Küppers-Braun am Beispiel der hochadligen Essener Äbtissinnen gezeigt.[65] Sie arbeitete heraus, dass auch die in einem ex-
klusiven Stift lebenden Damen ein selbstständiges und politisch aktives
Leben führten. Sie waren also keine zur Verwahrung abgeschobenen „alten
Jungfern", wie man lange glaubte. Ohnehin wird in den letzten Jahren auf
eine gewisse Durchlässigkeit der bisher zu isoliert gedachten Lebensbereiche hingewiesen. Adlige Frauen verbrachten etwa ihre Ausbildungszeit im
Stift, konnten sich später für eine Ehe entscheiden und sich als Witwe in
ein Kloster zurückziehen.

4. „Sinn": Religiöse Lebensformen und das Leitbild der „Jungfräulichkeit"

Ein hoher Anteil an dauerhaft Ledigen belegt, dass im Mittelalter die Ehe
nicht die für erwachsene Frauen einzig verbindliche Lebensform war. Sie
galt nur als die „zweitbeste Lösung"[66] neben dem Ideal der „Jungfräulichkeit", das sich in einem Leben in Gemeinschaft unter Frauen und ohne
sexuelle Kontakte zu Männern realisierte. Der Gegensatz ist mit dem Na-
menpaar der biblischen Gestalten Eva und Maria gekennzeichnet worden.
Neben der als verführende Sünderin gebrandmarkten Paradiesbewohnerin
gewinnt die Gottesmutter im Laufe des Mittelalters an positiver Resonanz.
Als systematisches Rollenangebot für gesellschaftlich hochbewertete
Weiblichkeit bot sich eine breite Palette von Daseinsformen an: zunächst
innerhalb des Klosters mit seinen unterschiedlichen Tätigkeiten, Hierar-
chien und Aufstiegsmöglichkeiten bis zur Äbtissin. Die meisten Werke, die
auf weibliche Urheberschaft zurückgeführt werden, stammen aus der klös-

---

[64] So fasst Gert Melville in seinem Nachwort zusammen, in: Hirschbiegel, Jan/
      Paravicini, Werner (Hg.): Das Frauenzimmer. Die Frau bei Hofe in Spätmittel-
      alter und Früher Neuzeit, Stuttgart 2000, S. 463 - 471, hier S. 471.
[65] Küppers-Braun, Ute: Macht in Frauenhand. 1000 Jahre Herrschaft adeliger
      Frauen in Essen, Essen 2002.
[66] Otis-Cour: Lust und Liebe (Anm. 53), S. 55.

terlichen Tradition;[67] auch zahlreiche Bildnisse schreibender Frauen sind überliefert.[68] Ausgeschlossen von der sich an den Universitäten rasant entfaltenden wissenschaftlich begründeten Theologie,[69] entwickelten Frauen eine eigene Spiritualität, die Frauenmystik.[70] In diesem Kontext erhält auch die Leistung der Hildegard von Bingen ein neues Gewicht – und einen anderen Sinn.[71] Wie andere besonders begabte Frauen nutzte sie ihren Status als anerkannte „Prophetin", um ihre Mitteilungen visionär zu legitimieren, ohne sich selbst als Urheberin zu bezeichnen.[72] Trotz eines besonderen Bescheidenheitstopos, den sie stets wählten, und einer breiten Verehrung durch das Volk wurde keine von ihnen je in den Status einer Heiligen durch die Kurie gehoben.

Es ist eine „Asymmetrie zu Ungunsten der Frauen" konstatiert worden, die für die „Politik der Kanonisationen"[73] und damit für die kirchenoffizielle gesellschaftliche Anerkennung weiblicher Lebensentwürfe typisch war. Trotzdem oder gerade deswegen repräsentierte der religiöse Aufbruch des 11./12. Jahrhunderts ein Potenzial für das Erproben alternativer weiblicher Existenzformen, das gerade auch für jene Frauen, die nicht über die erfor-

---

[67] Classen, Albrecht: Frauen in der deutschen Literaturgeschichte. Die ersten 800 Jahre. Ein Lesebuch, New York 2000. Der Titel weckt falsche Assoziationen. Tatsächlich geht es nicht um Frauengestalten in den Texten, sondern um die Produkte schreibender Frauen. Vgl. auch: Rivera Garretas, Maria-Milagros: Orte und Worte von Frauen. Eine feministische Spurensuche im europäischen Mittelalter, Wien 1993 (zuerst Barcelona 1990).

[68] Graf, Katrin: Bildnisse schreibender Frauen im Mittelalter 9. bis Anfang 13. Jahrhundert, Basel 2002.

[69] Lundt, Bea: Zur Entstehung der Universität als Männerwelt, in: Kleinau, Elke/ Opitz, Claudia (Hg.): Geschichte der Mädchen- und Frauenbildung, Bd. 1, Frankfurt a.M./New York 1996, S. 103 - 118, 484 - 488.

[70] Dass die Frauenmystik eine weibliche Ersatzform für den Ausschluss von Frauen aus der männlichen Wissenschaft gewesen sei, ist immer wieder einmal behauptet und bestritten worden. Für diesen Zusammenhang plädiert jetzt überraschend mit neuer Deutlichkeit: Hergemöller: Masculus et Femina (Anm. 25), S. 56.

[71] Die amerikanische Theologin Barbara Newman hat die Lehre Hildegards als Fortsetzung einer älteren Tradition weiblicher Weisheitsdiskurse beschrieben: Newman, Barbara: Hildegard von Bingen. Schwester der Weisheit, Freiburg i. B. 1995 (zuerst engl. 1987).

[72] Hergemöller: Masculus et Femina (Anm. 25), S. 56 nennt etwa auch Katharina von Siena, Birgitte von Schweden.

[73] Ebd., S. 48 ist von einer „unbewussten Kompensation" der Frauen durch Mystik die Rede.

derlichen Standesprivilegien verfügten, besonders attraktiv schien. Frauen stellten ein erhebliches Kontingent innerhalb der radikalen religiösen Aufbruchs- und Protestbewegungen:[74] etwa als Inkluse in strenger asketischer Abkehr vom weltlichen Leben oder als Begine in städtischer Gemeinschaft; etliche folgten in unsteter Wanderschaft einem charismatischen Prediger. Auf diese Herausforderung reagierte die Kirche mit unterschiedlichen Mitteln. Während sie einen Teil der Bewegung integrierte, neue Orden zuließ und Frauen den Zugang zu ihnen ermöglichte, gliederte sie einen anderen als häretisch mit mehr oder weniger großer Abwehr aus. Die Beginenbewegung etwa befand sich in einem ständigen Kampf um ihre Anerkennung mit der Amtskirche, bis hin zur Ketzerinnenverfolgung. Die französische Begine Margarethe Porète musste 1310 ihr Festhalten an den Thesen ihrer Schrift „Spiegel der einfachen Seelen" mit dem Leben bezahlen, da ihre Anmaßung, eine „neue Form der Selbstermächtigung" formuliert zu haben, wie B.-U. Hergemöller ihr Anliegen bezeichnet, als äußerst bedrohlich wahrgenommen und als „häretisches Zeugnis der Selbstvergottung" verdammt wurde.[75]

Als die erste unabhängige weltliche Schriftstellerin gilt Christine de Pizan (1365 - 1430), die durch geschicktes Management des Mäzenatentums ihr Überleben am Pariser Hof durch ihre Schriftstellerintätigkeit sicher stellte. Sie wird oft als die erste Gestalt bezeichnet, die mit ihren Zeitgenossen in eine kämpferische literarische Debatte um Geschlechterrollen und Frauenrechte eintrat, die so genannte „Querelle des Femmes", die im 16. und 17. Jahrhundert gut tausend Schriften hervorbrachte.[76] Auch wenn Christines Interessen sich deutlich auf die Erziehung kluger Herrscher und die Möglichkeiten einer guten Regierung richteten, war ihre Weltwahrnehmung noch keineswegs säkular, sondern von tiefer Frömmigkeit geprägt.[77]

---

[74] Vgl. dazu Fößel, Amalie/Hettinger, Anette: Klosterfrauen, Beginen, Ketzerinnen (Hist. Seminar NF 12), Idstein 2000.

[75] Hergemöller: Masculus et Femina (Anm. 25), S. 48.

[76] Bock, Gisela/Zimmermann, Margarete (Hg.): Die europäische Querelle des Femmes. Geschlechterdebatten seit dem 15. Jahrhundert (Querelles. Jahrbuch für Frauenforschung Bd. 2), Stuttgart 1997.

[77] Neben der Erschließung der poetischen Schriften Christines hat die ihrer politischen Theorie bisher zurückgestanden. Vgl. aber jetzt: Langdon Forhan, Kate: The Political Theory of Christine de Pizan, Hampshire 2002. Christine könne uns etwas lehren, so ihre These, „about politcs in an unstable world" (S. VII).

Während bei dem Thema des familiären Lebensentwurfes überraschenderweise eher die Kontinuität seit der Antike dominierte, kann man bei der Beschäftigung mit der jungfräulichen Existenz von Frauen eher Kontrasterfahrungen vermitteln. Denn für eine Gesellschaft, die weibliche Emanzipation deutlich über sexuelle Selbstbestimmung definiert, ist es schwer begreifbar, warum der freiwillige Verzicht auf eine Liebesgemeinschaft mit einem Mann für Frauen eine so erstrebenswerte Lebensform gewesen ist. Es erhebt sich die Frage nach dem „Sinn" dieser Entwürfe. Frauen suchten Teilhabe an der Kultur und Bildung ihrer Zeit, auf deren Vermittlung die Kirche mit ihren Institutionen und Repräsentanten das Monopol inne hatte. Diese Antwort ist sicher richtig, aber unvollständig. Zweifellos bot das religiöse Leben eine Vielfalt von Tätigkeiten, die „Heilsgewissheit" vermittelten: einen stabilen Platz des Ausgleiches angesichts des tobenden inneren Kampfes, sich dem Elend der Gegenwart angesichts der Bedrohung durch ewige Strafen zu stellen. Das Angebot changierte zwischen einer stärker kontemplativ ausgerichteten Sicht in eine Innenwelt spiritueller (Selbst-)Wahrnehmung und einer künstlerischen, schreibenden, lehrenden, sozialfürsorgenden Arbeit; es schloss aber auch das Wirken im handwerklich produzierenden Gewerbe ein, das die Beginen in der Stadt zu ihrem Unterhalt - und zum Ärger der Zünfte - mit großer Tüchtigkeit und sehr erfolgreich praktizierten.[78] Das Faszinosum dieser letzteren Gruppen hat bei der Rezeption mittelalterlicher Weiblichkeit eine besondere Rolle gespielt. Beginengemeinschaften sind als Vorstufe von Frauenhäusern bezeichnet worden. Wiederholt berufen sich Gruppen auf sie als ihre Vorbilder und Vorläuferinnen.[79]

---

[78] Vgl. etwa Wehrli-Jones, Martina/Opitz, Claudia (Hg.): Fromme Frauen oder Ketzerinnen? Leben und Verfolgung der Beginen im Mittelalter, Freiburg 1998; Spies, Martina: Beginengemeinschaften in Frankfurt am Main. Zur Frage der genossenschaftlichen Selbstorganisation von Frauen im Mittelalter, Dortmund 1998.

[79] Marion Kobelt-Groch hat sich in ihrem (noch nicht publizierten) Habilitationsvortrag an der Universität Hamburg 2003 mit diesem Phänomen beschäftigt. Titel: „Sind wir von gestern ... oder morgen? Beginen: Gedächtniskultur als Sozialexperiment heute." Kritisch zu diesen Versuchen, die mittelalterliche Beginenbewegung zu enthistorisieren, Dinzelbacher, Peter: Religiöse Frauenbewegung und städtisches Leben im Mittelalter, in: Hödl, Günther /Mayrhofer, Fritz/Opll, Ferdinand (Hg.): Frauen in der Stadt, Linz 2003, S. 229 - 264.

Mit einem neuen Verständnis von menschlicher Sexualität in der Genderforschung ist auch der Weg geöffnet, die Körpererfahrung und Selbstwahrnehmung der frommen Frauen nicht länger als Verweigerung jeglicher Sexualität zu verstehen, sondern als eine andere Weise einer erotisch besetzten Leiblichkeit, wie es etwa C. Walker Bynum gezeigt hat.[80] Bestimmte Formen der bewussten Negation der Befriedigung körperlicher Bedürfnisse vermitteln rauschhafte Glückserlebnisse. Systematische Nahrungsverweigerung, die Anorexie, stellt ein komplexes Syndrom dar, dessen Zusammenhang mit gesellschaftlichen Idealvorstellungen von Weiblichkeit auch für die mittelalterlichen Jahrhunderte zur Zeit untersucht wird.[81]

Umgekehrt ist immer wieder versucht worden, dem Verständnis des Befremdlichen der Anziehungskraft der Askese durch verschlüsselte Analogien aus der Gegenwart nahe zu kommen, ein Verfahren, das nicht ganz unproblematisch ist. Denn es wird den metaphysischen Dimensionen und dem religiösen Hintergrund der mittelalterlichen frommen Lebenswelten nicht gerecht. Doch ist freilich nicht ganz zu Unrecht daran erinnert worden, dass es auch in der säkularen Moderne Versuche der Rückgewinnung der „vita comtemplativa" gibt, etwa durch meditative Selbstwahrnehmung, von der ein eigener Psycho-Markt lebt, oder eine moderne ökumenische Organisation der Erfahrung der Wallfahrt als eines bewussten Unterwegsseins auf der Lebensreise, wie es im „Pilgerjahr 1999" zelebriert wurde.[82] Und auch die Sehnsucht nach der Körpererfahrung extremer Askese ist in einer Überflussgesellschaft besonders gegenwärtig.

Festzuhalten ist sicherlich die Erkenntnis, dass es gerade in den mittelalterlichen Jahrhunderten viele Frauen gab, die sich nicht über einen Mann definierten, sondern kreativ nach Weisen suchten, um ihrem Leben eine Sinnkonstruktion zu verleihen, die über die gesellschaftlichen Angebote für Geschlechterbeziehungen innerhalb der familiären Gemeinschaft hinauswiesen.

---

[80] Vgl. dazu die leider sehr knappen Abschnitte über das Mittelalter in: Lorenz, Maren: Leibhaftige Vergangenheit. Einführung in die Körpergeschichte, Tübingen 2000, etwa S. 126 - 132.

[81] Bynum deutet das mittelalterliche Fasten, so fasst Lorenz zusammen, „als Ausdruck starken Selbstbewusstseins, als Demonstration der Verfügungsgewalt über die kostbare Ressource Essen, einen traditionellen weiblichen Verantwortungsbereich." Lorenz: Leibhaftige Vergangenheit (Anm. 79), S. 128.

[82] Vgl. dazu die Schrift: Evangelisches Missionswerk in Deutschland (Hg.): Unterwegs zum Leben. Ökumenische Pilgerwege in Europa, Hamburg 1999.

5. Männlichkeitskonzepte

Und wie sah es aus mit den Konzepten für das maskuline Geschlecht? Realisierte sich männliche Identität in der Umsetzung von Tugenden wie körperlicher Kraft und Geschicklichkeit, in Beherrschung und Einsatz martialischer Techniken, von Mut und Kampfeslist angesichts einer Ubiquität von Krieg und Fehde in einer Gesellschaft, deren „Geburt... aus dem Geist der Gewalt" titelprägend und thesengebend für ein Standardwerk wurde?[83] Auch dieses Bild ist eine voreilige Verallgemeinerung. Verschiedene Fürstenspiegel fordern vielmehr Selbstbeherrschung und Charakterstärke als zentrale Ziele für den Nachwuchs des Schwertadels. Herrschen über andere kann nur, so wurde immer wieder gemahnt, wer sich selbst beherrscht. Dhuoda, eine fränkische Gräfin im 9. Jahrhundert, verfasste eine Erziehungslehre für ihren Sohn, in der sie „Kampf" als das spirituelle Ringen des Menschen definierte, um einen Seelenfrieden durch Überwindung der teuflischen Provokationen in seinem Inneren herzustellen.[84] Kam es doch zu einem als „gerecht" legitimierten Krieg, so wurde der Sieg nicht primär auf Stärke und Überlegenheit im Feld zurückgeführt. Die Tradition des Gottesurteiles (Ordal) geht vielmehr davon aus, dass ein allmächtiger Gott die Sache des Erfolgreichen bestätigt; oft genug reichte ein Zweikampf aus. Kampf diente der Wiedergewinnung des Gleichgewichts einer transzendent fundierten Ordnung auf Erden, repräsentiert in dem sakral legitimierten Herrscher – und nicht der Herstellung eines hierarchischen Gleichgewichts unter Männern durch persönliche Leistung im Rahmen einer martialisch definierten Identität.

Ohnehin ist Krieg nicht ausschließlich Männersache. Frauen sind in den vormodernen Kriegen präsent, sie schließen sich den Kreuzzugsheeren an, ziehen als Ehefrau, Geliebte, Prostituierte, Köchin mit in den Krieg. Erst in der Frühen Neuzeit, so hat es K. Hagemann verschiedentlich gezeigt, werden Soldaten kaserniert, Frauen weitgehend aus den Feldlagern verbannt. Es entwickelt sich die Vorstellung, dass Männer im Kampf ihre ge-

---

[83] Bartlett, Robert: Die Geburt Europas aus dem Geist der Gewalt, München 1996. Für die Originalausgabe (The Making of Europe. London 1993) ist diese These jedoch nicht titelprägend geworden.

[84] Lundt, Bea: Konzepte einer (Zu-) Ordnung der Geschlechter zu Krieg und Frieden (9. - 15. Jahrhundert), in: Garber, Klaus u.a. (Hg.): Der Frieden. Rekonstruktion einer europäischen Vision, Bd. 1, München 2001, S. 335 - 356.

schlechtsspezifische Bestimmung realisieren, indem sie über den Gegner triumphieren.[85]

Nicht also über Draufgängertum, aber wie definiert sich Männlichkeit dann? Die Erforschung der Transformation eines antiken Ideales der „Weisheit", einer an Männlichkeit gebundenen Geistigkeit, innerhalb des mittelalterlichen Klerikerstandes ist noch in ihren Anfängen begriffen. Die englischsprachige Forschung hat von einer „Krise der Männlichkeit" gesprochen, die mit dem kirchlichen Beharren auf dem Zölibat für den Kleriker durch die gregorianischen Reformen im 11. Jahrhundert ausgelöst worden sei.[86] Erst jetzt habe sich der von der Kirche favorisierte Idealtyp des Mannes nicht mehr über familiäre Rollen als Ehemann und Vater verstehen können. Vielmehr suchte er nach einer neuen selbstgenügsamen Identität, die sich in den christlichen Männerbünden realisierte.[87] Kennzeichen dieser Konstruktion sind etwa die spirituellen Freundschaften und Beziehungsmuster, die als systematische Ersatzrollen in Sohn-, Vater- und Bruderschaften ausdifferenziert wurden. Die frauenlose Gemeinschaft kontrollierte die Sexualität ihrer Mitglieder und reproduzierte die Definition eines asketischen Körperverständnisses insbesondere in der Pubertät durch ein Erziehungskonzept.[88] Dies erklärt die Dominanz der sexualisierten Diskurse in mittelalterlich klerikalen Quellen wie Bußbüchern, die auf die Notwendigkeit der kollektiven Regelung dieses intimen Bereiches hindeuten.[89] Die Unabhängigkeit der Männergruppe wird durch eine Aufteilung

---

[85] Zuerst pointiert ausformuliert: Hagemann, Karen: Militär, Krieg und Geschlechterverhältnisse. Untersuchungen, Überlegungen und Fragen zur Militärgeschichte der Frühen Neuzeit, in: Pröve, Ralf (Hg.): Klio in Uniform? Probleme und Perspektiven einer modernen Militärgeschichte der Frühen Neuzeit, Köln u.a. 1997, S. 35 – 88.

[86] Vgl. dazu die Bände: Lees, Clare A. u.a. (Hg.): Medieval Masculinities, Minneapolis/London 1994; Cohen, Jeffrey Jerome/Wheeler, Bonnie (Hg.): Becoming Male in the Middle Ages, New York/London 1997; Hadley, Dawn M. (Hg.): Masculinity in Medieval Europe, London/New York 1999; Murray, Jacqueline (Hg.): Conflicted Identities and Multiple Masculinities. Men in the Medieval West, New York/London 1999.

[87] Blazek, Helmut: Männerbünde. Eine Geschichte von Faszination und Macht, Berlin 2001.

[88] Vgl. dazu ausführlich mit Literaturangaben Lundt: Weiser und Weib. (Anm. 46).

[89] Etwa Lutterbach, Hubertus: Sexualität im Mittelalter. Eine Kulturstudie anhand von Bußbüchern des 6. bis 12. Jahrhunderts, Köln u.a. 1999.

der verschiedenen Aspekte von Männlichkeit auf mehrere zentrale Gestalten stabilisiert. Dies spiegelt sich etwa in der Artus-Literatur, in der dem Schwert tragenden König der weise Seher Merlin an die Seite gestellt wird.[90] Der Klerikerstand erfährt eine Transformation durch die Begründung der Universitäten, in denen Mönche und Priester in der folgenden Zeit zu Gelehrten werden. Jahrhunderte lang bleibt der neue einflussreiche Sozialtyp des „Intellektuellen"[91] an den Zölibat gebunden - auch dies ist eine abendländische Tradition für ein Männlichkeitskonzept aus antiker Wurzel: der Weise ist – zunächst – ein Mönch.

Angesichts solcher asketischer Leiblichkeitskonstruktionen hat Martin Dinges 1998 zu bedenken gegeben, dass Männlichkeit bisher zu einseitig über Sexualität als Zeugungskraft definiert worden sei und pluraler verstanden werden müsse.[92] Diese dominante Sicht auf Maskulinität hängt zusammen mit der in der frühneuzeitlichen Geschichtsforschung besonders hervorgehobenen Rolle des Haus- und Familienvaters. Wie es schon am Beispiel der „frommen Frauen" gezeigt wurde, kann auch hier die Mediävistik als korrigierendes Regulativ fungieren, die es mit den vielen Menschen zu tun hat, deren Lebensziel nicht die Geschlechtergemeinschaft war. Man verstand Sexualität nicht als Anlage, die es in sozialen Institutionen lebenslang geregelt umzusetzen galt, sondern als ein partielles Verhalten. Diese Sicht arbeitet vor allem B.-U. Hergemöller bei seinen Forschun-

---

[90] Merlin, der weise Seher, ergänzt der Ritterrunde Fähigkeiten hinzu, welche die Selbstgenügsamkeit der ritterlichen Tischgemeinschaft der Auserwählten stabilisieren. Vgl. dazu Lundt, Bea: Melusine und Merlin im Mittelalter. Entwürfe und Modelle weiblicher Existenz im Beziehungsdiskurs der Geschlechter, München 1991. Über die gedankliche Christianisierung der Sagengestalt keltischen Ursprungs, des Druiden Merlin jetzt auch Anne Berthelot, die zeigt, dass „der Zauberer-Prophet des Goldenen arthurischen Zeitalters als Kleriker wahrgenommen wird." In: Courtly Literature and Clerical Culture. ICLS Xth Triennial Conference Tübingen 2001, Abstracts, S. 37.

[91] Die von Jacques Le Goff begonnene Diskussion um den Stand der „Intellektuellen" setzen fort: Verger, Jacques: Les gens de savoir dans l' Europe de la fin du Moyen Age, Paris 1997 sowie Schwinges, Rainer Christoph (Hg.): Gelehrte im Reich (Zts. f. Hist. Forsch., Beih.18), Berlin 1996.

[92] Dinges, Martin: Einleitung. Geschlechtergeschichte - mit Männern!, in: Ders (Hg.): Hausväter, Priester, Kastraten. Zur Konstruktion von Männlichkeit in Spätmittelalter und Früher Neuzeit, Göttingen 1998, S. 7 - 28.

gen über die männliche Homosexualität im Mittelalter heraus.[93] Er zeigte, dass der Vorwurf der Homoerotik gezielt gegen ketzerische Gruppen eingesetzt wurde und zu einem Syndrom abgewehrter Lustphantasien gehörte. Durch die Stigmatisierung als „Sodomiter" wurden diese Gruppen erst als „Randgruppen" definiert.[94]

In der Tat finden sich innerhalb der mittelalterlichen Diskurse besonders eindrucksvolle Beispiele für eine Bestätigung der Kritik an einem essenzialistisch naturgegeben verstandenen Konzept menschlicher Sexualität. Vielfältige Belege bestätigen, dass Männlichkeit und Weiblichkeit innerhalb der mittelalterlichen religiösen Lebenswelten nicht in unmittelbarer Konfrontation der beiden Geschlechter miteinander definiert wurde. Sie wurde vielmehr innerhalb einer homogenen Geschlechtergruppe quasi selbstgenügsam vorgenommen. Entsprechend wenig geeignet ist die These von einer zweipoligen relationalen Geschlechterkonstruktion zur Erklärung der historischen geschlechtsspezifischen Sozialisation. Diese Theorie beharrt darauf, Frauen wie Männer könnten nur in wechselseitigem Bezug aufeinander betrachtet werden. Daher ist gefordert worden, Geschlechtlichkeit nicht bipolar zu erforschen, sondern in vielfachem Bezug auf andere Relationen und Kategorien zu beleuchten.[95]

IV.
Didaktische Perspektiven

1. Ein Rückblick auf die siebziger und achtziger Jahr
des 20. Jahrhunderts

Ein Problembewusstsein über die Bedeutung der Herausforderung durch die Frauen- und Geschlechterforschung war im Bereich der Geschichtsdidaktik schon früh vorhanden: Es spiegelt sich vor allem in Aufsätzen von B. v. Borries und A. Kuhn in der Fachzeitschrift *Geschichtsdidaktik*. Fast legendär sind die 1978, 1979 und 1981 erschienenen Themenhefte: Frau in

---

[93] Hergemöller, Bernd-Ulrich (Hg.): Sodom und Gomorrha. Zur Alltagswirklichkeit und Verfolgung Homosexueller im Mittelalter, 2. Aufl. Hamburg 2000 sowie weitere Schriften des Autors.

[94] Vgl. auch den wichtigen Band: Hergemöller, Bernd-Ulrich (Hg.): Randgruppen der spätmittelalterlichen Gesellschaft, Warendorf 2001.

[95] Z.B. Griesebner, Andrea: Geschlecht als mehrfach relationale Kategorie. Methodologische Überlegungen aus der Perspektive der Frühen Neuzeit, in: Aegerter, Veronika u.a. (Hg.): Geschlecht hat Methode, Zürich 1999, S. 129-138.

der Geschichte I - III, die als begehrter Sammelband 1984 nachgedruckt wurden.[96] Von Anfang an wurde die Forderung nach der Behandlung von Frauenthemen im Geschichtsunterricht nicht primär damit begründet, es ginge um Wissensvermittlung über Frauenleben zur additiven Ergänzung von Fakten über männliche Leistungen in der Geschichte. B. v. Borries argumentierte in einem wegweisenden programmatischen Aufsatz aus dem Jahre 1978 bereits ganz im Sinne der neuen Geschichtsdidaktik, die er mitbegründete und entfaltete. Geschichte zeige an Exempeln die Möglichkeiten menschlicher Existenz in der Geschichte, sie biete Entwürfe für Lebenswelten und Handlungsweisen. Die vergleichende Arbeit an solchen Angeboten aus der Vergangenheit ermögliche die Herausbildung der historischen Identität in der Gegenwart. Diese aber setze die Konfrontation mit Beispielen für gleichgeschlechtliche Existenz in der Geschichte voraus. Jungen könnten sich zwar an Rittern und deren Heldentaten sowie männlichen Leitfiguren von Caesar über Luther bis zu Bismarck abarbeiten, für Mädchen enthalte das Geschichtsbuch keine vergleichbaren Angebote, an denen sie sich orientieren könnten. Der Gleichheitsartikel des Grundgesetzes mache aber eine gleichgewichtige Respektierung von Frauenrollen in der Geschichte erforderlich. Frauengeschichte erfülle eine Aufgabe zum „kompensatorischen Lernen"[97]; als Zielperspektive nannte B. v. Borries eine Triade an Bewusstseinswandel und Verhaltensweisen: Sie diene zum „Abbau herkömmlicher Stereotype, zum Aufbrechen des Verhaltens und zum Erweitern des Rollenhandelns".[98]

Damit war die notwendige Verankerung weiblicher Lebensrealität im allgemeinen Geschichtsbild systematisch didaktisch legitimiert. Die Argumentation fand in den folgenden Jahren eine Erweiterung um die Gender-Perspektive. Demnach, so die Forderung, müssten sich beide Geschlechter

---

[96] Geschichtsdidaktik 3 (1978) 4: Borries, Bodo v./Kuhn, Annette (Hg.) Themenheft „Frau in der Geschichte I; Frau in der Geschichte II 4 (1979) 1; Frau in der Geschichte III 6 (1981) 3, als Sammelband 1984 in der Begleitreihe „Studien Materialien" als Band 25.

[97] Borries, Bodo v.: Geschlechtsrollen und Frauengeschichte in der Unterrichtspraxis. Über Chancen und Grenzen kompensatorischen Lernens, in: Geschichtsdidaktik 3 (1978) 4, S. 41 - 61. Mit dokumentierten Beispielen aus den Jahren 1971 bis 1978, „bei denen Frauengeschichte oder Geschlechtsrollen in Einzelstunden bzw. Unterrichtsreihen thematisiert wurden." (S. 41).

[98] Borries, Bodo v.: Geschlechtsrollen und Frauengeschichte, in: Frau in der Geschichte I/II/III (1984), S. 43 (Sammelband Geschichtsdidaktik).

wechselseitig mit der Geschichte von Männern wie Frauen beschäftigen
und lernen, grundsätzlich nach der Kategorie „Geschlecht in der Geschichte" zu fragen. In den Neuauflagen des *Handbuchs der Geschichtsdidaktik*
hat B. v. Borries den jeweiligen Stand der sozialisationstheoretischen Forschung eingearbeitet und die einzelnen Entwicklungsschritte pointiert, mit
deren Hilfe die Entfaltung menschlicher Identität in der Gegenwart durch
vergleichendes historisches Arbeiten in ihren Phasen beschrieben wurde.[99]
In empirischen Studien dokumentierte er den unterschiedlichen Umgang
von Jungen und Mädchen mit Geschichte.[100] In seinen beiden Monografien
„Wendepunkte der Frauengeschichte" stellte B. v. Borries Material zusammen und konzipierte Unterrichtsreihen über das Frauenbild des späten
Mittelalters und über die frühneuzeitliche Hexenverfolgung.[101] Nach etwa
25 Jahren der Arbeit an frauengeschichtlichen Themen bedauert er in seiner Bilanz von 2003 den wenig durchschlagenden Erfolg und schreibt im
Rückblick: „Es war absolut notwendig, die Theoriefähigkeit, Forschungs-
dignität, Erklärungskraft von Frauengeschichte erst durch massiv erweiterte empiriegesättigte Historiographie eindeutig und unwidersprechbar zu
belegen."[102]

---

[99] Borries, Bodo v.: Frauengeschichte, in: Bergmann, Klaus u.a. (Hg.): Handbuch
      der Geschichtsdidaktik, Bd. 1. Düsseldorf 1979, S. 247 - 253. Erweitert als:
      Didaktik der Frauengeschichte in der 3. Aufl. 1985, S. 325 - 330 sowie in der
      4. Aufl. Seelze-Velber 1992, S. 325 - 330.

[100] Borries, Bodo v.: Jugend und Geschichte. Ein europäischer Kulturvergleich aus
      deutscher Sicht, Opladen 1999. Einzelergebnisse auch in zahlreichen verstreu-
      ten Aufsätzen, etwa in ders: Geschlechtsspezifisches Geschichtsbewußtsein
      und koedukativer Geschichtsunterricht, in: Arnold, Udo u.a. (Hg.): Stationen
      eines Hochschullebens (Fs. Annette Kuhn), Dortmund 1999 S. 89 - 111.

[101] Borries: Wendepunkte der Frauengeschichte (Anm. 31). Darin: „Beginn der
      Befreiung oder Verinnerlichung der Unterdrückung. Vom feudalen Frauenideal
      um 1400 zur bürgerlichen Weiblichkeitsnorm um 1800" (S. 121 - 199;) ders.:
      Wendepunkte der Frauengeschichte II (Anm. 31), darin: „Die Große Hexenver-
      folgung (1555 - 1665)", „Todeskampf des Mittelalters" oder „Geburtswehen
      der Neuzeit" (S. 177 - 206).

[102] Borries: Wendepunkte der Frauengeschichte II (Anm. 31), S. 9. Der Band
      enthält im Anhang eine Aufstellung über die Beiträge, die von Borries über
      frauengeschichtliche Themen bereits veröffentlichte. Sein erster theoretischer
      Beitrag über „Frauen in Schulgeschichtsbüchern" datiert aus dem Jahre 1975.

2. *Desiderate und Perspektiven der gegenwärtigen geschichtsdidaktischen Genderforschung*

Ein solcher Nachholbedarf einer relativ neuen und zunächst umstrittenen Spezialdisziplin ist freilich erfüllt. Es ist vielmehr fast eine eigene Studie wert, mit welcher Penetranz die Geschichtsdidaktik – nach solchen viel versprechenden Anfängen – die Ergebnisse der mediävistischen Genderforschung ignoriert. Bereits das von H.-J. Markmann 1993 für schulpraktische Zwecke zusammengestellte Buch „Frauenleben im Mittelalter" berücksichtigt in keiner Weise die Forschung.[103] Eine solche borniert Haltung gegenüber einer längst etablierten Forschungsrichtung betrifft übrigens nicht nur die Rezeption der Forschungen zu der Epoche des Mittelalters. Der Literaturbericht von J. Rohlfes über „Geschichtsdidaktik-Geschichtsunterricht" 1997 geht auf Genderforschung nicht ein.[104] Der Jahresband 2002 der neuen *Zeitschrift für Geschichtsdidaktik* enthält nicht einen entsprechenden Beitrag; der umfangreiche Rezensionsteil widmet den vielen Neuerscheinungen keine Zeile. Obwohl auf der letzten Tagung der „Konferenz für Geschichtsdidaktik" (Kassel 2001) als Desiderat konstatiert wurde, sich mit moderner Genderforschung zu beschäftigen, wurde eine angemeldete Sektion für das Jahr 2003 gestrichen. Der „historische" Beitrag in dem Sammelband „Geschlechterperspektiven in der Fachdidaktik" von 2001 zitiert keine einzige neuere gendergeschichtliche Darstellung.[105]

Entsprechend wundert es auch nicht, dass der Sammelband von „Geschichte Lernen" (2002) unter dem Titel „Frauengeschichte" nur pragmatisch faktenorientierte und traditionelle Beiträge aus einer rein polar gedachten Frauenecke wiederabdruckt. Grundsätzliche Fragen werden nicht

---

[103] Markmann, Hans-Jochen: Frauenleben im Mittelalter, Frankfurt 1993. Vgl. dazu meine kritische Rezension in: GPD 22 (1994) H. 1/2, S. 142 - 143.

[104] Rohlfes, Joachim: Geschichtsdidaktik-Geschichtsunterricht. Ein Literaturbericht in vier Teilen, in: GWU 48 (1997), H. 1 - 4. Vgl. dazu bereits meinen kritischen Beitrag auf dem XI. Bundeskongress „Frauen und Schule": Lundt, Bea: Gibt es inzwischen Frauen in der Geschichte? Zum Stand der historischen Frauenforschung zwischen Theorie und Praxis, in: Lutzau, Mechthild v. (Hg.): Frauenkreativität Macht Schule, Weinheim 1998, S. 178 - 183.

[105] Thurn, Susanne: „Nicht durch Geburt, ach was, durch die Erzählungen in den Innenhöfen bin ich Troerin geworden" - Identität durch Geschichte, in: Hoppe, Heidrun/Kampshoff, Marita/ Nyssen, Elke (Hg.): Geschlechterperspektiven in der Fachdidaktik, Weinheim/Basel 2001, S. 43 - 63.

gestellt: etwa zum Genderbegriff („Was ist eigentlich Geschlecht damals und heute?"), den Möglichkeiten der Prägung von Geschichtsbewusstsein und Identitätsbildung durch Geschlecht („Nehmen Jungen und Mädchen die historischen Phänomene unterschiedlich wahr?"). Der Ursprung von stereotypen Genderbildern innerhalb der Geschichtskultur und die Verarbeitung im Unterricht werden ebenso ausgeklammert wie die Chance des Transfers der Erkenntnisse aus dem historischen Materialangebot für das Selbstverständnis. Der an erster Stelle stehende Beitrag über Frauenarbeit thematisiert nicht den zentralen Begriff; menschliche Tätigkeit in Familie, Haus und Nachbarschaft wird nicht aus der Herrschaftsstruktur und Geschlechteranthropologie des Mittelalters abgeleitet, auf die Alterität eines Verständnisses von „Arbeit" in der Moderne nicht hingewiesen. In dem folgenden über „Haushalte" wird zwar die „Kontrastfunktion" des mittelalterlichen Haushaltes als Beitrag zur „Identitätsfindung" andeutend skizziert; doch wird die Familienforschung nicht hinzugezogen.[106] Als drittes Beispiel werden die Beginen als „Neue Möglichkeiten für Frauen" vorgestellt.[107] Zwar werden alternative Thesen für die Entstehung der Beginenbewegung genannt, doch gibt es kein Material, um das Verhältnis der Beginen zu den traditionellen Orden zu verstehen und ihr spezielles Anliegen angesichts des allgemeinen neuen Impetus der „religiösen Frauenbewegung" nachzuvollziehen. Ein Beitrag über Elisabeth von Thüringen schließlich thematisiert immerhin die Beschönigung ihres Lebens durch die hagiografischen Viten nach ihrem Tode. Doch wird das problematische Bild von Fürsorge durch extreme Askese nicht mit der Leiblichkeit Elisabeths korreliert. Über die (Selbst-) Auslieferung Elisabeths an einen gnadenlos prügelnden Beichtvater und Vormund mit offenbar sadistischen Intentionen, Konrad von Marburg, und die problematische Rolle dieses ihres engen Vertrauten als eines radikal gegen häretische Bewegungen agierenden Inquisitors sind wir durch B.-U. Hergemöller gut informiert.[108] Es sind auch Quellen bekannt, die zeigen, dass Elisabeths Aktivitäten nicht immer ausschließlich auf die Heilung der Kranken ausgerichtet waren, son-

---

[106] Ketsch, Peter: Mittelalterliche Haushalte, in: Geschichte lernen. Sammelband Frauengeschichte, Seelze-Velber 2002, S. 16 - 22, hier S. 17.

[107] Weitz, Birgit: Die Beginen. Neue Möglichkeiten für Frauen?, in: ebd., S. 23 - 27.

[108] Hergemöller, Bernd-Ulrich: Krötenkuss und schwarzer Kater. Ketzerei, Götzendienst und Unzucht in der inquisitorischen Phantasie des 13. Jahrhunderts, Warendorf 1996, S. 182 f.

dern in quasi masochistischer Weise der Selbstkasteiung dienten. Solche Erkenntnisse müssen in das verbreitete naive Bild von der vorbildlich karitativen Aufopferung der Elisabeth integriert werden. Diese Vielschichtigkeit bei der Konstruktion eines traditionellen Vor- und Leitbildes gerade für weibliches soziales Handeln wird übersehen. Dagegen wird an einem polaren Gegensatz zwischen der „verfremdeten" und der „wahren" Elisabeth festgehalten.[109] Alle Beiträge fußen weitgehend auf veralteter Literatur, sind kaum aktualisiert und referieren banale Fakten. Kurzum: ein Schritt zurück im Vergleich zu den späten 1970er Jahren.

Um wie vieles progressiver, durchdachter und aktueller waren die Beiträge in „Geschichtsdidaktik", in denen B. v. Borries bereits 1978 von konkreten erfahrbaren gesellschaftlichen Wahrnehmungen der Schülerinnen und Schüler ausging, deren Bewusstsein mitthematisierte und Texte als „Provokation und Kontrasterfahrung" einsetzte! B. v. Borries ist es auch, der immer wieder darauf hinweist, dass ein moderner Geschichtsunterricht an den in der Schule vertretenen Varietäten anknüpfen muss. Dies verlangt, die existenziellen anthropologischen Erfahrungen in Bezug auf die unterschiedliche kulturelle und religiöse Herkunft einzubeziehen und eben auch das geschlechtsspezifische Geschichtsbewusstsein mitzudenken.

Dabei trifft sich die neue und vielfältig aufgefächerte Genderforschung in ihrem Anliegen auf besondere Weise mit zentralen Forderungen der Geschichtsdidaktik. Insbesondere K. Bergmann hat wiederholt auf einem multiperspektivischen Geschichtsunterricht beharrt.[110] Diese Forderung, die Arbeit an und mit Historie vor allem auch unter dem Aspekt der Kontroversität zu begreifen, ist auf verschiedenen Ebenen von Bedeutung. Auf der objektiven Ebene, der des fachlichen Stoffangebotes, ist er durch die Präsentation eines Nebeneinanders kontroverser Sichten auf Geschichte zu realisieren. Auch die subjektive Deutungsarbeit aber, die sich auf die komplizierten Prozesse der Aneignung von Vergangenem in der Gegenwart bezieht, muss die Bereitschaft zur Beschäftigung mit den verschiedenen Perspektiven beinhalten, die im Klassenraum repräsentiert sind.

Nach ihren dualistischen Anfängen, die von einer Männer- und einer Frauensicht auf die Geschichte ausgingen, ist die derzeitige Genderfor-

---

[109] Doepner, Thomas: Mittelalterliche Caritas. Elisabeth von Thüringen in der Heiligenvita, in: Geschichte lernen. (Anm. 105), S. 28 - 34.

[110] Bergmann, Klaus: Geschichtsdidaktik. Beiträge zu einer Theorie historischen Lernens, Schwalbach 1998.

schung, wie ich gezeigt habe, in oder mit ihrem Theoriekonzept entsprechend pluralistisch angelegt: der behaupteten Vielfältigkeit der Geschlechterperspektiven und Genderwelten in der Geschichte entspricht auch eine
entsprechende Situation im Unterricht. Der reflektierte Ich-Bezug gerade
im Umgang mit der Gender-Geschichte ist von S. Thurn und anderen als
eine didaktische Schlüsselfrage bezeichnet worden: „Und was hat das mit
mir zu tun?".[111] Arbeit an Geschichtsbildern bedeutet immer auch eine
Arbeit an der eigenen Geschlechterwelt und ihrer Situierung innerhalb der
gesellschaftlichen Diskurse. Gerade die Geschlechterperspektive bietet
daher neue Wege für das Verständnis der Rezeptionsprozesse von Geschichte in der Öffentlichkeit.

V. Fazit

Das Beispiel des „Falles Hildegard" kann zeigen, dass das „Ärgernis" der
Mythifizierung einer historischen Person auch als Chance verstanden werden kann. Denn es stellt auch einen Seismografen für aktuelle Bewusst-
seinsphänomene dar: Offenbar gibt es eine Sehnsucht vieler Frauen nach
einem weiblichen Multitalent, einem Genie, einer weisen Frau, das als
historisches Vorbild gelten kann. Solche Identitätsentwürfe aus ferner Vergangenheit werden zur Legitimation aktueller Wunschvorstellungen eingesetzt. Die Konstruktion der Hildegard als einer Repräsentantin des modernen Europa weist also auf eine als defizitär wahrgenommene Gegenwarts-
situation, in der eine mit Hildegards Leben identifizierte Botschaft von der
Möglichkeit weiblicher Außerordentlichkeit als noch immer nicht erfüllt,
als „utopisch" wahrgenommen wird. Hildegard übrigens, die Ausnahme-
frau, hat zwar durch ihre adlige Geburt immer schon zu denen „drinnen"
dazugehört, doch hat sie ihr Lebtag darum gekämpft, diesen Innenraum
selbst zu gestalten.

Die Alternative, ob das jeweils vermittelte Bild über Hildegard „richtig"
oder „falsch" sei, erweist sich daher als unzureichend, um dem Phänomen
gerecht zu werden. Vielmehr geht es auch um die geschichtsdidaktische
Analyse der Intentionen, die an einer historischen Gestalt festgemacht werden. Dabei spielen Faktoren eine Rolle wie die Entstehung dieser Vorstel-

---

[111] Thurn, Suanne: „„ ... und was hat das mit mir zu tun?" Geschichtsdidaktische
    Positionen, Pfaffenweiler 1993. Vgl. auch ihren in Anm. 104 genannten Bei-
    trag.

lungen, ihre Produktion, Artikulation und ihre Vermittlung mit dem Faktor Geschlecht. Die genaue Beobachtung solcher gesellschaftlicher Trends und Phänomene hilft umgehrt auch, sich einen Zugang zu verschaffen zu den vielfältigen Konstruktionen über männliches und weibliches Handeln in der Geschichte, die in der Öffentlichkeit kursieren. Denn ohne die Menschen, die männlichen und weiblichen, mit ihren Bedürfnissen an die Geschichte ernst zu nehmen, werden wir auch den Menschen in der Geschichte nicht gerecht werden können.

Wolfgang Hasberg

ECKPUNKTE EINER KULTURWISSENSCHAFTLICHEN ERWEITERUNG DER MITTELALTER-DIDAKTIK

I.

Einleitung

1396 ist ein für die freie Reichsstadt Köln bedeutendes Datum. Zum wiederholten Male erhoben sich in diesem Jahr die Gaffeln und Zünfte, die Kaufleute und Handwerker, und opponierten gegen die Stadtherrschaft der Patrizier. Diesmal waren die Zünfte und Gaffeln erfolgreich: Sie bezwangen die Patrizier und errichteten ein neues Stadtregiment. Mit dem so genannten „Verbundbrief", der durch die 22 Gaffeln besiegelt wurde, gaben sie sich eine neue Stadtverfassung, die in ihren Grundzügen bis 1793 – fast 400 Jahre also – von Bestand war.[1]

Es handelt sich offenkundig um einen klassischen politischen, um einen Verfassungskonflikt, der sich 1396 in Köln abspielte – an anderen Orten zu anderen Zeitpunkten, aber an vielen Orten in ganz ähnlicher Weise.

Es handelt sich demzufolge um ein Ereignis der Politikgeschichte, das sich in aller Regel in den Geschichtslehrplänen für die Sekundarstufe I nahezu aller Bundesländer als obligatorischer Gegenstand findet; das selbst in der Sekundarstufe II gelegentlich auf dem Programm stehen dürfte. So gehört er zwar nicht zu den „unverzichtbaren Inhalten" des Nordrhein-Westfälischen Oberstufenlehrplans, kann aber durchaus zum Gegenstand historischen Lernens gemacht werden.[2]

---

[1] Ed. Ennen, Leonhard: Quellen zur Geschichte der Stadt Köln, Bd. 6, ND Aalen 1970, S. 434 - 434 sowie ed. Huiskes, M., in: Deeters, J./Helmrath, Johannes (Hg.): Quellen zur Geschichte der Stadt Köln, Bd. 2, Köln 1996, S. 1 - 28. S. dazu Schulz, Günther: Der Verbundbrief. Konzeption und Krisen der Kölner Stadtverfassung von 1396 bis zur französischen Zeit 1796/97, in: GiK 40 (1996), S. 5 - 28; Herborn, Wolfgang: Die politische Führungsschicht der Stadt Köln im Spätmittelalter (RhArch 100), Bonn 1977, S. 301 - 323 sowie Militzer, Klaus: Ursachen und Folgen der innerstädtischen Auseinandersetzungen in Köln in der zweiten Hälfte des 14. Jahrhunderts, Köln 1980.

[2] Richtlinien und Lehrpläne für die Sekundarstufe II – Gymnasium/Gesamtschule in Nordrhein-Westfalen. Geschichte, hg. v. Ministerium für Schule und

Aber – so fragt man sich: Was hat Politik mit Kultur zu tun? Wie kann ein klassischer politischer Konflikt kulturwissenschaftlich angegangen werden? Was heißt überhaupt Mediävistik als historische Kulturwissenschaft?

II.
Mediävistik als historische Kulturwissenschaft

Sucht man in den voran stehenden Beiträgen nach den Spezifika einer kulturwissenschaftlich orientierten Mediävistik, dann scheinen zunächst zwei Seiten auf: Zum *einen* scheinen es die Inhalte zu sein, die spezifisch kulturwissenschaftlicher Art sein können. Dabei geht es weniger um die Erweiterung des Gegenstandsbereichs potenzieller Forschungsfelder, wie Geschlechter-, Umwelt- und Alltagsgeschichte. Wiewohl solche Gebiete in der mediävistischen Forschung zunehmend an Aufmerksamkeit gewinnen (vgl. Abb. 1).[3]

Vielmehr kann mit U. Daniel festgestellt werden, alles könne zum Gegenstand kulturwissenschaftlicher Geschichtsforschung werden, sofern „die Bedeutungen, Wahrnehmungsweisen und Sinnstiftungen der zeitgenössischen Menschen in das Verstehen, Beschreiben oder Erklären" einbezogen werden.[4] Am Beispiel des Reisens hat F. Reichert dies transparent werden lassen, indem er „Alterität und Interkulturalität" als kulturelle Wahrnehmungsmuster mittelalterlicher Reisender vorgeführt hat.[5]

Es sind mithin Inhalte, die im Bereich der Wahrnehmungen, der Vorstellungen und Bedeutungszumessungen, kurz: im Weltverstehen der Zeitgenossen, angesiedelt sind. Es geht also nicht länger allein um die Re-Konstruktion vergangenen Geschehens und vergangener Strukturen, kurz: vergangener Wirklichkeiten – es sei denn, man betrachtet Vorstellungen, Wahrnehmungen, Mentalitäten, etc. als Elemente dieser vergangenen Wirklichkeiten.

Weiterbildung, Wissenschaft und Forschung des Landes NW, Frechen 1999, S. 28.

[3] Goetz, Hans-Werner: Moderne Mediävistik. Stand und Perspektiven der Mittelalterforschung, Darmstadt 1999, S. 153 - 370. Vgl. ders.: Proseminar Geschichte: Mittelalter, 2. Aufl. Stuttgart 2000, S. 387 - 436.

[4] Daniel, Ute: Kompendium Kulturgeschichte. Theorien, Praxis, Schlüsselwörter, Frankfurt a.M. 2001, S. 17.

[5] Vgl. den Beitrag von F. Reichert in diesem Band, S. 59 ff.

Abb. 1: Forschungsbereiche der „Modernen Mediävistik" (H.-W. Goetz 1999)

Gegenstände der Modernen Mediävistik	
Politische und Verfassungsgeschichte	*Sozial- und Wirtschaftsgeschichte*
• Amt und Herrschaft • Staat und Staatlichkeit • Entstehung der Nation • Herrschaft und Macht • Konflikte und Konfliktlösung • Schenken • Herrschaftsrepräsentation, Rituale, öffentliche Inszenierung • Heiligenverehrung	• Adelsforschung • Schichtenanalyse • Soziale Mobilität • Unterschichten und Randgruppen • Lebensformen du Lebenskreise • Auswirkungen von Wirtschaftssystemen • Technikgeschichte

Fragestellungen und Zugänge der Modernen Mediävistik	
Trend zur historischen Anthropologie	*Trend zur Kulturwissenschaft*
• Vorstellungen und Wahrnehmungen • Mentalitäten • Psychohistorie • Alltagsgeschichte • Umweltgeschichte • Frauen- und Geschlechtergeschichte • Historische Demografie	• Volks- und Elitenkultur • Kommunikation (Mündlichkeit, Schriftlichkeit, Zeichenhaftigkeit) • Memoria

Viele der neuen „Fragestellungen sind aus sozialgeschichtlichen Problemen erwachsen, zielen aber verstärkt auf eine historische Anthropologie ... und tendieren zu einer historischen Kulturwissenschaft", konstatiert H.-W. Goetz.[6] *Zweitens* sind es also neuartige Fragestellungen, die das spezifische Gepräge einer kulturwissenschaftlichen Mediävistik ausmachen. Ihre Wurzeln haben diese neuen Fragestellungen in Entwicklungen, die weit über die Geschichtswissenschaft hinausreichen. Es sind Anthropologie und Soziologie, Kunst- und Sprachwissenschaften und viele andere Disziplinen – der gesamte Bereich der Kulturwissenschaften eben, – aus dem diese Fragestellungen und Zugriffsweisen entnommen sind. In Bezug auf die Geschichtswissenschaft sind es nach der sozial- und gesellschaftsgeschichtlichen Trendwende vor allem

- die Narrativitätstheorie (A. Danto),
- der linguistic turn (H. White),
- die Diskursanalyse (Michael Foucault),

die eine federführende Rolle übernommen haben.[7] Ohne dass dies an dieser Stelle näher ausgeführt werden könnte, haben sie die bunte Palette mediävistischer Methoden und Forschungsansätze bereichert (vgl. Abb. 1).

Denn um die neuen Fragestellungen zu beantworten, um bis zu den Vorstellungen vorzustoßen und darüber das Wahrnehmen der Zeitgenossen zu erklären, bedarf es neben dem herkömmlichen hermeneutischen Instrumentarium, das keineswegs überkommen ist, neuer *Zugriffsweisen*. Aus der durchaus bunten Palette lassen sich drei Ansätze herausgreifen, die in Hinsicht auf das Anliegen, das Bedeutungsgewebe mittelalterlicher Gesellschaften aufzuknüpfen, essenziell erscheinen:

1. Wenn das Bedeutungsgeflecht Kultur die Standardisierungen des Verhaltens, Denkens, Empfindens und Kommunizierens in einer Gesellschaft umfasst, dann kommt ein besonderes Augenmerk der Kommunikation zu, in der Gewohnheiten sich ausbilden und Bedeutungen durchsetzen müssen. Von besonderer Bedeutung für das Verstehen mittelalterlicher Kultur erscheint – wie darzulegen sein wird - das

---

[6] Goetz: Moderne Mediävistik (Anm. 3), S. 262.
[7] Ders.: Proseminar Geschichte (Anm. 3), S. 379 ff.

Konzept der „Symbolische[n] Kommunikation", wie es vor allem von G. Althoff entwickelt und erprobt wurde.[8]

2. Als ein zweiter Ansatz, der geeignet erscheint, der mittelalterlichen Kultur auf die Spur zu kommen, ist die „Vorstellungsgeschichte" zu nennen, mit der das Bemühen verbunden ist, die kulturellen Standards aufzudecken, die in je individueller Ausprägung den Zeugnissen (Texten oder Sachüberresten) inhärieren, die als Quellen historischer Erkenntnis verwendet werden. H.-W. Goetz hat diesen Ansatz konzipiert und praktisch angewendet.[9]

3. Absicht der „Vorstellungsgeschichte" ist es, über das Ergründen der Vorstellungswelten Einzelner, die Vorstellungswelt einer Epoche ans Licht zu heben, mit anderen Worten: die Mentalität eines Zeitalters offen zu legen. Mentalitäten, verstanden als standardisierte Denkweisen,[10] können einerseits aus den (schriftlichen) Hinterlassenschaften

---

[8] Althoff, Gerd: Spielregeln der Politik im Mittelalter. Kommunikation in Frieden und Fehde, Darmstadt 1997 u. zuletzt ders.: Zum Inszenierungscharakter öffentlicher Kommunikation im Mittelalter, in: Laudage, Johannes (Hg.): Von Fakten und Fiktionen. Mittelalterliche Geschichtsdarstellungen und ihre kritische Aufarbeitung (Europäische Geschichtsdarstellungen, Bd. 1), Köln/ Weimar/Wien 2003, S. 79 - 93. Vgl. jetzt die Bände der Reihe *Symbolische Kommunikation in der Vormoderne* von Kamp, Hermann: Friedensstifter und Vermittler im Mittelalter, Darmstadt 2001; Dörrich, Corinna: Poetik des Rituals. Konstruktion und Funktion politischen Handelns in mittelalterlicher Literatur, Darmstadt 2002; Görich, Knut: Die Ehre Friedrich Barbarossas. Kommunikation, Konflikt und politisches Handeln im 12. Jahrhundert, Darmstadt 2002; Scharff, Thomas: Die Kämpfe der Herrscher und Heiligen. Krieg und historische Erinnerung in der Karolingerzeit, Darmstadt 2002 u. Pecar, Andreas: Die Ökonomie der Ehre. Historischer Adel am Kaiserhof Karls V., Darmstadt 2003.

[9] Goetz, Hans-Werner: „Vorstellungsgeschichte": Menschliche Vorstellungen und Meinungen als Dimension der Vergangenheit. Bemerkungen zu einem jüngeren Arbeitsfeld der Geschichtswissenschaft als Beitrag zu einer Methodik der Quellenauswertung, in: AKG 61 (1979), S. 253 - 271 sowie neuerdings ders.: „Konstruktion der Vergangenheit". Geschichtsbewusstsein und „Fiktionalität" in der hochmittelalterlichen Chronistik, in: Laudage: Von Fakten und Fiktionen (Anm. 8), S. 225 - 257. Als Anwendungsbeispiel s. ders.: Strukturen der spätkarolingischen Epoche im Spiegel der Vorstellungen eines zeitgenössischen Mönchs. Eine Interpretation der „Gesta Karoli" Notkers von Sankt Gallen, Bonn 1981 sowie seinen Beitrag in diesem Band, S. 45 ff.

[10] Goetz: Moderne Mediävistik (Anm. 3), S. 277 unterscheidet Mentalitäten als Denk*weisen* von den Vorstellungen als Denk*inhalten*.

de-konstruiert werden, sie können andererseits aus dem in den Quellen überlieferten Verhalten der vergangenen Akteure *re-konstruiert* werden. Eine dritte Säule, auf der das Verständnis mittelalterlicher Kultur gegründet werden kann, ist deshalb die *Historische Verhaltensforschung*, wie sie bereits vor mehr als drei Jahrzehnten von A. Nitschke entworfen wurde.

An diesen drei Strängen wird paradigmatisch deutlich, wie eng das Bedeutungsgewebe einer Kultur geknüpft ist: Denn vergangenes Verhalten ist ausschließlich aus Quellen re-konstruierbar, aus Texten also, in die Vorstellungen eingeflossen sind, die in vorausgegangenen Kommunikationsprozessen entstanden sind; und schließlich sind die Quellen – ob schriftlich oder nicht schriftlich – selbst Teil des umfassenden Kommunikationsprozesses. Daraus folgert:

- *Texte* – nicht nur schriftliche Quellen – müssen genauer als bei der traditionellen Quellenkritik üblich „in sich und aus sich heraus" betrachtet werden (Texte),
- Bedeutungen sollten nicht nur durch das Re-Konstruieren von Kon-Texten erschlossen, sie sollten vorrangig durch De-Konstruktion aus den Texten selbst extrahiert werden (Bedeutung),
- Vergangenes Handeln wie vergangenes Verhalten müssen in ihrer „Textualität" ernst genommen werden, d.h. es muss Berücksichtigung finden, dass es sich stets um „erzählte Fakten" handelt.[11]

An einem Beispiel, den Kölner Ereignissen von 1396, soll versucht werden, etwas Licht in dieses undurchsichtige Dickicht unterschiedlicher Bedeutungsschichten und -zusammenhänge zu bringen, die den ungehinderten Blick auf vergangenes Verhalten, vergangene Vorstellungen und vergangene Kommunikation behindern.

III.
Revolution in Köln
(Aktionsebene als Kontext)

Bereits vor mehr als 25 Jahren hat U. Uffelmann das Konzept der *Historischen Verhaltensforschung* aufgegriffen, um eine Grobgliederung der Epoche vorzunehmen und darüber Anhaltspunkte für ein Curriculum zu ge-

---

[11] Goetz: Proseminar Geschichte (Anm. 3), S. 381.

winnen. Sein Bemühen war dabei, Strukturthemen in ein grobchronologisches Raster von Gesellschaftsformationen einzupassen. Mit dem Rekurs auf die *Historische Verhaltensforschung* ist an dieser Stelle allerdings vornehmlich die Intention verbunden, den Graben zwischen Ereignissen und Strukturen zu überwinden, der sich im Rahmen der kulturwissenschaftlichen Rezeption, die ihr Augenmerk wieder vermehrt auf das Individuelle wendet, unweigerlich öffnet.

Obwohl: Folgt man K. P. Hansen, dann „beschäftigt sich die Kulturwissenschaft weder mit dem Individuellen noch dem Anthropologischen, dem Gattungsüblichen, sondern mit dem, was dazwischen liegt.“[12] Als Teil der Historischen Anthropologie fragt die *Historische Verhaltensforschung* gezielter nach dem Verhalten und seinen Motiven, die sich aus den gleichsam durch Natur und Kultur bedingten Rahmenbedingungen ergeben.[13] Um dies zu verdeutlichen, seien zwei Momente des Konzepts herausgehoben, die ein Licht auf das Verhältnis von Ereignissen (= Handeln) und Strukturen (= Umwelt) zu werfen erlauben:

a) Verhalten wird von A. Nitschke als *erwartungsbezogenes Handeln* verstanden. Der Mensch handelt in der Gegenwart in der Erwartung, durch sein Handeln eine als defizitär erkannte Situation zu wenden. Damit hält die Zukunft Einzug in die Geschichtswissenschaft, und zwar als Zukunft einer vergangenen Gegenwart.[14]

---

[12] Hansen, Klaus P.: Kultur und Kulturwissenschaft. Eine Einführung, 2. überarb. u. erw. Aufl. Tübingen 2000, S. 39.

[13] Vgl. den Überblick von Nitschke, August: Historische Verhaltensforschung. Analysen gesellschaftlicher Verhaltensweisen. Ein Arbeitsbuch, Stuttgart 1981. Vgl. ders.: Naturerkenntnis und politisches Handeln im Mittelalter (Stuttgarter Beitr. zur Gesch. u. Politik, Bd.2), Stuttgart 1967; ders.: Die Bedrohung. Ansatz einer historischen Verhaltensforschung, Stuttgart 1972; ders.: Bewegungen in Mittelalter und Renaissance. Kämpfe, Spiele, Tänze, Zeremoniell und Umgangsformen (Hist. Seminar, Bd. 2), Düsseldorf 1987; ders.: Fremde Wirklichkeiten (Bibliotheca eruditorum), 2 Bde., Goldbach 1993 u. ders.: Die Zukunft in der Vergangenheit. Systeme in der historischen und biologischen Evolution, München 1994.

[14] S. insb. Nitschke: Die Zukunft in der Vergangenheit (Anm. 13) sowie bereits ders.: Historische Verhaltensforschung – Geschichte orientiert an der Zukunft, in: Weidlich, Wolfgang (Hg.): Brennpunkte der Forschung, Stuttgart 1981, S. 51 - 70, hier S. 53 - 55.

Abb. 2: Historische Verhaltensforschung als Ablaufsystem

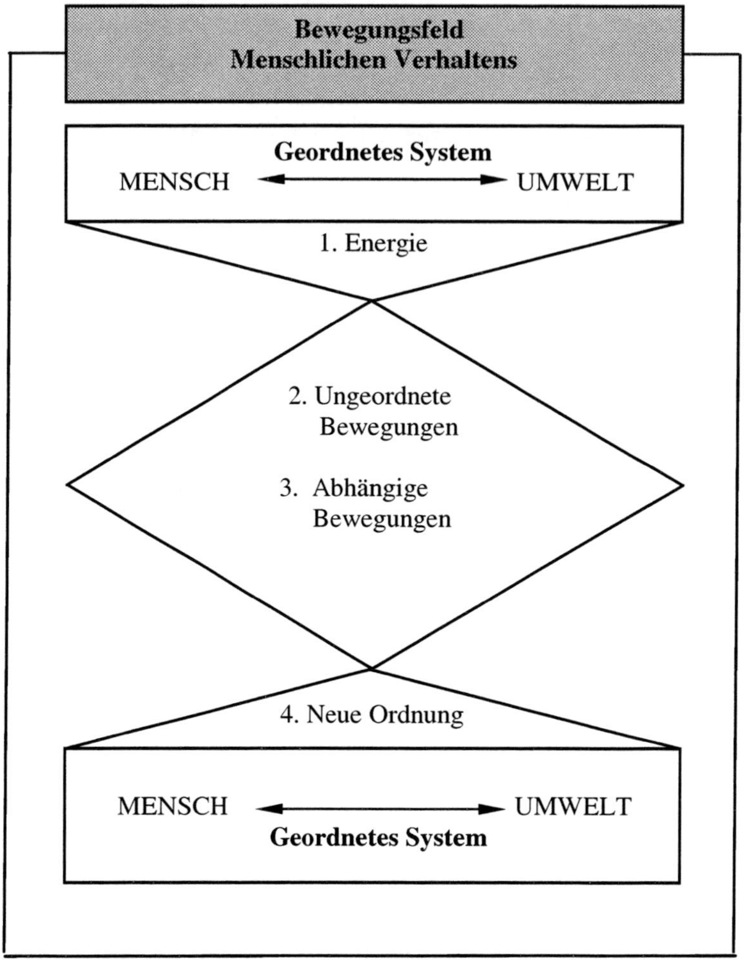

```
┌─────────────────────────────────────────────────────────┐
│              Bewegungsfeld                                │
│          Menschlichen Verhaltens                          │
│  ┌─────────────────────────────────────────────────────┐ │
│  │              Geordnetes System                        │ │
│  │   MENSCH  ◄──────────────────►  UMWELT               │ │
│  │                1. Energie                             │ │
│  │                                                       │ │
│  │             2. Ungeordnete                            │ │
│  │                Bewegungen                             │ │
│  │                                                       │ │
│  │             3. Abhängige                              │ │
│  │                Bewegungen                             │ │
│  │                                                       │ │
│  │              4. Neue Ordnung                          │ │
│  │   MENSCH  ◄──────────────────►  UMWELT               │ │
│  │              Geordnetes System                        │ │
│  └─────────────────────────────────────────────────────┘ │
└─────────────────────────────────────────────────────────┘
```

b) Zweitens wird der Mensch als Teil eines *Ablaufsystems* betrachtet. Er
    ist Element einer je spezifischen Mensch-Umwelt-Organisation (Abb.
    2). Dieses System gerät dann in Bewegung, wenn ihm Energie zuge-
    führt wird – mag es sich dabei um mentale Kräfte handeln oder um
    Veränderungen in der sozialen oder natürlichen Umwelt, die Reaktio-
    nen zur Wiederherstellung der Ordnung erforderlich machen.[15] Verein-

---

[15] Nitschke: Verhaltensforschung - Geschichte orientiert an der Zukunft (Anm.
      14), S. 56 - 63 unterscheidet a) von Kräften gesteuertes, b) mitvollziehendes u.

fachend könnte von inneren und äußeren Antriebskräften menschlichen Handelns gesprochen werden. Entscheidend ist, dass der Prozess in Analogie zu den Erkenntnissen der Physik (Entropie) sich in vier Phasen vollzieht: Die (1) Energiezufuhr bewirkt (2) ungeordnete Bewegung. Dann werden einzelne Bewegungen von anderen Bewegungen abhängig (3). Schließlich fügen sich alle Bewegungen in eine (4) neue Ordnung ein.[16]

Wendet man das Verfahren auf in den Quellen überliefertes Verhalten an, dann werden nicht in erster Linie die Folgen einer Handlung, sondern die in sie gesetzten Erwartungen, die Voraussetzungen, die Bedingungen und Möglichkeiten ausgelotet. Erst wenn diese erhellt sind, lässt sich eruieren, inwieweit die aufgrund des Denkmöglichen in eine Handlung gesetzten Erwartungen erfüllt worden sind, d.h. die neue Ordnung den Erwartungen entspricht. Am Beispiel der Kölner Ereignisse des Jahres 1396 kann dieses *Ablaufsystem* verdeutlicht werden.

Ausgangspunkt ist das geordnete System, in unserem Fall das Verfassungsgefüge, das in Köln vor 1396 die politische Wirklichkeit bestimmte. Drei Gremien (Rat, Richerzeche, Schöffenkollegium) teilten unter sich die Stadtherrschaft. Die entscheidende Institution war der Rat, an dem die Gaffeln und Zünfte beteiligt waren. Aus ihm wurden auch die beiden Bürgermeister gewählt, von denen einer allerdings aus dem Schöffenkollegium hervorgehen musste, das ausschließlich von Patriziern besetzt war. Seine Mitglieder wurden vom Stadtherren, dem Erzbischof, bestellt. Die Richerzeche ist eine Art Senat, in den die Bürgermeister nach ihrer Amtszeit eingingen. Von politischer Gleichstellung der Bevölkerungsschichten kann mithin keine Rede sein. Dennoch blieb das System – vom bekannten Weberaufstand des Jahres 1370/71 abgesehen – über Jahrzehnte stabil.[17]

---

c) antwortendes Verhalten. Ders.: Historische Verhaltensforschung (Anm. 13) spricht von a) Verhaltensweisen, die von Mentalitäten einer Gruppe abhängen (Affekte, Empfindungen, Denken, Bedürfnisse), und b) Verhaltensweisen, die von Aktionen abhängen.

[16] Nitschke: Historische Verhaltensforschung - Geschichte orientiert an der Zukunft (Anm. 14), S. 64.

[17] Zum Weberaufstand s. Heinzen: Zunftkämpfe, Zunftherrschaft und Weberaufstand in Köln (Anm. 1), S. 21 ff.; Herborn Die politische Führungsschicht der Stadt Köln im Spätmittelalter (Anm. 1), S. 85 - 110 u. v.a. Militzer: Ursachen

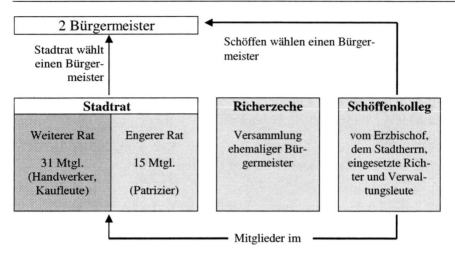

Abb. 3: Kölner Stadtverfassung vor 1396

Neue Energie wurde ihm zugeführt, als Hilger Quattermart von der Stressen sich zum Führer der Greifen, einer der beiden Patrizierpartein aufschwang. Seine – nicht zuletzt von persönlicher Eitelkeit und Geltungsdrang getragenen – Ambitionen waren machtpolitischer Art: Er versuchte, die Stadtherrschaft auf seine Partei zu beschränken.

Ungeordnete Bewegung: Die *Bewegung*, die er in die Verfassungsfrage brachte, nahm ungeordnete Züge an, als es ihm 1391 gelang, die Richerzeche aufzulösen. Zunächst demütigte er 1394 den Rat, indem er diesen auf spektakuläre Weise zwang, den Verbannungsbeschluss gegen seinen Onkel, Heinrich vom Stave, zurückzunehmen (s.u.). Dann nahm er 1395 dem Schöffenkolleg die letzten ihm verbliebenen Rechte. Als er aber im Januar 1396 den weiteren Rat einberief, ohne den engeren hinzu zu rufen, hatte er den Bogen überspannt.

Abhängige Bewegungen: Nun traten die 'Freunde' auf den Plan, eine Patrizierpartei, die sich gegen die Ambitionen der Greifen formiert hatte. Ihr gelang es ohne große Mühe, die Greifen zu überwältigen und abzusetzen, während Hilger Quattermart sich durch Flucht entziehen konnte. An der Spitze der Partei der Freunde rangierte Konstantin von Lyskirchen, der bei

---

und Folgen der innerstädtischen Auseinandersetzungen in Köln (Anm. 1), S. 143 ff.

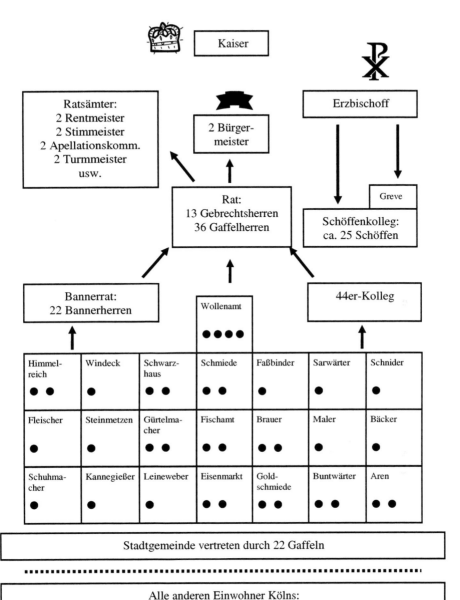

Abb. 4: Kölner Stadtverfassung seit 1396 (Verbundbrief)

den Gaffeln und Zünften in schlechtem Rufe stand. Als er im Juni 1396 eine der regelmäßigen Versammlungen auf den Zunfthäusern gewaltsam aufheben lassen wollte, machten Gaffeln und Zünfte kurzen Prozess. Sie setzten die regierenden Patrizier gefangen und nahmen das Stadtbanner in Besitz. Das Gesetz des Handelns lag nun bei ihnen.

Neue Ordnung: Noch im Juni 1396 bildeten sie einen vorläufigen Rat, der eine neue Stadtverfassung beschloss und am 14.09.1396 den bereits erwähnten „Verbundbrief" erließ. Es war eine neue Ordnung hergestellt, die – sieht man von kleineren Revolten ab – nahezu 400 Jahre Bestand hatte.

Mit Hilfe der *Historischen Verhaltensforschung* haben wir zunächst nur die Handlungen aufgezählt und damit nur einen Teil des Verhaltens erklärt, indem wir es auf

- machtpolitische Ambitionen (Greifen),
- auf das Streben nach Machterhalt (Freunde),
- auf den Wunsch nach politischer Beteiligung (Gaffeln/ Zünfte)

zurückgeführt haben. Wirtschaftliche und soziale, ja kulturelle Motive haben wir bislang ausgeschlossen. Sie gelte es einzubeziehen, um das Verhalten der Menschen in der gegebenen Situation zu verstehen und erklären zu können.

An dieser Stelle muss jedoch darauf verzichtet werden, eine andere Brücke zur kulturwissenschaftlichen Forschung zu schlagen. Über drei Pfeiler führt diese Brücke zum Ufer der narrativen Geschichtstheorie:

1. Das Beispiel zeigt, wie Ereignisse und Strukturen einander bedingen. Es deckt die Handlungsmotive auf, die zu Veränderungen der Strukturen führen - ohne dass spätere Entwicklungen notwendig als Kausalfolge aus vorausgehenden verstanden werden.
2. Das Verfahren – kommt dies im vorliegenden Beispiel auch nur bedingt zum Vorschein – eignet sich, um standardisiertes Verhalten, Mentalitäten also, aufzudecken: überzeitliche Verhaltensmuster etwa, wie das Streben nach Machterhalt und Machterweiterung. Am ehesten kann das solidarische Verhalten der Zünfte und Gemeinden zur Durchsetzung ihrer politischen Ambitionen dazu gerechnet werden.
3. Schließlich haben wir eine Geschichte erzählt. Indem wir erklärt haben, wie aus der alten Ordnung (Verfassung vor 1396) eine neue Ordnung (Verfassung nach 1396) geworden ist, haben wir historisch erzählt. Wir

haben historisch Sinn gebildet - mögen Narrativitätshistoriker uns auch entgegen halten, dazu bedürfe es eines Gegenwartsbezuges.[18] Aber – das lehrt die *Historische Verhaltensforschung* – : Auch Vergangenheiten haben Zukunft. Auch in vergangenen Gegenwarten wurde durch den Rückbezug auf die Vergangenheit, durch das Schreiben von Geschichte Sinn gebildet, der diese vergangene Gegenwart orientieren sollte, um sie für ihre Zukunft, die für uns bereits wieder Vergangenheit ist, zu rüsten.

Und - erinnern wir uns: Der kulturwissenschaftlichen Geschichtsforschung geht es darum, den in der Vergangenheit waltenden Sinn aufzudecken. Fragen wir also danach: Welchen Sinn machte die Erzählung dieser zeithistorischen Ereignisse gegen Ende des 14. Jahrhundert?

IV.
Dat nuwe boich
(Vorstellungsebene)

Damit sind wir auf die Vorstellungsebene verwiesen. Sie ist mit ereignis- und strukturgeschichtlichen Methoden nicht zu greifen.[19] Da fügt es sich gut, dass sich ein Historiker der Ereignisse angenommen und uns einen Bericht hinterlassen hat, in dem alle aufgeführten Ereignisse erzählt werden. Gerlach vom Hauwe, der kölnische Stadtschreiber dieser Zeit, hat ihn

---

[18] So betont Rüsen, Jörn: Historisches Lernen – Grundriß einer Theorie, in: Ders.: Historisches Lernen. Grundlagen und Paradigmen, Köln/Weimar/Wien 1994, S. 74 - 121, hier S. 82: „Historisches Lernen ist ohne konstitutiven Gegenwartsbezug unmöglich." Andererseits formuliert weniger rigide ders: Über die Sichtbarkeit der Geschichte, in: Zerbrechende Zeit. Über den Sinn der Geschichte, Köln/Weimar/Wien 2001, S. 107 - 129, hier S. 110 f. nicht immer so streng: „Etwas ist nicht schon dadurch historisch, dass es tatsächlich geschehen ist. Dann wäre alles Erfahrbare historisch ... Historisch ist ein Sachverhalt genau in dem Maße, in dem er zu anderen zeitungleichen, also früheren und späteren, Sachverhalten in einen sinn- und bedeutungsvollen zeitlichen Verhältnis steht. Erst in einem sinn- und bedeutungsvollen Zeitverständnis zu anderen Sachverhalten oder Vorkommnissen gewinnt eine Tatsache der Vergangenheit ihre spezifische historische Qualität."

[19] Goetz: „Vorstellungsgeschichte" (Anm. 9), S. 258 ff.

1396 geschrieben und ihm den bezeichnenden Titel gegeben: *Dat nuwe boich.*[20]

In diesem Buch erweist Gerlach sich als Zeithistoriker,[21] denn er beschreibt alle alsulgen sachen, gevernisse und geschichte, as sich diese nieste 36 jair her und langer enbinnen der stat van Coelne gergangen haint.[22] Von daher mag er der geeignete Zeuge sein, will man ermitteln, welche Bedeutung die Zeitgenossen des ausgehenden 14. Jahrhunderts den Ereignissen beigemessen haben, welchen historischen Sinn sie auf welche Weise gebildet haben. Insofern es also um historische Sinnbildung geht, erscheint eine werkimmanente Analyse anhand des bekannten Regelkreises historischen Denkens geeignet, den J. Rüsen vorgelegt hat (Abb. 5). Nur summarisch können die Ergebnisse skizziert werden, die sich auf diesem Wege zutage fördern lassen.

Interessen: Seiner kaum drei Abschnitte langen Einführung zufolge will Gerlach vom Hauwe darlegen, wie es zu dem Umsturz von 1396 gekommen ist. Dessen Ursachen erkennt er in der seit zirka 1360 bestehenden Uneinigkeit zwischen der vom bischöflichen Stadtherren abhängigen Adelspartei (Schöffen) und der jüngeren Patriziergruppe (Geschlechter), die gegen Ende des Jahrhunderts in offene Kämpfe zwischen den Parteien der

---

[20]   *Dat nuwe boich*, ed. Cardauns, Hermann, in: Chroniken deutscher Städte, Bd. 12, Leipzig 1875, S. 272 - 309. S. auch unter dem Titel *Dat nuwe Boych*, ed. Ennen, Leonhard/Eckertz, Gottfried: Quellen zur Geschichte der Stadt Köln, Bd. 1, Köln 1860 (ND Aalen 1970), S. 422 - 444. Vgl. zum Buch Cardauns, Hermann: Einleitung, in: Chroniken deutscher Städte, Bd. 12, Leipzig 1875, S. 267 - 271; v.a. auch Menke, Johannes Bernhard: Geschichtsschreibung und Politik in deutschen Städten des Spätmittelalters: Die Entstehung deutscher Geschichtsprosa in Köln, Braunschweig, Lübeck, Mainz und Magdeburg, in: JKGV 33 u. 34/35 (1958 - 60), S. 1 - 84 u. 85 - 194, S. 22 - 42 sowie Beckers, Hartmut: Dat nuwe Boich, in: Verfasserlexikon 6 (1987); Sp. 1264 f. u. Hasberg, Wolfgang: Reichsstädtisch-bürgerliches Geschichtsbewusstsein im spätmittelalterlichen Köln, in: JKGV 72 (2001), S. 9 - 52 sowie ders.: Interessen und Funktionen der volkssprachlichen Stadtgeschichtsschreibung im Köln des späteren Mittelalters (im Druck).

[21]   Zur notwendigen Unterscheidung von Zeit- und Vergangenheitshistorikern s. Schmale, Franz-Josef: Mentalität und Berichtshorizont, Absicht und Situation hochmittelalterlicher Geschichtsschreiber, in: HZ 226 (1978), S. 1 - 16.

[22]   *Dat nuwe boich* (Anm. 20), S. 272.

Greifen und der Freunde münden.[23] Anlass für die Entstehung des Buches ist mithin das Bedürfnis, die Ursachen für das Zustandekommen der neuen Ordnung aufzudecken. Ein echtes zeitliches Orientierungsbedürfnis also!

Leitende Hinsichten: Mit der Bemerkung, die Zwistigkeiten zwischen den Patriziern hätten der Stadt zum Schaden gereicht, setzt der eigentliche Bericht ein, der sich als eine chronologisch angeordnete Folge von Episoden entpuppt, von denen jede einzelne dazu dient, die Grundaussage zu belegen, dass die Patrizierherrschaft der Stadt und der Bürgerschaft permanent Schaden zugefügt habe. Die von den Patriziern zementierten wirtschaftlichen, sozialen und politischen Unterschiede begründen bei Gerlach ein massives Feindbild, das den tragenden Pfeiler der Vergangenheitsdeutung im *Neuen Buch* bildet.

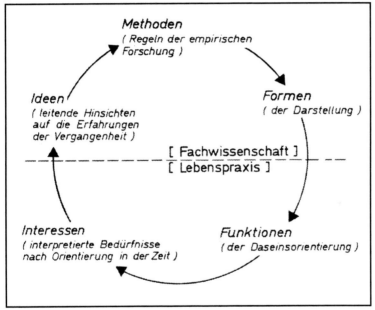

Abb. 5: Regelkreis des Historischen Denkens (J. Rüsen)24

23   Ebd., S. 272, vgl. bspw. ebd., S. 284 u. 290. Zu den Parteizwistigkeiten s. Militzer: Ursachen und Folgen der innersstädtischen Auseinandersetzungen in Köln (Anm. 1).

24   Die Grafik (Abb. 5) ist übernommen aus Rüsen, Jörn: Historisches Vernunft (Grundzüge einer Historik, Bd. 1), Göttingen 1983, S. 29. Eine Fortentwicklung dieses Modells historischen Denkens findet sich bei Hasberg, Wolfgang/Körber, Andreas: Geschichtsbewusstsein dynamisch, in: Körber, Andreas

Gerlach greift dabei auf Elemente des *kommunikativen Gedächtnisses* zurück. Sein Hauptanliegen besteht geradezu darin, die im öffentlichen Bewusstsein virulenten Geschehnisse (Dat kondich is) durch schriftliche Fixierung dem *kulturellen Gedächtnis* einzuprägen, bevor es der lebendigen Erinnerungskultur verloren geht, und zwar damit es weiterhin politische Wirksamkeit entfalten kann. [25]

Schonungslos wird dazu die Uneinigkeit der Patrizierparteien aufgezeigt und diese in Form einer episodischen Verfallsgeschichte dargestellt, um letztlich die Notwendigkeit des Machtwechsels zu begründen. Bewirkt wird der Herrschaftswechsel durch die Gemeinde, die als einheitlich handelnde Gruppe zum Wohle der Gesamtgemeinde auftritt, was ihr letztlich – quasi ungewollt – zum Sieg verhilft und ihr die Stadtherrschaft einträgt. So wenig Gerlach vom Hauwe das nicht nur für die Kölner Stadtgeschichtsschreibung typische Einheitspostulat explizit beschwört, so deutlich ist es hinter seiner Darstellung als Deutungskategorie und Maxime des (politischen) Handelns erkennbar. [26]

Erwähnt werden müssen schließlich die – zeituntypischen – pragmatischen Züge in Gerlachs Bemühen, die Zeitereignisse weltimmanent zu erklären, indem er es in erster Linie auf wirtschaftliche Motive zurückführt. Transzendentale Erklärungsmuster haben in seinen Vorstellungen vom Geschichtsverlauf keinen Platz!

Methode: Dieser Pragmatismus setzt sich im methodischen Vorgehen fort. Gerlach, dem als Stadtschreiber das städtische Archiv zugänglich war, bezieht schriftliche Quellen und Urkunden ein. An drei Stellen des Buches sind städtische Schriftstücke inseriert. Sie dienen nicht dem Beleg des Mitgeteilten, sondern ersetzen den Autorentext. Allein im Fall des Geständnisses Heinrichs van Stave, des verhafteten Anführers der Greifenpartei, wird

---

(Hg.): Geschichte – Leben – Lernen (Fs Bodo v. Borries) (Forum Hist. Lernen), Schwalbach/Ts. 2003, S. 155 - 176.

[25] Zur Theorie des kommunikativen und kulturellen Gedächtnisses s. Assmann, Jan: Das kulturelle Gedächtnis. Schrift, Erinnerung und politische Identität in frühen Hochkulturen, TB-Aufl. München 1999.

[26] Zu den leitenden Hinsichten der kölnischen Stadtgeschichtsschreibung s. Hasberg: Interessen und Funktionen der volkssprachlichen Stadtgeschichtsschreibung (Anm. 20), S. 14 - 21. S. auch Militzer, Klaus: Collen eyn kroyn boven allen steden schoyn. Zum Selbstverständnis einer Stadt, in: Colonia Romanica 1 (1986), S. 15 - 32.

die Quellendarbietung durch interpretierende Passagen durchbrochen.[27] Über die Gründe seines methodischen Verfahrens schweigt der Verfasser sich aus. Ganz offensichtlich aber liegt ihm daran, die Glaubhaftigkeit seiner Schilderungen zu belegen. Ihm geht es in erster Linie darum, das bekannte Geschehen – *Dat kondich is* lautet die häufig verwandte Beschwörungsformel[28] – zu fixieren, es vor dem Vergessen zu bewahren. Allerdings – was nicht der Vorstellung seiner linearen, verfallsgeschichtlichen Zeitverlaufsvorstellung entspricht das bleibt außen vor.[29]

Form der Repräsentation: Wie schwierig eine formale Zuordnung zu den Genera mittelalterlicher Historiografie ist, zeigt sich im Falle des *Neuen Buches* deutlich.[30] J. B. Menke weist es der Gattung der *Relation* zu. Dabei handelt es sich um eine „amtliche Aufzeichnung aus der Schreibstube des Rates, aus bestimmter gegenwärtiger Situation, zu festgelegtem Zweck und zu wirksamer Geltung."[31] Die Funktion der Relation besteht also in der schriftlichen Fixierung und Verkündigung eines historisch gewordenen Zustandes. Insofern gehört das *Neue Buch* zweifelsohne zu dieser Gattung, womit freilich noch nichts über seine innere Gestalt ausgesagt ist. Daher bedarf es weniger einer gattungsspezifischen Untergliederung der äußeren Formen als vielmehr einer Offenlegung der Binnenstruktur der einzelnen Schrift.

Die Aneinanderreihung relativ eigenständiger Episoden weist darauf hin, dass hier womöglich kürzere Einzelschriften zu einem umfangreiche-

---

[27] *Dat nuwe boich* (Anm. 20), S. 282 f. sind zwei Urkunden inseriert, die bei der Edition in CDS nicht mit abgedruckt wurden. Ebd., S. 302 - 306 ist das lateinische Original des Geständnisses von Heinrich von Stave eingefügt, das Gerlach selbst aufgenommen hatte.

[28] *Dat nuwe boich* (Anm. 20), S. 273, 275, 279, 285, 286, 292, 295, 297 u.ö.

[29] Unerwähnt bleibt bspw., dass die 1396 zu den siegreichen Zünften gehörenden Weber bei ihrem Aufstand 1370/71 mit dem Erzbischof paktierten, der als Stadtherr zu den erklärten Widersachern des 1396 etablierten Stadtregimes zählen musste.

[30] Cardauns: Einleitung (Anm. 20), S. 268 f. zur gattungstypologischen Differenzierung der mittelalterlichen Historiografie s. Grundmann, Herbert: Geschichtsschreibung im Mittelalter, 3. Aufl. Göttingen 1978 sowie die Kritik von Schmale, Franz-Josef: Funktion und Formen mittelalterlicher Geschichtsschreibung. Eine Einführung. Darmstadt 1985, S. 107 ff. an diesem Ansatz.

[31] Menke (Anm. 20), S. 167.

ren Werk zusammengefügt wurden.[32] Dabei scheint die Aneinanderreihung der Episoden (vgl. Abb. 6) wohl bedacht, wenn im Anschluss an die (a) Einleitung zunächst (b) die Zwistigkeiten unter den Geschlechtern, sodann der (c) offene Kampf zwischen Greifen und Freunden und zuletzt (d) das Eingreifen der Gemeinde beschrieben werden. Die Komposition gibt einerseits eine dramatische Steigerung der Auseinandersetzungen zu erkennen, andererseits lässt sie das Eingreifen der Zünfte und die Umkehr der politischen Verhältnisse als eine zwangsläufige Entwicklung erscheinen.

Abb 6.: Erzählplan des neuen Buches

Einleitung	9 Episoden zu den Auseinandersetzungen zwischen Schöffen und Geschlechter (bis ca. 1376)	19 Episoden zu Auseinandersetzungen zwischen Greifen und Freunde	3 Episoden zum Eingreifen der Gemeinde

Über die äußere Form und Binnenstruktur hinaus kann man einen weiteren Schritt in die Tiefe gehen. Im Regelkreis des historischen Denkens meint „Form" zwar ganz dezidiert die „Form der Repräsentation", die im Wesentlichen ästhetischen Gestaltungskriterien unterliegt.[33] Dennoch erscheint es reizvoll, die äußere Gestalt und innere Gestaltung des Werkes mit der Erzähl- resp. Sinnbildungsform zu konfrontieren, die ihm zugrunde liegt. J. Rüsen unterscheidet bekanntlich vier Typen des historischen Erzählens: Historisches Erzählen nimmt demnach entweder traditionale, exemplarische, kritische oder genetische Form an.[34]

Nur scheinbar deutet sich im *Neuen Buch* ein Übergang zu kritischer Sinnbildung an. Durch die kritische Darstellung und Deutung der zeitgeschichtlichen Geschehnisse wird für die Beibehaltung der Zustände plä-

---

[32] Als ein Indiz dafür kann auch der häufige, formelhafte Abschluss der einzelnen Episoden gelten (vgl. Anm. 28).

[33] Rüsen: Historische Vernunft (Anm. 25), S. 27 f. u. ders.: Historisches Erzählen, in: Ders.: Zerbrechende Zeit. Über den Sinn der Geschichte, Köln/ Weimar/Wien 2001, S. 43 - 105, hier S. 92 - 95.

[34] So in der Terminologie der Erzähltypologie von Rüsen, Jörn: Die vier Typen des historischen Erzählens, in: Ders.: Zeit und Sinn. Strategien historischen Denkens, Frankfurt a.M. 1990, S. 153 - 230.

diert, die zum Zeitpunkt der Abfassung soeben Realität geworden waren. Indem Gerlach – wenn auch als erster – die Geschichtsdeutung des neuen politischen Establishments übernimmt, bestätigt und befestigt er diese. Von einer kritischen Geschichtserzählung im Rüsen'schen Sinne kann mithin keine Rede sein. Vielmehr handelt es sich um eine Form traditionaler Sinnbildung: Aus der Vergangenheit leitet sich her, was gegenwärtig ist und zukünftig bleiben soll: die Zunftherrschaft!

Mit der neuerdings von H.-J. Pandel vorgeschlagenen Terminologie ließe sich indes von *genetischem Erzählen* sprechen, insofern die gegenwärtige, neue Ordnung als Ende eines Entwicklungsprozesses dargestellt wird, für die keine grundlegenden Veränderungen mehr erwartet werden.[35] Was Gerlach betreibt, ist *ursprüngliches Erzählen* (propositionaler Akt), mit dem er mit Nachdruck für die neue Ordnung wirbt (illokutionaler Akt): Zielstrebig nimmt er die Geschichtsschreibung also für politische Zwecke in Dienst. Seine Absicht ist es ohne Zweifel, die aktuelle politische Konstellation zu legitimieren, indem sie als eine zwangsläufige Folge der dargestellten Entwicklungen vorgestellt wird. Welche Wirkungen er erzielen wollte, ist offenkundig, welche er erzielte (perlokutionaler Akt), das entzieht sich der immanenten Analyse, die an diesem Punkt abgebrochen werden muss.[36]

Was theoriegeleitet aus der Quelle zu extrahieren versucht wurde, sind die Vorstellungen des Stadtschreibers Gerlach vom Hauwe zum Geschichtsverlauf, seine Beurteilung des Wertes der Vergangenheit für Gegenwart und Zukunft. Damit stellt sich die (vorstellungsgeschichtliche Gretchen-) Frage: Inwieweit sind seine Vorstellungen repräsentativ für die seiner Zeitgenossen? Im Konzept der Vorstellungsgeschichte stünde nun der Vergleich mit anderen Quellen an – leider fehlen uns weitere erzählende Quellen, die zeitgenössisch zu den kölnischen Ereignissen von 1396 Stellung beziehen.

Dafür kommt uns der „glückliche" Umstand zur Hilfe, dass der Verfasser des *Neuen Buches* 1399 hingerichtet wurde. Unter das Fallbeil geriet

---

[35] Pandel, Hans-Jürgen: Erzählen und Erzählakte. Neuere Entwicklungen in der didaktischen Erzähltheorie, in: Demantowsky, Mark/Schönemann, Bernd (Hg.): Neue Geschichtsdidaktische Positionen (Dortmunder Arbeiten zur Schulgeschichte und zur historischen Didaktik, Bd. 32), S. 39 - 55, hier S. 43 f.

[36] Ebd., S. 48 ff. unterscheidet H.-J. Pandel propositionale (Erzählweise), illokutionale (Erzählakt) und perlokutionale (Erzählwirkung) Sprechakte.

Gerlach, weil er sich der „Konterrevolution" angeschlossen hatte. Denn bereits 1397 hatte Hilger Quattermart erneut Verbündete in der Stadt gefunden (Hermann v. Goch) und gemeinsam mit diesen den Versuch unternommen, das neue Regime zu stürzen. Gerlach, der bereits unter der Herrschaft der Patrizier Stadtschreiber gewesen war, stellte sich in ihren Dienst. Diesen bezahlte er – wie erwähnt – 1399 mit dem Tode.

Es stellt sich die aufgeworfene Frage nunmehr anders herum: Präsentiert das *Neue Buch* überhaupt die Vorstellungen Gerlachs? Als Stadtschreiber hatte er sein Werk im Auftrag seiner Herren, im Auftrag des Stadtrates geschrieben. Deshalb finden wir in Gerlachs zeitgeschichtlicher Darstellung keineswegs seine individuellen Vorstellungen über die Geschehnisse zwischen 1366 – 1396, sondern die offizielle Sichtweise des Rates. Die Hinrichtung Gerlachs erweist sich – mag es auch makaber klingen – vorstellungsgeschichtlich als ein Glücksfall, weil sie die Repräsentativität – zumindest die ratsoffizielle – der aufgedeckten Bedeutungszuweisung sicher stellt.

V.
„Kölscher Klüngel" oder symbolische Kommunikation?

Ist damit die Bedeutung, welche einige Zeitgenossen den Vorgängen von 1396 beigemessen haben, über die vorstellungsgeschichtliche Analyse des *Neuen Buches* transparent geworden, dann kann im Folgenden die symbolische Funktion in Augenschein genommen werden. Der symbolischen Kommunikationsforschung geht es im Kern um Verfahren zur Multiplikation von Bedeutung.[37] Sie erweist sich damit als ein Zweig der kulturwissenschaftlichen Mediävistik.

Die symbolische Kommunikationsforschung richtet ihr Augenmerk insbesondere auf Formen der Kommunikation, die demonstrativen, rituellen oder performativen Charakter tragen.[38] Sie untersucht diese Formen vor

---

[37] Althoff, Gerd.: Zur Bedeutung symbolischer Kommunikation für das Verständnis des Mittelalters, in: FMSt 31 (1997), S. 370 - 389, hier insb. S. 373.

[38] S. das „Vorwort zur Reihe" *Symbolische Kommunikation in der Vormoderne* in den Bänden von Kamp, Hermann: Friedensstifter und Vermittler im Mittelalter, Darmstadt 2001; Dörrich, Corinna: Poetik des Rituals. Konstruktion und Funktion politischen Handelns in mittelalterlicher Literatur, Darmstadt 2002; Görich, Knut: Die Ehre Friedrich Barbarossas. Kommunikation, Konflikt und politisches Handeln im 12. Jahrhundert, Darmstadt 2002; Scharff, Thomas: Die

dem Hintergrund der häufig anzutreffenden Mutmaßung, vormoderne Gesellschaften agierten „gemäß ,eingelebter Gewohnheiten'" (Max Weber) und damit weitgehend irrational. Dem wird die These entgegengesetzt, Verhalten, das auf Gewohnheiten basiert, dürfe nicht als irrational missverstanden werden. Vielmehr hätten die mittelalterlichen Menschen *consuetudines* (Gewohnheiten) durchaus bewusst angewandt.[39] Geplant und bewusst in Szene gesetzt – so die Gegenthese –, hat symbolisches Verhalten zur Stabilisierung von Ordnung beigetragen, es handelt sich mithin um standardisierte Kommunikation, die einen Strang der mittelalterlichen Kultur bildet.

Nur insoweit es gelingt, symbolische Kommunikationsformen und -prozesse offen zu legen, nur insoweit kommen die „Spielregeln" mittelalterlicher Kultur (Politik, Wirtschaft etc.) zum Vorschein, die wiederum – ähnlich den Vorstellungen – Schlüssel für das Verständnis vergangener Vorgänge und Strukturen sind. Die nicht zu unterschätzende methodische Problematik besteht darin, dass diese Spielregeln nicht „in normativen Texten schriftlich fixiert" sind, sondern „aus Schilderungen konkreter Ereignisse und Vorgänge", wie sie sich in den Quellen finden, erschlossen werden müssen.[40]

Auch im *Neuen Buch* befindet sich eine ganze Reihe solcher Schilderungen, die Akte symbolischer Kommunikation darstellen. So nötigte Hilger Quattermart den Rat zur Zurücknahme der Ausweisung seines Onkels Heinrich, indem er nicht nur die Sitzungszeit von morgens acht bis abends um neun Uhr arg überstrapazierte. Er ließ zudem auf die Treppe, die aus dem Sitzungssaal führte, das städtische Eidbuch legen und die Seite aufschlagen, auf der die Ausweisung eingetragen war. Daneben platzierte er eine Kerze und ein Tintenfass, *so wer van danne weulde, dat der oever dat geschrichte strichen und dat punte dilien mochte, umb hern Heinriche also in de stat zu helpen.* Nach der langen Sitzung war kaum einer der Ratsherren in der Lage, sich der Suggestivkraft des symbolischen Arrangements zu entziehen.[41] Inwieweit allerdings ein solches Verhalten als repräsentativ

---

Kämpfe der Herrscher und Heiligen. Krieg und historische Erinnerung in der Karolingerzeit, Darmstadt 2002 u. Pecar, Andreas: Die Ökonomie der Ehre. Höfischer Adel a, Kaiserhof Karls V., Darmstadt 2003.

[39] Althoff: Zur Bedeutung symbolischer Kommunikation (Anm. 37), S. 372.
[40] Ders.: Spielregeln der Politik (Anm. 7), S. 233.
[41] *Dat nuwe boich* (Anm. 20), S. 298 f.

gelten kann, inwieweit es also eine symbolische Kommunikation im Sinne eines gewohnheitsmäßigen Verhaltens darstellt, bedürfte einer eingehenderen Untersuchung, als sie an dieser Stelle angestellt werden kann.

Der vorstellungsgeschichtliche Zugriff auf das *Neue Buch* hat nicht allein die quellenkritische Brisanz erzählender Quellen ans Licht treten lassen; er hat zugleich aufgedeckt, dass die Historiografie selbst Medium der Kommunikation ist. Geschichtsschreibung entsteht in aller Regel, um öffentlich zu werden.[42]

Im Falle des *Neuen Buches* lassen sich die anvisierte Öffentlichkeit und die dem Buch zugedachte Kommunikationsfunktion deutlich eingrenzen. Das Buch beginnt mit dem – nachgetragenen – Satz: *Dit sal men lesen vur unsen herern.*[43] Gemeint sind die Ratsherren. Und in der Tat weisen sowohl das archivgeschichtliche Schicksal des Schriftstückes[44] als auch Gebrauchsspuren, die sich am Original finden, darauf hin, dass es im Rat verwendet wurde. Aus einer anderen Stelle des Buches geht hervor, dass es durchaus üblich war, *brieve und gesetze ... (zu) oversien und hoiren lesen und corrigeren.*[45] Bearbeitungen, das Tilgen ehemals missliebiger, nun dem Rat angehörender Personen beispielsweise deuten darauf hin, dass wirklich Korrekturen vorgenommen wurden, dass das Buch den sich verändernden politischen Situationen angepasst wurde. Dies geschah wahrscheinlich während des Vorlesens im Rat.

Das *Neue Buch* diente folglich der demonstrativen, rituellen und performativen Kommunikation in der Ratsöffentlichkeit:

- Das Vorlesen der gemeinsam (re-) konstruierten Geschichte demonstrierte die Einigkeit in der Bedeutungszumessung.
- Der Ritus des gemeinsamen Lesen-Hörens unterstrich diese Eintracht im Verhalten.

---

[42] Pandel, Hans-Jürgen: Historik und Didaktik. Das Problem der Distribution historiographisch-erzeugten Wissens in der deutschen Geschichtswissenschaft von der Spätaufklärung zum Frühhistorismus (1765 - 1830) (Fundamenta Historica, Bd. 2), Stuttgart/Bad Canstatt 1990, S. 11 - 13 mit Bezug auf Chladenius, Johann Martin: Allgemeine Geschichtswissenschaft, Leipzig 1752 (ND Wien u.a. 1985).

[43] *Dat nuwe boich* (Anm. 20), S. 272.

[44] Menke (Anm. 20), S. 24 weist u.a .auf die singuläre Überlieferung des Buches hin.

[45] *Dat nuwe boich* (Anm. 20), S. 277. Vgl. dazu Menke (Anm. 20), S. 27 f.

- Und performativ war diese Handlung insofern, als im Akt des Lesen-Hören das Bekenntnis zur gemeinsamen Geschichte gleichsam vollzogen wurde.

Es ist zu konstatieren, dass – insofern der Drang nach Veröffentlichung in der Geschichtsschreibung immer schon angelegt ist – Historiografie hier selbst zum Medium der symbolischen Kommunikation wird (eigentlich zur symbolischen Kommunikation selbst): Das *Neue Buch* fixiert den erzielten Konsens über die Bedeutung des zeitgeschichtlichen Geschehens und versucht mithin, Vorstellungen zum Geschichtsverlauf zu multiplizieren. Und insofern das Buch selbst ein bestimmtes Verhalten von seinen Hörern erwartet, nämlich die Bewahrung des *status quo*, ist es – in der Sprache der *Historischen Verhaltensforschung* – selbst eine potentielle Energiequelle, die Wirkungen hervorrufen wollte. Es handelt sich um ein Energiepotenzial aus dem System der symbolischen Kommunikation, kurz: der Kultur!

VI.
Kulturwissenschaftliche Erweiterung
der Mittelalter-Didaktik

Dass kulturwissenschaftliche Ansätze der Mediävistik wie Historische Verhaltensforschung, Vorstellungsgeschichte und symbolische Kommunikation den Vorstellungen vom historischen Lernen entsprechen, wie sie einer wissenschaftsorientierten, am Leitbegriff eines reflektierten Geschichtsbewusstseins orientierten Geschichtsdidaktik eigen sind, liegt auf der Hand.[46]

1. Narrative Kompetenz als Ziel

Geschichtsbewusstsein setzt narrative Kompetenz voraus, womit die Fähigkeit bezeichnet wird, aus Geschäften Geschichte zu machen (J. G. Droysen). Geschichtslerntheoretisch kann der Mensch nicht anders aus Geschäften Geschichte machen, als „Fakten" aus Quellen zu analysieren

---

[46] Vgl. dazu Hasberg, Wolfgang: Do dat loch volgraven wart – Eckpunkte einer kulturwissenschaftlichen Erweiterung der Mittelalter-Didaktik, in: Ders./Uffelmann, Uwe (Hg.): Mittelalter und Geschichtsdidaktik. Zum Stand einer Didaktik des Mittelalters (Fs C. A. Lückerath), Neuried 2003, S. 267 - 291, insb. S. 284 - 288.

(Wahrnehmen), Zusammenhänge aus „Fakten" zu re-konstruieren (Deutung) und diese in Hinsicht auf ihre gegenwärtige Bedeutsamkeit zu gewichten (Orientierung). Historisches Denken stellt sich demnach als ein rekonstruktiver Prozess dar, der sich im Modus des historischen Erzählens vollzieht (Narrativierung) und sich als „Sinnbildung über Zeiterfahrung" beschreiben lässt.[47]

Diese in der Geschichtsdidaktik seit Langem etablierte „Geschichtslerntheorie" lässt außer Acht, dass *narrative Kompetenz* eine zweite Seite besitzt. Denn narrative Kompetenz umfasst gleicherweise die Fähigkeit, gedeutete Geschichte de-konstruieren zu können, d.h. die empirische, normative und narrative Triftigkeit historischer Sinnbildungsangebote kritisch hinterfragen zu können, die uns in der Geschichtskultur zugemutet werden.[48] Diese zweite Seite narrativer Kompetenz ist im geschichtsdidaktischen Diskurs weitgehend unterbelichtet geblieben, wiewohl Schüler wie Erwachsene in ihren Lebenswelten in aller Regel mit unterschiedlichsten Präsentationsformen gedeuteter Geschichte konfrontiert werden.

Am Beispiel des *Neuen Buches* ist vorgeführt worden, wie fruchtbar Vorstellungsgeschichte und symbolische Kommunikation zum Einsatz gebracht werden können, um im de-konstruktiven Prozess die Bedeutungen (bspw. Geschichtsbilder) offen zu legen, die ein Text transportiert. Nachdem in den 1970er Jahren der Ruf nach den Quellen weite Kreise der Geschichtsdidaktik erfasste, ist es an der Zeit, den Blick zu wenden und den Ruf zu modifizieren in ein: Ad fontes narrantes![49]

2. Ad fontes narrantes!

„Sinnbildungsmuster zu erkennen, zu deuten und anzuwenden macht eine wesentliche Aufgabe des Geschichtsunterrichts aus, und hier liegt ein ei-

---

[47] Rüsen: Historisches Lernen (Anm. 18), S. 79: „Historisches Erzählen ist ein kommunikativer Akt von Sinnbildung über Zeiterfahrung."

[48] Vgl. zuerst Hasberg, Wolfgang: Klio im Geschichtsunterricht. Neue Perspektiven für die Geschichtserzählung im Unterricht?, in: GWU 48 (1997), S. 708 – 726, insb. S. 724 f. sowie neuerdings Hasberg/Körber: Geschichtsbewusstsein dynamisch (Anm. 24).

[49] Vgl. hierzu Hasberg, Wolfgang: Ad fontes narrantes! Quellen – Quelleneinsatz – Quellenarbeit im Unterricht über das Mittelalter, in: GPD 30 (2002), S. 15 - 32.

genständiges Forschungsfeld der Geschichtsdidaktik."[50] Diese Aussage von H.-J. Pandel ist Feststellung und Aufforderung zugleich.[51] Wie soll es gelingen historische Sinnbildungsmuster zu erkennen und zu deuten, wenn nicht die Bedeutungsträger historischen Sinns daraufhin analysiert werden? Zu den vorrangigen Bedeutungsträgern historischen Sinns zählen insbesondere die Geschichtsschreibung und nicht zuletzt die erzählenden Quellen. Sie sind in aller Regel entstanden, um historische Sinnbildungsangebote zu unterbreiten und zu verbreiten.

Ein Blick in die Schulgeschichtsbücher ist wenig ermutigend. Hier treten erzählende Quellen a) „häppchenweise" auf, b) finden sich entgegen ihrer ursprünglichen Aussageabsicht funktionalisiert, c) ihre Überlieferungsform, Abfassungs- und Berichtszeit bleiben ebenso außer Betracht wie die Quellengattung.[52]

Die Verkürzung auf die reine Faktenvermittlung, wie sie in Schulgeschichtsbüchern vorzufinden ist, wird dem Charakter erzählender Quellen als absichtsvoll konstruierte historische Erzählungen nicht gerecht und verhindert ihre adäquate Erarbeitung im Unterricht. Ihr spezifisches Lernpotenzial können sie nur entfalten, wenn durch narrative De-Konstruktion aufgedeckt wird, worin die Erzählabsicht besteht und welche vergangenen Personen, Ereignisse und Sachverhalte sich entnehmen lassen. Entgegen der gängigen Praxis[53] ist deshalb zu fordern, erzählende Quellen in ausreichender Länge darzubieten und vor allem die Exzerpierung so vorzunehmen, dass sie dem fachwissenschaftlichen Erkenntnisstand korrespondiert – der Forschungsstand zur Quelle wohlgemerkt![54] Ein Auszug aus dem *Neuen Buch* hätte folglich

- durch die Einhaltung des ursprünglichen Erzählplans,
- durch die Beibehaltung der Umfangsproportionen einzelner Passagen,
- durch das Aufrechterhalten der originalen Akzentuierungen,

---

[50] Pandel: Erzählen und Erzählakte (Anm. 27), S. 46.
[51] Ebd., S. 46.
[52] Hasberg: Ad fontes narrantes! (Anm. 48), S. 22 - 24.
[53] Eine Ausnahme bildet Hug, Wolfgang: Geschichtliche Weltkunde. Quellenlesebuch, 3 Bde., Frankfurt a.M. 1981, dessen Absicht allerdings darin aufgeht, durch den Einsatz erzählender Quellen die historische Anschauung zu bereichern.
[54] Hasberg: Ad fontes narrantes! (Anm. 48), S. 27 f.

- durch die Einbeziehung der Überlieferungslage

zu gewährleisten, dass im Unterricht eine Triftigkeitsanalyse (Abb. 7) durchgeführt werden kann.[55]

Nur in der gebotenen Kürze kann erläutert werden, wie das *Neue Buch* im Geschichtsunterricht einer Triftigkeitsanalyse unterzogen werden kann.

Von der Standpunktreflexion zur Perspektiverweiterung: In der Praxis wird sich empfehlen, nach einer Spontanphase das Gespräch auf Aspekte der *normativen Triftigkeit* zu lenken. Anhand des Exzerpts müssen die Schüler feststellen können, dass

- Gerlach das Zustandekommen der Zunftherrschaft erklären will,
- er ganz aus der Perspektive der siegreichen Zünfte schreibt,
- er die Vorläufigkeit der Situation in keiner Weise reflektiert,
- er sich in keiner Weise in die Lage der Patrizier hineinzuversetzen und die Entwicklung aus ihrer Perspektive darzustellen versucht und
- er seine Deutung des Geschehens in keiner Weise in Frage stellt.

Durch die Erkenntnis der mangelnden Standortreflexion wird den Schülern die prinzipielle Standpunktgebundenheit historischer Re-Konstruktion ebenso klar, wie sie Maßnahmen zu deren Überwindung (diskursives Erzählen) erkennen können.

Von der Faktenselektion zum Erkenntnisfortschritt: Nur sofern das Exzerpt die ursprüngliche Form des Buches spiegelt, werden die Schüler erkennen können

- dass Gerlach seine Aussagen sehr wohl auf verschiedenartige Quellen stützen kann,
- dass er unmittelbar aus den Quellen schöpft,
- dass er gut informiert ist.

---

[55] Der Versuch einer entsprechenden Exzerpierung findet sich bei Hasberg, Wolfgang: Zwischen Tagebuch und Propaganda. Ein Normanne berichtet vom Ersten Kreuzzug, in: PG 15 (2003), H. 1, S. 11 - 15 Vgl. auch die Beispiele im zweiten Teil dieses Bandes.

Abb. 7: Triftigkeitsanalyse erzählender Quellen

a. Diffuser Gesamteindruck

macht im Anschluss an die Quellenlektüre erforderlich:

- Textaussagen abzuklären
- spontane Hinweise zur Erzählform aufzugreifen und der Überprüfung zugänglich zu machen
- spontane Vermutungen zur Aussageabsicht aufzugreifen und der Überprüfung zugänglich zu machen
- spontane Beurteilung des Wertes der Quelle für die historische Orientierung aufzugreifen und der Überprüfung zugänglich zu machen.

b. Normative Triftigkeit	c. Empirische Triftigkeit
Betrifft die Geltungssicherung der leitenden Perspektive (= normative Prämisse) durch die diskursive Einbeziehung konfligierender Sichtweisen (Konsensobjektivität)	**Betrifft** die Geltungssicherung des über die Vergangenheit Berichteten durch den Verweis auf zur Abfassungszeit noch existente Quellen, Zeugen etc. (Begründungsobjektivität).
Grundfrage: Erfüllt die erzählende Quelle die Kriterien der Standpunktreflexion und bemüht sie sich um die Erweiterung der eigenen Perspektive?	**Grundfrage:** Erfüllt die Erzählung die Kriterien der historischen Forschung und bemüht sie sich um einen Erkenntniszuwachs?
Erschließungsfragen: • Woraufhin wird erzählt? Wozu hält der Verfasser das Erzählen seiner Geschichte für wichtig? • Wird der eigene Standpunkt offen dargelegt? • Werden konfligierende Standpunkte benannt und diskursiv erörtert? • Werden zeitliche, soziale, örtliche u.a. Bedingungen des eigenen Standpunkts reflektiert? • Macht die Erzählung deutlich, wo sie höheren Normen verpflichtet ist?	**Erschließungsfragen:** • Werden Aussagen über die Vergangenheit durch den Hinweis auf mündliche, gegenständliche oder schriftliche Quellen abgesichert? • Welche Einzelfakten werden in der Darstellung benannt? Welche werden akzentuiert? • Entspricht das Mitgeteilte dem zur Abfassungszeit Wissbaren?

d. Narrative Triftigkeit

Betrifft die Geltungssicherung des mitgeteilten Sinns durch eine kritisierbare Theorie (Konstruktionsobjektivität).

Grundfrage: Erfüllt die erzählende Quelle die Kriterien der konstruktiven Theoriebildung und bemüht sie sich um eine Identitätserweiterung?

Erschließungsfragen:

- Werden Anfang, Mitte und Ende der Erzählung als solche markiert?
- Findet sich eine explizierte Theorie, die im Textverlauf verifiziert wird?
- Welcher Textgattung/Genre (Wissenschaft, Literatur, Publizistik etc.) gehört die Erzählung zu?
- Welche Funktion besitzt die Erzählung? Betreibt sie traditionale, exemplarische, kritische oder genetische Sinnbildung?
- Kann die Erzählung zur eigenen historischen Orientierung dienlich sein?

- Es dürfte ihnen allerdings – auch ohne Außenvergleich – erkennbar sein, dass Gerlach eine einseitige Auswahl des Geschehens bietet. Eine Auswahl, die die Patrizier in ein schlechtes, die Zünfte und Gaffeln in ein gutes Licht rückt.

Über die Erkenntnis der einseitigen Auswahl, die Gerlach getroffen hat, wird den Schülern die prinzipielle Selektionsproblematik historischer Re-Konstruktion nachvollziehbar. Es wird deutlich, dass die Selektion dem Erkenntnisfortschritt im Wege stehen kann.

Vom narrativen Plan zur Identitätserweiterung: Damit ist der Grundstein gelegt, über den die Höhen der *narrativen Triftigkeit* erstiegen werden können. Nur wenn diese Ebene erreicht werden kann, erfüllt der Einsatz erzählender Quellen eine Funktion in Hinsicht auf die Ausbildung narrativer Kompetenz. Über einfache Fragen nach Anfang, Ende und Klimax der Erzählung lässt sich der Erzählplan aufdecken und schematisch veranschaulichen. So wird erkennbar, wie Gerlach eine Verfallsgeschichte konstruiert, ohne dieses Vorgehen zu explizieren. Die Schüler können darüber Gerlachs Absicht erkennen, nicht nur den gegenwärtigen Zustand zu erklären, sondern ihn zu legitimieren und durch die schriftlich fixierte Erinnerung an sein Zustandekommen nach Möglichkeit zu perpetuieren. Sie decken den narrativen Plan auf, der im vorliegenden Fall die Absicht einer Identitätsverengung verfolgt, insofern alle Adressaten auf das im *Neuen Buches* festgeschriebene Verständnis der Ereignisse festgelegt werden sollen.

Ohne den kaum zu überschätzenden Wert des *Neuen Buches* für die Rekonstruktion des Geschehens von 1396 in Abrede zu stellen, lernen die Schüler, Triftigkeitsvorbehalte zu machen. Damit lernen sie nicht nur erzählende Quellen als Bedeutungsträger, als Vehikel vergangener Vorstellungen kennen, sondern zugleich ihren Wert zur Orientierung im Gegenstandsbereich der Vergangenheit zu ermessen. Insbesondere eignen sie sich mit der Triftigkeitsanalyse ein Verfahren an, das ihre De-Konstruktionskompetenz als Teilkompetenz der narrativen Kompetenz zu schärfen erlaubt und ihnen beste Dienste bei der Orientierung in der eigenen, gegenwärtigen (Geschichts-) Kultur leisten kann.

3. Methodenorientierte Kulturkompetenz

Das De-Konstruieren taucht unter den methodenorientierten Kulturkompetenzen, die H.-J. Pandel in Hinsicht auf den Umgang mit Vergangenheit/ Geschichte wie folgt aufgelistet hat, nicht – zumindest nicht explizit - auf:[56]

Erzählen	Die Operationen, die durch Narrativieren aus Geschäften Geschichte machen: Narrativieren, Ideologiekritik, Inhaltsanalyse (Qualitativ und quantitativ)
Verstehen	hermeneutisches Sinnverstehen
Erklären	auf nomologische Aussagen zielende Analyse
Kritisieren	Widersprüche nicht negieren, sondern positiv aufnehmen
Zählen	quantitativ gewichten.

Diese Kompetenzen und die ihnen zugeordneten Operationen klingen sehr formal. In Hinsicht auf die Geschichte als eine historische Kulturwissenschaft lassen sie sich durchaus präzisieren.

Zunächst fordert die bislang vernachlässigte Unterscheidung Berücksichtigung, ob man sich im Rahmen der historischen Kulturwissenschaft mit Vergangenheit oder Geschichte befasst. Im ersten Falle wendet man sich unmittelbar dem Vergangenen (in Form von Quellen) zu und re-konstruiert aus diesem Geschichte. Dazu bedarf es folgender Operationen:

- Vergangenes aus Quellen analysieren und inventarisieren[57].
- Deutend aus Vergangenem Zusammenhänge re-konstruieren
  - durch hermeneutisches (Sinn-)Verstehen,
  - durch (theoriegeleitetes) Erklären.
- Re-konstruierte Zusammenhänge in Beziehung zur Gegenwart setzen (Kontinuitätsvorstellungen konstruieren).

---

[56] Pandel, Hans-Jürgen: Richtlinienmodernisierung am Beispiel des Faches Geschichte – Vom Umgang mit Kultur, in: Lisa-Jahrbuch 1997/98. Überarbeitung der Rahmenrichtlinien für Sekundarschulen und Gymnasien in Sachsen-Anhalt, Dessau 1998, S. 101 - 113, hier S. 112 f.

[57] Evtl. ist damit das gemeint, was Pandel: Richtlinienmodernisierung (Anm. 56), S. 113 als „Zählen" bezeichnet.

Abb. 8: Statisches Theoriemodell von Geschichtsbewusstsein

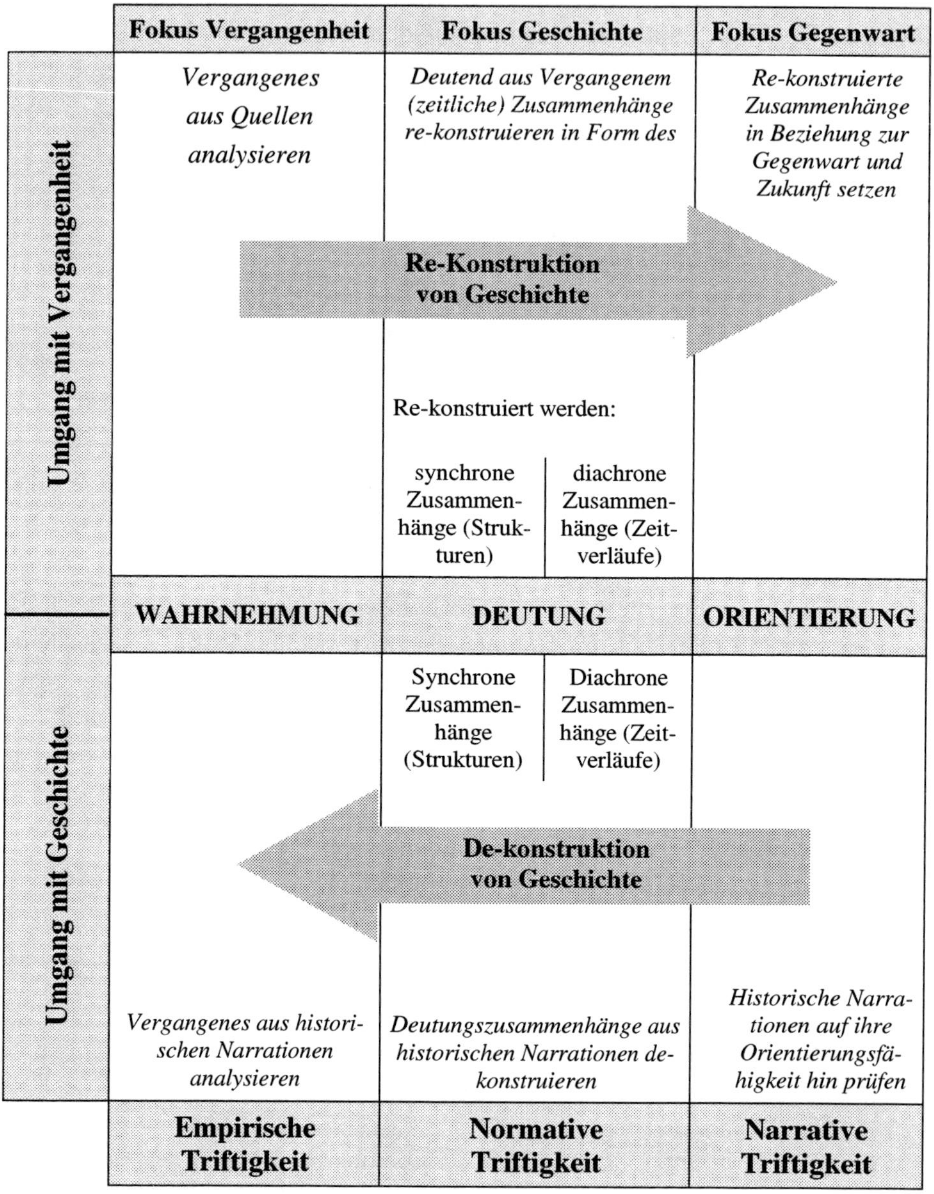

Fokus Vergangenheit	Fokus Geschichte	Fokus Gegenwart
Vergangenes aus Quellen analysieren	*Deutend aus Vergangenem (zeitliche) Zusammenhänge re-konstruieren in Form des*	*Re-konstruierte Zusammenhänge in Beziehung zur Gegenwart und Zukunft setzen*

(Spalte links, vertikal: **Umgang mit Vergangenheit**)

Re-Konstruktion von Geschichte →

Re-konstruiert werden:

synchrone Zusammen-hänge (Struk-turen)	diachrone Zusammen-hänge (Zeit-verläufe)

WAHRNEHMUNG	DEUTUNG	ORIENTIERUNG

Synchrone Zusammen-hänge (Strukturen)	Diachrone Zusammen-hänge (Zeit-verläufe)

← **De-konstruktion von Geschichte**

(Spalte links, vertikal: **Umgang mit Geschichte**)

Vergangenes aus histori-schen Narrationen analysieren	*Deutungszusammenhänge aus historischen Narrationen de-konstruieren*	*Historische Narra-tionen auf ihre Orientierungsfä-higkeit hin prüfen*
Empirische Triftigkeit	**Normative Triftigkeit**	**Narrative Triftigkeit**

Wendet man sich der Geschichte, d.h. historischen Sinnbildungen zu, dann werden im Rahmen des De-Konstruierens folgende Operationen erforderlich:

▪ Historische Narrationen auf ihre Orientierungsfähigkeit prüfen.[58]
▪ Deutungszusammenhänge in historischen Narrationen offen legen, d.h.
   • Normative Prämissen der Deutungen, impliziten oder expliziten Theoriegebrauch aufdecken[59]
   • Diskursivität prüfen
   • Aussageabsicht transparent machen
▪ Vergangenes aus historischen Narrationen herausfiltrieren/analysieren.[60]

Es ist unschwer erkennbar: Hinter diesem Raster von Operationen verbirgt sich – mit einigen Modifikationen – die Theorie von Geschichtsbewusstsein, wie sie vor allem K.-E. Jeismann und J. Rüsen entwickelt haben.[61] Eine weitere Elaboration ist notwendig. Aber es zeigt sich deutlich: Was hier benannt wird, sind Kompetenzen und Operationen, ohne deren Anwendung die Orientierung im Raum der historischen Kulturwissenschaft wie ihm Raum alltäglicher (Geschichts-) Kultur nicht möglich ist.

VII.
Kulturwissenschaftliche Ausrichtung des Mittelalter-Curriculums

Von einer kulturwissenschaftlich ausgerichteten Geschichtsdidaktik ergeben sich auf normativem Sektor mithin Konsequenzen, die durch die am Geschichtsbewusstsein orientierte Geschichtsdidaktik in wesentlichen Zügen vorbereitet sind. Im medialen Bereich werden verstärkt Medien der

---

[58] Evtl. ist damit das gemeint, was ebd., S. 113 „Kritisieren" genannt wird.
[59] Evtl. ist damit das gemeint, was ebd., S. 112 als „Ideologiekritik" bezeichnet wird.
[60] Evtl. ist damit dasselbe gemeint, was ebd., S. 112 als „Inhaltsanalyse" auftritt.
[61] Eine deutliche Konturierung haben die Modelle von K.-E. Jeismann u. J. Rüsen im Rahmen des internationalen Forschungsprojekts „Förderung und Entwicklung reflektierten Geschichtsbewusstseins im Geschichtsunterricht" erfahren. S. dazu Schreiber, Waltraud: Reflektiertes und (selbst-) reflexives Geschichtsbewusstsein durch Geschichtsunterricht fördern – ein vielschichtiges Forschungsfeld der Geschichtsdidaktik, in: ZGD 1 (2002), S. 18 - 43 u. Hasberg/Körber: Geschichtsbewusstsein dynamisch (Anm. 24).

alltäglichen Geschichtskultur Berücksichtigung erfahren müssen, die in ihrer Präsentationslogik verstanden werden müssen, wozu entsprechende Gattungskompetenzen erworben werden müssen.[62] Mit den erzählenden Quellen, von denen aus die Grenzen zur Historiografie unserer Tage fließend sind, ist eine spezifische Mediengattung benannt worden.

Doch auch auf inhaltlichem Sektor müssen sich Erweiterungen ergeben. So fordert H.-J. Pandel die Einbeziehung der Geschichtskultur als Gegenstand des historischen Lernens im Geschichtsunterricht.[63] Und eine Erweiterung des Gegenstandsbereichs fordern er und andere auch insofern, als sie Geschlechter-, Umwelt- und Alltagsgeschichte im Unterricht vertreten sehen wollen, um menschliche Erfahrungen zum Gegenstand historischen Lernens zu machen und damit die Lernrelevanz des Faches in den Augen der Schüler zu erhöhen.[64] Solche Erweiterungen beträfen zwangsläufig auch den Mittelalter-Unterricht.

Ein Mittelalter-Unterricht, der kulturwissenschaftlichen Standards genügen will, muss neben den Ereignissen und Strukturen, Vorstellungen und Mentalitäten, Gewohnheiten oder Standardisierungen berücksichtigen, die das Geflecht einer Kultur ausmachen. Für die curriculare Ausgestaltung des Mittelalter-Unterrichts hätte eine konsequente kulturwissenschaftliche Ausrichtung weitreichende Folgen. Legt man den probaten, in der Praxis bislang kaum erprobten Curriculumentwurf von U. Uffelmann (Abb. 9) zugrunde, müssten diesem nicht nur vorstellungs-, mentalitäts- und kommunikationsgeschichtliche Inhalte und Themen implantiert werden, sondern darüber hinaus müsste anstelle der Gesellschaftsformationen auf der rechten Seite die kulturelle Entwicklung strukturierend in Erscheinung treten. Die kulturwissenschaftliche Mediävistik ist bislang allerdings noch nicht in der Lage, einen solchen Entwicklungsfaden anbieten zu können.

---

[62]   Pandel, Hans-Jürgen: Geschichtskultur als Gegenstand und Problem historischen Lernens in der Schule, in: Schönemann, Bernd/Schreiber, Waltraud (Hg.): Historische Orientierung (Schriften zur Geschichtsdidaktik, Bd. 15), Idstein 2003 (angenommen). Vgl. jetzt auch das mit Verve vorgetragen Plädoyer von dems.: Die Wiedergewinnung von Sonn und Sinnlichkeit. Geschichtsdidaktische Konsequenzen aus PISA in zehn Thesen, in: IGG 65/2003, S. 61 - 69, hier S. 66 f.

[63]   Ders.: Geschichtskultur als Gegenstand und Problem historischen Lernens sowie ders.: Richtlinienmodernisierung (Anm. 56), S. 105 ff.

[64]   Pandel: Richtlinienmodernisierung (Anm. 56), S. 108.

Abb. 9: Curriculum für den Mittelalter-Unterricht (U. Uffelmann, 1978)

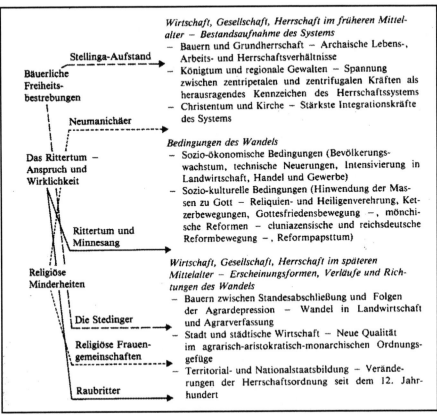

Folglich müssen die Überlegungen einstweilen an dieser Stelle ihr Ende finden. Es sollten und – so hat sich herausgestellt – konnten hier nur Eckpunkte einer kulturwissenschaftlichen Erweiterung der Mittelalter-Didaktik vorgestellt werden. Das Konzept ist weit davon entfernt fertig zu sein. Aber die Mittelalter-Didaktik wird nicht umhin kommen, die Herausforderung der kulturwissenschaftlichen Strömungen innerhalb der Mediävistik anzunehmen und in konzeptionelle Bahnen zu leiten, für die an dieser Stelle allenfalls der Untergrund gelegt werden konnte.

Ob sich das Plädoyer für die kulturwissenschaftliche Erweiterung der Mittelalter-Didaktik auf andere Epochen übertragen lässt, bleibt zu prüfen. Für ein adäquates Verständnis des Mittelalters erscheint sie allerdings geradezu unentbehrlich, weil sie dessen Alterität weder als Faszinosum instrumentalisiert noch zugunsten struktureller Analogien marginalisiert, sondern transparent zu machen und von daher zum Fremdverstehen, dem grundlegenden Anliegen allen historischen Lernens, beizutragen sucht.[65] In diesem Sinne gilt es, epochenspezifische Lernpotenziale eingehender zu erkunden, als dies bislang geschehen ist.

---

[65] Vgl. Hasberg, Wolfgang: Das Mittelalter - Quellgrund der Moderne für den postmodernen Schüler?, in: Ders./Uffelmann: Mittelalter und Geschichtsdidaktik (Anm. 46), S. 227 - 258.

Teil II

ERZÄHLENDE QUELLEN IM GESCHICHTSUNTERRICHT

Wolfgang Hasberg/Manfred Seidenfuß

PFLEGE DER VERGANGENHEIT ODER UMGANG MIT GESCHICHTE
Zum Einsatz erzählender Quellen

Geschichtsbewusstsein meint das „Insgesamt der unterschiedlichsten Vorstellungen von und Einstellungen zur Vergangenheit".[1] Die Vergangenheit tritt dem Betrachter ausschließlich als Vorstellung, als Geschichte, als *historia rerum gestarum* entgegen und schließt die Einstellungen ein, die der historisch Denkende aus seiner Umwelt auf sein Erkenntnisinteresse und damit auf sein Erkenntnisobjekt, die Vergangenheit also, bezieht. Geschichte erzählen, nacherzählen, umerzählen und solche Sinnbildungen in Objektivationen externalisiert den Mitmenschen zur Verfügung stellen, sind kulturelle Praktiken und Techniken in Gesellschaften quer durch die geografischen Breiten. Das durch Historiografie als gattungsspezifische Kulturleistung konstituierte Geschichtsbewusstsein ist dabei stets mehr als bloß ein Bewusstsein von der Vergangenheit. Deshalb wären Geschichtsdidaktik und Geschichtsunterricht gut beraten, sich weitaus stärker als bisher üblich mit historiografischen Texten und nicht nur mit der Pflege der Vergangenheit zu beschäftigen.

Im Folgenden wird der Terminus *erzählende Quelle* benutzt. Die von J. Rüsen eingeführte Funktionstypologie der Historiografie (traditionale, exemplarische, genetische und kritische Geschichtsschreibung) ist zwar ein probates Instrumentarium, Epochen- und Gattungsspezifika der Historiografie zu bestimmen. Bezogen auf die mittelalterliche Historiografie ist dieses theoretische Konstrukt nur mit Vorsicht anzuwenden, da sich die Rüsen'sche Topik nicht immer in Reinform in der vormodernen mittelalterlichen Historiografie Geltung verschafft.[2] Lehrende und Lernende soll-

---

[1] Jeismann, Karl-Ernst: Didaktik der Geschichte. Die Wissenschaft von Zustand, Funktion und Veränderung geschichtlicher Vorstellungen im Selbstverständnis der Gegenwart, in: Kosthorst, Erich (Hg.): Geschichtswissenschaft. Didaktik – Forschung - Theorie, Göttingen 1977, S. 9 - 33, S. 13.

[2] Johannek, Peter: Die Wahrheit der mittelalterlichen Historiographen, in: Knapp, Fritz Peter/Niesner, Manuela (Hg.): Historisches und fiktionales Erzählen im Mittelalter (Schriften zur Literaturwissenschaft 19), Berlin 2002, S. 9 - 25: „Ein guter Teil der mittelalterlichen Geschichtsschreibung ist Chro-

ten ihr Augenmerk nicht ausschließlich darauf richten, historiografisches Erzählen zu kategorisieren. Sie sollten vielmehr den in diesen Quellen vorfindbaren Zusammenhang der Zeitebenen erkennen, der sich durch die Narration manifestiert und der dadurch in eine Kontinuitätsvorstellung übergeht. Das (historiografische) Erzählen ist eine Sprachhandlung, durch welche aktuelle Zeiterfahrungen so verarbeitet werden, dass die Sprachhandlung Bezug nimmt auf erinnernd vergegenwärtigte Zeiterfahrungen der Vergangenheit. Dadurch wird Zukunft perspektivisch erschlossen.[3] Solche Sprachhandlungen nehmen den Status von Erzählungen an, die nicht ausschließlich auf die vormodernen mittelalterlichen historiografischen Quellen beschränkt sind. Diese Sprachhandlungen lassen sich bei den nachfolgenden Textbeispielen in Form von erzählenden Quellen (Reisebericht, Kreuzzugsbericht, Preußenchronik) finden, die ‚fiktionale' Quellen (Genovefa und Griselda) ausdrücklich einschließen.

I. Re-Konstruieren und Re-Konkretisieren

Vergangenheit lässt sich ausschließlich durch gefilterte Aussagen über eine vergangene Wirklichkeit erfassen, die man bekanntlich Quellen nennt. „Quellen sind Objektivationen und Materialisierungen vergangenen menschlichen Handelns und Leidens. Sie sind in der Vergangenheit entstanden und liegen einer ihr nachfolgenden Gegenwart vor."[4] Da die Quellen in die Gegenwart hineinreichen, kann der Historiker mit ihnen – trivial-

---

nographie" (S. 14). Demgegenüber hebt Hans-Werner Goetz den Zusammenhang von Gegenwart - Vergangenheit - Zukunft bei chronografischen Texten hervor: Goetz, Hans-Werner: „Konstruktion der Vergangenheit". Geschichtsbewusstsein und „Fiktionalität" in der hochmittelalterlichen Chronistik, dargestellt am Beispiel der *Annales Palidenses*, in: Laudage Johannes (Hg.): Von Fakten und Fiktionen. Mittelalterliche Geschichtsdarstellungen und ihre kritische Aufarbeitung, Köln u.a. 2003, S. 225 - 257. Zudem räumt Johannek in einer funktionalen Betrachtungsweise der Chronografie ein, dass damit ein *verlässliches Zeitraster* für die Autoren historiografischer Texte geschaffen werde (S. 15); eine Beobachtung, die sich mit der Charakterisierung der Chronografie bei J. Rüsen vereinbaren lässt, der hier von *Proto-Geschichte* spricht: Rüsen, Jörn: Funktionstypologie der historischen Narration, in: La littérature historiographique des origines à 1500. Tome 1 (Grundriss der romanischen Literaturen des Mittelalters, Bd. 11,1), Heidelberg 1986, S. 40 - 49, S. 49.

[3]   Rüsen: Funktionstypologie (Anm. 2), S. 48, S. 46, 42.
[4]   Pandel, Hans-Jürgen: Quelleninterpretation. Die schriftliche Quelle im Geschichtsunterricht (Meth. hist. Lernens), Schwalbach 2000, S. 11.

erweise – die durch sie re-präsentierte Vergangenheit re-konstruieren. Der Lehrer dagegen wendet sich ihnen in der Regel in Kenntnis des fachwissenschaftlichen Kenntnisstandes und mit intentionalen Absichten zu, um narrative Kompetenz zu ermöglichen. Sein grundsätzliches Interesse richtet sich darauf, aus diesem Fundus vergangenes Geschehen zu rekonkretisieren. Nach diesen gedanklichen Leistungen schließt sich im Klassenzimmer eine Phase an, die sich prinzipiell nicht von der Arbeit des Historikers unterscheidet, weil der Schüler mit den Quellen nun historische Zusammenhänge rekonstruiert.[5]

II. Förderung von narrativer Kompetenz

1. Re-Konstruktionsaspekt

Dass für die nachfolgend präsentierten Quellen nicht Urbare, Epitaphe, Siegel, Urkunden[6], Annalen, sondern erzählende Quellen favorisiert wurden, liegt auf der Hand, weil sie sich zentral auf die Kategorie Geschichtsbewusstsein und auf die Forderung, narrative Kompetenz auszubilden, beziehen. Letzteres – darauf verwies bereits J.G. Droysen – meint die Fähigkeit, aus Geschäften Geschichte zu machen.[7] Auf der formalen Ebene

---

[5] Hasberg, Wolfgang: Ad Fontes narrantes! Quelle - Quelleneinsatz - Quellenarbeit im Unterricht über das Mittelalter, in: GPD 30 (2002), S. 15 - 32, S. 18.

[6] Dabei ist jedoch anzumerken, dass die letzten Jahrzehnte durch eine *paradigmatische Entwicklung* gekennzeichnet waren, die auch die Historischen Hilfswissenschaften der Mediävistik erfasste. Angesichts der kulturwissenschaftlichen Wende überrascht es daher nicht, wenn z.B. in der Diplomatik nicht mehr ausschließlich die Echtheit von Urkunden, sondern die formale und inhaltliche Struktur einzelner Urkundenteile untersucht wurden. Dabei wurde u.a. die Arenga als der wichtigste Ort benannt, wo sich in Narrationen eine politische Theorie ausdrücken und die Propagierung des Staatsdenkens entfalten konnte: Goetz, Hans-Werner: Moderne Mediävistik. Stand und Perspektiven der Mittelalterforschung, Darmstadt 1999, S. 153 - 173.
Zur gegenseitigen Beeinflussung von Urkunden (*Arengatopos*) und Historiografie (v.a. in den Proömien): Johannek (Anm. 2), S. 17.

[7] Droysen, Johann Gustav: Erhebung der Geschichte zum Rang einer Wissenschaft (1862), in: Ders.: Historik. Rekonstruktion der ersten vollständigen Fassung der Vorlesungen (1857), Grundriss der Historik in der ersten handschriftlichen (1857/58) und in der letzten gedruckten Fassung (1882), Stuttgart/Bad Cannstadt 1977 (Reprint): „daß nicht die Vergangenheiten, nicht das unabsehbare Durcheinander von ‚Tatsachen‘, das sie erfüllte, uns als Material der Forschung vorliegen", weil diese Tatsachen von vornherein bekanntlich für immer

gewinnt der Schüler ansatzweise oder grundsätzlich einen Einblick, was Geschichte ist, welchen Zwecken sie dient und wie sie zustande kommt. Er verschafft sich einen Überblick über den Erkenntnisprozess, den Erkenntnisgewinn und die Erkenntniskritik. Im Prinzip taten die mittelalterlichen Autoren nichts anderes als historisches Lernen zu vollziehen und Geschichtsbewusstsein zu bilden. Sie sammelten Fakten (Wahrnehmung), rekonstruierten daraus synchrone und diachrone Zusammenhänge (Deutung) und gewichteten die re-konstruierten Zusammenhänge in Hinsicht auf ihre Bedeutung für die eigene Gegenwart (Orientierung). Durch diese Erinnerungsleistungen konnten sie ihre Identität zur Geltung bringen, verstärken oder revidieren, indem sie die Erfahrung des zeitlichen Wandels ihrer Welt und ihrer Selbst in einer Gegenwart, Vergangenheit und Zukunft verschränkenden Kontinuitätsvorstellung verarbeiten konnten. Dass diese Sinnbildungen revisions- und diskursbedürftig sind, dass sie Bezug nehmen auf bereits Berichtetes, dass sie spätere Sinnbildungen anregen, leiten, bisweilen massiv erschweren und dass sie den Leser als Vorgestelltes beeinflussen, braucht nicht weiter erläutert zu werden.[8] Die folgenden Beispiele sprechen für sich.

Die inhaltliche Durchdringung ist nicht strikt zu trennen von der formalen Betrachtung. Die in erzählenden Quellen auffindbare Re-Konstruktion kann nur als Narrativierung verstanden werden. Schließlich sind historische Aussagen durch erzählende Sätze geprägt.[9] Personen, Ereignisse, Sachverhalten wird Bedeutung verliehen, indem sie miteinander zu synchronen und diachronen Zusammenhängen in Beziehung gesetzt werden, deren kausaler Zusammenhang und deren Veränderungen in der Re-

---

vergangen sind. Die grundsätzliche Frage lautet dann, „wie ... aus den Geschäften Geschichte wird." (Zitate S. 456 ff.).

[8] Der Leser sei an dieser Stelle an die Deutung von Frauenbildern (s. den Beitrag von B. Lundt in diesem Band S. 199 ff.) verwiesen. Aus Vorlagen (erzählenden Quellen) wurden Frauenbilder entworfen, die dann unter der kulturellen Deutungsinstanz des Christentums bestimmte Züge annahmen. Wiederholt wurden diese (erzieherischen) Programme aufgenommen und erst in jüngster Zeit werden diese Vorlagen und Adaptationen auf ihre zeitbedingten (z. B. antike Denkmuster) Verwicklungen befragt.

[9] S. dazu den wichtigen Beitrag von Pandel, Hans-Jürgen: Erzählen und Erzählakte. Neuere Entwicklungen in der didaktischen Erzähltheorie, in: Demantowsky, Marko/Schönemann Bernd (Hg.): Neue geschichtsdidaktische Positionen, Bochum 2002, S. 39 - 55, hier S. 41.

Konstruktion frei zu legen sind.[10] Die Orientierung an erzählenden Quellen verdeutlicht dabei die narrative Struktur von Geschichte. Geschichte erscheint als ein Konstrukt, als ein Text, als ein Bewusstseinsinhalt, der sich im Akt der Deutung vollzieht, in dem Fakten analysiert, Zusammenhänge hergestellt und bewertet werden. Auf normativer und pragmatischer Ebene soll die formale Denkstruktur historischer Erkenntnisarbeit (Analyse, Sachurteil, Wertung) erkannt, geübt und internalisiert werden, und zwar auf verschiedenen Zeitebenen (narrative Kompetenz).[11] Diese Ordnungsgedanken sind auf Heuristik und auf die letztendliche Auswahl der Quellen zu beziehen, denn nicht alle vorfindbaren und für die Geschichtswissenschaft bedeutsamen Quellen sind Quellen im geschichtsdidaktischen Sinne, wenn die Auswahlkriterien Geschichtsbewusstsein und Ausbildung narrativer Kompetenz angelegt werden. Es ist folglich eine Teilmenge herzustellen, die nach geschichtsdidaktischen, geschichtsmethodischen und editorischen Kriterien gebildet wird.[12]

Abb. 2: **Anforderung an eine Quelle und Interpretationsformen**[13]

Geschichtsdidaktische Kriterien	Geschichtsmethodische Kriterien	Editorische Kriterien	Interpretationsformen	Zielperspektiven
Lernen	Menschen als Handelnde	Wissenschaftliche Exaktheit	Synchronanalytische Interpretation	Erweiterung historischer Erfahrung
Verstehen und Begreifen	Konkretisierung	Synonymer Text	Synchronsynthetische Interpretation	Perspektiverweiterung
Erzählen	Alterität	Wissenschaftlicher Apparat	Diachronevaluative Interpretation	Identitätserweiterung

Nach den aufgeführten Kriterien ist es nicht hinnehmbar, dass den Schülern bei den häufig präsentierten Quellenspots in Schulbüchern die editorischen Angaben vorenthalten werden. Wer erfährt denn beispielsweise, dass der Mönch Widukind von Corvey nicht einfach die Schlacht auf dem Lechfeld erzählt. Die Erzählperspektive und der Erzählplan bleiben dem Schüler

---

[10] Hasberg: Ad fontes narrantes! (Anm. 5), S. 18 f.
[11] Die Zeitebenen des Wahrnehmens und des Verfassens durch den Autor, die Zeitebenen der Rezeption (Adressaten) bis zu der Zeitebene der gegenwärtigen Situation.
[12] Pandel: Quelleninterpretation (Anm. 4), S. 128.
[13] Hasberg: Ad fontes narrantes! (Anm. 5), S. 19 in Anlehnung an Pandel: Quelleninterpretation (Anm. 4).

verschlossen, weil ihm grundlegende und wichtige Informationen zum Leben, zum Werk und zur Bedeutung dessen literarischer Arbeit verwehrt bleiben.[14] Zahlreiche Beispiele könnten nun folgen, was aber an dieser Stelle nicht erforderlich ist.

Plausibel ist auch die Forderung, Menschen als Handelnde darzustellen. Durch konkrete und nachvollziehbare Situationen kann die Andersartigkeit der objektivierten Vergangenheit verständlich werden. Dadurch erst wird Lernen, Verstehen und Begreifen sowie Erzählen möglich. Anhand dieser Kriterien lassen sich auch Formen der Interpretation unterscheiden, die Verstehenshemmungen auf verschiedenen Ebenen ausräumen sollen.[15]

Die synchron-analytische Interpretation ist vor allem eine Übersetzungsarbeit. Um die historischen Erfahrungen zu erweitern, müssen die „fremde" Sprache, die anderen Begriffskonnotationen ebenso geklärt wie die dort mitgeteilten Fakten (Personen, Orte, Daten, etc.) erfasst werden. In einem zweiten Schritt ist die zeitbedingte Bedeutung zu erfassen. Die Schüler gehen mit ihren lebensweltlichen und alltäglichen Vorstellungen und Begriffen in die erzählte Vergangenheit. Bei der von Widukind erwähnten Schlacht auf dem Lechfeld können die Schüler diesen Kampf als eine Verteidigungs- und Abwehrschlacht gegen eine fremde Macht begreifen, die ein gegenseitiges Töten zur Folge hatte. Diese aktuellen Muster müssen jedoch in Kontakt zu den zeitgebundenen Werte- und Ordnungsvorstellungen gelangen, damit diese ahistorischen zu historischen Begriffen werden. Solche zeitbedingten Werte- und Ordnungsvorstellungen zeigen sich an einem weiteren Beispiel. Widukind will uns vermitteln, dass die Siegreichen nach der Schlacht König Otto zum Kaiser ausriefen.[16] Die Schüler werden sicher darüber staunen, wie schnell die herrschaftliche Stellung im Mittelalter gesteigert werden konnte. Sie erkennen jedoch nicht die symbolkräftige Bedeutung dieses Textausschnittes, der direkt auf antike Gepflogenheiten zur Zeit der Soldatenkaiser rekurriert, als diese bekanntlich von ihren Soldaten nach gewonnen Schlachten und Kriegen in diese Position gebracht wurden.

---

[14] Vgl. bspw. Geschichte für morgen. Arbeitsbuch für bayerische Hauptschulen, Hirschgraben 1987, S. 23.

[15] Hasberg: Ad fontes narrantes! (Anm. 5), S. 19.

[16] Widukind: Rex gestae Saxonicae, ed. Hirsch, Paul/Lohmann, Hans E., in: MG SS rer. Germ. in us. schol. 60, ND (der 5.Aufl. Hannover 1935) 1977, III, 49.

Erzählen meint, die historische Erzählung in die Gegenwart des Schülers auszudehnen. Auf der Ebene der diachron-evaluativen Interpretation muss die Quelle in einen Erzählkontext eingebunden werden, der sich bis in das Heute hinein erstreckt. Die Bedrohung durch die Ungarn und die Entscheidungsschlacht auf dem Lechfeld lassen sich dem Schüler heute wohl kaum mehr als ein Geschehen in heilsgeschichtlicher Perspektive betrachten, die Otto I. für Höheres bestimmte und ihn vor anderen auszeichnete. Eine solche Sichtweise führt dann zu einer Identitätserweiterung, wenn sich die Schüler damit auseinander setzen und danach fragen, welche Schlüssigkeit diese Zusammenhänge für die eigene Orientierung beanspruchen können.

2. De-Konstruktionsaspekt

Sind wir bis zu dieser Stelle bei der Rekonstruktionsarbeit stehen geblieben, muss nun zu der zweiten Seite narrativer Kompetenz gewechselt werden. Dabei sind ohne Zweifel ähnliche mentale Operationen erforderlich. Jedoch macht es einen Unterschied, ob man mit bestimmten Operationen einen Turm aufbaut oder ob man das aufgebaute Format wieder in seine Elemente zurückführt. Die Operationen stehen dann in einem anderen Zusammenhang und in einer anderen Reihenfolge. Die Notwendigkeit der De-Konstruktion zwingt sich durch die Deutungsmächtigkeit der Vergangenheit in der Lebenswelt einerseits und infolge der den erzählenden Quellen innewohnenden Deutungsaspekte andererseits auf.[17]

Auch die Jugendlichen begegnen, bewusst oder unbewusst, gedeuteter Geschichte in ihren Lebenswelten. Sie werden Zeuge, wenn in ihrem Sportverein spektakuläre Vereinschroniken auf Hochglanzpapier präsentiert werden oder in den Glasvitrinen die Büsten der Gründungsheroen blank poliert zu bestaunen sind. Sie nehmen vielleicht an der Landshuter Hochzeit teil oder begegnen französischen Jugendlichen auf den Schlachtfeldern des Ersten Weltkriegs. Hollywood-Schinken wie die *Ritter aus Leidenschaft* oder *Der Herr der Ringe* locken sie vor die Kinokassen, und sie treiben die Auflagenzahlen historischer Romane in die Höhe. Allenthalben wird dort Sinn gebildet und Sinn transportiert, der sich im Geschichtsbewusstsein der Adressaten niederschlägt. Diese Sinneinheiten

---

[17] Vgl. den Beitrag von W. Hasberg in diesem Band, S. 249 ff.

sind verpackt in der spezifischen Beschaffenheit der jeweiligen Gattung.[18] Im Geschichtsunterricht müssen diese ganzheitlichen Sinnmoloche eingerissen, sprich de-konstruiert werden. Dafür ist das methodische Wissen der Re-Konstruktionsarbeit eine unverzichtbare Grundlage.[19] Dem Geschichtsunterricht ist demnach auch die Aufgabe auferlegt, die deutungsgesättigte Geschichte in ihrer Funktion für die Lebenswelt transparent werden zu lassen, so dass sich die Schüler ihr gegenüber kritisch und distanziert zu positionieren vermögen; mit anderen Worten: der Schüler lernt Triftigkeitsvorbehalte gegenüber diesen Sinnofferten zu formulieren, und zwar in empirischer, normativer und narrativer Hinsicht.

Sinnofferten sind selbstverständlich den erzählenden Quellen eigen. Sie sind danach zu befragen, „inwieweit die Erzählungen ihren Geltungsanspruch durch den Hinweis auf überlieferte Fakten (Begründungszusammenhang), durch die Auseinandersetzung mit konfligierenden Deutungsweisen (Konsensobjektivität) und durch den Ausweis einer kritisierbaren Theorie (Konstruktionsobjektivität)"[20] abstützen (vgl. die Abbildung zur Triftigkeitsanalyse).[21]

Zudem gestatten es diese erzählenden Quellen, zeitgebundene Standardisierungen einer Kultur zu erschließen. Die Vorstellungsgeschichte interessiert sich für die Denkinhalte und die Vorstellungswelt eines Autors und über die subjektiven Vorstellungswelten weiterer Autoren bemüht sie sich, die Vorstellungsstruktur, sprich die Mentalität einer Vergangenheit, zu lüften. Das Dumme ist nur, dass diese standardisierten Denkweisen in der Regel nicht auf der Oberfläche der Texte abgeerntet werden können, sondern auf deren Hintergrundebene versteckt sind. Den Zeitgenossen oder - weiter gefasst - den Adressaten waren diese in der Regel bestens bekannt,

---

18   Vgl. bspw. die Verarbeitung der „Kinderkreuzzüge" in den verschiedenen Sparten der Geschichtskultur, s. Hasberg, Wolfgang: Nugatoria expeditio. Der so genannte Kinderkreuzzug in den Vorstellungen von Zeithistorikern und Vergangenheitshistorikern, in: Seidenfuß, Manfred/Reese, Armin (Hg.): Vorstellungen und Vorgestelltes. Geschichtsdidaktik im Gespräch (Fs U. Uffelmann), Neuried 2002, S. 49 - 96.

19   S. bereits Hasberg, Wolfgang: Klio im Geschichtsunterricht, in: GWU 48 (1997), S. 708 - 726.

20   Ders.: Ad fontes narrantes! (Anm. 5), S. 21.

21   S.o. S. 133 u. vgl. Hasberg, Wolfgang: Problemorientiertes Erzählen im Geschichtsunterricht, in: Uffelmann, Uwe (Hg.): Neue Beiträge zum Problemorientierten Geschichtsunterricht, Idstein 1999, S. 183 - 203, S. 197.

uns aber, die wir uns in anderen Standardisierungen bewegen, sind sie verschlossen. Wir müssen, um an subjektive Vorstellungen und kollektive Mentalitäten zu gelangen, nicht nur re-konstruieren, sondern diese Quellen auch de-konstruieren, um ihren Sinngehalt einerseits, ihre (symbolische) Funktion andererseits in der vergangenen Gegenwart aufzudecken.[22] Diese beiden Aspekte von narrativer Kompetenz, Re-Konstruieren und De-Konstruieren, wollen die folgenden erzählenden Quellen miteinander verknüpfen.

3. Erzählende Quellen im Geschichtsunterricht

Die hier ausgewählten Quellen hätten vermutlich den Weg in die Schulbücher nicht gefunden. Sie sind zu lang,[23] der Stil ist bisweilen zu sperrig, die behandelten Inhalte führen vereinzelt nicht direkt auf die Lehrplanvorgaben, das beabsichtigte methodische Vorgehen fügt sich nicht in die Auswertungspraktiken zahlreicher Unterrichtswerke, wenn es diese denn überhaupt dort gibt.

Im Unterschied zu dem alten sozial- und strukturgeschichtlichen Ansatz kommen hier konkrete Ereignisse zur Sprache, ohne dabei jedoch in eine alte Ereignisgeschichte zurückzufallen. Das aus heutiger Sicht fragwürdige oder unbegreifliche Verhalten der damals Agierenden ist ein wichtiger Anknüpfungspunkt, um die Narration in das Heute hinein auszudehnen. Damit kann es der Schulpraktiker nicht bewenden lassen, weil darüber hinaus das vergangene Verhalten in den Kontext seiner kulturellen Rahmenbedingungen gestellt wird. Ferner beschäftigen sich alle Quellen mit einem oder wenigen Autoren. Dabei kommen wiederum deren subjektive Wahrnehmungen und bisweilen kollektive Vorstellungen zur Sprache, die selbstverständlich kulturell geprägt waren. Insgesamt gewinnen die Schüler

---

[22] Vgl. den Beitrag von Hasberg, in diesem Band, S. 109 ff. sowie ders.: „Do dat loch volgraven wart." Eckpunkte einer kulturwissenschaftlichen Erneuerung der Mittelalter-Didaktik, in: Ders./Uffelmann, Uwe (Hg.): Mittelalter und Geschichtsdidaktik. Zum Stand einer Didaktik des Mittelalters, Neuried 2002, S. 267 - 291.

[23] Dass der Einsatz längerer Textpassagen im Geschichtsunterricht wegen des mangelnden Textverständnisses der Schüler wenig sinnvoll wäre, wie Meier Frank: Hans von Waltheym auf Pilgerfahrt und Bildungsreise. Mobilität als didaktischer Zugang zur mittelalterlichen Geschichte, Hamburg 2003, S. 24 glauben machen will, lässt sich aus der von ihm zur Begründung angeführten Pisa-Studie in keiner Weise ableiten.

nicht nur einen Einblick in die zeitgenössischen Vorstellungen und Verhaltensweisen, sondern auch einen Einblick in das, was Geschichte war und ist. Schließlich sollen sie auf die Fährte geführt werden, dass das Berichten oder Schreiben über Ereignisse den Zusammenhang von Vergangenheit - Gegenwart - Zukunft herstellt und dass diese Externalisierungen und Objektivationen durch den kulturellen Rahmen des Schreibers beeinflusst werden, der in (oft mühsamer) Arbeit frei zu legen ist.

Schon dieser Umstand verlangt den Einsatz erzählender Quellen und deren Präsentation in einer Form, damit die Erzählweise, der Erzählakt und die diachrone wie synchrone Erzählwirkung erfasst werden können.[24] Auf dem methodischen Sektor gilt es grundsätzlich, beide Aspekte narrativer Kompetenz zu vermitteln. Das Verhalten der Menschen lässt sich rekonstruieren, die den erzählenden Quellen aufgegebenen Deutungen müssen jedoch de-konstruiert werden.

Das weitere methodische Vorgehen ist nicht starr. Das zeigt sich bei den nachfolgenden Beiträgen, die auch den Bogen spannen sollen zu den vorangegangenen Aufsätzen. *M. Seidenfuß* würdigt *eine* Quelle über die Wallfahrt von Eberhart im Bart zu den Heiligen Stätten in Jerusalem. Sie darf in dem Sinne als typisch mittelalterlich bezeichnet werden, da sie im Unterschied zur Bedeutung dieser Pilgerfahrt in der zeitgenössischen und nachfolgenden Historiografie verschüttet ist und nur noch in einer Überarbeitung aus anderer Hand vorliegt. Sie ist in einem zweiten Sinne typisch mittelalterlich, weil der Schreiber, Johannes Münsinger, bzw. der Überarbeiter, Martin Crusius, sich in der Art und Weise des Schreibens auf die Tradition beziehen. Der Text gibt demnach einen Einblick in den damaligen „Pauschaltourismus von Gruppenreisen in das Heilige Land", der durch die Heilsgeschichte, die Bibel, das Wissen der Kirchenväter und die darauf aufbauende Reiseliteratur vorgezeichnet war. Andererseits greift Johannes Münsinger schon über die damaligen Traditionen hinaus, weil er partiell den Reisebericht nach der subjektiven Zeit ordnet und seine subjektiven Wahrnehmungen auch kenntlich macht.

Ein weiterer Beitrag stellt die Chronik von Anna Komnene in den Mittelpunkt. Die Tochter von Kaiser Alexios schreibt über den Ersten Kreuzzug, der wiederholt die Aufmerksamkeit von Geschichtsdidaktikern erregte.

---

[24] Pandel: Erzählen und Erzählakte (Anm. 9), S. 48 ff. unterscheidet beim historischen Erzählen drei verschiedene Sprechakte: Erzählweise: *Propositionaler Akt*; b) Erzählakt: *illukutionaler Akt*; c) Erzählwirkung: *Perlokutionaler Akt*.

Während bei diesen pragmatischen Umsetzungen der Stachel in die Differenz von heutigen und vergangenen Moralvorstellungen gelegt wurde, um über diesen Weg Angebote zu Fremdverstehen, Perspektivität und Identität zu unterbreiten, werden von *A. Körber* konsequenterweise auch hier zeitbedingte Vorstellungen der Autorin verfolgt. Im Unterschied jedoch zum vorangegangenen Beispiel kommen noch andere Schreiber zur Sprache, um die einzelnen subjektiven Deutungen zu profilieren.

B. Lundt stellt zwei fiktionale erzählende Quellen (Genovefa und Gridelda) vor[25] und bringt Deutungen zu Frauenbildern zur Sprache. Die zwei Beispiele stehen hier gleichgewichtet nebeneinander. Beide beziehen sich auf die Frauen in ihrem Verhalten in der Ehe. Verständlicherweise gab die christliche Tradition dieser Lebensform in unseren Breiten Gestalt oder - präziser formuliert - die zeitgenössische christliche Leitkultur deutete diese zur Verfügung stehenden Informationen, die dann wiederum moderne Historiografen erregte, um darin ein typisches vergangenes christliches Frauenbild entwerfen zu können. Waren diese diachronen Frauenbilder aber stets christlich geprägt? In der Tat zeigt sich auch hier, dass der eine von den anderen abgeschrieben hatte und seinen eigenen Ballast hineinwarf (v.a. bei der Genovefa-Erzählung). Durch eine de-konstruierende und wahrnehmungsorientierte Analyse wird bei der Griselda-Erzählung nun eine ganz neue moderne Deutung möglich, die wiederum an die antiken Traditionen rekurriert.

Schließlich befasst sich *W. Hasberg* mit der Chronik des Preußenlandes, die wegen ihres Umfangs im Geschichtsunterricht bislang allenfalls in allzu knappen Auszügen Berücksichtigung gefunden hat. Er stellt ihre Entstehungsumstände dar und erläutert ihre Funktion zwischen Rechtfertigungs- und Propagandaschrift, bevor er sie einer Triftigkeitsanalyse unterzieht, um abschließend unterrichtspraktische Gesichtspunkte zu erwägen. Dabei legt er Wert darauf, deren Funktion für das historische Lernen auf-

---

[25] Zur Bedeutung der sog. Fiktionen u.a. der Sammelband: Laudage Johannes (Hg.) (Anm. 2); Melville, Gert: Fiktionen als pragmatische Erklärungen des Unerklärbaren. Mohammed – ein verhinderter Papst, in: Knapp /Niesner (Anm. 2), S. 27 - 44.

zudecken, indem er eine Exzerpierung vorstellt, die den ursprünglichen Erzählplan berücksichtigt und gleichzeitig unterrichtspraktische Aspekte nicht außer Acht lässt.

Andreas Körber

ANNA, PETER UND DER
ERSTE KREUZZUG

Jede historische Geschichte macht implizit oder explizit Aussagen zu mindestens fünf unterscheidbaren Zeitpunkten bzw. Zeitverhältnissen. Es sind dies Aussagen zu:

1. Einzelheiten in einer erzählten Vergangenheit,
2. Zusammenhänge innerhalb dieser erzählten Vergangenheit,
3. Zusammenhänge zwischen mehreren Zeitpunkten in der Vergangenheit,
4. Aussagen über die eigene Gegenwart des Erzählenden,
5. Aussagen über die Zukunft.

Schülern diese Einsicht in den Charakter von historischen Aussagen zu ermöglichen, ist ein wichtiges, bislang jedoch zu wenig beachtetes Teilziel eines demokratischen Geschichtsunterrichts, der sich die Befähigung zur gleichberechtigten und verantwortlichen Teilnahme jedes Einzelnen am gesellschaftlichen Diskurs über Geschichte zum Ziel gesetzt hat. Dieses Defizit hat unter anderem mit der Geschichte der Geschichtsdidaktik in Deutschland zu tun, und zwar mit einer ideologisch-normativen und einer theoretischen Komponente, die gut zueinander passten, aber in ihrer Kombination diese partielle Schieflage bewirkten. Die theoretische Komponente besteht u.a. in der von der analytischen Philosophie der Geschichte vollzogenen und gut begründeten Einsicht, dass „Geschichte" nicht mit Vergangenheit gleichgesetzt werden kann, sondern immer eine aus der jeweiligen Gegenwart und Perspektive erstellte *Sichtweise* des Zusammenhangs von Vergangenheit, Gegenwart und Zukunft ist, die letztlich der Orientierung gegenwärtigen Handelns dient. Geschichte besitzt also immer den Charakter historischer Sinnbildungen, die nur dann wirklich handlungsleitend sein können, wenn sie den spezifischen Orientierungsbedürfnissen des Individuums entsprechen. Zudem müssen sie immer im Kopf des Einzelnen vollzogen werden. Diese Einsicht in die notwendige partielle Relativität des historischen Denkens und Lernens war geeignet, didaktische Vorstellungen zu delegitimieren, die entweder von einer gegebenen historischen Wahrheit ausgingen, die es den Lernenden zu vermitteln gelte, oder die im Sinne normativer politischer und/oder sozialer Vorstellungen eher vorgegebene Deutungen vermitteln wollten, um bestimmte Handlungsweisen zu bewirken.[1] Die zweite Komponente beruht auf der eher allgemeinpädagogisch motivierten Kritik des klassischen deutschen Bildungsbegriffs und einer kritisch-emanzipatorischen Ausrichtung von Bildung. In ihrer Kombination bewirkten beide, dass die Erneuerung des Geschichtsunterrichts zunächst darin bestand, die Schüler (theorie- und normkonform) zu eigenständigem historischem Denken, zu Selbsttätigkeit in der Sinnbildung, zu befähigen. Dies bewirkte eine (in sich sinnvolle) Betonung *re-konstruktiver* Verfahren, die u.a. in der Orientierung am Vorgehen der Geschichtswissenschaft („Forschendes Lernen") und der Quellenorientierung ihren Niederschlag fand.

Eine zweite Einsicht der Geschichtstheorie wurde hingegen bislang weniger beachtet: die nämlich, dass historisches Denken eben nicht *nur* im Kopf des Einzelnen stattfindet, sondern immer in sozialer Kommunikation, als kommunikativer Prozess.[2] Die didaktische Konsequenz, dass Befähigung zum historischen Denken eben nicht nur in der Einführung zum quellengestützten eigenständigen Erstellen sinnvoller Geschichten besteht, sondern auch darin, mit den ihm begegnenden Deutungen, ist das notwendige Komplement. Auch sie reagiert in gewisser Weise noch auf die ältere Tradition des Geschichtsunterrichts: Gegen das Passiv-Bleiben des Lernenden gegenüber vorgegebenen, autoritativen Deutungen – sei es wissenschaftlicher oder wissenschaftsförmiger Art oder auch im Stile fiktiver Lehrererzählungen – hilft nicht allein das Selber-Machen, vielmehr muss es auch darum gehen, diese Geschichten selbst durchschaubar zu machen. Auch diese Konsequenz ist in einer bestimmten Form bereits in der frühen Phase der Neuorientierung der Geschichtsdidaktik gezogen worden, nämlich unter dem Stichwort der „Ideologiekritik".

Nachdem der zuweilen überzogene emanzipatorische Impetus verflogen ist (sowohl in der konstruktiven Form der „Gegengeschichte", etwa „von

---

[1] Das gilt u.a. sowohl für offen indoktrinierenden Geschichtsunterricht als auch für verschiedene Ausprägungen „unpolitischen" Geschichtsunterrichts nach 1945 wie des politischen Geschichtsunterrichts. Vgl. dazu u.a. Körber, Andreas: Gustav Stresemann als Europäer, Patriot, Wegbereiter und potentieller Verhinderer Hitlers (Beiträge zur deutschen und europäischen Geschichte; 25), Hamburg 1999, S. 161ff.

[2] Vgl. hierzu Körber: Stresemann (Anm. 1), S. 38 ff.

unten", als auch in der ideologiekritischen Zerpflückung vorhandener Darstellungen), bleibt die grundsätzliche Einsicht, dass historisches Lernen, das den Lernenden als Subjekt des historischen Denkens ernst nimmt, ihn sowohl zu Re-Konstruktion eigener Sinnbildungen befähigen muss wie dazu, das ihm auf dem „Markt der Sinnbildungen" angebotene Deutungsangebot kritisch zu sichten und zu nutzen. Neben die Fähigkeit zur selbsttätigen Herstellung sinnvoller Geschichten über Vergangenheit (Re-Konstruktionskompetenz)[3] muss also die Förderung von „De-Konstruktionskompetenz" im skizzierten Sinne der Befähigung zum Umgang mit fertigen historischen Sinnbildungen treten,[4] zu der bisher nur vereinzelt methodische Hinweise entwickelt wurden.[5] Schüler sollen also lernen, ihnen vor-

---

[3] Als Ziel des historischen Denkens und Lernens wird zumeist formuliert, dass ein sinnvoller Zusammenhang zwischen verschiedenen Zeitpunkten der Vergangenheit bzw. zwischen der Vergangenheit und der Gegenwart hergestellt werden soll. Ein solches Vorgehen ist *re-konstruktiv* zu nennen, indem es synthetisch aus Befunden zu Einzelheiten („Fakten") narrativ die Zusammenhänge herstellt. „Narrative Kompetenz" bzw. Orientierungskompetenz besitzt, wer in der Lage ist, eine solche historische Narration mit Erklärungswert selbst vernünftig zu erstellen. Ein solches Verständnis des historischen Denkens liegt auch dem bekannten Modell von Rüsen zugrunde und selbst das neue Modell der nach Fokussierungen unterteilten Hauptoperationen des historischen Denkens kann bei oberflächlicher Betrachtung so verstanden werden, dass der rekonstruierende Weg des Historikers allein darin bestehe, die in den (geprüften) Quellen ausgemachten historischen Einzelheiten schlussfolgernd zu Zusammenhängen zu verbinden und schließlich auf die Gegenwart beziehen.

[4] Der Begriff der „De-Konstruktion" wird hier nicht im Sinne von Zerstörung einer Sinnbildung durch Aufzeigen ihrer (unhaltbaren) Voraussetzungen oder Logik verwendet, sondern im Sinne einer Analyse der Konstruktionsmerkmale. Ich folge somit der Begrifflichkeit, die im Projekt „FUER Geschichtsbewusstsein" entwickelt wurde. Vgl. dazu Schreiber, Waltraud: Reflektiertes und (selbst-) reflexives Geschichtsbewusstsein durch Geschichtsunterricht fördern - ein vielschichtiges Forschungsfeld der Geschichtsdidaktik, in: Zeitschrift für Geschichtsdidaktik 1 (2002), S. 18 - 43 sowie Hasberg, Wolfgang/Körber, Andreas: Geschichtsbewusstsein dynamisch, in: Körber, Andreas (Hg.): Geschichte – Leben – Lernen (Fs B. v. Borries) Schwalbach/Ts. 2003, S. 179-202 (im Druck). Diese Begriffsverwendung ist vielleicht nicht glücklich, sie vermeidet aber die Verwechslung mit dem Begriff der (Sach-) „Analyse", der durch K.-E. Jeismann eingeführt wurde und der im Gegensatz zu unserem Begriff nicht eine Makro-Operation des Geschichtsdenkens, sondern eine Teiloperation innerhalb einer bestimmten Fokussierung" bezeichnet.

[5] Vgl. hierzu die Hinweise zur Triftigkeitsanalyse von Geschichtserzählungen und erzählenden Quellen bei Hasberg, Wolfgang: Klio im Geschichtsunter-

liegende historische Darstellungen auf ihre Aussagen in allen fünf Hinsichten hin zu befragen und die in ihnen durch den Zusammenhang hergestellten Sinnangebote herauszuarbeiten.

In den letzten Jahren hat jedoch eine Gruppe von Geschichtsdidaktikern dieses Desiderat aufgegriffen und auf der Basis der beiden Theoriekonzepte von K.-E. Jeismann und J. Rüsen einen Vorschlag unterbreitet, der (Re-) Konstruktion und (De-) Konstruktion als zwei Hauptoperationen des historischen Denkens fasst, die jeweils Teiloperationen in mehreren Fokussierungen umfassen, so dass alle fünf oben genannten Aussageformen in beiden Hauptoperationen enthalten sind.[6]

Die Bedeutung des de-konstruktiven Verfahrens auch im Unterricht gilt vor allem für aktuelle historiografische Texte, wie sie Schülern zum Beispiel in den Autorentexten von Schulbüchern begegnen. Sie sind nämlich mehr als nur Medien zur Vermittlung von Informationen über Vergangenheit. Bei ihrer unterrichtlichen Verwendung muss auch betrachtet werden, welchen Zusammenhang zur Gegenwart der Schüler und welche Ausblicke, bzw. Schlussfolgerungen für deren Zukunft der Autor herstellt bzw. zieht, und wie diese seine Darstellung der Vergangenheit selbst prägen. Die oft impliziten Gegenwartsbezüge sowie Zukunftsperspektiven bzw. -forderungen sind nämlich keineswegs nur „Schlussfolgerungen" aus erkannten und dargestellten (erzählten) Begebenheiten und Zusammenhängen der Vergangenheit(en), sondern müssen gleichzeitig als Voraussetzungen für die Darstellung verstanden werden.

---

richt. Neue Perspektiven für die Geschichtserzählung im Unterricht?, in: GWU 48 (1997), S. 708 - 726; ders.: Geschichte(n) erzählen – aber wie?, in: Anregung 41 (1999), S. 308 - 328; ders.: Problemorientiertes Erzählen im Geschichtsunterricht, in: Uffelmann, Uwe (Hg.): Neue Beiträge zum Problemorientierten Geschichtsunterricht, Idstein 1999, S. 183 - 203; ders.: Geschichte in Geschichten, in: Schreiber, Waltraud (Hg.): Erste Begegnungen mit Geschichte. Grundlagenhistorischen Lernens (BStG, Bd. 1,1), Neuried 1999, S. 477 - 496 u. ders.: Ad fontes narrantes! Quellen – Quelleneinsatz – Quellenarbeit im Unterricht über das Mittelalter, in: GPD 30 (2002), S. 15 - 32 sowie die Beiträge in diesem Band S. 109 ff. u. 249 ff.

[6]   Vgl. Schreiber: Reflektiertes Geschichtsbewusstsein" (Anm. 4). Im genannten Modell werden dabei die Aussageformen 2 (synchrone) und 3 (diachrone Zusammenhänge), sowie 4 (Gegenwartsbedeutungen) und 5 (Zukunftsorientierung) in jeweils einer Fokussierung zusammengefasst. Die Gründe dafür können hier nicht erörtert werden. Eine weitere Ausdifferenzierung des Modells ist für bestimmte Analysen mit Sicherheit sinnvoll.

In diesem Aufsatz soll nun gezeigt werden, wie dieses Modell darüber hinaus auch auf solche historiografische Texte angewandt werden kann, die nicht aus der Gegenwart des Lesers stammen, sondern auf solche, die selbst als Ganze Quellencharakter haben, um *narrative Quellen*. Sie können nicht nur im Sinne des re-konstruktiven Vorgehens dazu benutzt werden, um aus ihnen Informationen zu entnehmen, die dann selbst zu einer Geschichte verarbeitet werden – sie müssen vielmehr selbst daraufhin untersucht werden, wie sich *in ihnen* die Sinnbildungsleistung ihres Autors niederschlägt – in unserem Falle einer Autorin, nämlich der byzantinischen Prinzessin Anna Komnene. Ihre Darstellung der Ursache des Ersten Kreuzzuges soll hier genutzt werden, um aufzuzeigen, dass das Modell der Unterscheidung von Re- und De-Konstruktion auch mit Blick auf vergangene Sinnbildungsleistungen flexibel angewandt werden kann und inwiefern es Einsichten in die Natur historischer Überlieferung ermöglichen kann, die beim üblichen re-konstruktionszentrierten Vorgehen zu leicht aus dem Blick verloren werden.

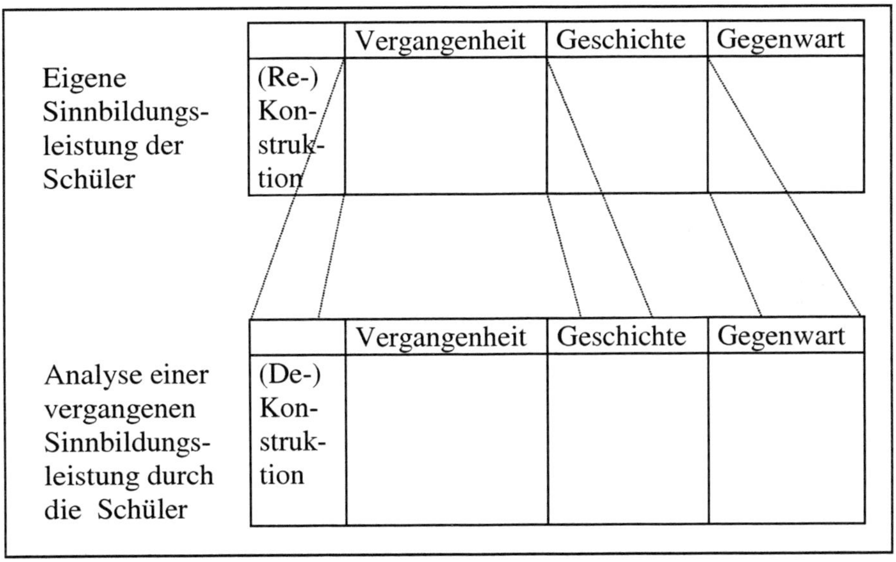

		Vergangenheit	Geschichte	Gegenwart
Eigene Sinnbildungsleistung der Schüler	(Re-) Konstruktion			

		Vergangenheit	Geschichte	Gegenwart
Analyse einer vergangenen Sinnbildungsleistung durch die Schüler	(De-) Konstruktion			

Abb. 1: (De-)Konstruktion erzählender Quellen als „Vorarbeit" zur eigenen Sinnbildungleistung.

In theoretischer Hinsicht soll mit diesem Zugriff auch verdeutlicht werden, dass die Fokussierungen, die das Modell des Projekts „FUER Geschichtsbewusstsein" (Schreiber, v. Borries, Hasberg, Körber, Krammer) unterscheidet, nicht in einer festen, statischen Beziehung zueinander gesehen werden dürfen. Die grafische Umsetzung in der 6-Felder-Tafel, die sich in den bisherigen Veröffentlichungen des Projektes findet,[7] stellt die wichtigsten Kombinationen der Merkmale in den beiden Hauptdimensionen (derjenigen der Fokussierungen und der Hauptoperationen) dar. Sie sind nicht aber die einzig möglichen und müssen je nach Fragestellung und Materialart aufeinander bezogen werden. So sind Aussagen mit der Fokussierung „Vergangenheit", die aus einer narrativen Quelle de-konstruktiv herausgearbeitet werden, auch für das eigene re-konstruierende Denken solche mit dem Fokus Vergangenheit. Solche, die in der Quelle diachrone Zusammenhänge („Geschichte") und „Gegenwart/Zukunft" fokussieren, ändern jedoch ihren Status, wenn sie in die heutige Sinnbildungsoperation eingehen (vgl. Abb. 1).

Der Erste Kreuzzug und seine Bedeutung in der Geschichtsdidaktik

Der Erste Kreuzzug ist in den letzten Jahren ein beliebtes Thema der Geschichtsdidaktik gewesen. Dabei hat insbesondere die Frage des Verstehens von heutzutage (zumindest für die westlichen, weitgehend säkularisierten Wohlstandsgesellschaften) fremdartigen Motiven und Handlungsweisen das didaktische Zentrum abgegeben: An diesem historischen Gegenstand sollte gelernt werden, darüber nachzudenken, ob und in welcher Form es für uns Heutige möglich ist, nachzuvollziehen und zu akzeptierten, dass und warum Menschen bereit und in der Lage waren, für ein solches spirituell bedeutendes Ziel in Massen ihre Heimat und ihre Lebenszusammenhänge zu verlassen und sich auf einen Kriegszug zu begeben. Können wir uns heute vorstellen, dass wir selbst unter damaligen Bedingungen nicht selbstverständlich anders (nämlich modern-menschenrechtlich) gehandelt hätten, sondern eben so? Diese Frage ist deswegen spezifisch historisch und nicht nur ethisch-moralisch, weil es sich bei dem zu vergegenwärtigenden Geschehen eben nicht um ein Beispiel aus einer grundsätzlich fremden Kultur handelt, der jegliche Gemeinsamkeit mit der eigenen, heutigen abgesprochen werden kann. Die offenkundige Kluft zwischen dem damaligen Geschehen im Namen der auch heute noch weitgehend prägenden Religion und heutigen Werten muss also mit Hilfe einer historischen

---

[7]   U.a. Schreiber: Reflektiertes Geschichtsbewusstsein (Anm. 4); Hasberg/ Körber: Geschichtsbewusstsein dynamisch (Anm. 4).

Sinnbildung überbrückt werden.[8] Dieser didaktische Ansatz ist geeignet, sowohl den Wandel von Moralvorstellungen als auch ihre partielle Konstanz deutlich zu machen, indem nämlich mögliche Parallelen zu anderen Grausamkeiten in anderen Zeitaltern (z.B. zum Dreißigjährigen Krieg, zum Vietnam-Krieg, auch zum NS-Vernichtungskampf an der Ostfront im Zweiten Weltkrieg) erwogen und differenziert werden. Ergänzt werden müsste diese Perspektive noch durch die Aufarbeitung der Historiografie zu den Kreuzzügen und insbesondere die populäre Verarbeitung der Kreuzzugs-Erinnerung, welche die Distanz, die die Differenz ja erst ergibt, in Form einer Entwicklung überbrückt und die Wandlung der Vorstellungen sichtbar macht. Hierzu liegen inzwischen einige geschichtswissenschaftliche Vorarbeiten vor.[9]

Die Geschichte des Ersten Kreuzzuges eignet sich jedoch auch zu anderen didaktischen Zwecken als der Selbstvergewisserung, der Reflexion unterschiedlicher Moralvorstellungen und zum Erlernen von Fremdverstehen: Da wir über die Geschichte des Ersten Kreuzzuges vor allem erzählende Quellen besitzen, können an ihnen auch methodische Fähigkeiten zum Umgang mit fertigen Darstellungen von Geschichte erarbeitet und eingeübt werden.

Re-Konstruktion und De-Konstruktion der Peter-Geschichte

Jede Darstellung von Geschichte macht – so habe ich eingangs behauptet – Aussagen zu mindestens fünf Zeitverhältnissen. Erst diese machen sie zu einer *historischen* Geschichte. Diese Aussage war etwas verkürzt. Nicht die Anwesenheit von Aussagen zu den fünf Zeitverhältnissen allein macht die Geschichte aus, sondern die spezifische *Verknüpfung* der verschiedenen Aussagen. Aller Historiografie (ob klassisch, modern oder postmodern) geht es um die *Vergegenwärtigung* eines vergangenen Geschehens, einer

---

[8] Vgl. Borries, Bodo v.: Massenmord – Heldentat – Erlösungswerk? Die Eroberung von Jerusalem 1099, in: Geschichte lernen 7/1989, S. 37 - 45; Körber, Andreas: Hätte ich mitgemacht? Nachdenken über historisches Verstehen und (Ver-)Urteilen im Unterricht, in: GWU 51(2000), S. 430 - 448; vgl. Gemein, Gisbert; Cornelissen, Joachim: Kreuzzüge und Kreuzzugsgedanke in Mittelalter und Gegenwart (bsv Geschichte/Politik), München 1992.

[9] Vgl. u.a. Siberry, Elizabeth: The New Crusaders. Images of the Crusades in the Nineteenth and Early Twentieth Centuries (The Nineteenth Century Series XII), Aldershot u.a. 2000.

Struktur oder eines Zustandes, *um der eigenen Gegenwart Willen*. Die Herstellung eines solchen Gegenwartsbezuges erfordert immer die *plausible narrative* Konstruktion eines Zusammenhangs zwischen den einzelnen erzählten Ereignissen, Handlungen o.ä., erfordert eine *historiografische Erklärung* des Geschehens. In diese Erklärung gehen dabei immer in der Gegenwart des Autors wurzelnde Interessen und Vorstellungen ein. Die Art und Weise, in welcher ein Autor ein vergangenes Geschehen erzählt und erzählend erklärt, gibt Aufschluss über seine eigenen Interessen und Vorstellungen. Unterschiede in mehreren Darstellungen des gleichen Zusammenhanges können und müssen daher nicht nur als Abweichungen von einer vermeintlichen Wahrheit gelesen werden, als Defizite bzw. Hindernisse auf dem Weg zur „tatsächlichen" Geschichte, sondern als konstitutive Bestandteile dieser Geschichten selbst.

Der erzählende Charakter einer narrativen Quelle, ihr Ursprung in einer historischen Sinnbildungsleistung und somit das Enthaltensein von Aussagen, die auf dem Denkprozess des Autors, seinen Konstruktionen und Schlussfolgerungen sowie seinen Vorstellungen von Plausibilität beruhen, ist eben keine Nebensächlichkeit, sondern eine derart wichtige Eigenschaft, dass sie eigens in den Blick genommen werden muss. In diesem Falle tritt neben das re-konstruierende Vorgehen ein zweites, welches als sein Komplement zu gelten hat, aber auch Eigenwert besitzt: Der historisch Denkende muss die ihm in den Quellen dargebotene historische Erzählung als eine in ihrer eigenen Gegenwart wurzelnde narrative Deutung erkennen und *de*konstruieren, d.h. er muss zu trennen versuchen, welche „Fakten" ihm mitgeteilt werden, welche Zusammenhänge der Autor seinerseits schlussfolgernd herstellt und wie er diese Zusammenhänge narrativ und/oder in Anwendung nicht-narrativer Anwendungsfaktoren plausibel macht. Hier ist eine weitere Zeitebene eingezogen, die berücksichtig werden muss. Die Deutungsmuster und Regeln, die Selektionskriterien und Wertungen, die in der Quelle verwendet wurden, verbinden die erzählte Zeit zunächst mit der Gegenwart *der Autorin* bzw. des Autors: die Ideenbezüge folgen den Vorstellungen ihrer Zeit und ihrer kulturellen, gesellschaftlichen, sozialen Position. In den Fokus genommen wird also nicht die durch die Quelle überlieferte Zeit, sondern die Quelle selbst. Für historisch Lernende ist es nicht nur von Belang, ein möglichst triftiges Bild von der jeweils behandelten Vergangenheit zu bekommen, indem die Eigenheiten der verschiedenen Quellen (z.B. ihre zeitliche Entfernung vom Gegenstand, ihr Bias etc.) als

Fehlergrößen ausgeschieden werden, sondern den konstitutiven Charakter dieser Eigenheiten selbst kennen zu lernen.

Der „Wert" einer narrativen Quelle für das eigene, re-konstruktive Denken kann also nicht einfach dadurch ermittelt werden, dass die Unterschiede zu anderen Quellen durch Vergleich quasi ausgeschieden werden. Vielmehr müssen die unterschiedlichen Geschichten (narrativen Quellen) in ihrer konstruktiven Gesamtheit erst genommen und analysiert werden, um sie als Quellen nutzen zu können.

Die Geschichtstheorie hat spätestens seit A. Danto, J. Rüsen und H.-M. Baumgartner herausgearbeitet, dass das Erzählen einer Geschichte selbst eine Erklärungsleistung ist, ja, dass die narrative Verbindung zweier Zeitpunkte (t_1 und t_2) die eigentliche, spezifisch historische Erklärungsweise ist.[10] Damit wurden ältere Theorievorstellungen abgelöst, welche vor allem die intentionale Erklärung des Handelns von Menschen in den Mittelpunkt rückten (methodisch realisiert mit dem Vorgang des „Verstehens") oder die die Anwendung von überzeitlichen Regeln und Gesetzen zur Erklärung von Geschehnissen betonten.

Aber: So plausibel die Erkenntnis ist, dass das Erzählen der Entwicklung von einem zum folgenden Zustand bereits eine Form der Erklärung darstellt – in dieser formalen Fassung reicht sie nicht hin. Nicht *jegliche* Erzählung, wie es von t_1 zu t_2 kommen konnte, ist geeignet, den Zusammenhang auch so denkend zu erinnern, dass gegenwärtiges Handeln orientiert wird: Narrative historische Erklärungen ihrerseits sind darauf angewiesen, die anderen Erklärungsmuster (z.B. Regeln nach dem Popper-Hempel-Schema und intentionale Erklärungen) aufzunehmen und zu integrieren.[11] Entscheidend ist dann, *welche* Regeln und Motive der jeweilige

---

[10] Vgl. v.a. Danto, Arthur C.: Analytische Philosophie der Geschichte, Frankfurt a.M. 1980 (engl. Orig. 1965); Rüsen, Jörn: Historische Vernunft (Grundzüge einer Historik I: Die Grundlagen der Geschichtswissenschaft), Göttingen 1983, S. f. und zum Folgenden besonders Rüsen, Jörn: Rekonstruktion der Vergangenheit (Grundzüge einer Historik II: Die Prinzipien der historischen Forschung), Göttingen 1986, S. 22 f: „Erklärungen und Theoriegebrauch in der Geschichtswissenschaft" (Kap. 1.1).

[11] Vgl. die übliche Fassung des Zusammenhangs von *explanandum* und *explanans* in der narrativen Erklärungsform, die zuletzt noch Hasberg: Ad fontes narrantes! (Anm. 5), bes. S. 18 f., am Beispiel des Ersten Kreuzzuges erläutert hat. Die dort als „explanans" bezeichnete Ereignisfolge, die den Zusammenhang von einem davor und einem danach liegenden Ereignis erklären soll, bedarf selbst der Erklärung. Diese ist aber oftmals nicht wiederum allein narrativ

Autor bzw. die Autorin als gültig ansieht und wie sie in die Erzählkonstruktion eingebunden werden. Nur durch die Konstruktion einer *spezifischen* Erzählung eines *konkreten* Zusammenhanges mit Hilfe *bestimmter* regelhafter und intentionaler Argumentationen kann eine Geschichte so vergegenwärtigt werden, dass sie auch den Rezipienten als plausibel angeboten werden kann. Der Blick des de-konstruierend Denkenden darf sich also nicht auf diejenigen Teile der Geschichte konzentrieren, die „Vergangenheit" fokussieren, sondern muss die Zusammenhänge, die in der Geschichte hergestellt werden, und die Art und Weise, *wie* sie hergestellt werden, ebenso analysieren. Dazu gehört vor allem auch die Analyse der Erklärungsmuster, die in der Geschichte angewandt werden, und der sprachlichen Verfahren, mit denen sie als plausibel markiert werden: Welcher Art ist der in der Geschichte behauptete Zusammenhang innerhalb der erzählten Zeit und zu früheren und späteren Ereignissen sowie zur Gegenwart und wie wird dem Leser dieser Zusammenhang plausibel gemacht? Diese Fragen zielen bei der De-Konstruktion narrativer Quellen nicht allein darauf, wie triftig *uns heutigen Lesern* der jeweilige Zusammenhang erscheint, sondern auch darauf, *wie er damals einem damaligen Publikum* als triftig erklärt werden sollte. Erst wenn dies geklärt ist, können die in der Quelle hergestellten Zusammenhänge als Fokussierungen von Vergangenheit bzw. syn- und diachronen Zusammenhängen in unser eigenes konstruierendes historisches Denken aufgenommen werden (vgl. Abb. 1).

Bevor ich im Folgenden eine Triftigkeits- und Plausibilisierunganalyse zu den hier vorgelegten Quellen sowie eine Möglichkeit skizziere, wie eine solche Analyse am Beispiel der Darstellungen über die Ursachen des Ersten Kreuzzuges durch Anna Komnene[12] aussehen kann, sollen zunächst einige Ergebnisse der fachwissenschaftlichen Forschung zusammen gefasst werden.

---

möglich, sondern durch Rückgriff auf intentionale und/oder nomothetische Erklärungsformen.

[12] Die entsprechenden Auszüge der Darstellungen von Albert von Aachen und Wilhelm von Tyrus werden im Anhang ebenfalls in bearbeiteten Auszügen abgedruckt. Die Analyse konzentriert sich jedoch auf die Darstellung Anna Komnenes.

Die Ursachen des Ersten Kreuzzuges in der zeitgenössischen Historiografie

Über die Ursachen des Ersten Kreuzzuges ist viel geschrieben worden. Schon die (im weiteren Sinne) zeitgenössischen Quellen sind sich nicht ganz einig darüber. In mehreren von ihnen spielt ein Eremit, Peter von Amiens, eine Rolle, der als Kreuzzugsprediger und Führer des ersten Kontingentes, des Bauern- oder Armenkreuzzuges, bekannt geworden ist.[13] Dass er bei der Mobilisierung verhältnismäßig großer Teile der Bevölkerung für den Zug nach Palästina eine bedeutende Rolle gespielt hat, ist unbestritten. Inwiefern er aber auch Verantwortung dafür trägt, dass die Idee zu diesem Kreuzzug überhaupt entstanden ist und dass Jerusalem als Ziel dieses Kreuzzuges in der Rede Urbans II. genannt wurde, darüber gibt es sehr unterschiedliche Aussagen in den erzählenden Quellen.[14]

Die Frage, welche der Überlieferungen bzw. welche aus ihnen in kritischer Zusammenschau re-konstruierte Fassung am wahrscheinlichsten den wirklichen Verlauf der Dinge wiedergibt, bzw. ihm am nächsten kommt, steht hier nicht im Mittelpunkt, sondern die Eigenheiten einer bestimmten Darstellung, die auf Interessen, Vorstellungen und Wertungen ihrer Autorin, der byzantinischen Prinzessin und Geschichtsschreiberin Anna Komnene hinweisen, die als betagte Frau auf der Basis von Vorarbeiten ihres Mannes die Geschichte der Taten ihres Vaters niederschrieb und dabei eben auch auf die Vorgeschichte des Ersten Kreuzzuges eingegangen ist.[15]

---

[13] Klassisch noch immer die große Studie von Hagenmeyer, Heinrich: Peter der Eremite. Ein kritischer Beitrag zur Geschichte des Ersten Kreuzzuges, Leipzig 1879. Gegenüber dieser und anderen frühen quellenkritischen Untersuchungen (z.B. v. Sybel) versuchen einige neuere Studien, der Rolle Peters bei der Entstehung des Ersten Kreuzzuges wieder stärker zu gewichten. Dazu gehört u.a. Flori, Jean: Pierre l'Èrmite et la Première Croisade, Paris 1999; aber auch Blake, E. O./Morris, C. : A Hermit goes to War. Peter and the Origins of the First Crusade, in: Sheils, W. J. (Hg.): Monks, Hermits and the Ascetic Tradition (Papers read at the 1984 Summer Meeting and the 1985 Winter Meeting of the Ecclesiastical History Society), Blackwell/Oxford 1985, S. 79 - 107. Vgl. vor allem zu Peters späteren Aktivitäten auch Morris, Colin: Peter the Hermit and the Chroniclers, in: Phillips, Jonathan (Hg.): The First Crusade. Origins and Impact, Manchester 1997, S. 21 - 34.

[14] Vgl. hierzu u.a. Blake/Morris: A Hermit goes to War (Anm. 13).

[15] Vgl. zu Anna Komnene u.a. Gouma-Peterson, Thalia (Hg.): Anna Komnene and her Times, New York/London 2000. Ihr Werk „Alexias" liegt seit wenigen Jahren in einer Neuübersetzung vor: Anna Komnene: Alexias, übers. u. eingel.

Der fachwissenschaftliche Forschungsstand darf dabei nicht außer Acht bleiben. Er erhält aber einen anderen Stellenwert, indem er als Folie fungiert, vor dessen Hintergrund Auslassungen, Verzerrungen sowie bestimmte Darstellungsformen erst erkennbar werden. Schon aus Platzgründen sollen nur einschlägige Aspekte skizziert werden.

Die Kreuzzugsforschung unterscheidet seit langem zwischen den tiefer liegenden Ursachen für die Kreuzzugsbewegung, den mehr oder weniger unmittelbaren Anlässen und den Motiven der verschiedenen Beteiligten. Diese Unterscheidung eröffnet sich in voller Trennschärfe erst der retrospektiven Betrachtung, ja eigentlich erst einer problemorientiert forschenden modernen Geschichtswissenschaft. Für die unmittelbar Beteiligten und die noch ganz im Banne der Zeit stehenden Chronisten müssen sich diese Momente viel stärker vermischt haben. Während die moderne Geschichtswissenschaft neben machtpolitischen Ursachen[16] vor allem auch nach geistesgeschichtlichen und wirtschaftlich-sozialen Bedingungen fragt,[17] spielten in der im weiteren Sinne zeitgenössischen Historiografie die konkreten Anteile von einzelnen Personen und Gruppen an der Herbeiführung dieses Zuges eine herausragende Rolle – und das nicht nur wegen eines grundsätzlich personalisierenderen Geschichtsverständnisses.

Dies ist unter anderem daran zu zeigen, wie die einzelnen Darstellungen die Findung des Zieles „Jerusalem" und „Befreiung der Heiligen Stätten" erklären. Auch heute noch ist hierüber keine Gewissheit erlangt. Obwohl E. O. Blake und C. Morris es als eine der wenigen unstrittigen Einzelheiten bezeichnen,[18] bezweifelt H. E. Mayer, dass Papst Urban selbst Jerusalem

---

und mit Anm. vers. von Diether Roderich Reinsch, Köln 1996; zu ihrer Darstellung des Ersten Kreuzzuges liegt eine Analyse vor: Lilie, Ralph-Johannes: Der Erste Kreuzzug in der Darstellung Anna Komnenes, in: Ders./Berger, Albrecht (1987; Hg.): Varia II, (Poikila Byzantina 4) Bonn 1987, S. 49 - 148.

[16] Dazu gehörte innerhalb des westlichen Europa z.B. der Investiturstreit mit seinen Folgen für das Verhältnis von Kaisertum und Papsttum. Zu diesem Zusammenhang Mayer, Hans Eberhard: Geschichte der Kreuzzüge. 8. verb. u. erw. Aufl. Stuttgart/Berlin/Köln 1995, S. 24 f. Hinzu kam das Spannungsverhältnis zwischen West- und Ostkirche.

[17] Dazu gehörten v.a. die Kirchenreformbewegung, vgl. u.a. Mayer (Anm. 16), S. 21f. sowie eine weithin schlechte Wirtschaftslage sowie Missernten (vgl. ebd., S. 26 f.).

[18] Blake/Morris: A Hermit goes to War (Anm. 13), S. 80 f.

als Ziel benannt und angesehen habe.[19] Unstrittig ist, dass innerhalb der Kreuzzugsbewegung im Jahr nach Clermont, in dem das Hauptheer aufbrach, das Ziel Jerusalem prominent nachzuweisen ist.[20] Wie und von wem es aufgebracht wurde, ist jedoch weiterhin strittig. Egal, wie man heutzutage zu dieser Frage steht, das Ziel dieses Ersten Kreuzzuges musste insbesondere für die Historiografen derjenigen „Parteien" ein Problem werden, die unter ihm selbst zu leiden hatten.

Dies galt vor allem für die byzantinische Geschichtsschreibung, denn Alexios galt und gilt selbst als einer der Urheber des Kreuzzuges, weil er aufgrund der (allerdings wohl nicht akuten) Bedrängnis durch türkische Stämme, die auch als Besatzer des Heiligen Landes angeführt werden, bereits vorher im Westen um Truppenhilfe nachgesucht hatte, zuletzt wohl durch Gesandte zu einem päpstlichen Konzil in Piacenza, das demjenigen, auf dem der Kreuzzug ausgerufen wurde, unmittelbar vorausging.[21] Zudem

---

[19] Vgl. hierzu u.a. Mayer: (Anm. 16), S.15 ff. Im Gegensatz zu Blake und Morris, die mit der Mehrzahl der Überlieferungen der Urban-Rede argumentieren, gründet er seine Auffassung vor allem auf die Überlieferung der Urban-Rede nach Fulcher von Chartres, die dem Konzil „am nächsten" stehe, sowie auf Erwägungen zu den möglichen Interessen der westlichen Kirche und bei der Abwesenheit von Nennungen Jerusalems durch Urban bei den ersten auftretenden Problemen.

[20] Mayer (Anm. 16), S. 16 auf der Basis reichhaltigen Urkundenmaterials von 1096; folgert, dass „nicht Urban, sondern das Volk sich auf Jerusalem konzentrierte."

[21] Vgl. Mayer (Anm. 16), S. 12 f. der frühere Hilferuf richtete sich an Robert I. von Flandern. Die Überlieferung zum Hilfsersuchen zum Papst (nur bei Bernold von Konstanz) nach Piacenza ist unsicher, wird aber überwiegend akzeptiert. Vgl. u.a. Blake/Morris: A Hermit goes to War (Anm. 13), S. 84. Die jüngste ausführliche Diskussion der Ersuchen Alexios' um Hilfe im Westen unter Berücksichtigung auch eines kaum beachteten Textes der Abtei Cormery vom Anfang des 12. Jahrhunderts, findet sich bei Shepard, Jonathan: Cross-Purposes. Alexius Comnenus and the First Crusade, in: Phillips, Jonathan (Hg.): The First Crusade. Origins and Impact, Manchester 1997, S. 107 - 129, hier S. 114. Er kommt zu dem Ergebnis, dass solche Hilferufe wohl tatsächlich mehrfach und an verschiedene westliche Adressaten ergangen sind, dass durchaus mehrfach westliche Truppenkontingente in Byzanz anwesend gewesen sind, sowie dass dabei durchaus auch eine Bedrängnis der Christen in Jerusalem eine Rolle gespielt haben könnte, denn diese sei damals in Konstantinopel durchaus Thema öffentlicher Diskussion gewesen (S. 119).

soll er selbst es gewesen sein, der Jerusalem als Ziel angegeben hat.[22] Daher ist – gerade in einer rückblickenden byzantinischen Darstellung – die Frage von besonderem Interesse, wem mit welchen Begründungen die Verursachung des Kreuzzuges zugeschrieben wird: Bei Anna Komnene ist es Peter von Amiens, der die Verantwortung dafür trägt. Dieser Peter ist zwar eine Person, die nicht nur in ihrer Darstellung eine prominente Rolle bei der Herbeiführung des Kreuzzuges spielt – doch unterscheidet sich ihre Darstellung signifikant von den anderen Überlieferungen in den westlichen Quellen.

Peter wird als Kreuzzugsprediger – zudem als Einziger dieses Typs beim Ersten Kreuzzug – erst in den späteren Bearbeitungen der anonymen *Gesta Francorum* durch Robert von Reims und Guibert von Nogent erwähnt, nicht hingegen in der Vorlage und dem zeitgenössischen Augenzeugenbericht über den Kreuzzug bei Raymond von Aguilers, die beide über die Ursachen des Kreuzzuges hinweggehen. Aber dort gilt er vornehmlich als derjenige, der den Kreuzzug vor allem bei der armen Bevölkerung bekannt gemacht hat.[23] Allerdings ergibt sich bei diesen Darstellungen das chronologische Problem, dass Peter ihren Darstellungen zufolge nach menschlichem Ermessen bereits *vor* der Ausrufung des Kreuzzuges mit seiner Predigt begonnen haben muss, wenn seine Rekrutierung der Massen bis zum mehrfach berichteten Abmarschzeitpunkt erfolgt sein soll.[24] Über Peters Aktivitäten vor Clermont und somit über Möglichkeiten, wie er von dem Unternehmen erfahren haben könnte, erfahren wir aus dieser Quelle jedoch nichts – auch fehlt jeglicher Hinweis darauf, dass er gar der Initiator des ganzen Unternehmens gewesen wäre. Diese Rolle wird ihm erst in einer Reihe späterer und untereinander abhängiger Darstellungen zugeschrieben,[25] die Peter zudem nicht nur als Kreuzzugspropagandisten gegenüber einfachem Volk und niederem, verarmtem Adel, sondern auch als Motivator von hohem Adel und Bischöfen erwähnt. Erst hier wird er als derjenige benannt, der dem Papst die Idee zu der gesamten Bewe-

---

[22] Vgl. Mayer (Anm. 16),, S. 13 auf der Basis einer späteren byzantinischen Handschrift, nach welcher Alexios bei eben diesem Hilfsgesuch die Hilfe für die Kirche in Jerusalem in den Mittelpunkt gestellt habe. Vgl. ebenfalls Blake/Morris: A Hermit goes to War (Anm. 13), S. 80 f.

[23] Blake/Morris: A Hermit goes to War (Anm. 13), S. 80 f.

[24] So deutlich ebd, S. 85f.

[25] Vgl. hierzu auch Flori: Pierre l'Èrmite et la Première Croisade (Anm. 13), S. 31ff, 47 f u. 69 f.

gung überliefert habe. Zu nennen sind hier vor allem die Darstellungen bei Albert von Aachen[26] und Wilhelm von Tyrus.[27] Beide Texte (sie sind im Anhang wiedergegeben) erzählen grundsätzlich die gleiche Geschichte, nämlich dass Peter auf einer Pilgerreise nach Jerusalem von den Leiden und Qualen erfahren habe, welcher die dortige Christenheit seit längerem, gerade aber auch aktuell ausgesetzt gewesen sei, und dass er daraufhin – mit einem Schreiben des Patriarchen von Jerusalem ausgestattet – es auf sich genommen habe, die westliche Christenheit und insbesondere den Papst auf dieses Los aufmerksam zu machen und zur Hilfe aufzurufen. In Details hingegen unterscheiden sich die beiden Erzählungen.[28] Albert zufolge hat eine Erscheinung Christi ihn dazu aufgefordert, sich mit einem Schreiben des Patriarchen auszustatten und die Mission zu übernehmen –

---

[26] Die Historia von Albert von Aachen ihrerseits gelten nach neueren Untersuchungen vor allem der Herausgeberin der jüngsten englischen Edition, S. Edgington, als von den weiteren westlichen Chroniken, die einen pro-päpstlichen Einschlag haben, unabhängig. Vgl Edgington, Susan: The First Crusade: Reviewing the Evidence, in: Phillips, Jonathan (Hg.): The First Crusade: Origins and Impact. Manchester 1997, S. 55 - 77, hier S. 59 u. 64, weist darauf hin, dass die Gesta Francorum sowie die Chroniken Raymond von Aguilers' und Fulchers von Chartres eine in Bezug auf den vorangegangenen Investiturstreit papstfreundliche Sichtweise einnehmen, wogegen Albert von Aachen eher die Perspektive von Gottfried von Bouillon vertritt, der in diesem Kampf auf Seiten des Kaisers gestanden hatte. Als eine Vorlage Alberts kann Edgington (S. 61 ff; vgl. auch S. 23 ff) wohl lediglich eine frühe Fassung des Chanson d'Antioche gelten – und auch dies nur in mündlicher Überlieferung. Sie widerspricht damit der Einschätzung Hagenmeyers, der Fulcher v. Chartres und die Gesta Francorum als Vorlagen vermutet hatte. Weiter wird diskutiert, dass Graindor bei seiner Bearbeitung der Chanson d'Antioche wiederum Albert verwendet habe. Zudem zeigt Albert im Gegensatz zu den anderen lateinischen Autoren gegenüber den Byzantinern und Alexius im Besonderen keine Feindschaft, sondern so etwas wie wohlwollende Neutralität. Vgl. auch hierzu Edgington, S. 64 - 72. Zur überwiegend feindlichen Darstellung Alexius' durch die lateinischen Autoren vgl. auch Shepard: Cross-Purposes (Anm. 21), S. 107 - 129.

[27] Vgl. zum Quellenwert von Alberts Historia zuletzt: Edgington, Susan B.: Albert of Aachen and the Chansons de Geste, in: France, John/Zajac, William G. (Hg.): The Crusades and Their Sources (Essays Presented to Bernard Hamilton), Aldershot u.a. 1998, S. 23 - 37. Vgl. auch Edgington: The First Crusade: Reviewing the Evidence (Anm. 26), v.a. S. 61 ff. Vgl. auch Flori: Pierre l'Èrmite et la Première Croisade (Anm. 13).

[28] Vgl. die tabellarischen Gegenüberstellungen bei Knoch, Peter: Studien zu Albert von Aachen, Stuttgart 1966, S. 32 ff, S. 152 ff.

eine Erklärung, die bei Wilhelm von Tyrus nur angedeutet wird. Auch ist bei Albert von Aachen überliefert, dass Peter höchstselbst dem byzantinischen Kaiser das Ziel des Kreuzzuges erläutert habe – allerdings eher im Sinne einer klassischen Jerusalemwallfahrt und nicht vorrangig als militärisches Unternehmen.[29] Andererseits ist nur bei Wilhelm explizit die Rede davon, dass der Papst sich tatsächlich auf Peters Bericht über die Gräuel hin diesem angeschlossen habe[30] und letzterer bereits vor dem Konzil von Clermont zu seiner Kreuzzugspredigt aufgebrochen sei. H. Hagenmeyer führte diesen Unterschied in den beiden Chroniken darauf zurück, dass Wilhelm seine Informationen weitgehend aus der Darstellung Alberts übernommen habe und die dort vorgenommene, nicht chronologisch gemeinte Erzählanordnung fälschlich als chronologische Reihenfolge übernommen habe.[31]

Zwei weitere Überlieferungen, ein kurzes Fragment unsicherer Datierung[32] sowie eine kurze Passage in den Rosenfelder Annalen,[33] erzählen ebenfalls die Geschichte so, dass Peter nicht im Auftrage oder auf Veranlassung des Konzils von Clermont den Kreuzzug gepredigt hat, sondern aus eigenem Antrieb, so dass auch selbst hochstehende Persönlichkeiten zur Teilnahme bewegt werden konnten. In den Rosenfelder Annalen fehlt jedoch – wie bei Anna Komnene und anders als bei Albert und Wilhelm – jeglicher Bezug auf den Papst. Statt dessen enthalten beide Stellen auch eine positive Darstellung einer göttlichen bzw. himmlischen Sendung, die Anna deutlich als fiktiv zurückweist.[34]

---

[29] So Knoch (Anm. 28), S. 111; vgl. Blake/Morris: A Hermit goes to War (Anm. 13), S. 91, Anm. 41.

[30] So ist er auch der einzige Chronist, der in seiner Wiedergabe der Rede des Papstes ein Schreiben Peters erwähnt – ebenso wie eine spätere Wiedererkennung des Eremiten durch Einheimische in Jerusalem nach dessen Eroberung. Hierauf weisen Blake/Morris: A Hermit goes to War (Anm. 13), S. 87 f. hin.

[31] Hagenmeyer: Peter der Eremite (Anm. 13) war noch davon ausgegangen, dass Albert die Vorlage zu Wilhelm gewesen war und dieser seine Informationen von Albert übernommen habe. Dies ist nach Knoch (Anm. 28), S. 29 ff, unwahrscheinlich. Beide haben wohl eine gemeinsame (frühe) Vorlage benutzt, in der die Geschichte von Peters Pilgerreise enthalten war.

[32] RHC Hoc III, S. 169 f.; vgl. Blake/Morris: A Hermit goes to War (Anm. 13), S. 85 m. Anm. 17 u.ö.

[33] Die einschlägige Stelle ist wiedergegeben in Blake/Morris: A Hermit goes to War (Anm. 13), S. 93 f.

[34] Vgl. ebd., S. 96 f.

Festzuhalten ist, dass das Thema einer frühen Pilgerfahrt Peters von Amiens nach Jerusalem, das bei Anna Komnene in charakteristischer Weise wieder begegnet, wie auch das der von ihm überbrachten Nachricht über eine schändliche Behandlung der Christen im Heiligen Land und der dortigen religiösen Stätten, bereits in früheren Darstellungen enthalten ist. Da eine Abhängigkeit zwischen den Werken von Albert (bzw. seinen Vorlagen) und Annas nicht erkennbar ist, muss der Kern dieser Geschichte verbreitet gewesen sein. Sie stand den Autoren der im Anhang wiedergegebenen Quellenauszüge also gewissermaßen als Rohmaterial zur Verfügung. Vielleicht ist sie von Peter selbst verbreitet worden.[35] Die Unterschiede in ihren Darstellungen sind also mit Sicherheit nicht nur unterschiedlichen Vorlagen geschuldet, sondern auch darauf zurückzuführen, dass sie jeweils einen anderen „Sinn" zur Geschichte des Ersten Kreuzuges zu bilden beabsichtigten.

Die Rolle Peters in der Kreuzzugsdarstellung Anna Komnenes

Dass Annas Darstellung keineswegs ein unparteiisches Geschichtswerk ist, ist eindeutig. Es basiert auf Vorarbeiten ihres inzwischen verstorbenen Mannes, die ihrerseits auf einen offiziellen Auftrag zurückgingen. Die Autorin setzte deren Intention, die besondere Würdigung des Kaisers Alexios, fort.[36]

R-J. Lilie hat Annas Darstellung des Ersten Kreuzuges eingehend untersucht und mehrere, z.T. schwerwiegende Abweichungen von den Darstellungen bei lateinischen Autoren festgestellt, darunter auch solche chronologischer Art, die nicht nur zu den westlichen Quellen im Widerspruch stehen, sondern auch innerhalb der Darstellung Annas zu Unstimmigkeiten führen. Er erklärt dies damit, dass Anna Bohemund von Tarent ganz bewusst zum wichtigsten Kreuzfahrer hoch stilisiere. Die Begegnung zwischen Alexios und Bohemund werde so zum Höhepunkt der ganzen Darstellung. Dies ist eine weithin akzeptierte Auffassung.[37] Demnach sei es

---

[35] So ebd, S. 97.
[36] Neben den Hinweisen in Annas eigener Darstellung vgl. u.a. Edgington: The First Crusade: Reviewing the Evidence (Anm. 26), S. 73 sowie Shepard: Cross-Purposes (Anm. 21), S. 108.
[37] Vgl. Lilie: Der erste Kreuzzug (Anm. 15), S. 51 - 57. Vgl. auch Shepard: Cross-Purposes (Anm. 21), S. 107 f.

u.a. ihr Anliegen gewesen, die Rolle ihres Vaters beim Zustandekommen des Kreuzzuges herunter zu spielen.[38]

Die Frage, ob Peter tatsächlich einer der Urheber des Kreuzzuges war, besteht also zumindest aus drei Aspekten, die für heutige Re-Konstruktionsversuche von Bedeutung sind, deren spezifische Ausgestaltung in den vorliegenden erzählenden Quellen jedoch auch einen de-konstruktiven Ansatz lohnen:

1. War Peter vor dem Beginn des Ersten Kreuzzuges in Jerusalem bzw. unterwegs dorthin?
2. Hatte er (dort) eine göttliche Vision, eine Erscheinung Christi, die ihm den Auftrag zur Kreuzzugspredigt übermittelte?
3. Begann Peter erst nach dem Konzil von Clermont bzw. unabhängig von einem Kontakt mit dem Papst mit der Propaganda für den Kreuzzug?

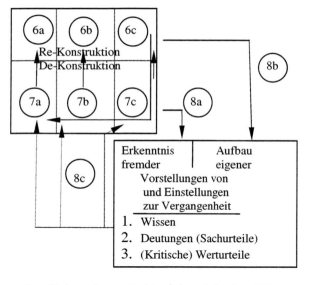

Abb. 2:   Ausschnitt aus einem dynamischen Modell des historischen Denkens (Hasberg/ Körber: Geschichtsbewusstsein dynamisch (Anm. 4)).

Im Folgenden möchte ich mich der Kürze wegen auf den ersten Punkt konzentrieren.

---

[38]   Zur hier untersuchten Frage, wie sich Annas Darstellung über Peter als Verursacher des Kreuzzuges zu den anderen Quellen verhält, und wie das Verhältnis auszudeuten ist, trägt der Beitrag von LILIE jedoch wenig bei; vgl. Lilie: Der erste Kreuzzug (Anm. 15), S. 63 f. In der Forschung ist vermutet worden, eine ähnliche Herabsetzung der Rolle Alexios' entspreche – aus völlig anderen Motiven – auch den Interessen der anderen, lateinischen Autoren (vgl. Shepard: Cross-Purposes (Anm. 21), S. 113).

An der Geschichte über Peters des Eremiten Jerusalemwallfahrt[39] lässt sich gut verfolgen, dass und wie die zumindest zweifelhaften, wenn nicht gar gegenteiligen Nachrichten bei Anna zur Stützung der These von einer Anwesenheit Peters in Jerusalem und seiner dortigen Vision herangezogen werden.

Die bis heute diskutierten Deutungen – darunter neben der Version von Pilgerfahrt und Vision, wie sie bei Albert steht, vor allem diejenige, Peter sei gar nicht bis Jerusalem gekommen – sind auch bei H. Hagenmeyer und weiteren Autoren bereits mit durchaus unterschiedlichen Ergebnissen behandelt. Die Unterschiede bestehen weniger im Fokus Vergangenheit, also darin, dass jeweils unterschiedliche, den Quellen entnommene Fakten akzeptiert würden, sondern in den Zusammenhängen, die unterschiedlich hergestellt werden (Fokus „Geschichte"). So gründete H. Hagenmeyer sein Ergebnis, dass die Geschichte von Peters Anwesenheit in Jerusalem und seiner Vision eine Legende sei, vor allem darauf, dass die zeitlich und sachlich näheren (nämlich die auf der anonymen *Gesta* beruhenden) Quellen nichts von einer solchen Ursache des Kreuzzuges wissen und dass bereits Anna zwar die Wallfahrt als tatsächlich, die Vision aber als erfunden berichte. Die Stelle bei Anna Komnene ist allerdings alles andere als eindeutig: Peter habe „sein Ziel nicht erreicht", nachdem sie berichtet hatte, er habe „von den ganz Asien plündernden Türken und Sarazenen viel Ungemach" erlitten und sei „nur mit Mühe und Not in seine Heimat zurückgekehrt."[40] Hier schließen nun die neueren Interpretationen an: Anna habe lediglich gemeint, er habe nicht am Heiligen Grab beten können, sei aber in Jerusalem gewesen. E.O. Blake und C. Morris beziehen sich dabei vor allem auf den Wortlaut Annas und auch J. Flori argumentiert eher *ex negativo*, dass die unabhängige Überlieferung der Geschichte als solcher, selbst in ihrer ablehnenden Form, bereits ein Beleg sei und dass zumindest hinsichtlich der Ankunft in Jerusalem kein eklatanter Widerspruch zu erkennen sei.[41] Zudem nutzt er das Wissen um die generellen ideologischen und

---

[39] Die letzte eingehende Diskussion dieses Punktes bei Flori: Pierre l'Èrmite et la Première Croisade (Anm. 13), S. 67 - 89 (Kap. V).

[40] Hagenmeyer: Peter der Eremite (Anm. 13), S. 59 - 81 mit umfangreicher Diskussion anderer Visionsberichte: Nicht die Pilgerfahrt als solche sei zweifelhaft, auch die Vision sei als solche möglich, die Quellenlage lasse aber eine Deutung nicht zu, so dass Peters Pilgerreise unvollendet geblieben sei.

[41] So v.a. Blake/Morris: A Hermit goes to War (Anm. 13), S. 90 m. Anm. 38.

kulturellen Eigenheiten der Darstellung Annas für seine Interpretation. Eine byzantinische Prinzessin habe es sich nicht leisten können, den Kreuzzug einer göttlichen Fügung zuzuschreiben, schon gar nicht, wenn diese über einen einfachen Mönch übermittelt worden sei.[42] Hier wird also offenkundig auf *de-konstruktivem Wege* gewonnenes Wissen, d.h. das Ergebnis einer Analyse der Darstellung Annas, als Zusammenhangswissen (synchroner Art) genutzt, um die eigene Sinnbildung voranzubringen.

Hinzu kommt eine wichtige Unterscheidung, die sich bei Anna findet: Die Motive der einfachen Menschen, das Heilige Grab zu befreien, erkennt sie als tatsächlich gegeben an, die militärischen Unternehmungen des Kreuzzuges verurteilt sie hingegen als barbarische Invasion.[43] Auch hier findet sich also eine Unterscheidung, die es ihr erlaubt, einerseits den Kreuzzug insgesamt zu verdammen, und andererseits die anfänglich keineswegs nur feindliche Behandlung der einfachen Menschen durch Alexios nicht als Überrumpelung oder Schwäche darstellen zu müssen.

Eine Triftigkeits- und Plausibilisierungsanalyse

W. Hasberg hat in einem jüngst erschienenen Aufsatz über den Einsatz narrativer Quellen im Geschichtsunterricht Vorschläge zu Erschließungsfragen für im Unterricht einsetzbare *Triftigkeitsanalysen* hinsichtlich der drei von J. Rüsen unterschiedenen Triftigkeitsdimensionen vorgelegt.[44] Die Triftigkeitsanalyse als solche fragt danach, *ob* eine Erzählung als triftig angesehen werden kann; indem das Augenmerk auch darauf gerichtet wird, mit welchen Mitteln dies geschieht, wird sie erweitert zur *Plausibilisierungs*analyse.

Schon diese Fragen Hasbergs lassen sich nicht einfach nacheinander abarbeiten, weil einige Ergebnisse als Voraussetzungen zur Beantwortung anderer Fragen angesehen werden müssen und umgekehrt, sich also wechselseitig bedingen. Zudem ist nicht in allen Fragen Hasbergs die Eigenheit der narrativen Quellen als bereits geleisteter Sinnbildungen und Orientierungen hinreichend reflektiert. So bezieht sich z.B. die Erschließungsfrage zur narrativen Triftigkeit, ob „die Erzählung zur eigenen historischen Orientierung dienlich sein" kann, offenkundig auf die Möglichkeit zur Orien-

---

[42]   Flori: Pierre l'Èrmite et la Première Croisade (Anm. 13), S. 74f.
[43]   Vgl. dazu Shepard: Cross-Purposes (Anm. 21), S. 108.
[44]   Hasberg: Ad fontes narrantes! (Anm. 5), S. 21 f.

tierung *des heutigen Lesers* gerichtet. Aber auch die Frage, *auf welche Weise* sie zur Orientierung des Autors und des von ihm intendierten/antizipierten Publikums triftig gewesen sein kann, muss eigens beantwortet werden. Sie überschneidet sich mit der ersten Erschließungsfrage zur normativen Triftigkeit, *woraufhin* denn die Geschichte erzählt wird. Diese Verschränkung der Analysefragen gilt erst recht, wenn zur Frage danach, ob Plausibilität gegeben und gesichert ist, diejenige nach dem *Wie* tritt.

Eine Triftigkeits- und Plausibilisierungsanalyse der Darstellung Anna Komnenes zur Verursachung des Ersten Kreuzzuges durch Peter von Amiens müsste wohl in etwa folgendes Ergebnis erbringen:

Hinsichtlich der *empirischen Triftigkeit* beruht Annas Erzählung der Geschichte des Ersten Kreuzzuges generell auf ihrer (zuvor herausgestellten) eigenen Anschauung und ihrer Kenntnis der Akten der kaiserlichen Archive. Dies gilt z.B. für die Darstellung des Verhaltens von Kaiser Alexios. Sie führt in den hier betreffenden Passagen zwar nicht – wie sie es bisweilen durchaus tut – eigens einzelne Quellen aus den Archiven an; grundsätzlich ist hier aber eine Form von empirischer Triftigkeitsbeglaubigung zu sehen. Hinsichtlich der allgemeinen Aussagen über die Menge der fränkischen Truppen ist eine solche Beglaubigung offensichtlich auch gar nicht nötig: Die Erinnerung an den Ersten Kreuzzug dürfte in Byzanz durchaus lebendig gewesen sein.

Anna könnte auch Peter von Amiens in Byzanz persönlich begegnet sein, war sie doch zur Zeit seiner Ankunft 13 Jahre alt. Den hier vornehmlich interessierenden Zusammenhang seiner vorhergehenden Pilgerfahrt nach Jerusalem, sein Scheitern, die Rückkehr und vor allem die von ihr berichtete Erfindung der Erscheinung Jesu Christi sowie die Motivation dazu, kann sie jedoch kaum von ihm selbst erfahren haben. Sie muss sich hier entweder auf Traditionen stützen,[45] auf damals umlaufende Gerüchte bzw. Spekulationen oder aber diese Schlussfolgerungen selbst gezogen haben. Weder die Sachaussagen über einzelne Geschehnisse der Vergangenheit (im Modell: Fokus 'Vergangenheit', etwa über Peters Anwesenheit in Jerusalem) noch die von ihr selbst hergestellten synchronen (etwa über die Wirkung der Predigt Peters auf die Franken) und diachronen Zusam-

---

[45] Vgl. „The pilgrimage of Peter is mentioned by Anna Comnena (Alexiad, X, 8), who, born in 1083, could know nothing of this story except through tradition" (Brehier, Louis: Peter the Hermit, in: *New Catholic Encyclopedia*: http://www. newadvent.org/cathen/11775b.htm; gelesen 24.2.2003).

menhänge (Fokus ‚Geschichte' - etwa zum Motiv Peters) sind also empirisch eigens belegt. Diese Aussagen sind durch den vorhergehenden Hinweis auf ihre eigenen Quellen nämlich nicht gedeckt, andere werden dazu
jedoch nicht angeführt.

Die *normative Triftigkeit* kann fast ausschließlich auf die Fokussierungen „Geschichte" und „Gegenwart" bezogen werden. Auch hier gilt, dass
im Blick auf die *gesamte* Darstellung der *Alexias* die normative Triftigkeit
zunächst durchaus gegeben ist: Zumindest für einen Leser, der zu den An-
hängern der Komnenen zählt, kann Anna normative Triftigkeit also voraussetzen. Anna macht zudem keinen Hehl aus ihrer selbst gestellten Aufgabe,
die Geschichte ihres Vaters zu schreiben um seine Leistungen zu würdigen.
Die deutliche Formulierung der selbst gestellten Aufgabe stellt somit auch
für einen außenstehenden Leser eine normative Triftigkeit her, insofern der
Standpunkt deutlich offen gelegt wird. Eine ausdrückliche Berücksichtigung von Gegenpositionen und eine Auseinandersetzung mit ihnen findet
sich jedoch selten.

Hinsichtlich der Relevanz ist die normative Triftigkeit auch der Darstellung über den ersten Kreuzzug deutlich. Anna kann offenkundig voraussetzen, dass der Leser dem Gesamtzusammenhang Bedeutung zumisst, weil er
das Aufkommen einer neuen Art von Akteuren in der Politik des byzantinischen Reiches markiert. Sie muss diese nicht eigens erläutern, sondern
kann sie durch kurze Vermerke ins Gedächtnis rufen. So sind wohl die
wertenden Bezüge zu Beginn des hier abgedruckten Auszuges zu verstehen, in denen der Kreuzzug als eine „schreckliche" Begebenheit deutlich
negativ konnotiert wird. Normativ triftig ist die Darstellung Annas für sie
selbst und komnenenfreundliche Leser insofern, als die derart bewertete
Begebenheit in ihren Ursachen konsequent externalisiert wird, d.h. nur
Ursachen genannt werden, die mit der Politik der eigenen Seite nichts zu
tun haben. Dass dies aber in gesteigerter Form geschähe, kann hingegen
nicht behauptet werden, denn Anna thematisiert *in diesem Zusammenhang*
den eigenen Standpunkt gerade *nicht* – schon gar nicht wird auf konträre
Positionen eingegangen, etwa der Art, dass sie Stimmen zurückwiese, ihr
Vater hätte an der Herbeiführung des Kreuzzugsgeschehens selbst Anteil
gehabt. Die größeren diachronen Zusammenhänge, auf die Anna teilweise
nur anspielt, die sie teilweise aber auch deutlich nennt, sind also als für
damalige Leser durchaus normativ triftig anzusehen, wenn auch in an charakteristischen Stellen nicht gut beglaubigter Form.

Hier nun ist eine erste Interdependenz zwischen den Beurteilungen der normativen und der empirischen Triftigkeit festzustellen. Wenn wir berücksichtigen, dass Anna aufgrund ihres Einblicks in die Archive beste Kenntnisse der Politik ihres Vaters gehabt hat, ist das Nicht-Eingehen auf die Hilfersuche gewichtiger zu werten.

Es bleibt noch die Frage zu klären, ob Anna an einer Stelle den Bezug zu höheren Normen herstellt, die ihre Geschichte leiten. Dies ist nicht ganz einfach. Anna bezieht sich an verschiedenen Stellen ihrer Darstellung implizit auf normative Ideale, die sie beim Leser als bekannt voraussetzt. So ist die politische Besonnenheit ihres Vaters das positive Gegenbild der Machtgier, Unberechenbarkeit und Unbesonnenheit der Franken bzw. Kelten. Die erzählte Geschichte wird so zu mehr als einer Auseinandersetzung zwischen dem Eigenen und dem Fremden, nämlich zu einer Auseinandersetzung zwischen dem Guten und dem Bösen, wobei – dies ist die Funktion derartiger Verwendung von Vorurteilen und Urteilen – natürlich das Gute mit dem Eigenen korreliert. Hier ist aber auch schon wieder eine Interdependenz zur narrativen Triftigkeit gegeben. Wenn vor allem Bohemund böse Absichten zugeschrieben werden, soll damit auch die Entstehung des eigentlichen Ritterkreuzzuges intentional erklärt werden.

Wie aber steht es mit der normativen Triftigkeit, wenn wir die Peter-Geschichte ins Auge nehmen? Auch hier gehen – in Abwesenheit von Beglaubigungsversuchen empirischer Art – narrative und normative Triftigkeitsversicherungen Hand in Hand: Indem Anna den Peter als einen aus persönlichen Motiven unehrlich handelnden Geistlichen darstellt, rekurriert sie auf Vorurteile über das wenig moralische Verhalten der westlichen Christen, die sie bei ihren Lesern voraussetzen kann. Ebenso ist der Hinweis, dass diese Predigt allein die Massen zur Teilnahme bewegt habe, sowohl einerseits ein Hinweis auf die eigene normative Position sowie die Unhaltbarkeit eines solchen Verhaltens als auch andererseits ein Versuch einer im weiteren Sinne regelhaften psychologisierenden Erklärung des Zusammenhangs: Derjenige Leser, der die Kelten als leicht beeinflussbar kennen gelernt hat, wird diesen Zusammenhang plausibler finden als jemand, der diese Sicht der Lateiner nicht teilt oder gar nicht kennt.

Dort, wo es um die Erläuterung der synchronen Zusammenhänge geht, z.B. hinsichtlich der Tatsache, dass die Predigt Peters allein die Kreuzfahrer motiviert habe, oder auch hinsichtlich des Zusammenhangs zwischen Peters Demütigung und seinem Einfall, wird also auf psychologische Regeln rekurriert. Interessant ist in diesem Zusammenhang, dass dabei durchaus auch *späteres* Wissen zur Erklärung *vorangehender* Handlungen eingesetzt wird: Erfahrungen mit den Franken aus den Kreuzzügen können offenkundig in die Form von Regeln umgemünzt und zur Erklärung ihrer Handlungen auch unter ganz anderen Bedingungen herangezogen werden: Annas Erklärung ist also eine charakteristische Mischform von *retrospektiver* narrativer und nomothetischer Erklärung, also der Anwendung von Gesetzmäßigkeiten: Aus der Kenntnis des späteren Zustandes t_2 wird die Regel abgeleitet, die dann das Verhalten in t_1 erklären kann. Ohne weiteren empirischen Beleg wird der Erste Kreuzzug so in normativer Hinsicht als eine keineswegs göttlich inspirierte Bewegung, sondern als Ergebnis eines Betrugs dargestellt (er wird also delegitimiert), wobei das Gelingen dieses Betrugs narrativ mit einer psychologischen Regel erklärt wird.

	Vergangenheit	Geschichte I synchron	Geschichte II diachron	Gegenwart/ Zukunft
empirisch	*Alexias allgemein*: Verweis auf die Akten und eigenes Erleben *Erster Kreuzzug allgemein*: kaum Beglaubigung nötig *Peters Taten*: keine Beglaubigung vorhanden	Keine Anführung von Belegen für einzelne hergestellte Zusammenhänge	Keine Belege für die hergestellten Zusammenhänge	
normativ	Peters Verhalten als unehrlich abgewertet	Das Verhalten Peters und der Kreuzfahrer, aber auch dasjenige Bohemunds wird in typische, negative Verhaltensweisen eingeordnet	Die Kreuzzüge insgesamt und der Armenkreuzzug werden insgesamt delegitimiert. Ihre Bedeutung für die Gegenwart herabgesetzt. Der Ritterkreuzzug wird demgegenüber als Bedrohung üblicher Art aufgewertet.	Allgemeine Relevanz der Geschichte des Ersten Kreuzzuges: keine eigene Beglaubigung, sondern nur Rekurs auf vorhandene Relevanzvorstellungen

		Erklärung des Ver-haltens als im We-sen der Franken/ Kelten begründet bzw. Rekurs auf Vorurteile ggüber la-teinischen Priestern Zurückführung des Ritterkreuzzuges auf Intentionen v.a. Bo-hemunds	Der Zusammenhang zwischen Peters Je-rusalemfahrt und dem Armenkreuzzug wird durch retro-spektive Regelan-wendung erläutert. Der Ritterkreuzzug wird intentional er-klärt.	Der Zusammenhang zwischen dem dar-gestellten Gescheh-nissen und der Ge-genwart wird nichts eigens thematisiert.

Abb. 3: Versuch einer Zusammenschau der Ergebnisse der Triftigkeits- und Plausibilisie-rungsanalyse zu Annas Darstellung über Peter den Eremiten (Auszug)

Wie steht es nun um die diachronen Zusammenhänge? Der wichtigste dia-chrone Zusammenhang, den Anna herstellt, ist derjenige zwischen dem Handeln Peters und dem großen Ritterkreuzzug. Aber dieser Zusammen-hang ist ein besonderer. Anna erzählt zwar die Geschichte von Peter dem Eremiten als Auslöser des Kreuzzuges, hebt davon jedoch deutlich den Ritterkreuzzug ab. Die einfachen Leute in Peters Zug seien zwar einem Betrüger aufgesessen, hätten aber durchaus aus ehrlichem Bestreben ge-handelt. „Bohemund und seine Gesinnungsgenossen" hingegen hätten von Anfang an etwas anderes im Sinn gehabt und diese Bewegung nur zum Vorwand genommen, um einen alten Groll gegen den Autokrator sowie ihre Machtgier befriedigen zu können. Auch hier wird ohne weiteren empi-rischen Beleg und bei normativer Abwertung sowie Gegenüberstellung zunächst eine narrative Erklärungsfigur traditionaler Art angewandt: Der Zug der Normannen nach Byzanz wird als Teil einer älteren Feindschaft interpretiert. Hier mischen sich intentionale und regelhafte Erklärungswei-se.

Der Gesamtzusammenhang erscheint dadurch aber in einem ganz ande-ren Licht: Die gerade noch als Ursprung der großen Bewegung erzählte Peter-Geschichte ist nun nur noch in narrativer Hinsicht die Ursache der großen militärischen Konfrontation (und auch das nur in Form eines will-kommenen Vorwandes für Bohemund) – normativ hingegen sind die bei-den Geschehnisse entkoppelt. Damit kann dann auch der Unterschied zwi-schen dem zurückhaltend positiven, helfenden Verhalten Alexios' gegen-über dem Kontingent Peters und seiner deutlich zurückhaltenderen, vor-sichtigeren Haltung gegenüber Bohemund und den anderen Ritterkontin-genten normativ plausibel gemacht werden. Die prägende Erfahrung der Kreuzzüge ist eben nur noch zum geringen Teil auf einen vermeintlich oder gar realen Auftrag Gottes an die Lateiner zurückzuführen, bzw. wie auf Verirrungen gutgläubiger Menschen, sondern in ihrer Hauptsache auf das rein weltliche Machtinteresse eines alten Feindes der Byzantiner.

Möglichkeiten der Plausibilisierungsanalyse im Unterricht

Oben habe ich ausgeführt, dass die Plausibilisierungsanalyse darauf abzielt, die *Art und Weise* zu erhellen, mit der ein Autor versucht, die von ihm erzählte Geschichte dem Leser als triftig erscheinen zu lassen. Sie überschneidet sich teilweise mit der Triftigkeitsanalyse.

Die Plausibilisierungsanalyse lässt sich im Unterricht nicht immer und an jeder Quelle in extenso durchführen – zudem wird sie sich kaum in der oben an einem Teil der Peter-Geschichte Anna Komnenes skizzierten Art direkt in den Unterricht übernehmen lassen. Andererseits könnte es die Sensibilität der Schüler sowohl für den Wert narrativer Quellen für die Erkenntnis des Gegenstandes als auch für die Konstruktivität der jeweiligen Geschichtsdarstellung erhöhen, sich im Laufe ihrer „Geschichtsausbildung" bisweilen explizit mit der Triftigkeit und Verfahren ihrer Herstellung an Hand verschiedener Materialarten beschäftigt zu haben.

Wie kann nun ein solcher Zugriff im Unterricht arrangiert werden? Eine methodisch geregelte Plausibilisierungsanalyse kann in vier Schritten erfolgen:

1. Umformulierung von Quellensätzen in Thesenform;
2. Klassifizierung der entstandenen Thesen hinsichtlich der Fokussierungen und Aussagetypen;
3. Feststellung,
    a) ob und wie eine These belegt wird.
    b) auf welche Deutungsmuster dabei zurück gegriffen wird.

Diese Schritte können unterrichtlich so arrangiert werden, dass die Schüler aufgefordert werden, *möglichst alle* expliziten Aussagen wie auch die impliziten Annahmen, die der zu untersuchende Text enthält, *einzeln* herauszuarbeiten. Dies kann z.B. so geschehen, dass jede Aussage in Form möglichst nur eines Hauptsatzes auf eine eigene Mata-Plan-Karte geschrieben wird (vgl. Abb. 4). Sinnvoll ist es dabei, explizite und erschlossene Aussagen durch jeweils eine Markierung zu kennzeichnen. Schließlich kann es zudem sinnvoll sein, auch solche Aussagen aufzuschreiben, die man hätte vermuten können, die aber gerade *nicht* enthalten sind.

Im Unterricht ist es empfehlenswert, diesen Schritt in Kleingruppen arbeitsteilig und gewissermaßen im Wettstreit miteinander auszuführen: Welche Gruppe kann mehr Einzelaussagen aus der Quelle heraus lesen?

Während oder besser nach dieser Sammelphase sollen die Schüler(innen) herausarbeiten, was die einzelnen Aussagen fokussieren (vgl. Abb. 5). Dazu wird ihnen ein vereinfachtes Schema des Fokussierungsmodells vorgegeben:

Stellt fest, in welchen Bereichen die von Euch fest gestellten Aussagen gehören:

a)   Handelt es sich um einfache *Feststellungen* von einzelnen Tatsachen und Ereignissen aus der erzählten Zeit? (Fokus: Vergangenheit)

b)   Betrifft die Aussage einen Zusammenhang innerhalb dieser erzählten Zeit, den die Autorin/der Autor selbst (z.B. durch Schlussfolgerung oder durch eine Behauptung) herstellt? (synchroner Zusammenhang)

c)   Wird in der Aussage ein Zusammenhang zwischen einem Ereignis oder Zusammenhang der erzählten Zeit mit späteren und/oder früheren Ereignissen hergestellt? (diachroner Zusammenhang)?

d)   Bezieht die Aussage die Vergangenheit und/oder die Entwicklung, in welcher sie steht, auf die Gegenwart und/oder Zukunft, etwa in Form einer Schlussfolgerung, eines wertenden Urteils o.ä. (Fokus: Gegenwart)?

Nicht immer wird es möglich sein, alle Aussagen genau einer Fokus-Kategorie zuzuordnen. Dann sollte dies vorläufig geschehen.

Schließlich sollen die Schüler versuchen, die im Text enthaltenen Argumentationsketten mit Hilfe der von ihnen geschriebenen Karten grafisch darzustellen (vgl. Abb. 6). Sie rekonstruieren somit die Narration „hinter" dem Text, weil sie nicht nur die expliziten Aussagen verwenden, sondern auch die von ihnen wahrgenommenen impliziten Aussagen. Sie rekonstruieren somit die historische Narration und die Erklärung darin. Dabei sollen auch die Arten der Erklärung und die Art und Weise, wie sie dem Leser plausibel gemacht werden sollen, benannt werden. Auch hierzu kann den Schüler(inne)n zunächst ein vereinfachtes (und erweiterbares) Schema möglicher Plausibilisierungen vorgelegt werden:

a. Empirische Belege, d.h. Hinweis auf Quellen und Zeugen

b. Verweis auf einen allgemein bekannten Sachverhalt, der als Regel angewandt werden kann und der beim Leser voraus gesetzt wird,

c. Verweis auf einen bekannten Zusammenhang, ein bekanntes Deutungsmuster o.ä.

Hierbei wird es zwischen den Arbeitsgruppen Abweichungen geben, weil schon die impliziten Aussagen unterschiedlich wahrgenommen und formuliert sein können. Die einzelnen Gruppen müssen also ihre Narrationsrekonstruktion gegenüber dem Plenum erläutern und verteidigen. Dabei werden Anlässe entstehen, über die Triftigkeit und Plausibilität nicht nur der Rekonstruktionen, sondern auch der in der Quelle vorliegenden Argumentation zu sprechen.

Es wird kaum möglich sein, *alle* Argumentationsketten in einem Arbeitsgang in ein Schaubild zu bringen. Somit könnte es die Aufgabe der Arbeitszusammenführung werden, aus den Ergebnissen der arbeitsgleichen, aber ergebnisverschiedenen Gruppenarbeit ein großes Argumentationsschaubild zu erstellen.

Im Plenum kann dieses Argumentationsschaubild daraufhin analysiert werden, in welchem quantitativen und logischen Verhältnis die gefundenen Erklärungsmuster und Plausibilisierungsstrategien stehen. Auch eine Differenzierung nach den Triftigkeiten (werden Tatsachenbehauptungen belegt, und wenn ja, wie? Werden Wertungen begründet, und wenn ja, wie?) sollte zunächst im Plenum erfolgen.

Im Anhang wird ein repräsentativer Auszug aus der *Alexias* von Anna Komnene abgedruckt. Ihm zur Seite gestellt sind die beiden parallelen Überlieferungen von Albert von Aachen und Wilhelm von Tyrus, die in ähnlicher Weise de-konstruiert werden können. Ein Vergleich der Argumentationsmuster kann weiteren Aufschluss ergeben. In geübteren Klassen kann das Verfahren auch arbeitsteilig angewandt werden, etwa derart, dass jeder Gruppe einen Text analysiert oder aber (das mag die bessere Variante sein) nach einer gemeinsamen Analyse *eines* der Texte (etwa des *Alexias*-Auszuges) arbeitsteilig verschiedene Gesichtspunkte mit den beiden anderen Texten verglichen werden.

Zusammenfassung

Narrative Quellen können und sollen im Unterricht nicht nur dazu genutzt werden, Informationen über die Vergangenheit zu erschließen. Damit wird ein Gutteil ihres Potenzials vertan. Die in ihnen enthaltenen Aussagen über Zusammenhänge, zum Einen innerhalb der erzählten Zeit und zum Anderen mit der Vor- und Nachgeschichte bis auf Gegenwart und Zukunft ihres Autors, sollten als solche wahrgenommen werden. Sie müssen dann aber auch als Ergebnisse einer Sinnbildungsleistung des jeweiligen Autors erkannt und analysiert werden. Anders als bei den reinen „Fakten"-Mitteilungen, bei denen vornehmlich zu fragen ist, ob sie mit Bezug auf andere Quellen belegt sind (empirische Triftigkeit), kann und muss bei ihnen die Logik der historischen Sinnbildung, d.h. die normative und narrative Art der Verknüpfungen bewusst gemacht werden. Diese De-Konstruktionsaufgabe kann im Unterricht durch eine Isolierung möglichst vieler Einzelaussagen und eine grafisch unterstützte Re-Konstruktion der Argumentation geschehen, die auch die im Text nur implizit enthaltenen Annahmen umfasst.

Abb. 4: Eine Auswahl möglicher „Aussagekarten"

Peter von Amiens sei nach Jerusalem gepilgert	Peter von Amiens habe dem Volk den kreuszzug gepredigt	Der Kreuzzug beruhe nicht auf einer göttlichen Inspiration	Vor dem Eintreffen der Kreuzfahrer habe es eine Heuschreckenplage gegeben	Die Menschen im Westen seien leicht verführbar
Peter sei von Türken bedrängt worden	Peter von Amiens habe eine Erscheinung Christi erfunden	Unehrenhaftes, betrügerisches Verhalten sei westlichen Mönchen durchaus zuzutrauen	Peter habe sich für die Niederlage rächen wollen	Peter habe gedrängt, weiter zu ziehen
Peter von Amiens habe es als Schmach empfunden, dass er nicht in Jerusalem beten konnte	Kaiser Alexios habe letztlich klug gehandelt	Persönliche Kränkung könne Menschen dazu bewegen, Rache zu üben	Der erste religiös motivierte Kreuzzug der Armen sei eigentlich ein religiöser „Irrtum" gewesen, der das Land belastet, nicht aber wirklich gefährdet habe	Ursache des Kreuzzuges sei nicht ein göttlicher Befehl, sondern eine geschickte Lüge eines Mönches
Kaiser Alexios habe die Teilnehmer von Peters Zug und die Ritter unterschiedlich behandelt	Die Massen des Westens seien auf Grund von Peters Predigt losgezogen	Bohemund habe ganz andere Motive gehabt als Peter	Die Normannen seien bekanntermaßen machtgierig	Das unterschiedliche Verhalten Alexios' gegenüber Peter und Bohemund sei gerechtfertigt
Die eigentl. Bedrohung sei von den Kreuzfahrern unter Bohemund ausgegangen				

Abb. 5: Aussagekarten mit eingetragener Klassifizierung der jeweiligen Fokussierung.

Peter von Amiens sei nach Jerusalem gepilgert **Fokus: Vergangenheit**	Peter von Amiens habe dem Volk den Kreuzzug gepredigt **Fokus: Vergangenheit**	Der Kreuzzug beruhe nicht auf einer göttlichen Inspiration **Fokus: diachroner Zushg.**	Vor dem Eintreffen der Kreuzfahrer habe es eine Heuschreckenplage gegeben **Fokus: synchroner Zushg.**	Die Menschen im Westen seien leicht verführbar **Fokus: synchroner Zushg.**
Peter sei von Türken bedrängt worden **Fokus: Vergangenheit**	Peter von Amiens habe eine Erscheinung Christi erfunden **Fokus: Vergangenheit**	Unehrenhaftes, betrügerisches Verhalten sei westlichen Mönchen durchaus zuzutrauen **Fokus: synchroner Zushg.**	Peter habe sich für die Niederlage rächen wollen **Fokus: synchroner Zushg.**	Peter habe gedrängt, weiter zu ziehen **Fokus: Vergangenheit**
Peter von Amiens habe es als Schmach empfunden, dass er nicht in Jerusalem beten konnte **Fokus: synchroner Zushg.**	Kaiser Alexios habe letztlich klug gehandelt **Fokus: synchroner Zushg.**	Persönliche Kränkung könne Menschen dazu bewegen, Rache zu üben **Fokus: Synchroner Zushg.**	Der erste religiös motivierte Kreuzzug der Armen sei eigentlich ein religiöser „Irrtum" gewesen, der das Land belastet, nicht aber wirklich gefährdet habe **Fokus: synchroner Zushg.**	Ursache des Kreuzzuges sei nicht ein göttlicher Befehl, sondern eine geschickte Lüge eines Mönches **Fokus: diachroner Zushg.**
Kaiser Alexios habe die Teilnehmer von Peters Zug und die Ritter unterschiedlich behandelt **Fokus: synchroner Zushg.**	Die Massen des Westens seien auf Grund von Peters Predigt losgezogen **Fokus: synchroner Zushg.**	Bohemund habe ganz andere Motive gehabt als Peter **Fokus: synchroner Zushg.**	Die Normannen seien bekanntermaßen machtgierig **Fokus: Synchroner Zushg.**	Das unterschiedliche Verhalten Alexios' gegenüber Peter und Bohemund sei gerechtfertigt **Fokus: diachroner Zushg.**
Die eigentl. Bedrohung sei von den Kreuzfahrern unter Bohemund ausgegangen				

Abb. 6: Eine mögliche (Teil-) Argumentationskette, gelegt aus den Aussagekarten, mit eingetragenen Erklärungsfunktionen.

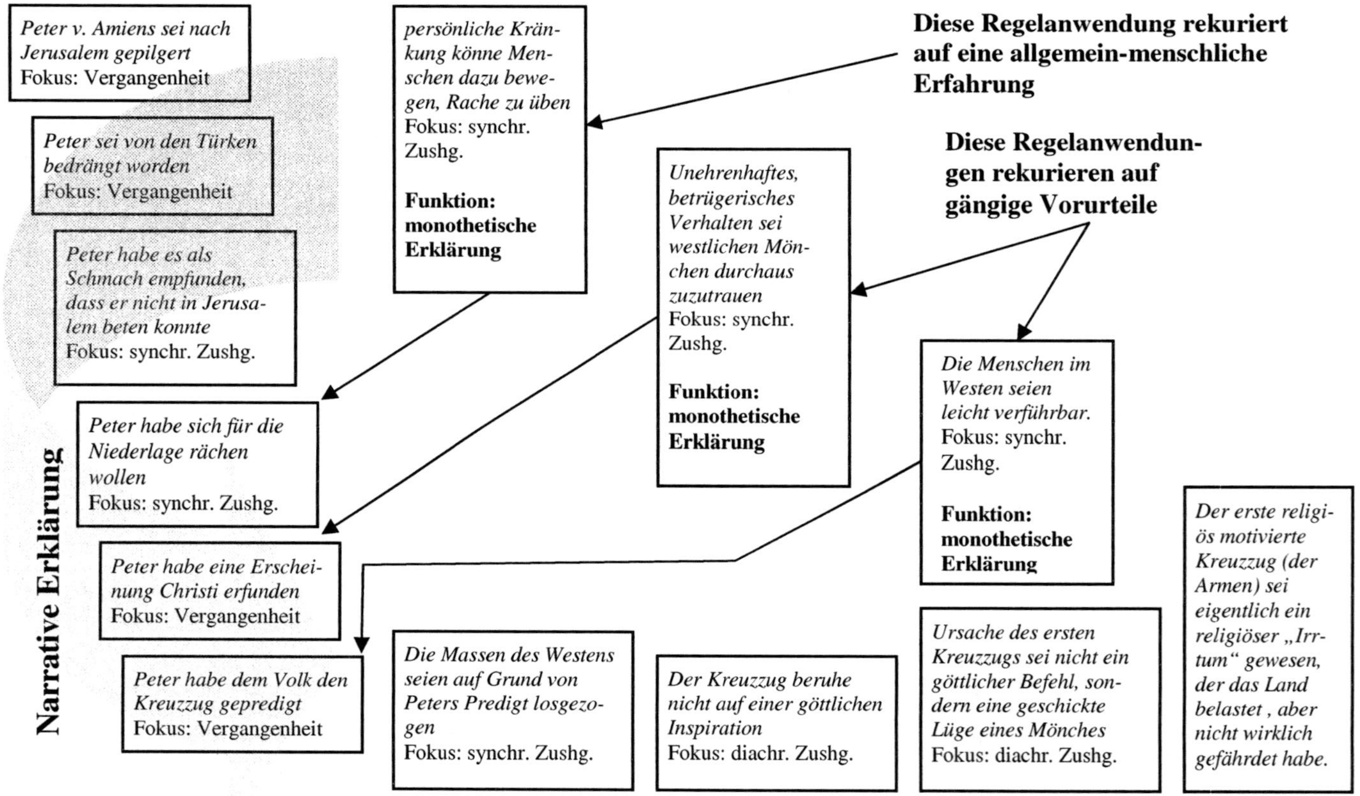

Diese Regelanwendung rekuriert auf eine allgemein-menschliche Erfahrung

Diese Regelanwendungen rekurieren auf gängige Vorurteile

Der erste religiös motivierte Kreuzzug (der Armen) sei eigentlich ein religiöser „Irrtum" gewesen, der das Land belastet, aber nicht wirklich gefährdet habe.

Die Menschen im Westen seien leicht verführbar.
Fokus: synchr. Zushg.

Funktion: monothetische Erklärung

Ursache des ersten Kreuzzugs sei nicht ein göttlicher Befehl, sondern eine geschickte Lüge eines Mönches
Fokus: diachr. Zushg.

Unehrenhaftes, betrügerisches Verhalten sei westlichen Mönchen durchaus zuzutrauen
Fokus: synchr. Zushg.

Funktion: monothetische Erklärung

Der Kreuzzug beruhe nicht auf einer göttlichen Inspiration
Fokus: diachr. Zushg.

persönliche Kränkung könne Menschen dazu bewegen, Rache zu üben
Fokus: synchr. Zushg.

Funktion: monothetische Erklärung

Die Massen des Westens seien auf Grund von Peters Predigt losgezogen
Fokus: synchr. Zushg.

Peter v. Amiens sei nach Jerusalem gepilgert
Fokus: Vergangenheit

Peter sei von den Türken bedrängt worden
Fokus: Vergangenheit

Peter habe es als Schmach empfunden, dass er nicht in Jerusalem beten konnte
Fokus: synchr. Zushg.

Peter habe sich für die Niederlage rächen wollen
Fokus: synchr. Zushg.

Peter habe eine Erscheinung Christi erfunden
Fokus: Vergangenheit

Peter habe dem Volk den Kreuzzug gepredigt
Fokus: Vergangenheit

Narrative Erklärung

Quelle 1
Anna Komnene berichtet über den Ersten Kreuzzug[1]

Die Unternehmungen des Autokrators[2] waren so in der geschilderten Weise bis zur
[…] Indiktion des […][3] Jahres vorangekommen; kaum aber hatte er sich etwas
erholt, da hörte er gerüchteweise vom Herannahen riesiger Heere der Franken.[…]
Er fürchtete ihren Anmarsch, da er die Unwiderstehlichkeit ihrer Attacken kannte,
aber auch den Wankelmut ihrer Überzeugungen, ihre leichte Beeinflussbarkeit und
alles Übrige, was zur Natur der Kelten durchweg als ihr fest innewohnende oder
mit ihr verbundene Eigenschaft gehört, und auch, dass sie, immer gierig nach
Geld, ganz offensichtlich auch aus beliebigem Anlass die von ihnen getroffenen
Vereinbarungen leicht umwerfen. Das hatte er immer so sagen hören, und es er-
wies sich als nur allzu wahr. Er verlor also keine Zeit, sondern bereitete sich auf
jede nur mögliche Weise vor, um dann, wenn es die Umstände verlangten, für die
Kämpfe bereit zu sein. Denn die Wirklichkeit war noch gewaltiger und schreckli-
cher als die umlaufenden Gerüchte. Der gesamte Westen nämlich und alle Barba-
renvölker, die das Land jenseits der Adria bis hin zu den Säulen des Herakles[4]
bewohnten, sie alle hatten sich zusammen mit Kind und Kegel aufgemacht und
marschierten nun durch das übrige Europa hin nach Asien. Die Ursache für diese
Massenbewegung war folgende. 5 Ein Kelte mit dem Namen Peter und dem
Beinamen Kukupetros[5] hatte sich auf die Pilgerreise zum Heiligen Grab begeben,
musste von den ganz Asien plündernden Türken und Sarazenen viel Ungemach
erleiden und war nur mit Mühe und Not in seine Heimat zurückgekehrt. Dass er
sein Ziel nicht erreicht hatte, nahm er nicht so einfach hin, sondern wollte sich
wieder auf denselben Weg machen. Es war ihm aber klar, dass er nicht einfach
erneut die Pilgerreise zum Heiligen Grab aufnehmen konnte, wenn ihm nicht noch
etwas Schlimmeres zustoßen sollte, und daher entwickelte er einen schlauen Plan.
Dieser bestand darin, in allen Ländern der Lateiner zu verkünden: »Eine göttliche
Stimme befiehlt mir, allen Baronen in Frankreich zu predigen, sie sollten alle ihre

---

[1] Die in unterrichtspraktischer Absicht erfolgte Bearbeitung beruht auf folgender
    Übersetzung: Anna Komnene: Alexias. (übers. u. eingel. und mit Anm. vers.
    von Reinsch, Diether Roderich), Köln 1996, S. 334 - 347. Die Anmerkungen
    wurden z.T. (überarbeitet u. gekürzt) in veränderter Nummerierung der Über-
    setzung übernommen, z.T. durch den Verf. ergänzt. Text und Anmerkungen
    wurden in die Neue Deutsche Rechtschreibung übertragen.
[2] Mit „Autokrator" bezeichnet Anna ihren Vater, Kaiser Alexios Komnenos, um
    ihn im Titel von den mehrfach üblichen niederen Mitkaisern, die den Titel Ba-
    sileus ebenfalls trugen, abzuheben. [A.K.]
[3] Der Raum für die Zahlen, die Anna offenbar nachtragen wollte, war in ihrem
    Manuskript freigeblieben; […], Die entsprechenden Angaben müssten lauten:
    4. Indiktion und 6604. Jahr (=1095/96 n.Chr.).
[4] In Antike und byzantinischer Zeit übliche Bezeichnung für die Meerenge von
    Gibraltar.
[5] „Kapuzen-Petros"; Gemeint ist Peter von Amiens „der Einsiedler"; […].

Heimat verlassen, sich auf Pilgerfahrt zum Heiligen Grab begeben und sich mit ganzer Kraft und ganzem Herzen bemühen, Jerusalem aus der Hand der Agarenen [= Muslime] zu befreien.« **6** Und das setzte er auch in die Tat um. Er senkte gleichsam eine göttliche Stimme in aller Herzen und brachte die Kelten in sämtlichen Ländern dazu, sich von allen Richtungen her mit Waffen und Pferden und der übrigen Kriegsausrüstung zu versammeln. So waren sie voller Bereitschaft und Begeisterung, und alle Straßen waren voll von ihnen. Zusammen mit diesen keltischen Kriegern zog aber auch eine unbewaffnete Menge, zahlreicher als der Sand und die Sterne, welche Palmzweige und Kreuze auf den Schultern trug, Frauen und Kinder, die ihre Heimat verlassen hatten. Und man konnte sehen, wie sie Flüssen gleich von überall her zusammenströmten und sich in der Hauptsache durch das Land der Daker [= Ungarn] als riesige Armee unseren Gebieten näherten. **7** Dem Herannahen dieser riesigen Völkerscharen ging eine Heuschreckenplage voran, die den Weizen verschonte, aber dafür die Weinberge durch Kahlfraß zerstörte. Das war das Zeichen dafür, wie die damaligen Zeichendeuter erklärten, dass das riesige keltische Heer, das da im Anmarsch war, sich aus den Verhältnissen der Christen heraushalten, dafür aber furchtbar über die barbarischen Ismaeliten hereinbrechen werde, die der Trunkenheit, dem Wein und dem Dionysos verfallen sind.[6] [...].[7] Das Getreide hingegen bezogen diese Symboldeuter auf das Christentum, weil es eine nüchterne und sehr nahrhafte Sache ist. So also interpretierten die Zeichendeuter die Weinreben und den Weizen. **8** Damit wollen wir die Angelegenheit mit den Zeichendeutern auf sich beruhen lassen. Beim Anmarsch der Barbaren aber war für diejenigen, die Verstand haben, folgende seltsame Erscheinung zu beobachten. Da ja die Fahrt so vieler Menschen nicht gleichzeitig und auf einmal geschehen konnte (denn wie wäre es für solche Massen, die aus verschiedenen Ländern aufgebrochen waren, möglich gewesen, zusammen über die Meerenge der Longibardia[8] zu setzen?), schiffte sich zunächst eine erste Gruppe ein, dann eine zweite, dann eine nächste und so weiter auch alle anderen nacheinander, und dann setzten sie ihren Weg zu Lande fort. Jeder Heeresabteilung aber zog ein unermesslicher Heuschreckenschwarm voran, wie wir schon gesagt haben. Da alle nun dieses Phänomen nicht nur einmal, sondern öfter beobachten konnten, erkannte man, dass diese Heuschrecken die Vorboten der fränkischen Heeresabteilungen waren. **9** Als aber bereits vereinzelte Gruppen dabei waren, die Meerenge der Longibardia zu überqueren, ließ der Autokrator einige Generäle der romäischen[9] Streitkräfte zu sich kommen und entsandte sie in die Region von Dyrrachion und Avion mit dem Befehl, sie sollten diejenigen, die dort übersetzten, freundlich empfangen, für sie auf ihrem Marschweg reiche Märkte für Lebensmittel aus allen Landstrichen organisieren und sie, indem sie ihnen diskret folgten, genau beobachten; und wenn sie sähen, dass sie von der Route abwichen, indem sie Streifzüge

---

6 Dies und die folgenden Ausführungen geben die stereotypen böswilligen Vorurteile der Byzantiner gegenüber den Muslimen wieder.

7 Im Text folgen weitere Schmähungen, die hier ausgelassen wurden.

8 Bezeichnung für die Straße von Otranto zwischen Unteritalien und Epiros.

9 Selbstbezeichnung der Byzantiner als „Römer" (A.K.).

zur Plünderung der umliegenden Gegenden unternähmen, dann sollten sie sie mit maßvoller Waffenanwendung in ihre Schranken weisen. Sie hatten aber auch einige Leute bei sich, die die lateinische Sprache beherrschten, um die eventuell aufkommenden Konflikte eindämmen zu können. **10** Doch ich will das Ganze genauer und in Einzelheiten darstellen. Als die Kunde von diesem Unternehmen sich überall verbreitete, da verkaufte als erster Gottfried [von Bouillon] sein Land und machte sich auf den vor ihm liegenden Weg (es war dies ein sehr reicher Mann, der viel auf seine ritterliche Tapferkeit und den Adel seiner Familie hielt); alle Kelten waren nämlich darauf aus, den anderen zuvorzukommen. Und so entstand ein gewaltiger Zug von Männern und Frauen, wie es ihn seit Menschengedenken noch niemals gegeben hat, wobei die Einfältigeren wirklich auszogen, um zum Grabe des Herrn zu pilgern und das Land der heiligen Stätten zu besuchen; die Verschlageneren und vor allem Leute wie Bohemund [von Tarent] und seine Gesinnungsgenossen aber hatten tief im Herzen verborgen einen anderen Gedanken, nämlich auf dem Marsch dorthin zu versuchen, die Kaiserstadt selbst in ihre Gewalt zu bringen, indem sie das gleichsam als einen Nebengewinn betrachteten. Vor allem Bohemund wiegelte die Gemüter der Mehrzahl der Kühneren auf, da er einen alten Groll gegen den Autokrator hegte. Peter nun machte sich, nachdem er dieses gepredigt hatte, von allen als erster auf, setzte mit 80 000 Mann Fußvolk und 100 000 Mann Reiterei über die Meerenge der Longibardia und erreichte über Ungarn die Kaiserstadt.[10] Der Stamm der Kelten ist, wie man vermuten kann, auch sonst äußerst heißblütig und zu rascher Tat bereit, wenn er sich aber einmal etwas vorgenommen hat, ist er nicht mehr zu halten.

VI Der Basileus war darüber informiert, was Peter vorher von den Türken hatte erleiden müssen,[...] und er riet ihm, erst die Ankunft der übrigen Barone abzuwarten; dieser aber ließ sich nicht überzeugen, da er auf die große Zahl seiner Leute vertraute, und so setzte er über und schlug sein Lager bei der Festung mit Namen Helenupolis[11] auf. Bei ihm waren auch etwa 10 000 Normannen; diese sonderten sich vom übrigen Heer ab und plünderten die Gegend um Nizäa[12], wobei sie gegen alle mit äußerster Grausamkeit vorgingen.

Die kleinen Kinder hieben sie in Stücke oder steckten sie auf Holzspieße und brieten sie über dem Feuer, und gegenüber den Älteren wandten sie jede Art von Quälerei an. **2** Als die Leute in der Stadt diese Vorgänge bemerkten, öffneten sie die Tore und machten einen Ausfall gegen sie. Nachdem sich daraufhin eine heftige Schlacht entwickelt hatte, zogen sie sich wieder in die Festung zurück, da die Normannen mit großem Einsatz kämpften. Und so nahmen diese die ganze Beute mit sich und gelangten wieder nach Helenupolis. Dort kam es dann zwischen ihnen

---

[10] Er traf, wie wir aus westlichen Quellen wissen, am 30. Juli 1096 in Konstantinopel ein. Annas Angaben über die Marschroute widersprechen sich: Peter soll über die Meerenge von Dyrrachion übergesetzt und dann durch Ungarn gezogen sein. Nach Ausweis der westlichen Quellen ist die erste Angabe falsch.

[11] In Bithynien am Golf von Nikomedia an der Mündung des Drakon (Fluss in Bithynien), benannt nach der Mutter Konstantins des Großen. [...].

[12] Heute İznik. Die Stadt war seit geraumer Zeit in türkischer Hand. [...].

und denjenigen, die nicht mit ihnen ausgezogen waren, zu einem Wortgefecht, wie es ja bei solchen Gelegenheiten zu geschehen pflegt, da der Neid den Zorn der Zurückgebliebenen entflammte; als sich daraus ein Geplänkel zwischen ihnen entwickelte, sonderten sich die kühnen Normannen wiederum ab, zogen vor Xerigordos[13] und nahmen es im Handstreich. **3** Als der Sultan (Kilic Arslan) von diesem Ereignis erfuhr, sandte er [einen Feldherrn][14] mit einer ansehnlichen Streitmacht gegen sie aus. Dieser kam nach Xerigordos und nahm es ein, und die Normannen richtete er teils mit dem Schwert hin, teils nahm er sie lebend gefangen und schmiedete sofort auch einen Plan gegen diejenigen, die mit Kukupetros zurückgeblieben waren. So legte er an geeigneten Stellen Hinterhalte, in die sie auf ihrem Weg nach Nizäa nichts ahnend geraten und dann niedergemacht werden sollten; da er aber auch die Habgier der Kelten kannte, ließ er zwei entschlossene Männer zu sich kommen und trug ihnen auf, sich ins Heerlager des Kukupetros zu begeben und dort zu verbreiten, die Normannen hätten Nizäa eingenommen und verteilten unter sich alles, was sich in der Stadt befinde. **4** Diese Kunde nun erreichte die Leute um Peter und versetzte sie in helle Aufregung. Kaum hatten sie die Worte »Verteilung« und »Geld« gehört, da machten sie sich sogleich ohne militärische Ordnung auf den Marsch nach Nizäa, indem sie geradezu jede soldatische Erfahrung und die Einhaltung einer disziplinierten Ordnung vergaßen, welche diejenigen einhalten müssen, die in ein Gefecht marschieren. Allgemein ist ja der Stamm der Lateiner äußerst geldgierig, wie oben ausgeführt wurde; wenn sie aber dabei sind, über ein Land herzufallen, dann kennen sie keine vernünftige Überlegung mehr und sind durch nichts mehr aufzuhalten. Da sie also weder in festen Linien noch in geschlossenen Abteilungen marschierten, fielen sie den am Drakon[...] lauernden Türken in die Hände und wurden auf erbärmliche Weise niedergemetzelt. Eine solche Menge von Kelten und Normannen fiel dem Schwert der Ismaeliten zum Opfer, dass man, als man die verstreut liegenden Leichen der gefallenen Männer zusammentrug, nicht einen gewaltigen Hügel aufschüttete, [...], sondern gleichsam ein hohes Gebirge [...]. Alle wurden vom Schwert dahingerafft, nur Peter kehrte mit wenigen Begleitern zurück und begab sich wieder in die Festung Hellenupolis. Die Türken aber wollten ihn fangen und legten ihm wieder einen Hinterhalt. Der Autokrator jedoch, der alles erfahren hatte und auch über das riesige Massaker informiert worden war, hielt es für sehr schlimm, wenn auch Peter gefangen würde. Daher ließ er sogleich [einen Feldherrn][15] zu sich kommen [...], bemannte Kriegsschiffe mit einer ansehnlichen Streitmacht und sandte ihn über das Meer zu seiner Hilfe aus. Als ihn die Türken landen sahen, wandten sie sich zur Flucht. Er aber zögerte keinen Augenblick, sondern nahm Peter mit seinem Gefolge, es waren ja nur sehr wenige, an Bord und brachte sie heil zum Basileus. **6** Als der Basileus ihn an seine zu Anfang gezeigte Uneinsich-

---

[13] Festung südlich von Nizäa.

[14] In der Vorlage steht hier ein türkischer Titel, der als Eigenname aufgefasst wird.

[15] In der Vorlage ist ein in der Alexias mehrfach genannter Feldherr genannt, dessen Name hier ohne Bedeutung ist.

tigkeit erinnerte und daran, dass er deshalb, weil er seinen Ratschlägen nicht gehorcht habe, in eine solche Katastrophe geraten sei, da beschuldigte er als hochmütiger Lateiner, der er war, nicht sich selbst als Urheber dieser schlimmen Niederlage, sondern die anderen, die ihm nicht gehorcht, sondern auf eigene Faust gehandelt hätten, indem er sie Räuber und Wegelagerer nannte, die deshalb auch vom Heiland der Pilgerreise zum Heiligen Grabe nicht für würdig befunden worden seien. 7 Ein Teil der Lateiner, zu denen Baïmundos und seine Gesinnungsgenossen gehörten, hatte schon seit langem ein Verlangen der Herrschaft der Romäer [= Byzantiner] gehegt und diese an sich reißen wollen; diese Leute nun setzten jene Bewegung in Gang, indem sie, wie gesagt, den Aufruf des Peter als willkommenen Vorwand aufgriffen, und so verkauften sie also ihre Ländereien, wobei sie die aufrichtigeren Leute täuschten und so taten, als würden sie, um das Heilige Grab wieder zurückzuerobern, gegen die Türken ausrücken.
[...]

IX Aber auch der Herzog Gottfried hatte zu jener Zeit mit weiteren Herzögen und einem Heer von 10 000 Berittenen und 70 000 Fußsoldaten übergesetzt, hatte die Große Stadt erreicht[16] und schlug sein Lager an der Küste der Propontis [= des Bosporus] auf; es reichte von der Brücke, die ganz in der Nähe des [Klosters] Kosmidion liegt, bis hin zur Kirche des heiligen Phokas[...]. Als ihn aber der Basileus aufforderte, über die Meerenge der Propontis überzusetzen, hielt dieser ihn hin, indem er die Sache von einem auf den andern Tag hinausschob und einen Vorwand nach dem andern erfand. Sein Hauptziel bestand jedoch darin, die Ankunft Bohemunds und der übrigen Barone abzuwarten. Denn Peter hatte zwar von Anfang an diesen gewaltigen Marsch auf sich genommen, um zum Heiligen Grabe zu pilgern, die übrigen Barone aber und vor allem Bohemund hegten einen alten Groll gegen den Autokrator und suchten nur nach einer guten Gelegenheit, um sich an ihm für jenen strahlenden Sieg zu rächen, den er gegen Bohemund erfochten hatte, als er ihm die Schlacht in der Gegend von Larissa lieferte[17]; sie waren alle eines Sinnes, träumten davon, sich der Großen Stadt zu bemächtigen, und hatten diesen gemeinsamen Plan ins Auge gefasst [...], indem sie die Pilgerfahrt nach Jerusalem nur zum Schein unternahmen, in Wirklichkeit aber den Autokrator entthronen und die Große Stadt in ihre Gewalt bringen wollten. [...]

Anna Komnene: *Alexias*, übers. u. eingel. und mit Anm. vers. von Reinsch, Diether Roderich, Köln 1996, S. 334 - 347. Die Anmerkungen wurden, soweit nicht anders gekennzeichnet, beibehalten, ihre Nummerierung wurde geändert.

---

[16] Nach westlichen Quellen am 23. Dezember 1096. Gottfried ist entgegen der Angabe Annas nicht über die Adria, sondern auf dem Landweg gekommen.

[17] Im Jahre 1083. [Es ging damals um Eroberungszüge der normannischen Herrscher Robert Guiscard und Bohemund von Tarent (= Baïmundos) gegen das byzantinische Reich; A.K.].

Quelle 2:
Albert von Aachen berichtet über den
Ursprung des Ersten Kreuzzuges

Ein Priester und früherer Einsiedler, Peter mit Namen, gebürtig aus der Stadt A-
miens, die drüben im Westen, in Frankreich liegt, hat zuerst mit aller Leidenschaft,
die er besaß, zu diesem Zuge aufgefordert und zu Berri im genannten Königreich
als Prediger mit allen Künsten der Rede das Volk dafür gewonnen. Seinem nim-
mermüden Rufe folgten Bischöfe, Äbte, Kleriker und Mönche, die vornehmsten
Weltleute, die Fürsten verschiedener Reiche und endlich die ganze Menge des
Volkes, Keusche und Unkeusche, Mörder, Diebe, Meineidige, Räuber; die ganze
Christenheit, ja selbst das weibliche Geschlecht, eilte froh, vom Geist der Buße
getrieben, zur Teilnahme an diesem Zug. Warum aber und in welchem Geiste der
Einsiedler diesen Zug predigte und wie er als Erster ihn ins Leben gerufen, das
will ich in diesem Blatt schildern.

Dieser Priester nämlich war einige Jahre vor dem Beginn dieses Zuges nach Jerusalem gewallfahrt, dort zu beten. Da musste er in der Kirche des Heiligen Grabes,
ach, Dinge sehen, so sündhaft und böse, dass sein Herz voller Trauer aufseufzte
und er Gott zur Rache für die geschauten Gräuel aufrief. [. . .] Indes aber, da ringsum Finsternis den Himmel deckte, ging Peter wieder zu beten an das Heilige Grab
und dort, durch Gebet und Wachen ermüdet, ward er vom Schlaf übermannt. Da
erschien ihm die Herrlichkeit des Herrn Jesus im Traum und redete in Gnade ihn,
den Sterblichen und Schwachen, also an: „Peter, du liebster meiner Christenkinder,
steh auf und gehe hin zu meinem Patriarchen und verlange von ihm den Brief
meiner Sendung mit dem Siegel des Heiligen Kreuzes. Und dann eile so rasch du
kannst heimwärts in das Land deiner Sippe und erzähle dort, was mein Volk und
die heiligen Stätten hier an Schmach und Elend zu ertragen haben, und entflamme
die Herzen der Gläubigen, Jerusalem und die heiligen Orte zu säubern und den
Dienst der Heiligtümer wieder herzustellen. Denn jetzt werden, durch Gefahren
und mannigfache Versuchungen hindurch, die Pforten des Paradieses den Berufe-
nen und Auserwählten geöffnet zu werden."

Mit dieser wunderseltsamen und gotteswürdigen Offenbarung verschwand das
Gesicht und Peter erwachte vom Schlafe. Und beim ersten Tagesgrauen verließ er
die Schwelle der Kirche, suchte den Patriarchen auf und erzählte ihm der Ordnung
gemäß das ganze Gesicht und bat sich von ihm den Brief seiner göttlichen Sendung, versehen mit dem Siegel des Heiligen Kreuzes. Der Patriarch verweigerte
den nicht; ja mit vielen Dankesworten übergab er ihm den Brief. Da nahm Peter
Urlaub, und seiner Sendung getreu kehrte er zu seinen heimischen Gestaden zurück. In Angst und Sorge fuhr er zu Schiff über Meer, kam nach der Stadt Bari,
stieg dort wieder ans Land und eilte unverweilt nach Rom. Dort suchte er den
apostolischen Herren auf und überbrachte ihm die Botschaft, die Gott und der
Patriarch ihm aufgetragen, die Klagen nämlich über die Greuel der Heiden und das
Elend der Pilger und der heiligen Stätten.

Der apostolische Vater hört dies alles mit willigem Sinn und mit Aufmerksamkeit
und versprach, in allem den Geboten und Bitten der Frommen zu Willen zu sein.

Und so machte er sich denn voll Eifer auf den Weg, zog über die Alpen und kam nach Vezelay und bestimmte, dass zu Puy, der Stadt der Heiligen Jungfrau, ein Konzil und eine Zusammenkunft des ganzen westlichen Frankreich stattfinden solle. Dann zog er weiter nach Clermont in der Auvergne, und dort gelobten nun, als sie die göttliche Botschaft und die apostolische Mahnung vernommen, die Bischöfe von ganz Frankreich, Herzöge und Grafen und große Herren allen Standes und Ranges, aus eigenen Mitteln einen Zug nach dem Heiligen Grabe zu unternehmen. Und im ganzen weiten Frankreich wuchs es mehr und mehr wie zu einer Verschwörung unter den mächtigsten Fürsten, sich die Hand zu reichen und diesen heiligen Zug zu tun. Und wie zur Bestätigung dieses Bündnisses geschah ein großes Erdbeben; das nichts anderes bedeuten wollte, als dass nun so vieler Reiche Heerscharen einen Zug begannen, sowohl aus Frankreich als aus dem Lothringerlande, aus Deutschland und aus England und dem dänischen Königreiche.[…]

Albert von Aachen: Geschichte des Ersten Kreuzzuges, übers. u. eingel. v. Hefele, Hermann, Jena 1923 (zit. nach Gemein, Gisbert/Cornelisssen, Joachim: Kreuzzüge und Kreuzzugsgedanke in Mittelalter und Gegenwart (bsv Geschichte/Politik), München 1992, S. 44 f. Der Text wurde in die neue deutsche Rechtschreibung übertragen.

Quelle 3
Wilhelm von Tyrus berichtet über den
Ursprung des Ersten Kreuzzuges

Um dieselbe Zeit, als Jerusalem so viel zu leiden hatte, kam unter anderen Pilgern auch ein Pilger namens Peter in die Stadt. Er war aus dem Reiche der Franken, aus dem Bistum Amiens, ein Eremit seinen Taten und seinem Namen zufolge. Er war von kleinem Wuchs und unansehnlichem Aussehen. Aber um so größere Kraft besaß er in seinem gebrechlichen Körper. Er hatte nämlich einen wachen Geist, einen durchdringenden Blick und war sehr beredsam.

Nachdem er die Steuer bezahlt hatte, die allen Christen, die eingelassen werden wollten, auferlegt wurde, kam er in die Stadt und wurde dort von einem zuverlässigen Mann geführt – ebenfalls einem Christen. Da er ein wissbegieriger Mann war, befragte er seinen Gastgeber ausführlich und lernte von ihm mehr über die gegenwärtigen Gefahren, aber auch über die Verfolgungen, die seine Vorfahren schon seit langem zu erdulden hatten. Und was in dem von ihm gehörten Berichten an Einzelheiten fehlte, ergänzte er durch eigene Anschauung, denn er blieb in der Stadt und besuchte alle Kirchen und fand alle Berichte, die er gehört hatte, vollauf bestätigt.

Er hörte auch, dass der Patriarch der Stadt ein streng gläubige und gottesfürchtiger Mann sei, und wünschte, mit ihm zu sprechen, um die Wahrheit über einige Dinge noch vollständiger zu erfahren. Daher ging er zu ihm, und nachdem er durch einen vertrauenswürdigen Mann vorgestellt worden war, erfreuten sich beide an ihrer Unterhaltung.

Der Patriarch hieß Simeon. Als er durch die Unterhaltung mit Peter bemerkte, dass dieser klug, fähig und beredt und ein Mann mit großer Erfahrung war, eröffnete er ihm in vertraulicherer Weise alle die Übel, die das Volks Gottes hatte erdulden müssen, so lange es in Jerusalem lebte.

Hierauf antwortete Peter: "Du kannst versichert sein, Heiliger Vater, dass die römische Kirche und die Fürsten des Westens ohne den geringsten Zweifel mit Worten und Taten eilen würden, um das Übel zu heilen, wenn sie durch einen eifrigen und zuverlässigen Zeugen von den Schwierigkeiten hören sollten, die ihr erleidet. Schreibt sie eifrig sowohl an den Papst und die römische Kirche als auch an die Könige und Fürsten des Westens und bestätigt den Brief mit der Autorität Eures Siegels. Ich selbst zögere nicht, diese Aufgabe zu unternehmen, wahrlich um der Rettung meiner Seele Willen. Und ich bin bereit, sie alle mit Gottes Führung zu besuchen, sie aufzufordern, sie eifrig über die Schwere Eurer Leiden zu informieren und sie anzutreiben, Euch zu Hilfe zu kommen."

Wahrlich, du bist groß, O Herr unser Gott, and deiner Gnade ist kein Ende! Wahrlich, gesegneter Jesus, diejenigen, die auf dich vertrauen, sollen nicht verwirrt werden! Woher hatte dieser arme Pilger, ohne alle Mittel und fern von seiner Heimat so viel Vertrauen, dass er es wagte, ein solches Wagnis zu unternehmen, dass seine Kraft so sehr übersteigen musste, und zu hoffen, dass er sein Gelübde erfüllen könnte, wenn nicht daher, dass er alle seine Gedanken auf dich richtete, seinen Beschützer, und erfüllt mit Barmherzigkeit, das Unglück seiner Brüder bedauernd, seinen Nächsten liebend wie sich selbst, bereit war, das Gesetz zu erfüllen. Stärke ist eine eitle Sache, aber Barmherzigkeit obsiegt. Was seine Brüder vorschrieben, mag schwierig oder gar unmöglich erscheinen, aber die Liebe zu Gott und zu seinem Nächsten machten es ihm einfach, denn die Liebe ist so stark wie der Tod. Glaube, der durch Liebe handelt und gewinnt mit Dir, und die guten Taten in Deiner Nähe bleiben nicht ohne Frucht. Daher ließest Du Deinen Diener nicht lange in Zweifel. Du Eröffnetest Dich ihm. Du stärktest ihn durch Dein Erscheinen, dass er nicht zögern möge, und dadurch, dass Du ihm Deinen Heiligen Geist eingabst, ließest Du ihn mit größerer Stärke aufstehen, um das Werk der Barmherzigkeit zu vollenden.

Daher ging Peter, nachdem er die üblichen Gebete verrichtet hatte und vom Herrn Patriarchen Abschied genommen und seinen Segen empfangen hatte, zur Küste. Dort fand er ein Schiff, das einigen Händlern gehörte, die dabei sich auf die Überfahrt nach Apulien vorbereiteten. Er ging an Bord und erreichte nach einer erfolgreichen Überfahrt Bari. Von dort marschierte er weiter nach Rom und fand den Herrn Papst Urban in der Umgebung. Er legte die Briefe des Patriarchen und der in Jerusalem lebenden Christen vor, und zeigte deren Elend und die Abscheulichkeiten, die die unreinen Rassen an Heiligen Plätzen verübten. So erfüllte er treu und klug die ihm aufgetragene Mission.

[. . .] In dieser Notlage (als Urban II. sich eines Gegenpapstes zu erwehren hatte) war es, als der ehrwürdige Peter, der ihm die Botschaft von Jerusalem überbrachte, zu ihm kam, er nahm ihn sehr freundlich auf und versprach ihm bei dem Worte, dessen Träger er war, ihm zur gehörigen Zeit ein treuer Mitarbeiter zu werden. Peter aber läuft in seinem heiligen Eifer durch ganz Italien, übersteigt die Alpen, geht in allen Ländern des Westens umher, zu jedem einzelnen Fürsten, bittend, klagend, ermahnend und bringt mit Gottes Hilfe einige dazu, sich zu entschließen, ihren bedrängten Brüdern unverzüglich zu Hilfe zu kommen und die Orte, die der Herr durch seine Gegenwart zu verherrlichen gewürdigt hat, nicht länger von dem Unflat der Ungläubigen entweihen zu lassen. Er hatte aber damit nicht genug, dass er solchen Samen bei den Fürsten ausstreute, er entzündete auch den Eifer des Volkes und der Leute niederen Standes mit frommen Ermahnungen für sein Vorhaben. Er lief, als ein treuer Bote, in allen Reichen, bei allen Nationen umher und verkündete den Armen und Verachteten sein Evangelium. Und der Herr sah sein Glaubensverdienst so gnädig an, dass er selten fruchtlos bei einem Volke auftrat. Und er war dem Herrn Papst, der ihm ohne Aufschub über die Gebirge zu folgen beschlossen hatte, in dieser Sache von wesentlichem Nutzen. Er leistete ihm den Dienst eines Vorläufers und bearbeitete ihm die Gemüter zum voraus, so dass er sie vollends leicht gewinnen konnte. [...]

Wilhelm von Tyrus: Geschichte der Kreuzzüge und des Königreiches Jerusalem, übers. A. Körber auf der Basis der Übers. v. Krausler, E. u . R., Stuttgart 1840, S. 13 f sowie der englischen Übersetzung in Munro, Dana C.: Urban and the Crusaders, in: Translations and Reprints from the Original Sources of European History, Bd. 1,2, Philadelphia 1895, S. 20 (online verfügbar unter: http://www.fordham.edu/halsall/source/peterhermit.html).

Bea Lundt

„NARRATING GENDER"
Das erzählte Geschlecht im späteren Mittelalter am Beispiel von „Genovefa" und „Griselda"

I. Narrating Gender im Mittelalter – Erzählen als kulturelles Handeln zur Konstruktion von Geschlecht

Was sagt man den Mädchen, was den Jungen, um sie vorzubereiten auf ihr Erwachsenendasein in der Geschlechtergemeinschaft? Eine Gesellschaft definiert Leitbilder über ideale Männlichkeit und Weiblichkeit; eine Generation gibt ihre Erfahrungen an die nächste weiter. Diese werden in Geschichten transformiert, die als Beispiel gelten: Geschlecht wird erzählt – Narrating Gender. Zahlreiche Erzählungen sind aus den mittelalterlichen Jahrhunderten überliefert, in denen die Ehe als die zentrale Form der Geschlechterbeziehungen im Mittelpunkt steht.[1] Auf ganz unterschiedliche Art thematisieren sie diese Lebensweise. Sie definieren Genderrollen und deren Umkehrung als „verkehrte Welt", zeigen das ideale Ehepaar in familiärer Harmonie und Häuslichkeit, führen aber auch den Geschlechterkampf vor: das Ringen der beiden Partner um Unterwerfung und Überlegenheit, um Übereinstimmung oder zumindest um die Herstellung eines Gleichgewichts. Dabei kommt der Ausgangssituation für die Eheschließung meist eine große Bedeutung zu. Die Suche nach einem Partner, einer

---

[1] Vgl. dazu den Überblicksartikel über Ehe in populären erzählenden Texten: Röhrich, Lutz: Ehe, in: Brednich, Rolf Wilhelm u.a. (Hg.): Enzyklopädie des Märchens. Handwörterbuch zur historischen und vergleichenden Erzählforschung, Bd. 3, Berlin u.a. 1981, Sp. 1023-1042; nachfolgend werden die Bände dieser Enzyklopädie in der gebräuchlichen Form zitiert: EM 3 (1981); versch. Autoren: Ehe, in: Lexikon des Mittelalters, Bd. 3 (1999), Sp. 1616 - 1648. Eine kurze Zusammenfassung der Forschung über Ehebilder im Mittelalter in ihrer Vielfalt findet sich in: Otis-Cour, Leah: Lust und Liebe. Geschichte der Paarbeziehungen im Mittelalter, Frankfurt a.M. 2000; eine ausführliche Darstellung in: Schnell, Rüdiger: Sexualität und Emotionalität in der vormodernen Ehe, Köln u.a. 2002. Für das frühe und hohe Mittelalter vgl.: Goetz, Hans-Werner: Weltliches Leben in frommer Gesinnung?, in: Althoff, Gerd u.a. (Hg.): Menschen im Schatten der Kathedrale. Neuigkeiten aus dem Mittelalter, Darmstadt 1998, S. 111 - 138.

Partnerin, die Entscheidung für eine Frau, für einen Mann und die Gründe für Wahl, Einverständnis bzw. Ablehnung. Berichtet wird vom Verhalten der Familie, von Hochzeit und Eheleben. Auch der „Entwurf" wird gewürdigt, den sich ein junges Paar von seiner Zukunft macht, ob er nun gelingt oder scheitert. Doch was haben solche Texte mit Geschichte zu tun? Wird hier nicht wieder ein unhistorisches, ein immergleiches Lied von Liebesglück und Ehestreit, von Trennung und Versöhnung zwischen Mann und Frau präsentiert?

Die kulturwissenschaftliche Perspektive auf das Mittelalter hat ein besonderes Interesse daran, die lange vernachlässigten erzählenden Texte als Quellen für den Geschichtsunterricht zurückzugewinnen und auszuwerten. Sie werden quasi zum Leitmedium für das zentrale Lernziel der Entwicklung der „narrativen Kompetenz".[2] W. Hasberg hat ihre auf drei Ebenen schlummernden Potenziale für eine Erweiterung des historischen Bewusstseins benannt, die durch ein methodenbewusstes Umgehen mit den bisher in die Zuständigkeit der Deutschlehrerinnen und -lehrer delegierten fiktionalen Texten ausgeschöpft werden können:[3] Zunächst einmal kann das Gelesene bei der Deutungsarbeit zu neuen historischen Erfahrungen führen, durch weitere Konkretisierung wird die Perspektivenwahrnehmung – etwa über Wertstrukturen und Modelle – geschärft, die menschlichem Handeln zugrunde liegen, und schließlich gehen gewonnene Einsichten in die Identitätsbildung ein. Zu dieser gehört die geschlechtsspezifische Komponente als ein Teilbereich des Geschichtsbewusstseins.[4] Das narrative Verfahren ist ein wichtiges kulturelles Handeln, ein „Tun", um innerhalb einer Gesellschaft „Geschlecht" zu konstruieren, im angelsächsischen Sprachgebrauch „Doing-Gender" genannt. Fragen nach den Techniken und

---

[2]   Vgl. dazu: Pandel, Hans-Jürgen: Erzählen und Erzählakte. Neuere Entwicklungen in der didaktischen Erzähltheorie, in: Demantowsky, Marko/ Schönemann, Bernd (Hg.): Neue geschichtsdidaktische Positionen, Bochum 2002, S. 39 - 55.

[3]   Hasberg, Wolfgang: Ad Fontes narrantes! Quellen - Quelleneinsatz - Quellenarbeit im Unterricht über das Mittelalter, in: GPD 30 (2002), S. 15 - 32, hier S. 18 ff.

[4]   Klaus Bergmann hat kürzlich die Forderung aufgegriffen, den bisherigen, von Pandel formulierten sieben Dimensionen des Geschichtsbewusstseins eine achte, nämlich die des ‚Geschlechtsbewusstseins' hinzuzufügen. Klaus Bergmann: Kinder entdecken Geschichte. Historisches Lernen in der Grundschule, in: Demantowsky/Schönemann (Anm. 2), S. 93 - 102. Eine systematische Ausformulierung dieser Teildimension fehlt bis heute. Vgl. dazu auch meinen Beitrag: Bea Lundt: Mediävistische Genderforschung in diesem Band S. 71 ff.

Inhalten bei dieser Definitionsarbeit sind sehr aktuell. Das belegt u.a. das Thema einer Interdisziplinären Tagung in Greifswald im September 2003: „Narrating Gender".[5] Der Akt des Erzählens, so heißt es in dem Konzept für diese Veranstaltung, „ist spezifischen medialen und institutionellen Rahmungen unterworfen, die verschiedenste (semi) orale und literale Formen nutzen und dabei zugleich die Kategorie Geschlecht reflektieren, kritisieren und immer wieder aufs neue konstituieren."[6]

Der Umgang mit diesen Quellen erfolgt dabei sowohl durch Re-Konstruktion als auch durch De-Konstruktion. Zunächst werden in einem aktiven Akt der Vergegenwärtigung des Vergangenen historische Zusammenhänge wiederhergestellt. Berücksichtigt werden müssen dabei Fragen der Quellengattung und literarischen Tradition sowie des Kontextes, in dem sich der Text realisiert, nicht zuletzt der verschiedenen Ebenen der Rezeption und Überlieferung. Dazu kommt aber auch ein stärker reflektierendes Moment, nämlich die De-Konstruktion von Leitbildern und moralischen Arrangements.[7] Diese zweite Ebene der Kompetenzentwicklung lässt sich in der Regel erst in einem vergleichenden Verfahren praktizieren: durch die Konfrontation mit Texten, die eine „Alterität" präsentieren, durch das Eingehen auf eine „Andersartigkeit", die den Erwartungen oder den in einem anderen Beispiel bereits herausgearbeiteten Lösungen widerspricht. Erst dadurch wird die Kontroversität des präsentierten Modells deutlich.

Ich möchte im Folgenden zwei verschiedene, sehr populäre Erzähltraditionen vorstellen, in denen es um Ehen adliger Paare geht. In beiden Fällen gerät die Beziehung nach einem glücklichen Start in eine lang anhaltende bedrohliche Krise, doch finden die Partner wieder zueinander. Traditionelle Deutungskonzepte weisen ihnen daher als zentralen Sinn zu, zeigen zu sollen, wie eine solche Phase vorbildlich überwunden wird. Ich möchte die

---

[5] Vgl. dazu den „Call for papers" mit der Erläuterung des Konzeptes unter: nusser@uni-greifswald.de.
[6] Ebd. S. 1
[7] So Hasberg, Wolfgang: Klio im Geschichtsunterricht. Neue Perspektiven für die Geschichtserzählung im Unterricht?, in: GWU 48 (1997), S. 708 - 726. Beide Komponenten, Konstruktion und Dekonstruktion, betont: Barricelli, Michele: Narrative Kompetenz als Ziel des Geschichtsunterrichts - Eine empirische Studie zu Erfahrungen von Schülern, Geschichte zu erzählen, in: Handro, Saskia/Schönemann, Bernd (Hg.): Methoden geschichtsdidaktischer Forschung, Münster 2002, S. 73 - 84.

in ihnen gestalteten Entwürfe für das Zusammenleben des Paares erläutern und Angebote für das Verständnis und die Deutung des Handelns vorstellen. Beide Texte haben zwar eine lange und vitale Rezeptionsgeschichte vorzuweisen. Sie sind immer wieder neu angeeignet worden und haben zum Bildungsrepertoire vor allem katholischer Mädchenerziehung gehört. Doch sind sie in den Schulbüchern inzwischen nicht mehr aufzufinden, vermutlich deshalb, da sie auf den ersten Blick ein Rollenverhalten vergegenwärtigen, das mit modernen Erziehungszielen nicht vereinbar scheint. Ich möchte aufzeigen, dass das Handeln eine „Alterität", eine Fremdheit aufweist, die nicht an Kriterien gegenwärtiger Geschlechtermodelle gemessen werden kann und sollte. Es bedarf vielmehr der Entschlüsselung unter Rückgriff auf mittelalterliche Konzepte, die wiederum in antiker Tradition stehen. Auch diese lassen sich kontrovers deuten, sodass eine monokausale Sinnkonstruktion für das in der Handlung gezeigte und zunächst unbegreiflich erscheinende Verhalten nicht hilfreich ist. Neben einer nahe liegenden Botschaft der Geschichten lassen sich zudem auch verschiedene latente Ebenen aufweisen. Eine voreilige Tilgung solcher zunächst befremdlicher Beispiele aus dem Lehrkanon, so meine Folgerung, vergibt Chancen, weil gerade Texte dieser Art für ein Verständnis der unterschiedlichen Geschlechtermodelle in der Geschichte besonders aufschlussreich sind und vielfältige Identifikationspotenziale für die Entwicklung der Genderidentität zulassen.

II. Erzählen im Mittelalter - Gattungsgesichtspunkte

Zunächst zum Verständnis des Entstehungskontextes erzählender Texte im Mittelalter.[8] Zahlreiche Geschichten wurden vor ihrer schriftlichen Fixierung mündlich verbreitet. Weil viele Menschen des Lesens nicht kundig waren oder ihnen zumindest Bücher nicht zur Verfügung standen, kam diesem oralen Akt eine besondere Bedeutung zu.[9] Viele der Texte sind

---

[8]   Dégh, Linda: Erzählen, Erzähler, in: EM 4 (1984), Sp. 315 - 342, Erzähltypen ebd., Sp. 348 - 375. Das ‚Lexikon des Mittelalters' weist keinen Artikel zum Thema ‚Erzählen, Erzähler' auf, ein Beispiel dafür, wie dominant noch immer die Rezeption der unmittelbar die politische Geschichte dokumentierenden Quellen ist.

[9]   Zu der Debatte um die „Oralität" vgl. die Zusammenfassung: Müller, Ulrich u.a.: Mündliche Literaturtradition, in: Lexikon des Mittelalters, Bd. VI (1999), Sp. 899 - 908.

jedenfalls auf eine unmittelbare Wirkung vor einem gegenwärtigen Publikum abgestellt. Gesten und Bewegungen der Darbietung sind aber nicht überliefert. Es gilt daher, nicht nur auf die verbalisierte Form der Überlieferung zu achten, sondern auch nach dem Erzähler sowie nach der Situation zu fragen, in der die Erzählung ihre Umsetzung erfuhr. Für die Genderfrage ist es wichtig, sich klarzumachen, dass die meisten Autoren Männer waren, zu den Zuhörenden aber oft auch Frauen gehörten. Dabei verfolgten die Erzähler unterschiedliche Intentionen. Trotz vielfältiger Mischformen dominierte meist entweder eine stärker unterhaltende oder eine belehrende Absicht. Genoss die didaktische Funktion Priorität, so gilt in der Regel, dass eine Eindeutigkeit hergestellt werden sollte, die oft am Ende durch eine Moral oder Lehre noch einmal explizit herausgehoben wird. Solche Erzählungen finden sich vor allem im Bereich der religiösen Unterweisung, etwa als Predigt[10] oder Predigtexempel.[11] In der Überlieferungstradition sind sie daher auch ausschließlich von diesem manifesten Fazit her als Sinnentwürfe für kirchliche Weltkonzepte verstanden worden. Daneben stößt man oft auf eine latente Moral. Diese hängt mit dem Prinzip des Erzählens zusammen, das verschieden handelnde Menschen oft konflikthaft miteinander konfrontiert, ihre gegensätzlichen Gedankenwelten dynamisch entfaltet, um Spannungseffekte zu schüren, und erst am Schluss den einen oder anderen Charakterzug als überlegen zu zeigen versucht. Dabei kann freilich nicht ausgeschlossen werden, dass die Rezipierenden sich mit jeder vorgestellten Gestalt identifizieren. Zweifellos gibt es eine Autorität des Erzählers und seiner intendierten Moral; doch sollte auch eine Autorität der Erzählung in Betracht gezogen werden. Diese beruht auf dem narrativen Gesetz der grundsätzlichen Gleichrangigkeit des Handlungssinnes aller Gestalten. Die Kommunikation mit den unterlegenen Figuren, deren Unmoral gegeißelt wurde, kann in einem stillen Dialog fortgesetzt werden. Im Sinne einer Eigengesetzlichkeit kann sich dann das pejorativ abgekanzelte Programm verselbständigen und als Angebot für eine Gegenmoral fungieren.

Gerade das durchaus moralisierend gemeinte „Exempel" stellt eine interessante Sonderform dar. Es tritt in eine unmittelbare Verhandlung mit dem

---

[10] Vgl. dazu den informativen Überblicksartikel über die verschiedenen Erscheinungsformen und Gattungsmerkmale von Predigten: Brücker, Wolfgang u.a.: Predigt, in: EM 10 Lieferung 3 (2002), Sp. 1243 - 1280.

[11] Lozar, Angelika: Predigtexempel, Predigtmärlein, in: ebd., Sp. 1278 - 1289.

Rezipierenden ein, indem es den Anspruch erhebt, mit seiner Botschaft für dessen Lebensrealität relevant zu sein, eben ein „Beispiel" aus einer vergangenen Zeit für die Gegenwart anzubieten. Es endet etwa mit den Worten: „Da siehst Du, so erging es einem, weil er seine Gier nicht zähmen konnte. Handele nun Du anders!" Während andere Geschichten mit ihrer narrativen Struktur dem historischen Zeitkonzept mit seiner linearen Chronologie, dem Hintereinander von Ursache und Folge analog aufgebaut sind, basiert das Exempel auf einem „ahistorischen" Zeitsprung. Dieser Modus nicht-linearer Zeiterfahrung konstituiert sich in Analogien und Kausalbezügen auf verschiedenen Ebenen.[12] Das erzählte Beispiel ist unmittelbar auf Transfer angelegt und fordert, dass die zuhörende Person die hier vorgestellte Moral auf ihre eigene Lebenssituation hin anwendet und erprobt, etwa in Form von Fragen wie: „Würde ich auch so handeln wie jener Mann, jene Frau, von deren Schicksal erzählt worden ist? Gilt die Moral auch für meine Zeit?" Die historische Forschung hat „Exempel" lange ausschließlich der religiösen Unterweisung zugerechnet. Das hat sich in den letzten Jahren geändert, zunächst durch die französische Mentalitätengeschichte, die sich bemühte, das diskursive Potenzial der Vorstellungswelten zu erschließen.[13] Das Exempel ist weit über seine unmittelbare Didaxe hinaus eine „Denk- und Argumentationsform", die mittelalterlicher Weltwahrnehmung in besonderer Weise entspricht, wie Ch. Daxelmüller erläutert hat, und tritt in vielen Zusammenhängen als einer „der Grundbausteine des wissenschaftlichen Diskurses" auf.[14] Im Zusammenhang mit der Forderung des „exemplarischen Lernens" im Geschichtsunterricht gewinnt diese Überlieferungstradition besondere Aktualität. Denn das sich in dieser Gattung manifestierende „andere" Zeitkonzept, das durch ein phänomenologisches Verständnis von Geschichte gekennzeichnet ist, zwingt zum Ein-

---

[12] Vgl. dazu auch Daxelmüller, Christoph: Zum Beispiel. Eine exemplarische Bibliographie. Teil I - III, in: Jahrbuch für Volkskunde NF 13 (1990), S. 218 - 244; 14 (1991), S. 215 - 240; 16 (1993), S. 223 - 244. Außerdem das Kapitel über „Die andere Zeit des Exemplums" in: Lundt, Bea: Weiser und Weib. Weisheit und Geschlecht am Beispiel der Erzähltradition ‚Die Sieben Weisen Meister' 12.-15. Jahrhundert, München 2002, S. 15 - 23.

[13] Jacques Le Goff leitet seit 1975 eine Arbeitsgruppe, die sich der Erforschung von Exempelliteratur widmet. Weitere Literatur zur Exempelforschung vgl. Lundt: Weiser und Weib (Anm. 12), S. 18.

[14] Daxelmüller: Exemplum, in: EM 4 (1984), hier Sp. 627.

üben der Transferleistung, die erst die Aktualität der historischen Erkenntnis für den zukünftigen Umgang mit Historie gewährleistet.

Gerade auch die Genderforschung interessiert sich für die in Exempeln entwickelten Geschlechterbilder und die im Überlieferungsprozess mittradierten Deutungsmuster. Mein erstes Quellenbeispiel, die „Genovefa", repräsentiert eine solche Verbindung von Handlungslogik und Sinngehalt. Aus dem Schicksal der Heldin wurde keine klare Folge von Ursache und Wirkung abgeleitet nach dem Schema: Genovefa handelte so und erreichte damit jenes. Das gute Ende der Erzählung beruht nicht auf rationalem Planen, sondern es fügt sich durch unerwartete Zufälle und überirdisches Eingreifen. Genovefa wird belohnt, obwohl oder weil sie nicht handelt. Aus ihrem Verhalten nun wurde ein überzeitliches Konzept für Weiblichkeit abgeleitet, das Frauen auf Tugenden wie geduldiges Hoffen und gehorsames Warten einschwören sollte. Andere Kausalbezüge und Folgerungen wurden systematisch überlesen. Die Triftigkeitsanalyse aus moderner Sicht wird allerdings, so möchte ich zeigen, neue Lösungsangebote für das Verständnis der Quelle hervorbringen.

In besonderer Weise wird die Transferleistung der Übertragung einer Exempelmoral in die Erlebniswelt des Rezipierenden aber bei „Rahmenerzählungen" offenkundig. Dort wird dieser Schritt zunächst einmal innerhalb der Handlung selber vorgeführt, gleichsam eingeübt, denn die Reaktion der Zuhörer innerhalb des Rahmens auf die eingefügte Erzählung wird unmittelbar mitgeteilt. Deren Rezeption kann durchaus ablehnend erfolgen. Der Erzähler kann sich sogar von seiner eigenen Geschichte distanzieren, was auch den fiktiven zukünftigen Hörer oder Leser ermutigt, sich kritisch zu dem Exempel zu verhalten. Das „Dekameron", aus dem ich die Schlussgeschichte als meine zweite Quelle vorstellen werde, ist voller Beispiele für eine vielfältige Sinnkonstituierung. In einer solchen Tradition steht das argumentative Moment bereits von der formalen Anlage her im Mittelpunkt. Schließlich werden dort verschiedene Eigenschaften und Aktivitäten von Männern und Frauen und ihre Folgen verhandelt, weil es eben keine Eindeutigkeit geben kann. Exemplarisch gestaltete Erzählliteratur trägt daher den Zugang zum Kontroversen bereits in sich, die Rahmenerzählung macht das Argumentieren geradezu zum Programm.

Gerade die Konstruktion von Geschlecht, also dessen, was Männer und Frauen ausmacht, wird meist nicht als bewusste Intention verfolgt; sie ist vielmehr unbewusst realisiert, indem weibliche und männliche Gestalten vorgestellt werden und miteinander handeln, Konflikte austragen, sich dialogisch artikulieren. Selbst wenn das Ende der Erzählung eine Perspektive nahelegt – „so soll es sein", oder „so ergeht es einem zur Strafe" – , sind doch neben der offiziellen Moral auch diskursive Geschlechtermodelle durchgespielt worden, die sich als Identifikationsmodelle anbieten.

III. Misogyne Texte im Mittelalter: Sind frauenfeindliche kulturelle Praktiken verbreitet?

Wie wird nun im Mittelalter in narrativen Texten über Frauen und Männer gesprochen? Es ist immer wieder behauptet worden, es habe gerade in dieser Zeit eine grundsätzlich frauenfeindliche Einstellung gegeben, eine ‚misogyne'[15] Haltung, die sich in zahlreichen Erzählungen niedergeschlagen habe. In der Tat findet sich eine Reihe von populären Geschichten, die einseitig negative Eigenschaften von Frauen hervorheben und zeigen, welches Unheil durch diese angerichtet wird. Verschiedene Sammlungen und die darin aufgeführten Textbeispiele dokumentieren seit dem Anfang des 20. Jahrhunderts die Vielfalt dieses Genres.[16] Man begegnet etwa dem Topos des Ehedrachens, das ‚übele wip'. Umgekehrt sind auch Gattungen zu nennen, die apologetisch zum Lobe von Frauen dienen und ihre positiven Eigenschaften beleuchten. So spielt gerade in der höfischen Literatur der ‚Frauenpreis' eine Rolle. Beide Topoi, das abwertende Sprechen über Frauen wie die Idealisierung und Verehrung von Weiblichkeit, stehen in einem dialektischen Bezug zueinander und sind, etwa in Predigtsammlungen, bisweilen nebeneinander anzutreffen.[17] Dieses Denken in Extremen

---

[15]   Vgl. zahlreiche analoge Wortbildungen mit griech. ‚misos' Hass, Groll und gr. Gyné, Frau.

[16]   Die ältere Literatur: Brietzmann, Franz: Die böse Frau in der deutschen Literatur des Mittelalters, Berlin 1912; Wulff, August: Die frauenfeindlichen Dichtungen in den romanischen Literaturen des Mittelalters bis zum Ende des XIII. Jahrhunderts, Halle 1914; Rogers, Katherine M.: The troublesome Helpmate. A History of Misogynie in Literature, Seattle/London 1966; Bloch, Howard R.: Medieval Misogynie and the Invention of Western Romantic Love, Chicago/London 1991.

[17]   So gibt es in der Predigtsammlung des Johannes Gobi Junior ‚Scala Coeli' Exempel für „Femina", die negative weibliche Gestalt und „Mulier", die positive Seite der Frau. Doch überwiegt insgesamt, so hat die französische Genderforschung in einer quantifizierenden Gegenüberstellung herausgestellt, die Negativseite in der Weltsicht des Dominikaners. Polo de Beaulieu, Marie Anne:

kennzeichnet die aktuelle Genderforschung als Ausdruck einer bipolaren Betrachtungsweise der Geschlechter, die tatsächlich Bestandteil abendländischer Überlieferungstradition seit der Antike ist und in den mittelalterlichen Jahrhunderten durch den Eva-Maria-Gegensatz neue Nahrung erfährt.

Der älteren Frauengeschichte ist vorgeworfen worden, sie zelebriere die ganze Historie quasi als weiblichen Opferdiskurs und präsentiere selektiv nur Beispiele männlicher Gewalt über Frauen. So beanstandet H.-W. Goetz noch 1999 unter Bezug auf die amerikanische Feministin G. Lerner, es ginge nicht an, „eine jahrhundertelange, gleichbleibende Unterdrückung der Frau nur zu beklagen statt zeitgemäß zu erklären."[18] Im deutschen Sprachbereich haben sich freilich solche einseitigen Perspektiven niemals durchgesetzt. Demgegenüber wurde in den letzten Jahren eher gezielt nach starken aktiven Frauengestalten gesucht.[19] Die Bereitschaft, eher positive Identifikationsangebote aus der Fülle der mittelalterlichen Erzählangebote herauszuheben, war so groß, dass inzwischen Bedenken wach wurden, ob angesichts dieser Forschungstendenzen nicht wiederum ein Stück weiblicher Repräsentation in Quellen unterschlagen werde. So wurde auf einer Tagung an der FU Berlin (2002) zum Thema „Wi(e)der die Frau. Zu Geschichte und Funktion misogyner Rede" explizit darauf hingewiesen, „dass das Phänomen (misogyner Rede) omnipräsent war und ist". Doch handele es sich bei dieser Erscheinung weniger um den pauschalen „Ausdruck einer individuellen männlichen Gefühlslage."[20] Es sei vielmehr wichtig, die dis-

---

Mulier et Femina: The Representation of Women in the Scala Celi of Jean Gobi, in: Rosenthal, Joel T. (Hg.): Medieval Women and the Sources of Medieval History, Athens/London 1990, S. 50 - 65.

[18] Goetz, Hans-Werner: Moderne Mediävistik. Stand und Perspektiven der Mittelalterforschung, Darmstadt 1999, S. 319.

[19] Vgl. dazu etwa Ausstellung und Katalog: Die Galerie der Starken Frauen. Die Heldin in der französischen und italienischen Kunst des 17. Jahrhunderts. Düsseldorf 1995. Zum Topos der „Weiberherrschaft" vgl. auch Salewski, Michael: Frauenbilder - Männerängste: Zum Geschlechterdiskurs im Fin de Siècle, in: Historische Mitteilungen der Ranke-Gesellschaft 13 (2000), S. 6 - 16.

[20] Geier, Andrea/Kocher, Ursula: Tagungskonzept zu der Tagung FU Berlin (in Zusammenarbeit mit dem Forum für interdisziplinäre Frühneuzeitforschung): „Wi(e)der die Frau. Zu Geschichte und Funktion misogyner Rede." 2002. Vgl. dazu auch den Tagungsbericht von Sieber, Andrea/Volmer, Annett, in: L'Homme. Zeitschrift für Feministische Geschichtswissenschaft. 13 (2002) 2, S. 262 - 266. Die Dokumentation der Referate in einem Tagungsband ist in Arbeit.

kursiven Funktionen solcher Topik herauszuarbeiten. Die Bezeichnung als
‚misogyn', als frauenfeindlich, so bestätigten es die vielfältigen interdisziplinären Beiträge, erweist sich damit, für sich genommen, als unzureichend, um den unterschiedlichen subtilen Aussageebenen gerecht zu werden. Oft verschleiert sie eine Dialektik, bei der die eigentliche Schuld an
einem Debakel von den männlichen Protagonisten ausgeht. Zuweilen werden ganz andere Probleme angesprochen, wie in der als typisch misogyn
bezeichneten Erzähltradition von den ‚Sieben Weisen Meistern'. Hier lassen sich neben einer zweifellos gegen Frauen gerichteten Ebene auch mindestens zwei andere zentrale Konfliktknoten aufweisen, die das Unheil
schüren: ein Nachfolgeproblem zwischen dem herrschenden Vater und
seinem Sohn zum einen und zum anderen die Frage nach der Erziehung des
Thronfolgers und dem Erweis seiner Tauglichkeit in der Männerwelt, wie
sie in der verbreiteten Gattung der „Fürstenspiegel" beantwortet wird.[21]
Durch die voreilige Einordnung als Frauenschmäh wurden diese Aussageebenen gar nicht erst herausgearbeitet, wie ohnehin die Statik der Motivka-
taloge oft der Dynamik der Geschlechterwelten nicht gerecht wird. Die
Genderforschung hat auch hier grundlegende Ordnungsschemata und For-
schungstraditionen der historischen Erzählforschung in Frage stellen müssen. Daher gilt für den Umgang mit Geschichten mit frauenfeindlichen
Aussagen in doppelter Hinsicht, was ohnehin für die Exempelforschung
gefordert wird: „Stets ist eine kontextuelle Einbettung der Erscheinungsformen notwendig".[22]

Doch sollten auch die Folgen für geschlechterspezifische Praktiken
nicht geleugnet werden. So ist die exemplarische Erzählstruktur mit ihrem
Anspruch, auch für das Leben des Rezipierenden gültig zu sein, besonders
geeignet, zäh überlieferte Paradigmen und Wertstrukturen anschaulich zu
reproduzieren und ihre Bewährtheit vorzuführen. E. Moser-Rath weist in
ihrem verdienstvollen Überblicksartikel über populäre Erzähltraditionen
über Frauen in der „Enzyklopädie des Märchens", dem „Handwörterbuch

---

[21] Lundt: Weiser und Weib (Anm. 12). Eine ähnliche Position über die Vielschichtigkeit und die Stellvertreterschaft des Argumentes von der Misogynie
habe ich bereits am Beispiel der Melusinentradition herausgearbeitet: Bea
Lundt: Melusine und Merlin im Mittelalter. Modelle und Entwürfe weiblicher
Existenz im Beziehungsdiskurs der Geschlechter, München 1991.

[22] Sieber/Volmer (Anm. 20), S. 266. Vgl. dazu auch: Engler, Bernd/Müller,
Klaus: Einleitung, in: Dies. (Hg.): Exempla. Studien zur Bedeutung und Funktion exemplarischen Erzählens, Berlin 1995, S. 9 - 20.

zur historischen und vergleichenden Erzählforschung" darauf hin und hebt das Genre Exempel als typischen Träger misogyner Aussagen heraus. Und sie warnt davor, diese oft überzeichneten Stereotype zu verharmlosen, „weil gerade negative Bilder und Assoziationen das reale Leben der Frau auf fatale Weise beeinflussten und weiterhin beeinflussen können."[23] Doch geht sie in aller Deutlichkeit bei dieser Warnung von der Schluss-Sentenz aus, die den Sinnbezug ausmache und auf praktisches Handeln ausgerichtet sei. Auch B.-U. Hergemöller bestätigt erneut, die populären Texte hätten „das soziale Wissen um das angeblich rechte Verhältnis der Geschlechter zueinander ... beeinflusst" und dabei „unisono die Intention verfolgt, die Superiorität des Ehemannes über die Ehefrau ... zu verdeutlichen."[24] Weil Erzählen eben kulturelle Repräsentationen kodiert, die sich auf Praktiken richten, scheint es wichtig, die Fähigkeit, Geschichten „gegen den Strich" zu lesen, besonders zu schulen.[25]

Als Leitfragen für die Analyse solcher Textbeispiele über Frauen ergeben sich daher drei Schwerpunkte: Herauszuarbeiten sind „Kontexte, strategische Funktionen und Wirkungen misogyner Rede."[26]

IV. Quellenbeispiel Genovefa

1. Quellenbeschreibung

Das folgende Quellenbeispiel steht am Anfang einer langen Erzähltradition, die sich um das Schicksal einer ‚Genovefa' genannten adligen Frau dreht.[27] Die ersten überlieferten Quellen datieren um das Jahr 1500 und

---

[23] Moser-Rath, Elfriede: Frau, in: EM 5 (1987), hier Sp. 129.

[24] Hergemöller, Bernd-Ulrich: Masculus et Femina. Systematische Grundlinien einer mediävistischen Geschlechtergeschichte, Hamburg 2001, S. 93.

[25] Bei der Entfaltung dieses für die Genderforschung bewährten Verfahrens hat eine besondere Funktion gehabt: Opitz, Claudia: Frauenalltag im Mittelalter. Biographien des 13. und 14. Jahrhunderts. Weinheim/Basel 1985, die Heiligenviten „gegen den Strich" las.

[26] Sieber/Volmer (Anm. 20), S. 266.

[27] Frenzel, Elisabeth: Genovefa, in: Stoffe der Weltliteratur, Stuttgart 6. Aufl. 1983, S. 238 - 241 (weitere Aufl. 1988, 1992); Vanja, Konrad: Genovefa, in: EM 5 (1987), Sp. 1003 - 1009. Die Tradition der Volksheiligen Genovefa darf nicht verwechselt werden mit der Verehrung einer Namenskusine, Genovefa, (um 420 - ca. 502), der Stadtheiligen von Paris. Es besteht kein unmittelbarer Zusammenhang zwischen den beiden Frauengestalten.

stammen aus der Feder von Mönchen. Sie thematisieren freilich nicht im Titel die Frau. Im Mittelpunkt steht ein Ort – besser dessen Entstehung – die der Maria geweihte „Frauenkirche" in der Nähe des Klosters Maria Laach. Dieser zuvor beliebte Wallfahrtsort hatte in seiner Attraktivität nachgelassen und sollte durch die Verbreitung der Gründungslegende neu belebt werden. Mit der Geschichte wird Menschen verheißen, an dem Ort Heilung zu erfahren, an dem exemplarisch Genovefa aus einer jahrelangen Isolation im Walde gerettet wurde. Trotz der deutlich hagiografischen Merkmale der Quelle wurde Genovefa niemals heilig gesprochen. Sie gilt wegen der breiten Bewunderung und Verehrung, die sie erfuhr, als eine so genannte „Volksheilige".

Die Erzählung steht im Kontext eines Motivkomplexes: „Die unschuldig verfolgte und verleumdete Frau".[28] Seit Anfang des 13. Jahrhunderts sind zahlreiche populäre Geschichten mit einer ähnlichen Thematik bereits überliefert, die an verschiedenen weiblichen Vornamen und Details der Handlung festgemacht werden: Berta, Crescentia, Hirlanda, Griseldis, Sybille, Itta. Einige dieser Namen haben einen historischen Hintergrund, bei anderen dominieren sagenhafte, durch ihren religiösen Bezug oft auch legendäre Elemente.

Stets wird einer (Ehe)-Frau, oft aus adliger Familie stammend, ein Vergehen, meist Ehebruch, unterstellt. Sie wird nun aus dem Schloss in den nahe gelegenen Wald gejagt, wo sie allein oder mit einem Kind jahrelang überleben muss, bis sich ihre Unschuld erweist und ihr Mann sie wieder zu sich nimmt. Oft liegt die Schuld darin, dass sich eine junge Frau weigert, den für sie ausgesuchten Mann zu heiraten, vor ihm flieht und sich vertauschen lässt. So wird es etwa von einer Berta erzählt, der sagenhaften Mutter Karls des Großen, die erst nach Jahren wieder zu ihrem Gatten Pippin fand.[29] Varianten aus diesem Themenkomplex sind in die Märchensamm-

---

[28] Vgl. dazu die Überblicksartikel: Frenzel, Elisabeth: Gattin, die verleumdete. In: Motive der Weltliteratur, Stuttgart 2. Aufl 1980, S. 239 - 254 (weitere Aufl. 1988, 1999). Moser-Rath, Elfriede: Frau. In: EM 5 (1987), Sp. 100 - 137, darin besonders der Abschnitt: 3.1.2. „Die unschuldig verleumdete/verfolgte Frau", Sp. 113 - 115.

[29] Vgl. dazu Lundt, Bea: Berta mit den großen Füßen. Von den Schwierigkeiten, die richtige Mutter eines Herrschers zu werden (Ein Fallbeispiel aus dem 13. - 15. Jahrhundert), in: Eifert, Christiane u.a. (Hg.): Was sind Frauen? Was sind Männer? Geschlechterkonstruktionen im historischen Wandel, Frankfurt a.M. 1996, S. 97 - 121.

lungen eingegangen: Bei dem ‚Mädchen ohne Hände' ist ein inzestuöser Hintergrund die Ursache für die Vertreibung einer Frau aus ihrem Elternhaus (AaTh 706). Auch für das Grimmsche Märchen ‚Die sechs Schwäne' (KHM 49) gibt es einen frühen Vorläufer im Mittelalter: Hier sind es gleich sieben Kinder, die ausgesetzt werden. Sechs Knaben müssen zwischen Tier- und Menschengestalt wechseln, bis sie von ihrer Schwester „erlöst" werden. Anders als in den neuzeitlichen Beispielen setzt diese Menschwerdung die Rekonstruktion der Familiengeschichte und der Geschlechterrollen in ihr voraus: Das Mädchen befreit durch Erzählen seine Brüder und macht sie zu Männern - Narrating Gender! Es ist das Exempel ‚Cygni' aus dem Prosaroman ‚Dolopathos' des Johannes de Alta Silva, entstanden Ende des 12. Jahrhunderts.[30] Die Thematik ist also weit verbreitet und geistert in ganz unterschiedlicher Gestalt durch Texte mit verschiedenen Genrespezifika.

---

[30] Ausführlich dazu: Lundt: Weiser und Weib (Anm. 12), S. 190 - 197.

2. Quelle[31]

Legende über die wundervolle Erbauung der Kapelle in Frauenkirchen

Zu Zeiten des heiligen Hyldulf, Erzbischof der Trier'schen Kirche, welcher in dem Palaste zu Ochtendung wohnte, geschah ein Kriegszug gegen die Heiden. Es befand sich damals in dem Trier'schen Palaste ein sehr vornehmer Pfalzgraf, mit Namen Siegfried, der sich eine Frau nahm aus königlichem Geschlechte, des Herzogs von Brabant Tochter, mit Namen Genovefa. Diese war sehr schön, und diente Tag und Nacht, wenn es die Zeit erlaubte, der heiligen Mutter Gottes Maria, welche sie so sehr liebte, daß sie alles, was sie von zeitlichen Gütern haben konnte, aus Liebe zu ihr den Armen gab.

Wegen ihrer großen Schönheit befahl der Pfalzgraf, daß sie für die Zeit seiner Abwesenheit in dem Mayengau im Schlosse Simmern verweilen sollte, um jeden unerlaubten Umgang zu vermeiden, den er wegen ihrer Schönheit und da sie keine Kinder hatten, befürchtete. Da nun aber der Pfalzgraf mit den andern fort mußte, so bereitete er sich, so schnell er konnte, dazu vor, indem er die Edlen und Ritter, die er haben konnte, zusammenrief, um den Kriegszug ins Werk zu setzen. Unter diesen befand sich ein Ritter, namens Golo, der vornehmste der ganzen Ritterschaft, und vom Pfalzgrafen wegen seiner Tapferkeit sehr geliebt. Als sie nun alle auf dem genannten Schlosse und in dessen Umgebung zusammen gekommen waren, befragte sie der Pfalzgraf um ihren Rat und sprach: Gebet uns euren Rat, wem wir das Unserige anvertrauen und die Besorgung unserer Geschäfte übertragen können. Da fielen die Stimmen aller Anwesenden auf Golo, der nach geleistetem Eide zum Hauptverwalter ernannt wurde. Der Pfalzgraf begab sich mit seiner Gemahlin zu Bette, und sie empfing in derselben Nacht. Als es nun Morgen geworden war, ließ er den Ritter Golo zu sich rufen, und sprach zu ihm: ‚Golo! Wir übergeben dir unsere geliebteste Gemahlin mit unserm ganzen Lande zur treuen Bewachung.' Bei diesen Worten fiel die Pfalzgräfin dreimal zu Boden, und lag wie halbtot da. Der Pfalzgraf aber hob sie auf und sprach: ‚O Herrin, Jungfrau Maria! Dir und niemand anders empfehle ich meine geliebteste Gemahlin zur Beschützung!' Er weinte, umfing und küßte sie, und er zeigte ihr auch noch andere Beweise von Zärtlichkeit; denn sie hatten sich gegenseitig sehr lieb; und nachdem er ihr Lebewohl gesagt hatte, entfernte er sich.

Was geschah nun weiter? Nicht lange danach entbrannte der treulose Ritter Golo in Liebe zur Pfalzgräfin, und begehrte mit ihr zu sündigen. Unter fortwährenden schmeichlerischen frechen und geilen Reden in sie dringend, sprach er: ‚O Herrin! Gott ist es bekannt, daß ich wegen der allzugroßen Liebe, welche ich zu

---

[31]   Sauerborn, Heinrich (Hg.): Geschichte der Pfalzgräfin Genovefa und der Kapelle Frauenkirchen, Regensburg 1856, S. 55 - 104. Die zweisprachige Ausgabe lateinisch/deutsch entspricht nicht modernen Standards einer kritischen Ausgabe. Der in das Deutsche übersetzte Text wurde orthografisch leicht modernisiert.

euch habe, und schon lange Zeit hindurch gehabt habe, nicht weiß, was ich machen soll. Ich bitte euch deshalb um eure Zustimmung.' Allein das gute und ausgezeichnet christliche Weib wies seinen Antrag mit Verachtung zurück, indem sie sagte, daß sie lieber sterben wolle, als die Ehe mit ihrem geliebtesten Manne zu brechen. Inzwischen traten die Zeichen ihrer Schwangerschaft von Tag zu Tag immer mehr hervor, worüber der treulose Ritter Golo sich freute.

Eines Tages aber begab sich dieser ruchlose Golo mit einem von ihm selbst geschriebenen Briefe zur Pfalzgräfin, in der Absicht, sie zu täuschen, und sprach: ‚O geliebte Gebieterin! Siehe, dieser Brief ist mir zugeschickt worden; wenn es dir gefällig ist, will ich dir dessen Inhalt mitteilen.' Sie sprach: ‚Ja, leset ihn!' Nachdem er den Brief gelesen, und die Pfalzgräfin daraus vernommen, daß ihr Mann, der Pfalzgraf, mit seinem ganzen Heere auf dem Meere umgekommen, seufzte und weinte sie bitterlich, und flehte zu der heiligen Jungfrau Maria, der Trösterin aller, die sie anrufen, mit den Worten: ‚O Herrin, Jungfrau Maria. Siehe hoch auf mich Verlassene!' Und da ihre Augen vor lauter Kummer beschwert wurden, schlief sie ein wenig ein. In diesem Schlafe erschien ihr die Jungfrau Maria mit großer Klarheit, und sprach: ‚Der Pfalzgraf, dein Mann, lebt, aber etliche von den Seinigen sind im Frieden entschlafen.' Ganz gestärkt erwachte sie und verlangte zu essen. Der Ritter Golo ließ ein passendes Gericht zubereiten, trat unterdessen zu ihr hin, um sie zum Ehebruch zu zwingen und anzureizen, indem er sprach: ‚O Gebieterin! Du weißt aus dem Briefe, daß unser Herr gestorben ist, und auch meine Gemahlin. Da nun die ganze Provinz unter meiner Herrschaft steht mit Allem, was dazu gehört, so kannst du mich zu deinem Manne nehmen.' Und indem er sie umfassen und küssen wollte, schlug sie ihn, vertrauend auf die Hilfe Gottes und die heilige Jungfrau Maria, so sehr sie konnte, mit der Faust ins Angesicht.

Als nun Golo seine Absicht gänzlich vereitelt sah, entzog er ihr auf der Stelle alle ihre Diener und Mägde. Es kam aber die Zeit der Geburt, und sie gebar einen schönen, lieben Knaben. Kein Weib aber wagte es, zu ihr zu gehen und sie zu trösten, außer eine alte Wäscherin. Golo aber fügte ihr alles erdenkliche Übel zu. Während sie nun so armselig lebte, kam ein Bote des Pfalzgrafen zu ihr und sprach: ‚Der Pfalzgraf lebt, aber etliche von den Seinigen sind gestorben.' Sie fragte ihn darauf und sagte: ‚Wo ist er? Sage es mir!' Und er antwortete: ‚In der Stadt Straßburg'. Da freute sie sich außerordentlich, indem sie nun von dem ruchlosen Ritter befreit zu werden hoffte. Es kam aber hierauf der Ritter Golo zu ihr, und nachdem sie ihm die Nachricht des Boten mitgeteilt, ergriff ihn eine große Angst und Furcht.

Weinend und heulend rief er aus: ‚Wehe mir Unglücklichem! Ich weiß nicht, was ich jetzt anfangen soll!' Kaum hatte dies ein in schlechtem Lebenswandel alt gewordenes Weib, welches am Fuße des vorhergenannten Bergschlosses sich aufhielt, vernommen, als es auch sogleich zu dem treulosen Ritter Golo sich begab, und zu ihm sprach: ‚O Herr! Was ist Euch, oder was drückt Euch? Sagt es mir! Wollet Ihr meinem Rate folgen, so werdet Ihr von Kummer und Gefahr befreit werden.' Da antwortete der treulose Ritter: ‚Weißt du nicht, wie und auf wel-

che Weise ich mit unserer Gebieterin, der Pfalzgräfin, verfahren bin? Ich weiß daß,
wenn mein Herr, der Pfalzgraf, kommt, ich dem Tode nicht entgehen werden.
Wenn du mir aber einen guten Rat gibst, wie ich davon befreit werde, so sollst du
und dein ganzes Haus es gut haben.' Da sprach jenes schlechte und listige Weib:
‚Das ist mein Rat: Wir sagen: Unsere Gebieterin, die Pfalzgräfin, hat geboren. Wer
weiß, wer der Vater des Kindes ist, ob unser Herr, oder einer von den Köchen.'
Und nun berechnete sie die Abreise Siegfrieds und den Tag, an dem sie geboren,
und fand nun, daß die Empfängnis am letzten Tage vor der Abreise des Pfalzgrafen stattgefunden. ‚Wer aber', sprach sie, ‚weiß dies genau? Gehet hin zum Pfalzgrafen und sagt ihm, daß die Pfalzgräfin geboren habe, und daß ein Koch des Kindes Vater sei, und ich weiß, daß er sie zum Tode verdammen wird, du aber wirst
frei sein.' Der treulose Ritter antwortete: ‚Dein Rat ist gut'; und er beruhigte sich
dabei, und machte es so.

Als aber der Pfalzgraf diese Nachricht von dem Ritter Golo vernommen, brach
er, von Leid und Betrübnis wie außer sich, unter schweren Seufzern in die Worte
aus: ‚O Herrin, Jungfrau Maria! Unter deinen Schutz habe ich meine geliebte Gattin gestellt. Warum hast du jenes Schändliche geschehen lassen? Wehe mir Armen! Ich weiß nicht, was ich anfangen soll! O Gott, du Schöpfer Himmels und der
Erde! Laß die Erde sich öffnen und mich verschlingen! Besser ist es, ich sterbe, als
daß ich mit den Übertretern lebe.' Da trat der treulose Golo nach dem Rate der
bösen Alten zu ihm und sprach: ‚O Herr! Bei meinem Eide! Für eure Würde ziemt
es sich nicht, ein solches Weib zu haben.' Und der Pfalzgraf erwiderte: ‚Was soll
ich aber mit ihr machen?' Worauf der Ritter: ‚Ich werde hingehen und sie mit dem
Knäblein an den See führen lassen, auf daß sie im Wasser umkommen.' Der Pfalzgraf sagte: ‚Gehet hin!'

Nachdem der Ritter Golo so die Erlaubnis erhalten, eilte er unverzüglich, vom
Teufel getrieben, zur Erfüllung seiner Pflicht; trat zu der Kindbetterin hin, legte
Hand an die Pfalzgräfin und ihren Sohn, und sprach zu den umstehenden Untergebenen: ‚Ergreifet sie und erfüllet den Befehl unseres Herrn!' Sie antworteten: ‚Was
hat denn der Herr befohlen?' Und er erwiderte: ‚Sie dem Tode zu überliefern.' Sie
sagten hierauf: ‚Was haben sie denn Böses getan?' Golo aber sprach: ‚Gehet hin,
und tut nach dem Befehle des Herrn, oder ihr werdet sterben!' Da nahmen die
Diener die Mutter mit dem Kinde, um die Strafe an ihnen zu vollziehen, und führten sie in einen Wald, wo viele wilde Tiere sich aufhielten. Als sie aber in den
Wald gekommen waren, sprach einer von den Dienern: ‚Was haben sie denn Böses
getan?' Und da sich auf diese Weise ein Wortwechsel unter ihnen entspann, sprach
einer der Diener: ‚O ihr Diener und geliebte Freunde! Ihr wißt nicht, wie und auf
welche Art mit unserer Gebieterin und ihrem Söhnchen, die uns zur Bestrafung
übergeben worden sind, verfahren worden ist?' Und sie antworteten alle einmütig,
und sprachen mit kummervollem Herzen: ‚Wir wissen es.' Da sprach ein treuer
Diener: ‚Nichts Böses hat sie getan', und er beteuerte es mit einem Schwur, daß
sie unschuldig sei an jedem Verbrechen. Wiederum sprach der treue Diener: ‚Warum sollen wir sie denn bestrafen mit ihrem Knaben?' Da sprach einer von ihnen:

‚Wird uns einer vielleicht die Art und Weise angeben können, sie zu entlassen?' Und es erwiderte der treue Diener: ‚Wir wollen ihnen einen Ort anweisen, wo sie bleiben müssen. Besser ist es, daß die wilden Tiere sie auffressen, als daß unsere Hände sich beflecken.' ‚Wie aber', sprachen darauf die Diener, ‚wenn sie nicht da bleiben?' Jener erwiderte: ‚Sie wird uns die Versicherung geben, dazubleiben.' Dies geschah auch. Die Diener beratschlagten sich nun unter sich über das Beweismittel der vollzogenen Bestrafung. Es folgte ihnen aber ein Hund, und sie sprachen: ‚Laßt uns ihm die Zunge abschneiden zum Beweise und Zeichen für ihn, daß sie tot sind.' Sie machten es so und gingen weg. Sobald aber der Ritter Golo sie zurückkommen sah, sprach er: ‚Wo habt ihr sie gelassen?' Sie sagten: ‚Sie sind getötet. Dies geben wir dir zum Zeichen.' Und sie zeigten ihm die Zunge des Hundes. Da sprach der treulose Ritter: ‚Ihr werdet unserem Herrn und mir teuer und lieb sein, weil ihr den Befehl des Herrn vollzogen habt'; denn er glaubte, daß es sich in allem so verhalte.

Die Pfalzgräfin aber, welche mit ihrem Knaben an einem grausenerregenden Orte zurückgeblieben war, sprach weinend: ‚Ach! Ich Arme! In großem Überfluß lebend bin ich jetzt verlassen und habe ganz und gar nichts mehr!' Der Knabe aber war noch nicht dreißig Tage alt. Da aber die Mutter keine Milch hatte, weinte sie, alles Trostes beraubt, bitterlich. Im Vertrauen auf die Hilfe der heiligen Gottesgebärerin und Jungfrau Maria sprach sie zu ihr: ‚O Herrin, Jungfrau Maria! Erhöre mich verurteilte Sünderin! Da ich unschuldig bin an diesem Verbrechen, so bitte ich dich, du wollest mich in meinen Nöten nicht verlassen! Ich weiß, daß mich niemand, außer du, o Jungfrau Maria, und dein eingeborner Sohn befreien und ernähren kann. Errette mich, o Herrin, Jungfrau Maria, du Trösterin aller, die dich anrufen, von den wilden Tieren!' Sofort hörte sie eine süße Stimme, welche sprach: ‚O meine geliebte Freundin! Ich werde dich nie verlassen!' Darauf hörte sie die Stimme nicht mehr.

Durch Fügung des allmächtigen Gottes jedoch und die Fürbitte der allerseligsten Jungfrau Maria kam eine Hirschkuh, und legte sich zu den Füßen des Knäbchens. Die Mutter aber, da sie dieses wunderbare Ereignis sah, legte sogleich den Knaben an deren Brüste, und er saugte deren Milch. Die Pfalzgräfin aber blieb an demselben Orte sechs Jahre und drei Monate. Sie ernährte sich von Kräutern, welche sie im Walde fand. Ihr Lager bestand aus einem ausgebreiteten, von Brombeergebüschen ringsum umgebenen Haufen Reiser, welche sie, so viel sie konnte, sammelte. Nachdem nun die erwähnten sechs Jahre und drei Monate vorüber waren, ließ der Pfalzgraf alle Ritter und Vasallen zusammenrufen, und wollte ihnen am Tage der Erscheinung des Herrn ein großes Gastmahl geben. Als nun einige aus ihnen und wohl der größere Teil am Tage vorher oder um diese Zeit angekommen waren, befahl der Pfalzgraf zu ihrer Erheiterung, daß alle sich beeilen sollten, mit ihm zur Jagd zu gehen. Da die Jäger nun die Hunde antrieben, erschien plötzlich die Hirschkuh, welche den Knaben ernährte. Die Hunde aber verfolgten sie unter Gebell, die Jäger unter Geschrei. Der Pfalzgraf und die seinigen folgten, so gut sie konnten, nach. Der Ritter Golo aber achtete nicht auf das Gebell der

Hunde, und folgte von ferne. Da die Hirschkuh nicht ausweichen konnte, so lief sie zu dem Orte, wo sie den Knaben der Pfalzgräfin zu nähren pflegte. Hier angekommen, legte sie sich wie gewöhnlich zu den Füßen des Knäbchens. Die Hunde verfolgten sie, um sie zu fangen.

Als nun die Mutter des Knaben sah, daß die Hunde ihr das vom Himmel gesandte Tier rauben wollten, trieb sie dieselben mit einem Stocke, den sie in der Hand hielt, so weit sie konnte, in die Flucht. Unterdessen kam der Pfalzgraf mit den Seinigen herbei, und als er dieses Wunder sah, sprach er: ‚Jaget die Hunde fort!' Sie taten es. Der Pfalzgraf ließ sich herab, mit ihr zu sprechen, erkannte sie aber nicht. ‚Bist du,' sprach er, ‚ein Christ?' Sie antwortete: ‚Ich bin eine Christin, aller Körperbedeckung, wie du siehst, entblößt. Ich habe sogar nicht einmal so viel, um meine Scham zu bedecken. Gib mir das Oberkleid, das dich umgibt, daß ich meine Scham bedecken kann.' Er reichte ihr sein Oberkleid, und als sie sich damit bekleidet, sprach der Pfalzgraf: ‚O Weib! Hast du keine Speise und kein Kleid?' Und sie antwortete: ‚Ich habe zwar kein Brot, ernähre mich jedoch von den Kräutern, welche ich in diesem Walde finde. Mein Kleid aber ist durch die Länge der Zeit ganz zerrissen und aufgerieben.' ‚Wie viele Jahre', sagte der Pfalzgraf, ‚sind es, daß du hierher gekommen bist?' Und sie erwiderte: ‚Sechs Jahre und drei Monate': Da sprach der Pfalzgraf zu ihr: ‚Wem gehört dieses Kind?' ‚Das ist mein Sohn', sagte sie. Der Pfalzgraf, mit Wohlgefallen beim Anblicke des Knaben verweilend, sprach wiederum: ‚Wer ist sein Vater?' Sie antwortete: ‚Gott weiß es.' Darauf sagte der Pfalzgraf: ‚Wie heißt du?' Sie sprach: ‚Genovefa ist mein Name.' Da er den Namen Genovefa hörte, bedachte er sich sogleich, ob es vielleicht seine Gemahlin wäre.

Da trat ein ehemaliger Kammerdiener der Pfalzgräfin hervor, und sagte: ‚Es scheint mir, daß es unsere längst verstorbene Herrin ist; denn sie hatte eine Narbe im Gesicht. Laßt uns sehen, ob sie dieselbe habe.' Und indem sie dieselbe alle anschauten, fanden sie es so. Der Pfalzgraf sagte: ‚Sie hatte auch einen Trauring.' Es näherten sich ihr nun zwei Ritter, um dies zu untersuchen, und sie fanden den Trauring. Sofort umarmte der Pfalzgraf sie mit dem Knaben unter Tränen und sprach zu ihr: ‚Wahrhaftig, du bist meine Gemahlin!' Und zu dem Knaben: ‚Und du bist mein Sohn!' Was geschah weiter? Die Pfalzgräfin erzählte nun in Gegenwart aller Anwesenden von Wort zu Wort, so wie es oben angegeben, wie man mit ihr verfahren sei. Und als der Pfalzgraf mit allen den seinigen vor Freude weinte, kam der Ritter Golo. Sogleich stürzten alle auf ihn zu, um ihn zu töten. Der Pfalzgraf aber sagte: Haltet ihn so lange fest, bis wir überlegt haben, welche Strafe wir über ihn verhängen! Und sie taten es. Darauf befahl der Pfalzgraf, man solle vier Ochsen, die noch nie an einen Pflug gespannt gewesen, nehmen, und jeden derselben an einen der vier Teile seines Körpers binden, nämlich zwei an die Füße und zwei an die Hände, und sie ihrem Willen überlassen. Da sie nun so angebunden waren, zog jeder an seinem Teile, und so wurde sein Körper in vier Teile geteilt.

Darauf wollte der Pfalzgraf seine geliebte Gattin mit dem Sohne mit sich nehmen. Sie aber wollte nicht und sprach: ‚Die heilige Jungfrau Maria hat mich mit meinem Sohne in dieser Verbannung vor sehr wilden Tieren beschützt, und meinen Knaben von den Tieren ernähren lassen; ich werde daher nicht von hier weggehen, wenn dieser Ort nicht zu ihrer Ehre geweiht und eingesegnet wird.' Sogleich schickte der Pfalzgraf die seinigen zu dem Trierschen Erzbischof Hidolph, damit jener Ort eingeweiht werde. Und da man dem heiligen Hidulph alles erzählt hatte, freute er sich sehr, und kam am Tage der Erscheinung des Herrn, und weihte den Ort ein zur Ehre der unzerteilten Dreieinigkeit und der heiligen Jungfrau Maria. Nach der Einweihung des Ortes führte der Pfalzgraf die Pfalzgräfin in sein Haus. Auch veranstaltete der Pfalzgraf ein großes Gastmahl für alle Anwesenden. Die Pfalzgräfin aber bat ihren Herrn und sprach: ‚O Herr! Ich bitte dich, laß an dem geweihten Orte eine Kirche errichten und beschenke sie mit Einkünften.' Er versprach es. Auch befahl der Pfalzgraf, für seine Gemahlin nur solche Speisen zu wählen, und alle so zuzubereiten, wie sie ihrer Natur zuträglich wären. Sie konnte aber die Speisen nicht vertragen, sondern aß und ließ sich die Kräuter sammeln, welche sie zu jener Zeit zu genießen pflegte. Auch lebte die Pfalzgräfin vom Tage ihrer Auffindung, d.i. vom Tage vor der Erscheinung des Herrn an bis zum zweiten April, wo sie starb. Der Pfalzgraf aber errichtete, wie er versprochen, die Kapelle an demselben Orte zur Ehre der heiligen und unzerteilten Dreifaltigkeit und der heiligen Jungfrau Maria, und begrub in derselben seine geliebte Gattin Genovefa unter Tränen und Weinen. Der heilige Hidulph weihte die Kapelle ein, und verlieh bei derselben einen Ablaß von vierzig Tagen. Am Tage der Konsekration aber geschahen in derselben Kapelle zwei große Wunder, und viele andere. Es waren nämlich zu derselben Zeit zwei Männer daselbst, ein blinder und ein stummer. Der Blinde erhielt sein Gesicht wieder, und der Stumme die Sprache. Sie dankten dafür Gott und der seligsten Jungfrau Maria, welche sich gewürdigt, solche Wunder an ihnen zu tun. Auch schickte der Pfalzgraf einige von den seinigen an den apostolischen Stuhl, um die Verleihung von Ablässen zu erwirken. Der damals regierende heilige Vater aber ließ alles, welche die vom Pfalzgrafen zu Ehren der heiligen Jungfrau Maria erbaute Kapelle an allen Festtagen der heiligen und glorwürdigen Jungfrau Maria, am Feste der Geburt des Herrn, seiner Auferstehung, Pfingsten, der Erscheinung des Herrn, der Einweihung der Kapelle, welches ist der nächste Sonntag nach Petri Kettenfeier, im Monate August, und während der Oktaven derselben Feste besuchen, ein Jahr von den über sie verhängten Bußen nach. Es ist aber dies zuerst in der gewöhnlichen Sprache geschrieben worden von Peter, dem Geheimschreiber des genannten Pfalzgrafen, im zehnten Jahre des sehr christlichen Herrn Pfalzgrafen Siegfried, zum Lobe des allmächtigen Gottes, der seligsten Jungfrau Maria, seiner Mutter, welcher lebt und regiert in Ewigkeit. Amen.

3. Aspekte der Deutung

a) Vom Schloss durch den Wald zum Himmel.
Stufen von Genovefas Verwandlung

Zunächst gilt es, sich die Handlung zu vergegenwärtigen und ihren Hintergrund vor der Gedankenwelt des späten Mittelalters zu verstehen und einzuordnen.

Stufenweise entwickelt sich ein Paar, hier ein junges Ehepaar, immer weiter auseinander. Längere Zeit muss es sich trennen.[32] Beide sind von hoher Herkunft und verfügen über beste Eigenschaften im Sinne der geschlechtsspezifischen Rollenzuweisung. Während der Mann an der Spitze seiner Gefährten in einen aus christlicher Sicht gerechten Kampf gegen heidnische Gegner zieht, bleibt die Frau isoliert zurück. Ihr Mann fürchtet, die junge, schöne und kinderlose Frau könne verführt werden und verbietet ihr den Ausgang aus dem Schloss. Während er befehlend und geschäftig planend vorgestellt wird und sich aktiv um eine Lösung bemüht, bleibt Genovefa stumm und fällt mehrfach ohnmächtig um, lat. „semiviva", nur halb lebendig. Siegfried ist mit einem sprechenden Namen versehen und auf männliche Heldentaten ausgerichtet, Genovefa hat kein Identifikationsangebot für ihr zukünftiges Dasein: weibliche Rollen als Geliebte, Ehefrau und Mutter liegen brach. Auch als Herrin des Hauses wird ihr die Funktion durch Golo beschränkt, der die Stellvertreterschaft für den Pfalzgrafen übernommen hat.

Zwar entspricht es dem mittelalterlichen Rechtsverständnis, dass die Frau unter der ‚Muntgewalt' des Mannes steht.[33] Die in dieser Zeit von der Kirche geprägte, dominante Geschlechteranthropologie konstruiert dichotomische, gegensätzliche Rollenzuweisungen, die sie aus der biblischen Tradition ableitet.[34] Von Mönchen entworfen, präsentiert die Darstellung

---

[32] Vgl. dazu auch meinen Aufsatz: Lundt, Bea: Missglückte Heimkehr. Geschlechtsspezifische Identität und Trennungsproblem am Beispiel der „Genovefa", in: L'Homme. Zeitschrift für Feministische Geschichtswissenschaft 4 (1993) 2, S. 64 - 86; dort ausführliche Literaturangaben.

[33] Zur Information über die mittelalterliche Position der Frau in der Ehe vgl. Otis-Cour (Anm. 1) Vgl. auch meine Darstellung zentraler Ergebnisse der Genderforschung über die Familie im ersten Teil dieses Buches.

[34] Vgl. dazu die Zusammenfassung von: Hergemöller: Masculus et Femina (Anm. 24); v.a. das Kapitel: „Als Mann und Frau erschuf er sie. Definitionsversuche", S. 9 - 21.

daher zunächst das ‚feudale Paar'. Doch muss das hier vorgestellte Modell nicht der Realität des späten Mittelalters entsprechen. Wir wissen von vielen selbständigen adligen Frauen, die in den häufigen Zeiten der Abwesenheit ihres Mannes die Geschäfte einer Grundherrschaft weiterführten. Die Ehebindung gewährte ihnen in der Frühen Neuzeit eine durchaus stabile Position in Haus und Hof.[35] Ohnehin war es nicht selten, dass Frauen mit in das Feld zogen, etwa in die Kreuzzüge.

Zwischen der anfänglichen Existenz Genovefas als Pfalzgräfin am Hof und ihrem Dasein im Wald besteht ein extremer Kontrast. Die Gefahr für sie steigert sich und ein ganzes Register an Mitteln der Bedrohung wird gezogen. Golo rechnet mit dem Tode Siegfrieds und damit, dessen Nachfolge antreten zu können. Er ist seinem Herrn durch einen Lehnseid verbunden und verpflichtet.[36] Daher wird er im Text stets als „treulos" bezeichnet. Weniger seine Rolle als skrupelloser Verführer bei Genovefa wird ihm also angelastet, sondern die Verletzung seiner Pflichten gegenüber Siegfried – eine gewisse Entwertung der Frau, die ja von diesen Ränken zunächst unmittelbar betroffen ist. Golo versucht, den Herrn im Hause zu spielen, eine Rolle, die ihm als „Stellvertreter" offiziell übergeben wurde. Er ist kein starker und rational planender Schurke, sondern eher ein unsicherer Prahlhans, der sich nicht alleine zu helfen weiß. Die eigentliche Intrige spinnt, so wird es ausdrücklich dargestellt, eine Frau, die sich persönliche Vorteile von einem neuen Herrscher erhofft. Es stellt sich auch die Frage, warum Siegfried, erfolgreich heimgekehrt aus dem Kampf, dem Ritter Golo glaubt und seine Frau nicht selbst zu den Vorfällen während seiner Abwesenheit befragt. Auffallend ist das gnadenlose Handeln des Pfalzgrafen, das in Kontrast steht zu seinem Leid und seinen Klagen um

---

[35] Vgl. dazu die umfangreiche Untersuchung am Beispiel des österreichischen Adels von Bastl, Beatrix: Tugend, Liebe, Ehre. Die adelige Frau in der Frühen Neuzeit, Wien 2000.

[36] G. Althoff hat, zunächst vor allem am frühen Mittelalter, die Vasallenschaft und die Lehnsbeziehungen als Grundlagen eines neuen Verständnissen von Macht und Herrschaft herausgearbeitet, die er als einen Prozess der Konsensfindung kennzeichnet. Vgl. dazu etwa: Althoff, Gerd/ Kamp, Hermann: Die Bösen schrecken, die Guten belohnen, in: Althoff /Goetz/Schubert (Anm. 1), S. 1 - 110.

Genovefa. Das Vertrauen unter Männern ist stärker als die Verbindung unter Eheleuten, ein Indikator für die Priorität des Männerbundes.[37]

Der Frau wird ferner einer Liebschaft mit einem Mann bezichtigt, der weit unter ihrem Stande steht. Diese beliebige Verführbarkeit ist ein häufiger Topos über Frauen. Innerhalb der Geschlechteranthropologie, die sich etwa auf die Seelenlehre des Augustinus stützte, wird davon ausgegangen, dass sie die Affekte ihres Körpers nicht wie ein Mann kontrollieren könne; weibliche „Geilheit", aber auch andere negative Stereotypen wie Geschwätzigkeit, Neugierde,[38] Ungeduld resultierten aus der Vorstellung von dieser mangelnden Selbstbeherrschung.[39] Dazu passt es auch, dass Genovefa ohnmächtig wird, keine Macht über ihren Körper hat. Doch besteht sie alle Unbilden und richtet sich auf ein dauerhaftes neues Leben ein. Diese Bedrohungen der Wildnis sind dabei sehr real: Zwar ist in der mittelalterlichen Siedelungsbewegung seit dem 12. Jahrhundert bereits viel Land urbar gemacht worden, vor allem im Osten Europas. Doch kann der Wald im späten Mittelalter noch keineswegs als schöner Ort für Freizeit und Muße gelten, vielmehr ist er voller Gefahren, in denen Menschen leicht umkommen können.[40]

Bemerkenswert ist daher die Gewichtung der Teile. Während dem Gespräch unter den Männern und Dienern breite Passagen mit zahlreichen Wiederholungen gewidmet werden, um ihren inneren Konflikt aufzuweisen, wird Genovefas Dasein im Walde mit einem Zeitsprung von mehr als sechs Jahren fast völlig übergangen. Ihr Überlebenskampf steht daher gar nicht im Mittelpunkt.

---

[37] Vgl. dazu: Blazek, Helmut: Männerbünde. Eine Geschichte von Faszination und Macht, Berlin 2001. Über Männerbünde im Mittelalter vgl. auch: Hergemöller: Masculus et Femina (Anm. 24), S. 81 - 84.

[38] Vgl. dazu: Lundt, Bea: Neugier, in: EM 9 (1999), Sp. 1408 - 1416.

[39] Die Frage nach den Genderkonstruktionen in Bezug auf die Kontrolle der eigenen Gefühle im Spiegel unterschiedlicher Quellengruppen ist daher ein aktuelles Thema für die interdisziplinäre Genderforschung. Vgl. dazu: Kasten, Ingrid u.a. (Hg.): Kulturen der Gefühle in Mittelalter und Früher Neuzeit (Querelles. Jb. f. Frauenforschung 2002, Bd. 7), Stuttgart u.a. 2002.

[40] Vgl. dazu: Schubert, Ernst: Alltag im Mittelalter. Natürliches Lebensumfeld und menschliches Miteinander, Darmstadt 2002, darin vor allem das Kapitel über Wald, S. 36 - 64.

Abb. 1: Die Geburt des Kindes[41]

In späteren Varianten
dieser Erzählung wird
viel ausführlicher be-
schrieben werden, wie
Genovefa den Heraus-
forderungen und Gefah-
ren begegnet, wie sie der
Kälte und den wilden Tieren trotzt, eine schwere Krankheit besiegt, eine
innere Krise der Selbstaufgabe meistert, wie sie ihr Kind lehrt usw.[42]

In der vorliegenden Quelle
bleibt sie dagegen merkwürdig
körperlos. Diese Beobachtung
gilt es zu verstehen. Die Quelle
soll eben zunächst potenzielle
Pilger von der Wunderkraft des
Ortes überzeugen. Dies gelingt
nur, indem die „Heiligkeit" der
Lebensweise Genovefas nachgewiesen wird, um zu
rechtfertigen, warum sie sich
die Rettung durch die Jungfrau
Maria verdiente.

Abbildung 2: Genovefa betet zur
Jungfrau Maria[43]

---

41 Holzschnitt von Richter, Ludwig in: Schwab, Gustav: Die Deutschen Volksbü-
    cher. Wiedererzählt von Gustav Schwab, 1. Teil mit den Illustrationen der
    Ausgabe von 1859 und einem Nachwort von Riha, Karl/Bollenbeck, Georg,
    Frankfurt a.M. 1978, S. 175. Bezeichnenderweise tauft Genovefa in dieser Fas-
    sung ihren Sohn „Schmerzensreich".

42 Vgl. dazu meinen Aufsatz: Lundt, Bea: Modelle weiblicher Unschuld in popu-
    lären Schriften am Beispiel der Genovefatradition vom 16. - 19. Jahrhundert.
    In: Chartier, Roger/Lüsebrink, Hans-Jürgen (Hg.): Colportage et Lecture Popu-
    laire. Imprimés de large circulation en Europe XVIe-XIXe Siècles, Paris 1996,
    S. 399 - 423.

43 Schwab (Anm. 41), S. 187.

Auffallend sind daher die vielen religiösen Konnotationen, die Genovefas Frömmigkeit, ihr Vertrauen in Gott und vor allem die Gottesmutter Maria zeigen. Die verwöhnte Pfalzgräfin zeigt dabei, dass sie zu einem völligen Verzicht auf vertrauten höfischen Luxus und Geselligkeit imstande ist, deren Verlust sie zunächst in ihrem Ausruf beklagt hatte. Damit realisiert sie eine innere Wandlung und das Ideal der Askese, jener Lebensform, die aus der Sicht der Kirche besonderes Ansehen genießt. Sie lebt jahrelang als Klausnerin nach dem christlichen Vorbild der „Jungfräulichkeit".[44] Voraussetzung für ein heiligmäßiges Leben ist selbstverständlich die Überwindung des Sexuellen, wie es in Legenden häufig dargestellt wird.[45] Zweifellos ist Genovefa eine Heldin in diesem Sinne und der von ihr initiierte Bau der Kapelle im Walde zur Begründung einer Wallfahrt ist daher nur konsequent.

Abb. 4: Siegfried trifft Genovefa im Wald[46]

---

[44] Über die verschiedenen Modelle religiöser Existenz für Frauen vgl.: Fößel, Amalie/Hettinger, Anette: Klosterfrauen, Beginen, Ketzerinnen. Religiöse Lebensformen von Frauen im Mittelalter (Historisches Seminar NF 12), Idstein 2000.

[45] Zur Heiligsprechung von Frauen vgl. etwa Hergemöller (Anm. 24), S. 53 - 57.

[46] Schwab (Anm. 41), S. 197.

b) Das Ideal der passiven Ehefrau.
Die Konstruktion eines Frauenbildes und die Auflösung von polaren Dualismen

Doch neben der unmittelbar religiösen Komponente spielen auch andere Verhaltensweisen Genovefas eine Rolle. In der langen Rezeptionstradition werden die keuschen Tugenden der Pfalzgräfin sogar noch pointiert und gesteigert. Die Pfalzgräfin, so wird es von Jesuiten gestaltet, wollte eigentlich nie heiraten, sondern immer schon Jungfrau bleiben.[47] Doch zum anderen werden ihre Tugenden als ideale Ehefrau gepriesen. Durch ihr passives Dulden und ihren Gehorsam verdient sie sich – so wird es gesehen – ihre glückliche Wiederaufnahme und Rückverwandlung zur reichen adligen Dame des Hofes an der Seite eines lokalen Herrschers, eine ‚Traumehe'! Doch der extreme ‚Gehorsam', den sie unter Beweis stellt, gilt jedoch nicht dem Gatten. Sie versprach vielmehr den Dienern, die sie nicht töteten, sondern ‚nur' aussetzten, im Walde zu bleiben. Die Herrin duldet also bereitwillig große Not, um ihre Domestiken zu schützen. Aber ist sie wirklich jahrelang an die Absprache gebunden? Widersprach diese nicht dem Gesetz der Verhältnismäßigkeit? Sind nicht vielleicht längst Änderungen am Hofe eingetreten, ein Wechsel des Personals etwa, Maßnahmen, die sie entbunden hätten von ihrer Schweigepflicht? Und kennt sie keine mitleidige Seele, die ihr Unterschlupf gewähren könnte? Hat sie nicht auch Pflichten ihrem Kind gegenüber, das so isoliert und ärmlich aufwachsen muss und keine Ausbildung erfährt? Tatsächlich unternimmt sie aber wirklich jahrelang keinen Versuch, Menschen zu suchen – vielleicht Köhler im Walde? – oder Wege im Dickicht zu finden, um in (andere) bewohnte Regionen vorzudringen.

Diese merkwürdige Phantasielosigkeit Genovefas gegenüber einer möglichen Selbstrettung wird indes besonders gelobt. 1927 preist einer der Herausgeber der Geschichte ihre „Demut" und „Herzenseinfalt" und folgert, es gehe hier um „tiefste und letzte Fragen", nämlich die Darstellung „edelsten Menschentums".[48] Und angesichts der vielen Bearbeitungen und Übersetzungen sowie der hohen Auflagen dieser Texte in ganz Europa bis in das 20. Jahrhundert hinein fasst E. Moser-Rath zusammen: „Die konti-

---

[47] Einige der umfangreichen jesuitischen Bearbeitungen aus dem 17. Jahrhundert habe ich vorgestellt in: Lundt: Modelle weiblicher Unschuld (Anm. 12).

[48] Kentenich, Gottfried: Die Genovefalegende. Ihre Entstehung und ihr ältester datierter Text, Trier 1927, S. 1.

nuierliche Verbreitung spricht für die allgemeine Akzeptanz eines mitunter bis zur Selbstaufgabe reichenden passiv- duldenden ... weiblichen Rollen-verhaltens."[49] Erst in der zweiten Hälfte des 20. Jahrhunderts findet die Erfolgsgeschichte dieses Buches ein Ende.[50] Die Erzählung ist also geeig-net, auf einen Wertewandel und Veränderungen im Publikumsgeschmack hinzuweisen. Begriffe wie ‚Demut' und ‚Einfalt' sind kaum noch mit In-halt zu füllen, auch am tief-menschlichen ‚Edelmut' dieser Mutter mag man aus heutiger Sicht zweifeln.

Aber: ist Genovefa wirklich nur fromm, gehorsam und passiv? Mögli-cherweise ist ihre Legende auch ‚selektiv', einseitig auswählend, gelesen und rezipiert worden. Bei der Bearbeitung von Erzählstoffen über Frauen innerhalb der letzten Jahrzehnte ist daher gezielt nach der Entstehung und Verbreitung solcher stereotyper Deutungstraditionen gefragt worden. Die alten Quellen wurden neu gelesen und überprüft, ob sie nicht ganz andere Aussagen über weibliches und männliches Handeln enthalten. So hat E. Moser-Rath darauf hingewiesen, dass die Pfalzgräfin sich nach dem an-fänglichen Entsetzen in der Zeit völliger Hilflosigkeit regeneriert, Kraft in sich entdeckt und daraufhin „Überlebensstrategien und beachtliche Aktivi-täten zur Überwindung von Not und Schutzlosigkeit"[51] entwickelt. E. Fren-zel geht in ihrem Überblicksartikel über die Motivtradition der „Verleum-deten Gattin" noch weiter. Sie verweist darauf, dass die ganze Erzählkette zwar auf die „Gefährdung der Frau in einer ihr feindlichen Umwelt"[52] zu-rückgehe, dass man aber auch „fast von emanzipatorischen Zügen"[53] spre-chen könne, da sich die Dulderin gerade nach dem Verlust des „ehelichen Schutzes" energievoll wehrt. So hatte ja Genovefa bereits am Hofe sich eines für sie eigentlich überraschenden Mittels bedient, und mittels körper-licher Gewalt den Plan des Verführers durch einen gezielten Schlag in sein Gesicht *ja* tatsächlich vereiteln können. Offenbar hatte sie selbst gegen einen geschulten Ritter eine Chance, sich körperlich durchzusetzen; sie war

---

[49]   Moser-Rath: Frau, in: EM 5 (1987), Sp. 113.

[50]   Für die Verbreitung vgl. vor allem Vanja: Genovefa, in: EM 5 (1987), der zwar darauf hinweist, die Genovefa sei „auch heute noch, etwa in Italien und bei deutschsprachigen Bevölkerungsgruppen in Nordamerika, als Lesestoff ver-breitet", Sp. 1006, doch zugesteht, „Das 20. Jahrhundert bringt nur noch weni-ge Ausgaben hervor", Sp. 1007.

[51]   Moser-Rath: Frau, in: EM 5 (1987), Sp. 114.

[52]   Frenzel (Anm. 28), S. 239.

[53]   Ebd., S. 240.

also keineswegs eine „schwache" Frau! Und sie steht nicht allein. Ihr Verhalten findet vielmehr Bestätigung bei dem Dienstpersonal, das Risiken eingeht, um ihr eine Chance zum Überleben zu verschaffen. Im Walde wandelt sie sich weiterhin von einer verwöhnten und ohn-mächtigen Frau zu einer Persönlichkeit mit Überlebenswillen.

Es scheint daher wichtig, auf die Dialektik von Stärke und Schwäche dieser Frauengestalt hinzuweisen. Auch andere Gegensatzpaare fallen ins Auge, deren konträre Konstruktion entschlüsselt werden kann: So die Darstellung des Höfischen und des Wilden direkt vor der Tür des Schlosses, von Natur und Kultur, von Zivilisation und Wildnis, von Ordnung und Chaos. Die Disposition, draußen zu sein, in einer ungeordneten Situation einem Dickicht ausgeliefert zu sein, ist sprichwörtlich: „Ich glaub, ich steh' im Wald." Doch liest man die Quelle genau, so sieht man, dass sich der gefährliche Ort als ‚moralisch' und ‚geregelt' erweist. Er ist nämlich schützend und gerecht; die angeblichen Bestien sind nährende Kreaturen. Umgekehrt ist Siegfrieds Konzept zur Organisation des Zusammenlebens auf dem Schloss gescheitert. Seine Vertrauensperson beschwört erst das Unheil herauf, agiert unkontrolliert triebhafte Sehnsüchte, Herrschaftsgelüste, böse Verdächtigungen und Unterstellungen aus. Durch das Modell der „Heiligkeit" ist deutlich gemacht, dass die genügsame Pfalzgräfin die Elemente von Wildheit, Trieb und Sünde erfolgreich abwehrt. Die dualistische Geschlechterkonstruktion weist diese Momente der Frau zu, die stellvertretend für beide Geschlechter im unmittelbaren Ringen mit der Natur ihren Körper läutern muss, bis sie in den Schutzraum der Kultur zurückkehren kann. Die erzählerische Ausgliederung von Frauen aus dem Zivilisationsraum weist daher auf die noch labile Situation der höfischen Kultur hin, die ihre „wilden" Bestandteile noch nicht integriert hat, sondern immer wieder vor die Tür verbannen muss. Die Geschichte enthält eine indirekte Hofkritik. In der Überzeichnung der Legende weist ein jeder der Extrempole in der „Genovefa"-Geschichte daher unfreiwillig auf sein Gegenteil hin.

c) Vom ‚Triumph der Heimkeh' zur ‚Warnung vor der Ehe'.
Kontroverse Sinnkonzepte und Deutungsangebote

Am Ende der Handlung wird – so die Deutung nach einem klassischen Verständnis des Exempelcharakters der Legende – Genovefa ein ‚Triumph' zuteil. Als Belohnung für ihre Geduld werde sie aufgefunden, der schuldige Golo bestraft und sie zu einem glücklichen Leben befreit. Doch ist diese Deutung des Textes überzeugend? Hält sie der didaktischen Forderung, die „Triftigkeit der Sinnkonzepte" zu analysieren, stand?[54] Die Rezeptionsgeschichte ist stets nur mit der weiblichen „Dulderin" beschäftigt. Fragt man gezielt nach Siegfried, so erscheint eine ganz andere Thematik bedeutsam: die Situation des Kriegsheimkehrers, der nach langer Abwesenheit sein Zuhause nicht mehr so geregelt vorfindet, wie er es verlassen hat.

Möglicherweise hat der Heereszug, der, so wird es ja mehrfach betont, so vielen „der seinigen" das Leben kostete, – von den Gegnern ist nicht die Rede – seinen Charakter verändert. Der männliche Held hat in der Ferne Andersgläubige vernichtet und offenbar Frieden und Ordnung gestiftet; nun versagt er in der Heimat. Eigentlich waren Frau und Herrschaft zu schützen, der Mann durchlebte die Gefahren. Doch findet auch hier eine Umkehrung statt, die dazu führt, dass die Frau zu Hause an den Folgen des Krieges sterben wird.[55] Trägt nicht Siegfried eine Schuld, die keineswegs gesühnt ist? Ist er nicht verantwortlich für das Unheil, das Genovefa widerfährt, da er den bösen Verleumdungen glaubte, seine Ehefrau nicht zu den Beschuldigungen befragte und den Befehl erteilte zu der Tötung von Frau und Sohn? Wie tief ist seine Liebe zu einer Ehefrau, die er bei ihrer Auffindung auch im Gespräch nicht selber erkennt? Den Anstoß zu der Identifizierung der verwilderten Frau gibt ja, so ist es zu lesen, einer der Bediensteten. Immerhin leidet er offenbar wirklich an der Situation; wir hören von seinen verzweifelten Klagen und über sechs Jahre lang sucht der junge und kinderlose Pfalzgraf keine neue Ehefrau. Nur zu verständlich, dass spätere Varianten seinen Charakter nachzubessern meinten. Es wird gezeigt, welche Gewissensbisse er hat, wie er durch das verwaiste Haus läuft, schließlich Briefe findet und selber das Desaster aufdeckt.

---

[54] Vgl. dazu die Einleitung von M. Seidenfuß u. W. Hasberg über die erzählenden Quellen in diesem Band S. 143 ff.

[55] Vgl. zu diesem thematischen Hintergrund: Lundt, Bea: Konzepte für eine (Zu)-Ordnung der Geschlechter zu Krieg und Frieden (9. - 15. Jahrhundert), in: Garber, Klaus/Held, Jutta (Hg.): Der Frieden. Rekonstruktion einer europäischen Vision, Bd. 2: Erfahrung und Deutung von Krieg und Frieden, München 2001, S. 335 - 356, zu Genovefa: S. 354 - 355 sowie Schulte, Regina: Die Heimkehr des Kriegers, in: dies: Die verkehrte Welt des Krieges. Studien zu Geschlecht, Religion und Tod (Geschichte und Geschlechter, Bd. 25), Frankfurt a.M./New York 1998, S. 15 - 34.

Und: wird sie wirklich gerettet? Eine Rückkehr gelingt jedenfalls mitnichten auf Dauer. Es zeigt sich ja, dass sie die Speisen des Hofes nicht verträgt und bald stirbt.

Abb. 4: Tod von Genovefa[56]

Während der kurzen Frist siecht sie krank dahin und nimmt offenbar die Geschlechtsgemeinschaft mit Siegfried nicht wieder auf, jedenfalls wird sie nicht wieder Mutter. Die Geschichte soll die Ehemoral bestärken und exemplifizieren, dass geduldiges Leiden der Frau in der Ehe belohnt wird. Irdischen Trost aber kann Genovefa Frauen eigentlich nicht bieten, ihr Schicksal verheißt höchstens Hilfe aus dem Jenseits. Daher lässt sich die Erzählung in Umkehrung der offiziellen Botschaft auch anders auflösen: als heimliche Botschaft, dass die Ehe Frauen gerade keinen Schutz bieten kann, noch ihre Entfaltung zulässt und keinen Anteil an der Gemeinschaft der Männer bietet. Wird die Handlung gegen den Strich gelesen, so schlägt das Bildungsziel in sein Gegenteil um: Als katholisches Erziehungsideal verbreitet, warnt die Geschichte eigentlich vor der Ehe, die keine Integration und Sicherheit in den fremden Familien der Ehegatten gewährleisten kann. Eine solche Mitteilung kann durchaus mit klerikalen Ambitionen übereinstimmen, die bei dieser Quelle dominieren. Denn die Kirche hat ohnehin die Ehe nicht als die ideale Lebensform propagiert, sondern nur als die zweitbeste. In diesem Sinne mag gerade in dieser Gründungslegende eine durchaus intendierte Warnung vor naiven Vorstellungen von Eheglück und Geschlechterharmonie in der Handlung gesteckt haben. Genau diese wird in den gegenreformatorisch inspirierten, jesuitischen Adaptationen des Stoffes zu großen höfischen Romanen fortgeschrieben, in denen Genovefa, als Kind bereits zum ‚Unschuldsstande' neigend, durch die Waldesepisode ihre wahre Bestimmung zur Gottesbrautschaft wiederfindet.[57]

---

[56] Schwab (Anm. 41), S. 203.
[57] René Cerisiers veröffentlichte 1634 in Paris den umfangreichen Roman: L'Innocence reconnue ou la Vie de S. Geneviève, der in das Deutsche übersetzt wurde, zunächst anonym, sodann durch Michael Staudacher, zuerst 1648 in

d. Fazit:

Die verbreitete Erzählung beruht auf dualistischen Geschlechterkonstruktionen. Die Deutungstradition hat sich bald von dem ursprünglichen Erzählplan der Gründungslegende gelöst und einseitige Botschaften in Bezug auf das Frauenbild herausgehoben: sie verstand sie entweder als Erziehungsideal für katholische Heiligkeitsvorstellungen durch jungfräuliches Leben in Gottesergebenheit oder als Ehemodell für die geduldig leidende Frau, die belohnt wird, indem sie über alle Gefahren triumphiert. Durch Überprüfung der Triftigkeit dieser Sinnkonzepte, durch andere Gewichtung der Handlungselemente und neue Akzentuierung des Mittelteils der Handlung, die keineswegs nur über ihren Schluss eine Botschaft transportiert, schließlich durch Auflösung der Extrempole von Aktivität und Passivität, Natur und Kultur, Trieb und Ordnung, Schloss und Wildnis, Triumph und Untergang ergeben sich neue vielfältige Lesarten, welche die geschlechterspezifisch zugewiesenen Eigenschaften und Rollen anders verteilen.

Entsprechend kann die Geschichte neu verstanden werden: als Darstellung der Entwicklung weiblicher Selbständigkeit und Kraft jenseits des Lebens in der ehelichen Schutzgemeinschaft, als latente Kritik an der Hofkultur und dem adligen Wertekanon mit seinen Vasallenbindungen. In dem Transfer preist das Exempel die Wallfahrt und verheißt Wunderheilung und Ablass. Daneben mag die kausale Konstruktion eher als Lehre angesichts der schlechten Erfahrungen der Heldin mit ihrer Position als Ehefrau fungiert haben. Alle drei genannten Qualitäten, die Genovefa mit in die Ehe einbringt, führen zu keinem dauerhaften Glück: ihr Adel, ihre Schönheit und ihre Freigebigkeit.

In einem zweiten Beispiel, das ca. 150 Jahre vor der ‚Genovefa' entstand, werde ich diese Sicht vergleichend prüfen und dabei vor allem die Frage verfolgen, ob die hier entwickelten Vorstellungen von einer aktiven Bewusstseinsarbeit der Frau auch für die vorhergehende Zeit bereits denkbar ist oder ob diese um 1500 niedergelegten Bilder von Geschlecht bereits eine Überwindung mittelalterlicher Weiblichkeitsmodelle darstellen können. Entsprechend verbreiteten Stereotypen vollzog sich das Frauenleben während der mittelalterlichen Jahrhunderte im statischen Nachvollzug von standesspezifisch definierten typischen Handlungsabläufen. Dabei besaßen

---

Dillingen, mit zahlreichen weiteren Auflagen. Vgl. dazu Lundt (Anm. 55), S. 405 - 411.

Frauen wenig individuelle Freiräume, so wird es oftmals gesehen, vielmehr waren sie vor allem auf die Gemeinschaft von Familie und Sippe verwiesen, innerhalb derer katholische Sinnmodelle reproduziert wurden.

V. Quellenbeispiel Griselda
Die Schlussnovelle in Giovanni Boccaccios ‚Decameron'

1. Quellenbeschreibung

Erneut geht es um eine unschuldig leidende Frau, ja, geradezu um eine Steigerung des Ideales weiblicher Untergebenheit, die in diesem Falle explizit von einem herrschsüchtig wütenden Ehemann eingefordert wird. Doch ist der Entstehungskontext ein völlig anderer. Der Autor Giovanni Boccaccio (1313 - 1375)[58] gilt als frühes Beispiel eines humanistisch-inspirierten Geistes in Italien. Sein Hauptwerk, das ‚Dekameron', in dem hundert einzelne Novellen durch eine Rahmenhandlung zusammengebunden werden, gehört zu den großen Werken der Weltliteratur. Schon durch die raffiniert verschachtelte Konstruktion ist es von Anfang an auf Kontroversität ausgerichtet. Denn den verschiedenen erzählenden Personen entspricht auch eine „Verschiedenheit der Wertvorstellungen, die in dem Werk zum Ausdruck kommen."[59] Frauen werden bewusst als Leserinnen angesprochen und es werden ihnen positive Identifikationsangebote offeriert. Daher ist das ‚Dekameron' auch als ein frühes „Frauenbuch" bezeichnet worden.[60] Zweifellos findet sich in vielen der Exempla Boccaccios ein bemerkenswertes Frauenlob, der Entwurf „zahlreicher lebenskluger und selbständig handelnder, ja den Männern häufig überlegener Frauen"[61]. Mit einem systematisch gestalteten Gesamtkonzept durchbricht Boccaccio die Tradition der früheren Exempelwerke, die als Steinbruch etwa für Predigtbeispiele benutzt wurden, und schafft eine neue Gattung.[62]

---

[58] Spinette, Alberte: Boccaccio, Giovanni, in: Enzyklopädie des Märchens, Bd. 2, Berlin u.a. 1979, Sp. 549 - 561; Bruni: Boccaccio, Giovanni, in: Lexikon des Mittelalters II (1999), Sp. 298 - 301.

[59] Bruni (Anm. 58), Sp. 300.

[60] Zimmermann, Margarete: Boccaccios ‚Decameron'- ein frühes „Frauenbuch"?, in: Bennewitz. Ingrid (Hg.): Der frauwen buoch. Versuche zu einer feministischen Mediävistik, Göppingen 1989, S. 227 - 263.

[61] Ebd., S. 249.

[62] Im Gegensatz zu dieser Position, wie sie etwa Neuschäfer vertritt, habe ich gezeigt, dass auch frühere Exemplawerke bereits systematisch durchgestaltet

Vor diesem Hintergrund wirft die letzte Geschichte, die als 10. Novelle nach 10 Tagen erzählt wird, Rätsel auf. Nach den narrativen Gesetzmäßigkeiten ist zu erwarten, dass sie eine Summe der entfalteten Perspektiven präsentiert und so etwas wie eine Gesamtsentenz herstellt. Doch scheint sie auf den ersten Blick hinter den bis dahin erreichten Diskussionsstand zurückzufallen und ein Eheideal zu entfalten, das von der Frau die extremste denkbare Selbstverleugnung und Anspruchslosigkeit erwartet und sie für ihren stoischen Gleichmut erst nach vielen Jahren belohnt. Die Erzählung wird nach ihrer handelnden Frauenfigur meist mit „Griselda" bezeichnet. Es handelt sich um die älteste bisher bekannte Fassung eines Stoffes, der später immer wieder neu gestaltet wurde und als Standardwerk in die Motiv- und Typenkataloge einging.[63]

---

waren und nicht einfach beliebige Exempla in einen Rahmen eingefüllt wurden, so der ‚Dolopathos' des Johannes de Alta Silva, die ‚Scala Coeli des Johannes Gobi Junior'. Lundt: Weiser und Weib (Anm. 12).
[63] Petzoldt, Leander: Griseldis (AaTh 887), in: EM 6 (1990), Sp. 205 - 212.

2. Die Quelle in einer neuen Übersetzung von Kurt Flasch[64]

Heroin der Liebe Griselda
Die Schlußnovelle 1o. Tag, 1o. Novelle

Der Marquis von Sanluzzo wird durch die Bitten seiner Lehensleute gezwungen, eine Frau zu nehmen. Ergibt nach und nimmt eigenwillig die Tochter eines Bauern. Er bekommt von ihr zwei Kinder. Er macht sie glauben, er habe beide getötet. Dann sagt er ihr, er sei ihrer überdrüssig und habe eine andere geheiratet. Er läßt die eigene Tochter ins Haus zurückkommen, als sei sie die neue Frau und jagt seine Frau, ohne mit einem Hemd begleitet, aus dem Haus. Als er sieht, daß sie all das geduldig hinnimmt, wird sie ihm lieber denn je. Er läßt sie ins Schloß zurückkehren und zeigt ihr ihre erwachsenen Kinder. Er ehrt sie als Marquise und läßt sie von anderen als Herrin ehren.

Die lange Geschichte, die der Tageskönig erzählt hatte, war zu Ende. Offenbar hatte sie allen gut gefallen. Da sagte Dioneo lachend: „Der arme Teufel, der in der kommenden Nacht den aufgerichteten Schwanz des Gespenstes wieder klein kriegen mußte, hätte keinen Pfennig auf eure Lobreden für den Herrn Torello

---

64 Flasch, Kurt: Vernunft und Vergnügen. Liebesgeschichten aus dem Decameron, München 2002, S. 112 - 125. Vgl. dazu die Rezension von Räkel, Hans-Herbert: Ach, Griselda. Kurt Flasch restauriert Boccaccios „Decameron", in: Süddeutsche Zeitung 24.2.2003, S. 14.

gegeben." Dann aber, weil er wußte, daß er als einziger noch seine Geschichte zu erzählen hatte, begann er sofort:

Nachsichtige Damen! Ihr habt offenbar den heutigen Tag nur Königen, Sultanen und solchen Leuten gewidmet. Um mich nicht allzuweit von euch zu entfernen, will ich von einem Markgraf erzählen. Was ich bringe, ist keine hochherrschaftliche Geschichte, sondern eine von bestialisch-blöder Grausamkeit, auch wenn sie am Ende gut für ihn ausging. Ich empfehle niemandem, den Herrn nachzuahmen. Es ist schon jammerschade, daß er schließlich gut dabei wegkam.

Es ist sehr lange her, da wurde ein junger Mann namens Gualtieri zum regierenden Markgraf von Sanluzzo. Er hatte weder Frau noch Kinder. Für nichts hatte er Zeit als für Jagd und Vogelfang. Er dachte gar nicht daran zu heiraten oder Kinder zu bekommen. Deshalb hätte man ihn für einen Weisen halten können. Doch seinen Lehensleuten paßte das gar nicht. Immer wieder baten sie ihn, eine Frau zu nehmen, damit er nicht ohne Erben und sie nicht ohne Herren blieben. Sie boten an, ihm eine Frau zu suchen, deren Herkunft die Garantie böte, daß er mit ihr glücklich werde.

Doch Gualtieri erwiderte ihnen: „Meine Freunde, ihr zwingt mich, genau das zu tun, was niemals zu tun ich fest beschlossen hatte, weil ich sah, wie schwer es ist, jemanden zu finden, dessen Lebensart zu der eigenen paßt. Deshalb gibt es ja eine Unsumme von Beispielen für das Gegenteil. Und gebt zu: Das Leben eines Mannes, der an die Falsche gerät, ist ziemlich hart. Und wenn ihr behauptet, ihr könntet die Töchter beurteilen aufgrund der Lebensart ihrer Väter und Mütter, dann ist das eine reine Dummheit. Aber damit begründet ihr, mir die Frau zu besorgen, die mir gefallen muß. Denn ich wüßte nicht einmal, wie ihr ihre Väter beurteilen und hinter die Geheimnisse ihrer Mütter kommen könntet. Aber selbst wenn ihr diese erkennen könntet, so sind die Töchter doch oft anders als ihre Väter und Mütter. Ihr habt euch nun einmal darauf versteift, mich in Ketten zu legen, gut denn, ich gebe nach. Aber ich will mir meine Frau selbst suchen. Dann kann ich, wenn es schief geht, mich nur bei mir selbst und nie bei jemand anderem beschweren. Aber eines sage ich euch: Welche Frau ich mir auch aussuche, ihr müßt sie als eure Herrin ehren! Wenn nicht, dann erlebt ihr an eurer eigenen Haut, wie schwer es mir gefallen ist, auf euer Drängen gegen meinen Willen zu heiraten." Die Edelleute erklärten sich damit einverstanden, wenn er sich nur entschlösse, eine Frau zu nehmen.

Nun hatte Gualtieri schon vor einiger Zeit Gefallen an einer armen jungen Frau gefunden, die in einem nahegelegenen Dorf zuhause war. Er fand sie ziemlich schön und glaubte daher, mit ihr könne er wohl ein recht glückliches Leben haben. Er beschloß, nicht weiter zu suchen, sondern sie zu heiraten. Er ließ ihren Vater, einen sehr armen Mann, zu sich rufen, und verständigte sich mit ihm, sie als Frau zu nehmen.

Dann ließ Gualtieri alle seine Freunde aus seinem gesamten Herrschaftsgebiet zusammenrufen und erklärte ihnen: „Meine Freunde, es war und ist euer

Wille, daß ich mich zur Heirat entschließe. Ich bin dazu bereit, mehr um euch einen Gefallen zu tun, als daß ich selbst Verlangen nach einer Frau hätte. Ihr wißt, was ihr mir versprochen habt, nämlich mit jeder Frau, die ich aussuche, einverstanden zu sein und sie als Herrin zu ehren. Jetzt ist der Zeitpunkt gekommen, euer Versprechen wahr zu machen. Ich muß ja auch mein Versprechen halten. Ich habe hier in der Nähe eine junge Frau gefunden, die mir gefällt. Ich will sie heiraten und in ein paar Tagen in mein Haus bringen. Denkt also jetzt darüber nach, das Hochzeitsfest schön zu gestalten und sie mit allen Ehren zu empfangen. Am Ende will ich mit eurem Versprechen ebenso zufrieden sein wie ihr mit meinem."

Die Adelsherren waren alle zufrieden und antworteten, so gefalle es ihnen. Sie würden jede Frau, die er wähle, als ihre Fürstin anerkennen und auf alle Weise als ihre Herrin ehren. Sie gingen sofort daran, ein schönes, großartiges und heiteres Fest vorzubereiten. Auch Gualtieri plante eine glänzende Hochzeit und ließ viele Freunde, Verwandte, mächtige Edelleute und andere Menschen aus der Umgebung einladen. Er ließ schöne und kostbare Kleider schneidern nach den Maßen einer jungen Frau, deren Figur so ähnlich war wie die seiner künftigen Gattin. Er besorgte Gürtel, Ringe, eine wertvolle schöne Krone und alles andere, was man sich für eine Fürstenbraut nur wünschen kann.

Es kam der festgesetzte Hochzeitstag. Die letzte Vorbereitung war getroffen. Gualtieri bestieg am frühen Morgen sein Pferd. Alle, die zu seiner Ehre gekommen waren, taten das gleiche, und er sagte zu ihnen: „Meine Herren, es ist Zeit, die Braut abzuholen." Die ganze Gesellschaft setzte sich in Bewegung und kam bald zu dem kleinen Dorf. Sie erreichten das Haus des Vaters der jungen Frau. Sie trafen sie dort an, wie sie gerade mit Wasser vom Brunnen zurückkam. Sie war in großer Eile, denn sie wollte mit den anderen Frauen weggehen, um die Ankunft der Gattin Gualtieris zu sehen. Gualtieri sah sie und rief sie mit ihrem Namen, Griselda. Er fragte, wo ihr Vater sei. Schüchtern antwortete sie: „Mein Herr, er ist im Haus." Gualtieri stieg vom Pferd, befahl allen, auf ihn zu warten, und betrat allein die elende Hütte, wo er ihren Vater traf, der Giannucole hieß. Er sagte zu ihm: „Ich bin gekommen, Griselda zu heiraten, aber vorher will ich sie in deiner Gegenwart etwas fragen." Dann fragte er sie, ob sie, wenn er sie heirate, sich immer bemühe, ihm zu Gefallen zu sein, und ob sie sich durch nichts, was immer er tun oder sagen möge, aus der Fassung bringen ließe. Ferner fragte er, ob sie ihm immer gehorchen wolle. Er stellte noch ziemlich viele Fragen dieser Art, auf die sie alle mit Ja antwortete. Daraufhin nahm Gualtieri sie bei der Hand, führte sie hinaus und ließ sie in Gegenwart seiner gesamten Begleitung und all der anderen Personen nackt ausziehen. Danach ließ er sie schnell mit den Gewändern bekleiden, die er hatte anfertigen lassen. Er ließ ihr Schuhe anziehen, und auf ihre Haare, so zerzaust sie auch waren, ließ er eine Krone setzen. Da jedermann sich wunderte, gab er sofort folgende Erklärung: „Meine Herren, dies hier ist die Frau, die ich zu meiner Gattin machen will, wenn sie mich zum Mann haben will." Dann, zu ihr gewandt, die verlegen und ratlos dastand, fragte er: „Griselda, willst du mich als deinen Mann haben?" Daraufhin erwiderte sie: „Ja, mein Herr, ich will." Dann sagte er zu ihr: „Und ich will dich als meine Frau haben", und so heiratete er sie in Gegenwart aller. Dann ließ er sie auf ein Pferd steigen und führte sie, ehrenvoll begleitet, in sein Haus. Dort feierten sie eine prächtige und aufwendige Hochzeit. Hätte er die Tochter des Königs von Frankreich geheiratet, das Fest hätte nicht größer sein können.

Es war, als hätte die junge Braut mit den Kleidern Geist und Lebensart gewechselt. Wie ich schon sagte, hatte sie ein schönes Gesicht und eine gute Figur; schön war sie also schon immer, aber jetzt nahm sie ein so sicheres, angenehmes und wohlerzogenes Wesen an, als sei sie nicht die Tochter des Giannucole und eine Schafhirtin, sondern die Tochter eines Adligen. Darüber staunte jeder, der sie vorher gekannt hatte. Außerdem gehorchte sie ihrem Gatten so ergeben und erfüllte ihm jeden Wunsch so aufmerksam, daß er sich für den glücklichsten und zufriedensten Ehemann der Welt hielt. Auch war sie zu den Untertanen ihres Mannes so freundlich und gütig, daß es keinen gab, der sie nicht mehr als sich selbst geliebt und aus eigenem Antrieb geehrt hätte. Alle beteten für ihr Wohlergehen, für den Erhalt und für die Mehrung ihres Glücks. Während am Anfang alle sagten, Gualtieri habe sich, als er sie zur Frau nahm, unklug benommen, sagten sie jetzt, er sei der weiseste und gescheiteste Mann der Welt. Kein anderer als er hätte je die vornehmen Eigenschaften entdecken können, die unter den ärmlichen Lumpen ihres Bauernkleides verborgen waren. In ihren Handlungen war sie so klug, daß man binnen kurzer Zeit nicht nur in ihrem Land, sondern überall von ihrem Wert und ihren guten Taten sprach. Mit der Zeit änderten auch die ihre Ansicht, die vorher ihren Gatten wegen dieser Heirat getadelt hatten.

Sie lebte noch nicht lange mit Gualtieri, da wurde sie schwanger, und als der Zeitpunkt kam, gebar sie ein Mädchen. Gualtieri gab ein großartiges Fest. Aber kurz darauf kam er auf einen merkwürdigen Einfall: Er wollte Griseldas Geduld mit unerträglichen Zumutungen auf eine lange Probe stellen. Er fing an, sie mit Worten zu verletzen. Er gab sich aufgebracht und behauptete, seine Lehensleute murrten gegen sie, schon wegen ihrer niedrigen Herkunft, vor allem aber, weil sie neuerdings Kinder in die Welt setze. Besonders über die Tochter, die gerade zur Welt gekommen war, seien sie verbittert; sie murrten ständig darüber.

Als die Frau diese Worte hörte, verzog sie keine Miene, zeigte nicht die Spur eines Wandels und erwiderte: „Mein Herr, entscheide du nur über mich, ganz so, wie du denkst, daß es deiner Ehre und deinem Glück dient. Ich werde mit allem zufrieden sein. Ich weiß: Ich stehe unter deinen Lehensmännern und war der Ehre nicht würdig, die du mir in deiner Güte erwiesen hast." Diese Antwort gefiel Gualtieri ausnehmend gut, denn er erkannte an ihr, daß die Ehre, die er und andere ihr erwiesen hatten, sie keineswegs mit Stolz erfüllt hatte.

Kurze Zeit darauf, nachdem er in allgemeinen Wendungen seiner Frau mitgeteilt hatte, seine Untertanen könnten die Tochter, die sie ihm geboren habe, nicht länger ertragen, gab er einem seiner Vertrauten Anweisungen und schickte ihn zu

Griselda. Mit schmerzerfülltem Gesicht sagte dieser Mann zu ihr: „Herrin, wenn ich nicht tue, was mein Herr mir befiehlt, bin ich des Todes. Er hat mir befohlen, ich solle diese Eure kleine Tochter wegnehmen und soll sie ...‟ Hier verstummte er. Als die Herrin das hörte und das Gesicht des Mannes sah, da erinnerte sie sich der Worte ihres Gatten und begriff, daß dem Mann befohlen worden war, das Mädchen zu töten. Daher nahm sie es schnell aus der Wiege, küßte und segnete es. Der Schmerz zerriß ihr das Herz, aber sie legte das Kind, ohne eine Miene zu verziehen, in die Arme des Mannes und sagte: „Da, tue, was dein und mein Herr dir befohlen hat. Aber setze sie nicht dort aus, wo wilde Tiere und Raubvögel sie zerreißen, es sei denn, er habe es dir ausdrücklich befohlen.‟ Der Vertraute nahm das Mädchen und berichtete Gualtieri, was die Herrin ihm gesagt hatte. Gualtieri wunderte sich über ihren Gleichmut und schickte ihn mit dem Mädchen nach Bologna zu einer Verwandten mit der Bitte, sie möchte die kleine Tochter sorgfältig aufziehen und ausbilden, ohne ihr jemals zu verraten, wessen Tochter sie sei.

Bald darauf wurde die Herrin erneut schwanger, und zur erwarteten Zeit gebar sie einen Sohn. Gualtieri war dies überaus willkommen. Aber ihm reichte immer noch nicht, was er ihr angetan hatte. Er verletzte sie nun noch tiefer und rief ihr eines Tages wie im Zorn zu: „Frau, nachdem du nun auch noch diesen Jungen gemacht hast, ist das Leben mit meinen Leuten nicht mehr auszuhalten. Sie beklagen sich bitter, daß nach mir ein Enkel Giannicolos ihr Herr werden soll. Ich fürchte, wenn ich nicht davongejagt werden will, muß ich noch einmal tun, was ich das letzte Mal getan habe. Am Ende werde ich dich verlassen und eine andere Frau heiraten müssen.‟

Seine Frau hörte ihn mit Gleichmut an und antwortete nur: „Mein Herr, denke nur an dein Glück und an die Erfüllung deiner Wünsche. Verschwende keinen Gedanken auf mich. Denn mir gefällt nichts auf der Welt, wenn ich nicht sehe, daß es dir gefällt.‟

Wenige Tage danach schickte Gualtieri, genau in der Art, wie er wegen des Mädchens geschickt hatte, einen Mann wegen des Jungen. Auf die gleiche Weise erweckte er den Anschein, er habe ihn umbringen lassen, ließ ihn aber, genau wie die Tochter, zum Aufziehen nach Bologna bringen. Die Herrin antwortete darauf mit demselben Gesichtsausdruck und mit denselben Worten wie bei dem Mädchen. Gualtieri wunderte sich darüber sehr und sagte sich, keine andere Frau könne handeln wie sie. Hätte er nicht mit eigenen Augen gesehen, wie zärtlich sie zu den Kindern war, solange er sie ihr beließ, hätte er geglaubt, die Kinder seien ihr gleichgültig. So aber erkannte er, daß sie als Weise handelte. Seine Untertanen glaubten, er habe die Kinder töten lassen und tadelten ihn heftig. Sie verurteilten ihn als einen grausamen Tyrannen und hatten mit ihrer Herrin das größte Mitleid. Aber wenn Frauen zu ihr kamen, um mit ihr über die Kinder zu trauern, die so zu Tode gekommen waren, dann sagte sie immer nur, ihr gefalle alles, was dem Vater der Kinder gefalle.

Eine Reihe von Jahren war seit der Geburt des Mädchens vergangen, da glaubte Gualtieri, es sei an der Zeit, die Leidensfähigkeit seiner Frau auf eine letzte Probe zu stellen. Er sagte daher zu vielen seiner Leute, er könne Griselda auf keine Weise länger als Frau ertragen; er erkenne jetzt, wie falsch es gewesen sei, sie in jugendlichem Leichtsinn zu heiraten. Daher wolle er alles tun, was in seiner Macht stehe, um vom Papst die Erlaubnis zu erhalten, Griselda zu verlassen und eine andere Frau zu heiraten. Viele rechtschaffene Männer tadelten ihn dafür heftig. Aber seine einzige Antwort war, es müsse sein. Die Herrin erfuhr von diesen Reden und sagte sich, sie müsse wohl bald ins Haus ihres Vaters zurückgehen und vielleicht wie früher die Schafe hüten; sie werde wohl zusehen müssen, wie eine andere Frau den Mann besitze, den sie mit aller Kraft liebe. Im Innern litt sie ungeheuer. Doch wie sie die anderen Untaten der Fortuna ertragen hatte, so beschloß sie, auch diese neue auszuhalten, unbewegten Gesichts. Wenig später ließ Gualtieri von ihm gefälschte Briefe aus Rom kommen. Er ließ seine Untertanen sich davon überzeugen, der Papst hätte ihm darin erlaubt, Griselda zu verlassen und eine andere Frau zu heiraten. Dann ließ er sie vor sich erscheinen und sagte zu ihr in Gegenwart vieler: „Mit dieser päpstlichen Erlaubnis darf ich dich verlassen und eine andere Frau heiraten. Da alle meine Vorfahren große Adlige und die Herren dieser Länder gewesen sind, während deine immer Landarbeiter waren, habe ich beschlossen: Du kannst nicht länger meine Frau sein. Du gehst ins Haus von Giannicolo zurück und nimmst die Mitgift mit, die du mir mitgebracht hast. Ich will dann eine andere Frau heimführen, von der ich überzeugt bin, daß sie mir ebenbürtig ist."

Als die Herrin dies hörte, unterdrückte sie nur mit größter Mühe, über die Natur der Frauen hinauswachsend, ihre Tränen und antwortete: „Mein Herr, ich war mir immer bewußt, daß meine niedrige Herkunft in keiner Weise zu Eurem hohen Adel paßte. Alles, was ich durch Euch geworden bin, verdanke ich Gott und Euch. Nie habe ich es mir angeeignet, als gehöre es mir; ich habe es immer als geliehen betrachtet. Gefällt es Euch, es zurückzufordern, so soll und wird es auch mir gefallen, es zurückzugeben. Hier ist der Ring, mit dem Ihr mich geheiratet habt: Nehmt ihn zurück. Ihr befehlt mir, die Mitgift mitzunehmen, die ich Euch eingebracht habe. Dazu braucht Ihr keinen Rechenmeister, und ich brauche dazu weder eine Tasche noch ein Lasttier. Denn es ist mir keineswegs entfallen, daß Ihr mich nackt bekommen habt. Haltet ihr es für schicklich, daß mein Leib, in dem ich die Kinder getragen habe, die Ihr erzeugt habt, von allen begafft wird, dann gehe ich nackt nach Hause. Aber ich bitte Euch: Laßt mir als Lohn für meine Jungfräulichkeit, die ich mitbrachte und nicht wieder mitnehmen kann, wenigstens ein Hemd - über meine Mitgift hinaus."

Gualtieri war es mehr nach Weinen als nach irgend etwas anderem zumute, aber mit versteinertem Gesicht stand er da und sagte: „Ein Hemd nimmst du mit."

Alle, die herumstanden, flehten ihn an, ihr ein Kleid zu schenken: Niemand solle mit ansehen, wie eine Frau, mit der er dreizehn Jahre verheiratet war, arm und in Schande, nur mit einem Hemd bekleidet, das Haus verlasse. Aber alle Bitten waren umsonst. So verließ denn die Herrin sein Haus, nachdem sie ihn Gott befohlen hatte - nur im Hemd, barfuß, ohne Kopfbedeckung. Sie ging zu ihrem Vater zurück, unter den Tränen und Klagen aller, die sie sahen. Giannicolo hatte nie daran glauben können, daß Gualtieri seine Tochter als Frau auf Dauer behalten werde und hatte täglich auf ihre Rückkehr gewartet. Daher hatte er die Kleider aufgehoben, die sie an jenem Morgen ausgezogen hatte, als Gualtieri sie heiratete. Er gab sie ihr zurück; sie zog sie wieder an. Wie sie es früher gewohnt war, leistete sie kleine Dienste im väterlichen Haus. Unerschüttert ertrug sie den wilden Ansturm der feindlichen Fortuna.

Kaum hatte Gualtieri Griselda aus dem Hause gejagt, da erweckte er bei seinen Leuten den Eindruck, er habe die Tochter eines der Grafen von Panago zur Frau erwählt. Als er bereits dabei war, großartig die Hochzeit vorbereiten zu lassen, schickte er nach Griselda, sie solle zu ihm kommen. Als sie gekommen war, sagte er ihr: „Ich bin dabei, die Dame, die ich kürzlich erwählt habe, heimzuführen. Ich habe die Absicht, ihr einen ehrenvollen Empfang zu bereiten. Aber, wie du weißt, habe ich keine Frauen im Haus, welche die Räume schön herrichten oder all die vielen Dinge erledigen könnten, die solche Feierlichkeiten erfordern. Daher sollst du, die sich besser als jede andere im Hause auskennt, alles Nötige in Ordnung bringen. Lade alle Damen ein, wie es dir recht erscheint und empfange sie, als wärst du die Gebieterin im Hause. Danach, wenn die Hochzeit vorbei ist, kannst du wieder nach Hause gehen."

Wie Messer schnitten diese Worte Griselda ins Herz. Denn die Liebe zu ihm wurde sie nicht so leicht los wie ihr äußeres Glück. Aber sie erwiderte: „Mein Herr, ich stehe zur Verfügung." So kehrte sie in ihrem groben, ungefärbten Bauernkleid in das Haus zurück, das sie kurz zuvor im bloßen Hemd verlassen hatte. Sie begann, die Schlafräume zu reinigen und herzurichten. Über den Betten ließ sie Baldachine anbringen, die Bänke in den Festsälen wurden geschmückt, die Küche wurde vorbereitet. Sie arbeitete, als sei sie das niedrigste Dienstmädchen. Sie fand keine Ruhe, bis alles so vorbereitet und eingerichtet war, wie es sich gehörte.

Danach ließ sie im Namen Gualtieris alle edlen Damen des Herrschaftsgebiets einladen und erwartete das Fest. Der Hochzeitstag kam, und sie bereitete im Geist und im Stil einer Herrin, trotz der ärmlichen Kleider, die sie trug, allen edlen Damen, die zur Hochzeit kamen, einen freundlichen Empfang.

Gualtieris Kinder waren von seiner Verwandten in Bologna sorgfältig erzogen worden. Sie hatte inzwischen in das Haus der Grafen von Panago geheiratet. Gualtieris Tochter war jetzt zwölf Jahre alt und das hübscheste Mädchen, das man je gesehen hat. Der Junge war inzwischen sechs. Gualtieri hatte Boten zu seinem Verwandten nach Bologna geschickt und ihn um den Gefallen gebeten, mit der Tochter und dem Sohn nach Sanluzzo zu kommen; er solle darauf achten, daß sie in prächtiger und ehrenvoller Gesellschaft kämen; er solle jedermann sagen, das Mädchen, das er mitbringe, sei Gualtieris neue Gattin, ohne irgend jemandem irgendwie zu verraten, wer sie wirklich sei. Der Edelmann entsprach der Bitte des Markgrafen, machte sich auf den Weg und traf wenige Tage darauf gegen Mittag mit dem Mädchen, seinem Bruder und einer vornehmen Gesellschaft in Sanluzzo ein. Dort warteten schon alle auf Gualtieris neue Braut, die Leute vom Ort ebenso wie viele aus der Umgebung. Die Edeldamen begrüßten sie; sie betrat den Festsaal, wo die Tafel gedeckt war. Griselda trat ihr, wie sie war, heiter entgegen und sagte: „Meine Gebieterin, seid willkommen!" Die vornehmen Damen, die Gualtieri oft, aber vergeblich angefleht hatten, Griselda in einen anderen Raum gehen zu lassen oder ihr eines ihrer früheren Kleider zu leihen, damit sie nicht so ärmlich vor den Gästen auftreten müsse, wurden zur Tafel geleitet, und man begann zu servieren. Das Mädchen zog die Blicke aller auf sich, und jeder sagte, Gualtieri habe einen guten Tausch gemacht. Griselda pries das Mädchen noch mehr als alle anderen, das Mädchen und auch ihren kleinen Bruder.

Gualtieri fand, er habe sich nun so vollständig, wie er es nur gewünscht habe, von der Geduld seiner Frau überzeugt. Er begriff, daß kein Ereignis, wie überraschend auch immer, sie verändern konnte. Er war sicher, daß dies bei ihr nicht dem Stumpfsinn entsprang, denn er erkannte jetzt, daß sie sehr weise war. Daher dachte er, es sei an der Zeit, sie aus der Verbitterung zu befreien, die sie, wie er annahm, hinter ihrer beherrschten Miene verberge. So ließ er sie denn zu sich rufen und fragte sie lächelnd vor allen Anwesenden: „Wie gefällt dir unsere Braut?"

„Mein Herr", antwortete Griselda, „mir gefällt sie sehr gut. Und wenn sie, was ich annehme, ebenso weise ist, wie sie schön ist, dann zweifle ich keinen Augenblick, daß Ihr mit ihr der glücklichste Herr der Welt sein werdet. Doch ich bitte Euch, so sehr ich nur kann: Schlagt ihr nicht die Wunden, die Ihr der anderen Frau, die einmal die Eure war, geschlagen habt. Denn ich fürchte, sie könnte das nicht ertragen, einmal, weil sie jünger ist, sodann, weil sie in feineren Verhältnissen groß geworden ist, während die andere von Kind an dauernd an Mühsal gewöhnt war."

Als Gualtieri sah, daß sie fest davon überzeugt war, das Mädchen werde seine Frau, und daß sie gleichwohl nur gut von ihr sprach, da ließ er sie neben sich Platz nehmen und sagte: „Griselda, jetzt ist es Zeit, daß du den Lohn erhältst für deine ausdauernde Geduld, und daß die Leute, die mich für grausam, ungerecht und bestialisch hielten, erkennen, daß alles, was ich getan habe, dem wohlüberlegten Plan entsprungen ist, dich zu belehren, wie eine Ehefrau sein soll, und diese Leute hier zu belehren, wie man eine Ehefrau halten soll. Mir selbst wollte ich dauerhafte Ruhe sichern für die gesamte Zeit unseres Zusammenlebens. Damals, als ich mich entschloß zu heiraten, hatte ich große Angst, daß mir das nicht gelingen werde. Aus dieser Angst heraus, um mir den Beweis zu verschaffen, habe ich dich gequält und verletzt, du weißt, auf wie viele Weisen.

Und doch habe ich niemals ein Wort oder eine Tat von dir erlebt, womit du dich gegen meine Wünsche aufgelehnt hättest. Da ich nun davon überzeugt bin, daß du mir all das Glück bringen kannst, das ich ersehnte, will ich dir nun in einem einzigen Augenblick all das wiedergeben, was ich dir nach und nach genommen habe. Mit aller Zärtlichkeit will ich die Wunden heilen, die ich dir geschlagen habe. So nimm sie zurück, frohen Herzens: dieses Mädchen, das du für meine neue Braut gehalten hast, und auch ihren Bruder. Es sind deine und meine Kinder, von denen du und viele andere lange geglaubt haben, ich hätte sie in meiner Grausamkeit töten lassen; und ich, ich bin dein Gatte, der dich über alles liebt. Ich bin überzeugt: ich darf mich rühmen, es gebe keinen anderen Mann auf der Welt, der mit seiner Frau so glücklich sein kann wie ich."

Dies sagte er, dann umarmte und küßte er sie. Sie weinte vor Freude, während sie beide aufstanden und zu der Tochter hinübergingen, die ganz verwirrt dasaß, als sie diese Dinge hörte. Sie umarmten sie zärtlich, auch ihren Bruder, dann entwirrten sie für das Mädchen und viele Anwesende die Fäden des Geschehens. Die edlen Damen erhoben sich von den Tischen, gingen hocherfreut mit Griselda in den Schlafraum, zogen ihr - unter glücklicheren Vorzeichen als damals - das Bauernkleid aus, kleideten sie in eines ihrer vornehmen Gewänder. Sie führten sie als Gebieterin in den Festsaal zurück, sie, die auch in Lumpen ihr herrschaftliches Wesen gewahrt hatte. Dann feierten sie mit ihren Kindern ein wunderbares Fest. Alle waren froh über diese Wendung. Alle hatten Grund zur Freude und zum Feiern. Das Fest zog sich über mehrere Tage hin. Gualtieri galt jetzt als ziemlich weise, auch wenn man die Proben, denen er seine Frau unterworfen hatte, zu hart und unzumutbar fand; alle aber hielten Griselda für die Weiseste von allen.

Der Graf von Panago kehrte einige Tage später nach Bologna zurück. Gualtieri befreite Giannicolo von seiner Plackerei und brachte ihn als seinen Schwiegervater in eine hohe Position, so daß er für den Rest seiner Tage ehrenvoll und voller Zufriedenheit lebte. Gualtieri selbst lebte, nachdem er seine Tochter an einen hohen Adligen verheiratet hatte, noch lange Zeit zufrieden mit Griselda und hielt sie dabei in Ehren, sosehr er nur konnte.

Soll ich sonst noch etwas sagen? Höchstens das noch: Göttliche Geister trudeln vom Himmel herab auch in arme Hütten, und in Königspalästen gibt es Leute, die eher wert wären, Schweine zu hüten als Herrschaft über Menschen auszuüben. Wer außer Griselda hätte die harten und ganz unerhörten Prüfungen, die Gualtieri ihr angetan hat, nicht nur ohne Tränen, sondern mit heiterer Miene bestanden? Ihm wäre nur Recht geschehen, wäre er an eine Frau geraten, die, als er sie im Hemd aus dem Hause jagte, sich von einem anderen Kerl das Pelzehen hätte reiben lassen. Ein anständiges Kleid für sie wäre dabei wohl außerdem herausgesprungen.

3. Aspekte der Deutung

a) Die Beherrschung der Fortuna durch die Frau

Die Geschichte präsentiert das aus heutiger Sicht unbegreifliche Modell einer völlig willenlosen, ja willfährigen Ehegattin. Zum einen gefeiert als christliches Ideal in Steigerung der Genovefa-Thematik, gilt die Erzählung zum anderen als Horrorkabinett anti-emanzipatorischer Frauenfeindlichkeit des Mittelalters. Unklar war in dieser Deutung nur, wie gerade diese Erzählung in das „moderne" Werk des Boccaccio hineingeraten ist, das dadurch als geschlossener Wurf in seinem Gesamtkonzept fragwürdig wurde.

„Eine Frau, die bei einem Ekel von Mann bleibt",[65] so fasst K. Flasch, der 2002 einige der Geschichten aus dem Decameron neu übersetzte und interpretierte, das Deutungsproblem zusammen. Wird hier etwa als Vorbild exemplifiziert, wie eine Frau schrittweise ihre persönliche Würde verliert? K. Flasch, Spezialist für mittelalterliche Philosophie, geht in seinem Buch von seinen eigenen Schwierigkeiten mit dieser Schlusspointe des ‚modernen' Boccaccio aus und legt eine neue Gesamtdeutung des ‚Decameron' vor, die von der ‚Griselda' ausgeht.

Boccaccio gestaltet, so wurde es auch bisher gesehen, drei zentrale Werte als erforderlich für menschliche Größe: Fortuna, Amor, Intellekt. ‚Fortuna' ist die Gestalt des unbeständigen Glücks, oft als Rad dargestellt, ein Symbol jener willkürlichen Veränderungen, die Menschen in ihrem Leben hinab- und wieder aufwärtstreiben, ohne dass sie sie beeinflussen könnten. Als beliebtes Motiv des Mittelalters zeigt die Fortuna-Thematik die Auslieferung des Menschen an ein dynamisch rotierendes Schicksal.[66] Die beiden anderen zentralen Tugenden, Liebe und Verstandeskraft, können vom Menschen bewusst eingesetzt werden, um ihre Existenz selbstständig zu gestalten. Das ‚Decameron' zeigt zahlreiche Beispiele für Liebe und Lebensklugheit von Männern und Frauen. Bei Frauen spielt vor allem auch die List eine Rolle, mit der sie den traditionellen männlichen Diskurs von Medizin, Juristerei, Theologie aufbrechen und, so zeigt Boccaccio, in ihrem Sinne gestalten können. In der Schlussnovelle nun werden alle drei positiven Gestaltungskräfte in einer Person vereinigt: Griselda ist als „Aus-

---

[65] Flasch (Anm. 64), S. 211.
[66] Vgl. dazu: Miltenburg, A.: Fortuna, in: Lexikon des Mittelalters, Bd. 4 (1999), Sp. 665 - 666; Miranda, Elisa: Fortuna, in: EM 5 (1987), Sp. 1 - 6.

„Ausbund aller Tugenden konzipiert.[67] Die bisherige Deutungstradition hat daher diese Gestalt als Personifizierung eines christlichen Weiblichkeitsmodelles des Mittelalters verstanden: als die ihrem Gatten gehorsam untergebene Ehefrau, die ihr Eheversprechen zur Unterwerfung unter seinen Willen höher schätzt als ihr persönliches Glück.

K. Flasch verweist nun zunächst darauf, dass im ‚Decameron' nicht die Institution der Ehe als solche gepriesen werde, sondern die Liebe.[68] Und ‚Griselda' sei eine „peregrine" Geschichte, die „von Liebe in Ungewissheit"[69] handele. Diese kann nur durch eine besondere Weisheit realisiert werden. In ihrem geduldigen Ertragen repräsentiert Griselda ein Weisheitsideal, das als stoisch bezeichnet wird, darüber hinaus aber auch als allgemeine Zielperspektive antiker Philosophie gelten kann. Es findet sich als ethisches Konzept bei Cicero und Seneca. Der wahrhaft weise Mensch, so argumentieren diese, wird gerade nicht zum Spielball der Fortuna, da er sich in innerer Stärke über die Zufälle des Schicksals hinwegsetzen kann. Dieses verbreitete Ideal freilich galt in der Antike, entsprechend der Geschlechteranthropologie, nur für Männer. Diese, so war es auch in der ‚Genovefa' gestaltet, traute Frauen die Beherrschung ihrer Affekte nicht zu. Hier nun, bei Boccaccio, wird diese Fähigkeit zum ersten Male einer weiblichen Gestalt zugestanden. Dies ist eine wichtige These von K. Flasch. Und diese Frau, so ergänzt er, ist zudem noch keine Person von Adel, sondern ein Mädchen aus der untersten sozialen Klasse, Tochter eines „sehr armen Mannes", und wohnt in einer „elenden Hütte". Ausgerechnet diese Frau, so zeigt Boccaccio an pointierter Stelle seines Werkes, ist in der Lage, die „Natur der Frauen" zu überwinden. Griselda kontrolliert ihre Gefühle auf eine perfekte Art. Die höchste Stufe, sich von der launischen Fortuna in Weisheit unabhängig zu machen, besteht darin, gefasst zu bleiben, wenn man ein Kind verliert, d.h., zu akzeptieren, dass ein Kind ein sterbliches und damit vergängliches Wesen ist. Griselda stellt diese extreme Herausforderung an eine Mutter gleich zweimal unter Beweis und realisiert damit, so fasst Flasch zusammen: „Weisheit als Standhaftigkeit und Geduld im Leiden (pazienzia), als Gegensatz zum Hochmut (superbia) und als Widerstand gegen die feindliche Fortuna, als strenge Körperbeherr-

---

[67] So wird in einem Überblicksartikel der Forschungsstand zusammengefasst: Spinette: Boccaccio, in: EM 2 (1979), hier Sp. 551.
[68] Flasch (Anm. 64), S. 164.
[69] Ebd., S. 208.

schung und als Hinauswachsen über die weibliche Natur."[70] Die Erzählung zeigt also eine Frau in radikaler Selbstbestimmung, die sich über alle als weiblich betrachteten Gefühle und Erwartungen in rationaler Beherrschung hinwegsetzt.

Dabei übertrifft sie ihren Mann und zeigt, dass der Adel nicht zugleich auch der tugendhafte Stand ist. Gualtieri in seiner inneren Roheit wird vielmehr als Tyrann entlarvt.[71] An der Parteinahme des Autors Boccaccio besteht kein Zweifel. Bereits der Erzähler distanziert sich in seiner Einleitung von dem Marquis und bedauert, dass es für ihn so gut ausgeht.

b) Die Einfügung Griseldas in den christlichen Ehediskurs und die Rücknahme der weiblichen Leistung

Auch eine Frau greift die Griselda-Geschichte auf. Christine de Pizan benutzt in ihrer Utopie ,Buch von der Stadt der Frauen', geschrieben 1405, ihr Beispiel zur Verteidigung der Frauen gegen verbreitete männliche Angriffe.[72] In besonderer Weise hebt sie die positiven Leistungen Griseldas heraus und versteht ihr Handeln als Gegenkonzept gegen verallgemeinernde Topoi über weibliche Schwäche, die Frauen der Fortuna auslieferten: „Und doch bezeichnen die Männer und sogar die Bücher alle in schöner Einstimmigkeit die Frauen als launisch und unbeständig, als wankelmütig und flatterhaft, als willensschwach und sprunghaft wie die Kinder, als bar jeder Standhaftigkeit."[73]

Trotz des großen Erfolges des ,Decameron' hat aber offenbar die Radikalität der sozialkritischen Dimension und der emanzipatorischen Aussage über weibliche Stärke für Befremdung gesorgt. Bei seiner Übersetzung des italienisch verfassten Werkes in das Humanistenlatein hat Petrarca (1304 - 1374) die Gestalt der Griselda jedenfalls umgedeutet und ihr Verhalten als vorbildliche „religiöse Ergebung in Gottes Willen" präsentiert.[74] Konsequenterweise wird nun der Markgraf von einem Ehetyrann zu einem edlen Fürsten umstilisiert und Griselda als Vorbild für alle Gattinnen hingestellt, die zu selbstloser Dankbarkeit, Gehorsam und Treue ihrem

---

[70]   Ebd., S. 249.
[71]   Petzoldt: Griseldis, in EM 6 (1990), Sp. 206.
[72]   Zimmermann, Margarete (Hg.): Christine de Pizan. Das Buch von der Stadt der Frauen, Berlin 1986, S. 201 - 206.
[73]   Ebd., S. 194. Vgl. dazu auch: Zimmermann (Anm. 60), S. 251.
[74]   Flasch (Anm.64), S. 226.

die zu selbstloser Dankbarkeit, Gehorsam und Treue ihrem edlen Gemahl gegenüber angehalten werden.[75]

Spätere Autoren folgen Petrarca mit seiner Umstilisierung. H. Steinhöwel übersetzt das Werk in das Deutsche, wo es sich im 15. und 16. Jahrhundert rasch verbreitet. B. Gotzkowski nennt in seinem Katalog der populären Adaptationen 12 Handschriften und 14 Inkunabeldrucke, darunter eine in niederdeutscher Sprache.[76] Bei der Übernahme älterer Erzählkerne in die Druckschriften der neuen Werkstätten werden die Inhalte auf dem Deckblatt zusammengefasst: Das Impressum bemüht sich um eine populäre Werbung. Dabei wird die Transferleistung der Geschichte von Griselda als Mahnung für Ehefrauen zur Stetigkeit, Geduld und zur getreulichen Ausführung des Gelöbnisses zum Ehegehorsam angepriesen. So wird in den Frühschriften, etwa in Ulm und erschienen nicht vor 1474, dem Leser verheißen:

„So ich aber von staetikeit / vnd getreuwer gemahel=//schafft / so manger frauwen geschriben habe / vnd von keiner groessern vber die grisel / von der franciscus pe= // trarcha schreibet / doch vsz johannis boccacy welsch in // latin / von mir vsz latin in teutsch gebracht.“[77]

Und in folgenden Impressi heißt es weiter: „Ob auch soelliche // geschicht. Jn warheyt beschehen oder vmb ander frau = // wen manung zuo gedult geseczet werden. //“[78]

c) Selbständige weibliche Identitätsarbeit

Möglicherweise ist aber die narrative Erfüllung eines solchen Verhaltensideales durch eine Frau im 14. Jahrhundert keine so überraschende Seltenheit, wie Flasch meint. Vielmehr deuten sich in dem Erzählkomplex von der unschuldig verfolgten Frau bereits Bilder von Weiblichkeit an, die Frauen nicht nur innerhalb der Ehe, sondern auch gerade in einer Lebensphase der Isolation bei der gedanklichen Arbeit mit einer großen inneren Stärke präsentieren. Die Mediävistin Y. Foehr-Janssens hat 2000 eine Stu-

---

[75] So Gotzkowsky, Bodo: „Volksbücher". Prosaromane, Renaissancenovellen, Versdichtungen und Schwankbücher. Bibliographie der deutschen Drucke. Teil 1: Drucke des 15. und 16. Jahrhunderts, Baden-Baden 1991, unter Bezug auf Xenia von Ertzdorff, S. 204.

[76] Ebd., S. 204 - 221, hier: S. 205, Literatur findet sich auf S. 220 - 221.

[77] Ebd., S. 208.

[78] So heißt es bei Anton Sorg in Augsburg 1478, zit. nach ebd., S. 209.

die aus gendergeschichtlicher Sicht über diesen Erzähltyp vorgelegt, in der sie solche Gesichtspunkte systematisch ausgestaltet.[79] Sie erklärt die Gestalt der verfolgten Frau als einen kulturellen und literarischen ,Archetyp', der einen neuen Diskurs über weiblichen Heroismus eröffne. Angesichts des zentralen Themas der Ehe überrascht es zunächst, dass sie die Vertriebene als ,Witwe' bezeichnet. Dieser Status ist aber metaphorisch definiert als „veuvage spirituel", als eine gedankliche Witwenschaft. Genovefa hat ja ihren Mann ,verloren', und auch Griselda muss innerlich mit dem Verlust jenes Mannes fertig werden, den sie aus den Anfängen ihrer Ehe kannte. Bei den meisten Fallbeispielen dieses Erzähltypus handelt es sich um Klerikergeschichten mit hagiografischen Zügen. Sie richten sich durchaus gesellschaftskritisch gegen Verrat und Gewalt am Fürstenhof und geißeln auch die schlechte Regierung des Ehemannes. Auch Boccaccio lässt seinen Erzähler gegen den Adel geifern: „in Königspalästen gibt es Leute, die eher wert wären, Schweine zu hüten als Herrschaft über Menschen auszuüben". Diese Ablehnung der Herrschenden als Vorbild teilt er also mit den schreibenden Mönchen.

Mithin stellt die Isolierung der Frau für sie nicht nur einen Verlust dar; die Vertriebene kann der Distanz vielmehr einen dauerhaften Gewinn abringen. Denn durch erfolgreiche ,Trauerarbeit' überwindet sie die Krise der Trennung. Dabei werden Anteile weiblicher Weisheit freigelegt, die sich insbesondere auf den Umgang mit Schmerz, die Überwindung von Leid und den Sieg über animalische Bedrohungen richten. Die Erzählungen entfalten auf unterschiedliche Weise diesen Leidensweg, eine weibliche „quête de sagesse".[80] Nach Überwindung der verschiedenen diabolischen Gefahren stehe am Ende, so fasst Y. Foehr-Janssens den Ausgang der Geschichte auf, eine Re-Evaluation des Eheversprechens, die im Kontext eines eschatologischen Konzeptes einer bewusst gewählten Verbindung verstanden werden müsse und von der Frau mit ihren entfalteten prophetischen Gaben ausgehe. Kurz: statt des passiven Ertragens hebt dieses Verständnis die musterhafte weibliche Trauerarbeit als Quelle einer Selbstfindung hervor, die zur Voraussetzung wird für eine Rückkehr in die alte Rolle auf einer gänzlich neuen Ebene.

---

[79] Foehr-Janssens, Yasmina: La Veuve en Majesté. Deuil et savoir au féminin dans la littérature médiévale, Genève 2000. Vgl. dazu meine Rezension in: Fabula. Zts. f. Erzählforschung (2003) (im Druck).

[80] Foehr-Janssens (Anm. 79), S. 19 - 22.

Aus der Perspektive der Genderforschung ist schon früher darauf hingewiesen worden, dass der mentalen Arbeit von Frauen, die sich nicht in einer Gemeinschaft mit einem Mann befinden, nicht nur religiöse Funktionen zukommen, die sich auf die Realisierung des Ideales der ‚Jungfräulichkeit' richten. Vielmehr erfüllt diese konzentrierte Tätigkeit auch gesellschaftlich-symbolische Aufgaben.[81] So hat auch M. E. Müller 1995 von dem besonderen „Faszinosum" dieses „Standes der Vollkommenheit" mit seiner charismatischen Bedeutung gesprochen, der auch in der Versliteratur des 12. und 13. Jahrhunderts bereits als Vorbild und Leitbild immer wieder anzutreffen sei.[82] Ähnliche Vorstellungen sind also in verschiedenen literarischen Traditionen repräsentiert.

Damit zeigt sich nun der gesamte Erzählkomplex in einem anderen Licht als es die traditionelle Deutungstradition suggerierte. An die Stelle des Ideales der weiblichen Abhängigkeit tritt Selbstständigkeit, aus der hilflosen Passivität und dümmlichen „Einfalt" werden innere Arbeit und Weisheit. Das stets als explizit christlich bezeichnete Modell der überirdischen Belohnung von Gottesergebenheit lässt sich als mühsam, aber als wohlverdient selbsterworbener, irdischer Dank verstehen, der ein breit konsensfähiges Menscheitsideal aus einer langen „heidnischen" Tradition realisiert. Die angeblich naturbedingte Gegensätzlichkeit zwischen Männern und Frauen wird in diesen Texten bereits gedanklich überwunden, denn die als männlich verstandene Triebkontrolle wird exemplarisch von einer weiblichen Figur gemeistert. Die literarische Repräsentation dieser Verhaltenskonditionierung hat weitreichende theoretische Konsequenzen für die Epochenkonstruktion: Ist doch noch immer die These von N. Elias verbreitet, erst in der Neuzeit habe die Menschheit gelernt – etwa in Reaktion auf das Erfordernis, sich in Arbeitsprozessen fortgeschrittener Teilung der einzelnen Produktionsschritte zu bewähren – die unmittelbare körperliche wie geistige Bedürfnisbefriedigung zurückzustellen. Damit aber erst sei die zentrale Voraussetzung erfüllt gewesen für die Entwicklung der Zivilisation, die in Schüben erfolgt sei.[83] Dieses Modell, ohnehin schon

---

[81] Müller, Maria E.: Jungfräulichkeit in Versepen des 12. und 13. Jahrhundert, München 1995.

[82] Ebd., S. 341.

[83] Elias, Norbert: Über den Prozess der Zivilisation. Soziogenetische und psychogenetische Untersuchungen 2 Bde., Frankfurt a.M. 1976.

lange in Frage gestellt, wird auch unter Gendergesichtspunkten neu durchdacht werden müssen.

Damit zeigen sich die mittelalterlichen Texte – so muss man es wohl sehen – als weniger „misogyn" als die frühneuzeitlichen. Und die sich innerhalb des Überlieferungsprozesses fortschreibende Sinnkonstruktion mit ihren beiden Polen ‚gehorsame Ehefrau' und ‚fromme Jungfrau' erweist sich als eine vereinfachende Rückprojektion von ‚modernen' Geschlechterbildern, die über ein zunächst ganz anders kodiertes Konzept weiblicher Existenz nachträglich gestülpt worden sind.

VI. Schluss

Beide Quellenbeispiele, ‚Genovefa' und ‚Griselda', haben also gezeigt, dass bei der Aneignung eines Erzählstoffes Vereinnahmungen stattfinden können, die dem mittelalterlichen bzw. spätmittelalterlichen Stoff keineswegs immanent sein müssen. Diese Deutungsangebote negieren die selbstständige mentale Arbeit der Frau an ihrer Identität. Auf die Bedeutung gerade dieser Ebene aber hat die Genderforschung bereits hingewiesen. Sie hat sich etwa um ein neues Verständnis des Askese-Ideales für Frauen bemüht. Dieses Verhalten ist bisher tatsächlich eher in christlichen Kontexten als positives – wenn auch nicht immer konfliktfrei zu realisierendes – Angebot für ein Leben in weiblicher Selbstständigkeit vermutet worden. So zeigt etwa das christliche Ideal der Schmerzensmutter Maria, dass einer Frau die Fähigkeit zugestanden wurde, der durch die Geschlechteranthropologie zugewiesenen Affektergebenheit zu widerstehen. Dagegen ist die symbolisch-säkulare Bedeutung dieser Genderkonstruktion möglicherweise noch nicht genügend bedacht worden. K. Flasch kommt das besondere Verdienst zu, auf eine antike Tradition hingewiesen zu haben, welche die Zuordnung eines aus moderner Sicht merkwürdigen Verhaltens in philosophische Tugendkataloge ermöglicht. Freilich, so warnt auch er, sind Geschichten nicht realistisch gemeint, sondern sie geben nur eine gedachte Möglichkeit wieder. Sie zeigen also nicht, wie Menschen wirklich handeln. Anders als in der Gründungslegende mit ihrer deutlich auf konkretes Handeln gerichteten Absicht liegt bei Boccaccio „eine poetische Projektion vor".[84]

---

[84]   Flasch (Anm.64), S. 269.

Aber ist das in der Geschichte gepriesene „asketische" Verhalten des Ringens um innere Stabilität in Einsamkeit und Verzicht wirklich so unverständlich und fern von modernen Erziehungszielen? Die moderne Sozialisationsforschung hebt „Frustrationstoleranz" als wichtiges Lernziel hervor, die Fähigkeit, die unmittelbare Befriedigung von Bedürfnissen zurückstellen zu können, Triebforderungen zu kontrollieren und Enttäuschungen auszuhalten. Der scheinbar überholte Inhalt hat damit eine durchaus moderne Tiefenstruktur, die durch Rekonstruktion und Dekonstruktion erschlossen werden kann.

In diesem Sinne wären die aus den Schulbüchern verschwundene Genovefalegende wie auch die Novelle wieder mit modernen Erziehungszielen vereinbar, ja, ihr Einsatz im Unterricht verspricht sehr ergiebig zu sein: Als Information über historische und traditionelle Erziehungsideale und Ehebilder, als Übung zur Auflösung konventioneller Dualismen und zum Spiel mit den Dialektiken bipolarer Konstruktionen, als Konfrontation mit einem typisch mittelalterlichen Modell der Spiritualität und Askese aus antiker Tradition, als Warnung auch vor einseitig aufsteigend gedachten Kurven von Fortschritt und Emanzipation. Als Exempel für Genderverhalten in Gegenwart und Zukunft transformiert, können Genovefa und Griselda noch immer „Vorbild" sein: vor allem als Bestärkung der selbständigen Identitätsarbeit als Mann oder Frau, als Junge oder Mädchen. Vielleicht auch durch Erzählen? Durch Umgestalten alter Geschichten und durch das Schreiben neuer Beispiele?

Wolfgang Hasberg

PROPAGANDA ZWISCHEN WUNDERBERICHT UND KRIEGSRAPPORT
Die Preußenchronik des Petrus von Dusberg[1]

I. Einführung

Trotz der brisanten Rolle, die der Deutsche Orden und seine Geschichte in den deutsch-polnischen Schulbuchgesprächen der 1970er Jahre gespielt haben,[2] fristen sie in Geschichtsdidaktik und Geschichtsunterricht derzeit ein Nischendasein.[3] Ausweislich der Lehrpläne und Schulbücher für den Geschichtsunterricht zählt zwar die deutsche Ostsiedlung des späteren Mittelalters zu den obligatorischen Gegenständen in nahezu allen Bundesländern. Der Anteil des Deutschen Ordens an dieser Bewegung bleibt dabei allerdings durchweg unterbelichtet. Marginale Berücksichtigung findet er allenfalls im Rahmen der Kreuzzugsbewegung, konkret im Zusammenhang mit dem Dritten Kreuzzug, während dem er 1189/90 vor Akkon ins Leben gerufen wurde.

---

[1] Die folgenden Ausführungen stützen sich in ihren Grundzügen auf Hasberg, Wolfgang: Geschichtsschreibung im Deutschen Orden. Historiographische Funktionen in fachwissenschaftlicher und fachdidaktischer Perspektive, in: Christ, Karl (Hg.): Aequilibrium Mediaevale, Idstein 2003, S. 97 - 133.

[2] Vgl. u.a. Empfehlungen für Schulbücher der Geschichte und Geographie in der Bundesrepublik Deutschland und in der Volksrepublik Polen (Schriftenreihe des Georg Eckert-Instituts für Internationale Schulbuchforschung, Bd. 22), Braunschweig 1977 (Nr. I, 6) vgl. dazu Menzel, Josef Joachim/Stribrny, Wolfgang/Völker, Eberhard: Alternativ-Empfehlungen zur Behandlung der deutsch-polnischen Geschichte in den Schulbüchern, Mainz 1978.

[3] Zur Rolle des Deutschen Ordens in der geschichtsdidaktischen Diskussion der 1970er Jahre s. u.a. die Beiträge zur Deutsch-polnischen Schulbuchkonferenz in Thorn (Torún) zum Deutschen Orden, in: Int. Jb. f. Geschichts- u. Geographieunterricht 16 (1975), S. 255 - 314 u. als eines der letzten Unterrichtsmodelle zum Inhaltsbereich s. Lückerath, Carl August: Geschichte des Deutschordensstaates als mittelalterliche Geschichte. Didaktische Grundlagen einer Unterrichtseinheit „Deutscher Orden", in: Drommel, Raimund H./Hömig, Herbert (Hg.): Beiträge zur Didaktik und Erziehungswissenschaft, Bd. 2 (Fs Theodor Rutt), Paderborn 1980, S. 331 - 342 (ND in: Hasberg, Wolfgang/Uffelmann, Uwe (Hg.): Mittelalter und Geschichtsdidaktik. Zum Stand einer Didaktik des Mittelalters (Fs C.A. Lückerath), Neuried 2002, S. 89 - 102.

Die unbedeutende Rolle, die dem Deutschordensstaat für das historische Lernen im Geschichtsunterricht zugestanden wird, steht im Kontrast zu der Möglichkeit, am Beispiel Preußens die mit missionarischem Eifer betriebene Kolonialisation heidnischer Völker in Augenschein zu nehmen. Exemplarisch lässt sich an Aufstieg und Niedergang des Deutschordensstaates zwischen Akkon (1189/90) und Rimini (1226), Kruschwitz (1230) und Tannenberg (1410) deutlich machen, wie der Missionsgedanke die Legitimationsgrundlage für die kriegerische Unterwerfung zweier Volksstämme (Preußen und Litauer) abgab, der im Ergebnis zur Errichtung und ausgefeilten Organisation einer spätmittelalterlichen Landesherrschaft führte.

Nicht aber dieses (real-) historische Geschehen soll im Folgenden einer eingehenderen Betrachtung und unterrichtlichen Aufbereitung unterzogen werden. Im Mittelpunkt stehen soll vielmehr die *Chronica terre Prussie*, in der Peter von Dusburg diesen Prozess von dessen Beginn bis in seine Gegenwart beschreibt.[4] Es geht mit anderen Worten nicht um den Vorgang selbst, sondern um die historische Erinnerung an diesen Vorgang, wie sie in der Chronik des Preußenlandes ihren Niederschlag gefunden hat. Gegenstand der Betrachtung ist folglich ein Inhalt des *kommunikativen Gedächtnisses* an der Schwelle zum *kulturellen Gedächtnis*.[5] Denn Peter von Dusburg ist der erste, welcher der mündlichen Überlieferung des Geschehens eine schriftliche Form gegeben hat. Nur durch eine De-Konstruktion lassen sich die der schriftlichen Darstellung inhärenten (literarischen) Formen, Argumentationsfiguren und Normen aufdecken, um zu dem vorzudringen, was Peter von Dusburg an Kenntnissen über das vergangene Geschehen besaß. Im Mittelpunkt einer solchen *Triftigkeitsanalyse* aber steht nicht primär die Absicht, den empirisch triftigen „Tatsachengehalt" einer Darstellung aufzudecken, um diesen selbst der historischen Re-

---

[4]   Petri de Dusburg Chronica terre Prussie, ed. Toeppen, Max, in: SRP I (1861), S. 21 - 219. Hier verwendet in der Übersetzung von Scholz, Klaus/Wojtecki, Dieter: Peter von Dusburg. Chronik des Preußenlandes (FStGA 25), Darmstadt 1984. Mit der Rolle der Chronik in der Deutschordenshistoriografie befasst sich v.a. Bauer, Helmut: Peter von Dusburg und die Geschichtsschreibung des Deutschen Ordens im 14. Jahrhundert in Preußen (Hist. Studien 272), Berlin 1935 [ND Vaduz 1965].

[5]   Zu den Begrifflichkeiten s. Assman, Jan: Das kulturelle Gedächtnis, TB-Aufl. München 1999, S. 29 - 86.

Konstruktion verfügbar zu machen.[6] Vorrangiges Ziel ist es vielmehr, die Verarbeitung selbst transparent zu machen, um so Formen des Umgangs mit der Vergangenheit erkennbar zu machen, um den Vorgang kritisch zu durchleuchten, in dem *aus Geschäften Geschichte* gemacht wird (G. Droysen).

Bevor auf didaktisch-methodische Gesichtspunkte eingegangen werden kann (IV), die mit einem solchen Vorgehen verbunden sein können, beanspruchen fachwissenschaftliche Aspekte ihr Recht (II), deren Klärung als Voraussetzung für die Durchführung einer Triftigkeitsanalyse (III) zu betrachten ist.

II. Fachwissenschaftliche Aspekte

1. Zwischen Akkon und Königsberg. Geschichte des Deutschen Ordens

Die um 1250 entstandene *Narratio de primordiis Theutonici* berichtet über die Anfänge des Ordens,[7] die indes nahezu weitere 100 Jahre in die Vergangenheit zurück reichen.[8] Vor 1140 hatten deutsche Pilger in Jerusalem

---

[6] Würde die De-Konstruktion historischer Narrationen sich auf diese Form beschränken, würde sie sich in der Tat nicht von der Quellenkritik unterscheiden, die bekanntlich im Dienste der Re-Konstruktion steht, indem ihr die Aufgabe zukommt, den Wert einer Quelle für die historische Re-Konstruktion zu bestimmen.

[7] *De primordiis ordinis Theutonici narratio,* ed. Toeppen, Max, in: SRP VI, S. 22 - 29. Vgl. Arnold, Udo: De primordiis ordinis Theutonici narratio, in: Preußenland 4 (1966), S. 17 - 30. Zur Gründung s. insb. die Untersuchung von Favreaux, Marie-Luise: Studien zur Frühgeschichte des Deutschen Ordens (Kieler hist. Stud., Bd. 21), Stuttgart o.J. (1974) u. Arnold, Udo: Entstehung und Frühzeit des Deutschen Ordens, in: Fleckenstein, Josef/Hellmann, Manfred (Hg.): Die geistlichen Ritterorden Europas (VuF 26), Sigmaringen 1980, S. 81 – 107.

[8] Eine kompakte Übersicht zur Geschichte des Ordens bietet Biskup, Marian: Wendepunkte der Deutschordensgeschichte, in: Arnold, Udo (Hg.): Beiträge zur Geschichte des Deutschen Ordens, Bd. 1, Marburg 1986, S. 1 - 18. Gut lesbar auch der Gesamtüberblick aus polnischer Sicht von Biskup, Marian/Labuda, Gerard: Die Geschichte des Deutschen Ordens in Preußen (Klio in Polen, Bd. 6), Osnabrück 2000 (Orig. Gdansk 1986) u. aus deutscher Perspektive von Boockmann, Hartmut: Der Deutsche Orden. Zwölf Kapitel aus seiner Geschichte, 4. Aufl. München 1994. S. neuerdings auch das fundierte Sachbuch von Ziegler, Uwe: Kreuz und Schwert. Die Geschichte des Deutschen Ordens, Köln/Weimar/Wien 2003. Daneben sei auf die Reihe *Beiträge zur Ge-*

ein Hospital gegründet, in dem sie vor allem kranke Pilger und Kreuzfahrer pflegten. Das Hospital ging 1143 im Johanniter Orden auf. Erst während des Dritten Kreuzzuges (1189/90) wurde von hamburgischen und bremischen Kaufleuten eine neue Spitalbruderschaft gegründet, diesmal in Akkon. Sie trug die Bezeichnung *Ordo domus Sanctae Mariae Teutonicorum*; woraus hervorgeht, dass sie nunmehr Ordenstatus für sich beanspruchte und die Mehrzahl der Spitalbrüder deutscher Herkunft war. Rasch konnten päpstliche Schutzprivilegien erwirkt werden, bis hin zur offiziellen Anerkennung, die 1199 durch Papst Innocenz III. (1198 - 1216) erfolgte, der dem neuen Orden eine Regel vorgab, die Elemente aus der Templer- als auch aus der Johanniterregel in sich aufnahm.[9]

Mit dem Niedergang der Kreuzzugsbewegung infolge des Aufstiegs Sultan Saladins (1137 - 1193) wandte der schnell aufblühende Orden sich neuen Interessensgebieten zu. So folgte er 1211 dem Ruf König Andreas v. Ungarn (1207 - 1235), der ihn zur Missionierung des siebenbürgischen Burzenlandes gewinnen konnte. Als dieser sich 1225 das Gebiet als *patrimonium Sancti petri* vom Papst zu bestätigen lassen versuchte, verlor er die Gunst des ungarischen Königs und wurde aus dem Burzenland vertrieben.

Unter der Führung des Hochmeisters Hermann von Salza (1210 - 1239), einem Vertrauten des staufischen Kaisers Friedrich II., kam 1226 die berühmte *Goldene Bulle von Rimini* zustande, in welcher der Kaiser dem Orden *in perpetuum* sowohl das ihm von Konrad von Massowien (1187/88 - 1247) zugesagte Land als auch *totam terram, quam in partibus Pruscie conquiret,*[10] zugestand. Denn der Herzog hatte im selben Jahr sein Angebot erneuert, der Orden möge die Missionierung der Prussen übernehmen. 1230 begann die Besiedlung und Missionierung Preußens von Thorn aus,

---

schichte des Deutschen Ordens verwiesen, in der zahlreiche Spezialstudien und Überblicksdarstellungen zur Deutschordengeschichte erschienen sind. Zur Einordnung in die Kreuzzugsbewegung im Ostseeraum s. neuerdings Jaspert, Nikolas: Die Kreuzzüge (Geschichte kompakt), Darmstadt 2003, S. 119 - 128.

[9]   Boockmann: Der Deutsche Orden (Anm. 8), S. 29.
[10] Die Urkunde liegt vielfach gedruckt vor, z.B. bei Lorenz, Weinrich (Hg.): Quellen zur deutschen Verfassungs-, Wirtschafts- und Sozialgeschichte bis 1250 (FStGA 32), Darmstadt 1977, Nr. 104. Für den Schulgebrauch verwendbar ist die zweisprachige Quellensammlung von Hubatsch, Walther: Quellen zur Geschichte des Deutschen Ordens (Quellensammlung zur Kulturgeschichte, Bd. 5), Göttingen/Frankfurt/Berlin 1954, hier S. 46 - 53.

die mit der kriegerischen Eroberung und Inbesitznahme des Kulmerlandes und Preußens, Litauens und Pommerellens einher ging.

Im Jahre 1326, als Peter von Dusburg seine Chronik verfasste, war die Herrschaft des Deutschen Ordens längst konsolidiert. Nach der endgültigen Niederwerfung der Prussen 1283 war nicht nur bereits 1236 das vom Schwertbrüderorden eroberte Livland, sondern 1308/09 auch das christliche Pommerellen dem Ordensstaat einverleibt worden. Mit der Verlegung des Hochmeistersitzes von Venedig auf die Marienburg wurde 1309 vollends deutlich, dass der Orden seine mediterranen Ambitionen aufgegeben hatte und – gestützt auf seine Niederlassungen im Deutschen Reich, in Frankreich, Italien, Griechenland und Syrien – seine Zukunft in Preußen suchen würde.

Als Peter von Dusburg 1326 zur Feder griff, sah der Ordensstaat sich einerseits einem wieder vereinigten und erstarkten Polen unter Führung König Wladyslaw Lokietek (1320 - 1333) gegenüber, der Anspruch auf Pommerellen erhob. Zugleich drohte er, sich mit dem heidnischen Litauerfürsten Gedimin (1316 - 1341) zu verbünden. Dem Orden drohte also einerseits eine kriegerische Auseinandersetzung mit dem Königreich Polen, andererseits wurde er vom polnischen König in einen diplomatischen Konflikt verstrickt, der vor der Kurie die Herausgabe Pommerellens durch den Orden verlangte.[11] Tatsächlich urteilte die Kurie zweimal (1320, 1339) zugunsten der Polen, bevor es nach erfolgtem Waffengang (1327/32) 1343 im *Frieden von Kalisch* zu einem Vergleich kam, gemäß dem das Kulmer Land und Pommerellen beim Ordensstaats verblieb, dieser aber erhebliche Teile seiner Eroberungen an Polen abzutreten hatte.

Damit war ein *modus vivendi* gefunden, der für 46 Jahre den Frieden zwischen den Kontrahenten sicherte. Dann aber führte die Hochzeit Herzog Jagiellos von Litauen mit Hedwig von Polen 1386 zur Christianisierung Litauens, wodurch die Zwangsmissionierung durch den Orden obsolet wurde. Gegen die entstandene litauisch-polnische Union holte Hochmeister Ulrich von Jungingen 1407 zum Präventivschlag aus, der in einer bitteren Niederlage mündete. In der Schlacht von Tannenberg fiel 1410 ein Großteil der Ordensritter, wodurch eine Neuordnung der innenpolitischen Verhältnisse unumgänglich wurde. In der Folge gewannen die Stände erheblich an Einfluss. Sie näherten sich dem polnischen König an, der den Or-

---

[11] Zum Zusammenhang s. Boockmann: Der Deutsche Orden (Anm. 8), S. 149 f.

densstaat von 1453 an mit einem neuerlichen Krieg überzog, der 1466 im zweiten Thorner Frieden mündete: Pommerellen fiel an Polen zurück und der Ordensstaat scherte aus dem Reichsverband aus. Sinnreiches Zeichen für die Machtverlagerung nach Osten war der Wechsel des Hochmeistersitzes nach Königsberg. War damit der Ordensstaat dem Deutschen Reich entfremdet, so ging er mit der Hochmeisterwahl Albrechts von Brandenburg-Ansbach 1510 auch der römischen Kirche verloren. Denn dieser führte die Reformation ein, säkularisierte den Ordensstaat und wandelte ihn 1525 in ein erbliches Herzogtum um.

2. Geschichtsschreibung des Deutschen Ordens

Die Anfänge der Erforschung der Geschichtsschreibung des Deutschen Ordens sind fest mit dem Namen des preußischen Gymnasialprofessors M. Toeppen (1822 - 1893) verbunden, der 1853 nicht nur eine erste Monografie dazu vorlegte, sondern auf den auch die Initiative zurückgeht, das Quellenmaterial des preußischen Ordenszweiges in den *Scriptores Rerum Prussicarum* zugänglich zu machen.[12] Immer wieder hat es seither Versuche gegeben, die Geschichtsschreibung des Ordens in Übersichten darzustellen, ohne dass dem Bemühen bislang ein abschließender Erfolg beschieden gewesen ist.[13]

---

[12] Toeppen, Max: Geschichte der preußischen Historiographie von P. von Dusburg bis auf K. Schütz, Berlin 1853; Scriptores Rerum Prussicarum. Die Geschichtsquellen der preußischen Vorzeit bis zum Untergang der Ordensherrschaft, 5 Bde., Leipzig 1861-1874 (ND 1965), Bd. 6 hg. v. Hubatsch, Walter, Frankfurt a.M. 1968.

[13] Zur Geschichtsschreibung im Deutschen Orden s. Lorenz, Ottokar: Deutschlands Geschichtsquellen im Mittelalter, Bd. 2, 3.Aufl. Berlin 1887 [ND Augsburg 1999], S. 201 - 233; Maschke, Erich: Quellen und Darstellungen in der Geschichtsschreibung des Preußenlandes, in: Deutsche Staatenbildung und deutsche Kultur im Preußenlande, Königsberg 1931, S. 17 - 39; Grundmann, Herbert: Deutsches Schrifttum im Deutschen Orden, in: Altpreußische Forschungen 18 (1941), S. 21 - 49; Helm, Karl/Ziesmer, Walter: Die Literatur des Deutschen Ordens, Gießen 1951; Eis, Gerhard: Die Literatur im Deutschen Ritterorden, in: Ostdeutsche Wissenschaft 9 (1962), S. 56 - 101; Jungblut, Günter: Literarisches Leben im Deutschen Orden, in: Neu, Heinrich/Jungblut, Günter: Zur Geschichte des Deutschen Ordens. Zwei Studien (Studien zum Deutschtum im Osten 5), Köln/Wien 1969, S. 27 - 51; Engels, Odilo: Zur Historiographie des Deutschen Ordens im Mittelalter, in: AKG 48 (1966), S. 336 - 363; Arnold, Udo: Studien zur preußischen Historiographie des 16. Jahrhunderts, Bonn 1967; ders.: Geschichtsschreibung im Preußenland bis zum Ausgang des 16.

Seit Beginn des 14. Jahrhunderts befand der Ordensstaat sich in einem wirtschaftlichen Aufschwung, der unter dem Hochmeister Winrich von Kniprode (1352 - 1382) seinen Höhepunkt erreichte.[14] Dieser Reichtum erlaubte es den Brüdern nicht nur ein behagliches Leben in zunehmendem Wohlstand zu führen, er bildete gleichsam die Voraussetzung dafür, dass Einzelne sich der Geschichtsschreibung hingeben konnten. Erst mit dem Werk Peters von Dusburg setzt die Historiografie im Deutschen Orden ein. Vor seiner Chronik hatte kaum mehr existiert als der anonym überlieferte Bericht über die Gründung des Ordens in Akkon[15] sowie die *Livländische Reimchronik,* in der über die 1227 abgeschlossene Eroberung Livlands durch den Schwertbrüder Orden berichtet wird, der später mit dem deutschen Orden vereinigt wurde.[16]

Während der Ordensstaat sich im letzten Drittel des 14. Jahrhunderts einer litauisch-polnischen Union gegenüber sah, geriet er zugleich in den Sog einer Agrarkrise, die Schenkungen wie Mitgliederzahl zurückgehen ließ.[17] Den Beobachtungen E. Maschkes zufolge, führte der wirtschaftliche Regress zur ständischen und nationalen Abschließung des Ordens und letztlich zur geistigen Erstarrung.[18] Nur bedingt spiegelt sich dieser Niedergang in der Geschichtsschreibung. Nicht nur blühte nach 1350 die liv-

---

Jahrhunderts, in: Jb. f. die Gesch. Mittel- u. Ostdeutschlands 17 (1968), S. 74 - 126; Wippermann, Wolfgang: Der Ordensstaat als Ideologie. Das Bild des Deutschen Ordens in der deutschen Geschichtsschreibung und Publizistik (Hist. Kommission zu Berlin, Bd. 24), Berlin 1979 u. Boockmann, Hartmut: Die Geschichtsschreibung des Deutschen Ordens. Gattungsfragen und „Gebrauchssituationen", in: Patze, Hans (Hg.): Geschichtsschreibung und Geschichtsbewußtsein im späten Mittelalter (VuF 31), Sigmaringen 1987, S. 447 - 469 sowie die Übersicht bei Boockmann: Der Deutsche Orden (Anm. 8), S. 234 - 254.

[14] Biskup: Wendepunkte (Anm. 8), S. 9 ff. macht den Beginn der Krise um 1350 aus. Ebenso Maschke, Erich: Die inneren Wandlungen des deutschen Ordens, in: Besson, Waldemar/Gaertingen, Friedrich Frh. Hiller v. (Hg.): Geschichts- und Gegenwartsbewusstsein. Historische Betrachtungen und Untersuchungen (Fs Hans Rothfels), Göttingen 1963, S. 9 - 38, S. 264, der sie vornehmlich auf wirtschaftliche Ursachen zurückführt.

[15] S. Anm. 7.

[16] Ed. Meyer, Leo, Paderborn 1876. Vgl. dazu Mackensen, Lutz: Zur deutschen Literaturgeschichte Alt-Livlands, in: Bruckmann, Albert/ Engel, Carl (Hg.): Baltische Lande, Bd. 1, Leipzig 1939, S. 393 - 414.

[17] Maschke: Die inneren Wandlungen (Anm. 14), S. 264 ff.

[18] Ebd., S. 276.

ländische Geschichtsschreibung erneut auf.[19] Auch die Dusburg'sche Chronik fand ihre Fortsetzer. Vor allem in Nikolaus von Jeroschin, der das Geschichtswerk in deutsche Verse übersetzte und ihm so eine größere Resonanz verschaffte.[20] Zwischen 1433 - 1440 wurde Nikolaus' Reimchronik ihrerseits durch die *Ältere Hochmeisterchronik* weitergeführt.[21] Und Spuren des Dusburg'schen Originals finden sich noch in der um 1450 verfassten *Jüngeren Hochmeisterchronik.*[22]

Ohne an dieser Stelle die Umrisse der Geschichtsschreibung des Deutschen Ordens auch nur in ihren Grundzügen skizzieren zu können,[23] lassen die knappen Hinweise zweierlei deutlich werden: Zum einen ist die Dusburg'sche Chronik der Ausgangspunkt aller historiografischen Verarbeitung der Geschichte des Deutschen Ordens in Preußen; infolge dessen verdanken wir zum anderen nahezu ausschließlich ihr Aufschluss über die Vorgänge der Eroberung Preußens „Es hängt also viel" – wie H. Boockmann konstatiert – „von Glaubwürdigkeit, von den Möglichkeiten und Absichten ihres Autors ab."[24]

3. Peter von Dusburg – offizieller Chronist des Deutschen Ordens

Wer also war der Mann, der mit seinem Werk die ordensstaatliche Geschichtsschreibung in Gang setzte? Über seine Person ist so gut wie nichts bekannt. Zwar nennt er seinen Namen, doch lässt sich daraus schon kaum seine Heimat ablesen. Wahrscheinlich stammt er aus Doesburg (Provinz Geldern), wo der Orden über Grundbesitz verfügte, auf dem später eine Kommende entstand.[25] Vermutlich war er zur Zeit der Abfassung Priesterbruder im näheren Umfeld des Hochmeisters Werner von Orseln (1324 -

---

[19] Konrad Bitschins: Chronik, ed. Toeppen, Max, in: SRP III, S. 478 - 508.

[20] Nikolaus von Jeroschin: Kronike von Pruzinlant, ed. Strehlke, E., in: SRP I, S. 303 - 624.

[21] Ed. Toeppen, Max, in: SRP III, S. 540 - 637.

[22] So Engels: Zur Historiographie des Deutschen Ordens (Anm. 13), S. 346 u. Boockmann: Geschichtsschreibung des Deutschen Ordens (Anm. 13), S. 462.

[23] S. dazu die in Anm. 13 genannten Beiträge, v.a. die instruktive Übersicht von Engels: Zur Historiographie des Deutschen Ordens (Anm. 13).

[24] Boockmann: Der Deutsche Orden (Anm. 8), S. 101.

[25] Scholz/Wojtecki: Einleitung, in: Chron. terre Prussie (Anm. 4), S. 1 - 23, hier S. 7.

1330)[26], dem er seine Chronik widmete und vom dem er womöglich mit deren Abfassung betraut wurde. Zumindest legte er ihm 1326 eine vorläufige Fassung zur Begutachtung und Korrektur vor. Erst nach der Approbation durch den Hochmeister übergab Peter das Werk der Öffentlichkeit. Der letzte Eintrag ist dem Tod des Hochmeisters gewidmet, den 1330 ein Ordensbruder ermordete, der zuvor wegen seiner Sittenlosigkeit getadelt worden war.[27]

4. Entstehungsbedingungen - Aussageabsicht der Preußenchronik

Besteht also kaum Zweifel daran, dass es sich bei der Preußenchronik um eine Auftragsarbeit handelt, die Peter auf Geheiß der Ordensleitung verfasste, so sind die Aussageabsichten, die mit ihr verbunden waren, in der Situation zu suchen, in der sich der Orden im ersten Viertel des 14. Jahrhunderts befand. Wie bereits angeklungen, war die Situation nach außen hin nachhaltig durch die Auseinandersetzung mit dem wieder erstarkten Polen geprägt. Im Inneren galt es einem zunehmenden Verfall der Ordensdisziplin entgegenzuwirken. Vor diesem Hintergrund lassen sich drei mögliche Motive vermuten, die den Hochmeister veranlasst haben könnten, Peter mit der Abfassung einer Chronik des preußischen Ordenszweiges zu beauftragen.

Zum einen könnte mit der Preußenchronik die Absicht verbunden gewesen sein, den *status quo* gegenüber der Kurie zu rechtfertigen, indem die ebenso tragischen wie letztlich – vor allem in Hinsicht auf die Christianisierung – erfolgreichen Geschicke des Ordens auf dessen Gottgefälligkeit zurückgeführt wurden. Zum zweiten könnte es sich bei der Preußenchronik um eine Propagandaschrift gehandelt haben, die das Ziel verfolgte, durch die Darstellung der Gottgefälligkeit als auch der militärischen Erfolge des Ordens weitere „Kreuzfahrer" zum Kampf im Baltikum zu ermutigen. Angesichts der bedrohlichen Möglichkeit eines gleichzeitigen Krieges gegen Polen und Litauen könnte eine solche Absicht durchaus mit der Chronik verbunden gewesen sein. Drittens schließlich konnte es angesichts der außenpolitischen Bedrohung notwendig erscheinen, die Kampfmoral der dem

---

[26] Zu diesem Hochmeister vgl. zuletzt Lückerath, Carl August: Werner von Orseln, Hochmeister des Deutschen Ordens, in: LMA 9, Sp. 5 f.

[27] Chron. terre Prussie (Anm. 4), S. 552/554. Zur Verfasserschaft der Supplemente, zu denen dieser Eintrag gehört, s. Scholz/Wojtecki: Einleitung (Anm. 25), S. 7.

Heidenkampf zunehmend entfremdeten Ordensbrüder zu stärken, indem an die ursprünglichen Aufgaben und Tugenden des Ordens zurückerinnert wurde.

Welches dieser drei möglichen Motive das leitende war, lässt sich mit hinreichender Sicherheit nicht mehr eruieren. Festzuhalten bleibt allerdings, dass es offenkundig ein gegenwärtiges Orientierungsproblem war, das die (offizielle) Geschichtsschreibung des preußischen Ordenszweiges in Gang setzte.[28]

5. Erzählpan der Preußenchronik

Die Gliederung, die seiner Chronik zugrunde liegt, deckt Peter von Dusburg im Prolog seines Werkes in erstaunlicher Offenheit auf. Demnach umfasst es vier Teile, in denen berichtet wird über:

1. Gründung des Deutschen Ordens (5 Kapitel)
2. Einzug der Deutschordensbrüder in Preußen (13 Kapitel)
3. Eroberung und Behauptung Preußens (362 Kapitel)
   a) Krieg gegen die Prussen
   b) Krieg gegen die Litauer
4. Marginalien zu Päpsten und Kaisern (125 Kapitel)

Über diese im ursprünglichen Erzählplan verankerten Teile hinaus weist die Chronik neben dem Widmungsbrief und dem ausführlichen Prolog Supplemente (20 Kapitel) auf, d.h. einen fünften Teil, in dem sich das Geschehen zwischen der vorläufigen und der Endfassung (1326 - 1330) nachgetragen findet. Ob die Supplemente Peter von Dusburg zuzuschreiben sind oder von anderer Hand ergänzt wurden, lässt sich nicht mit letzter Sicherheit klären.

Da sie inhaltlich ohne Bruch an das Vorausgehende anschließen, liegt die Vermutung

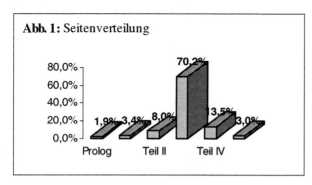

Abb. 1: Seitenverteilung

---

[28] Ausführlicher s. Hasberg: Geschichtsschreibung im Deutschen Orden (Anm. 1), S. 107 - 109.

nahe, Peter selbst habe sie seinem Werk angefügt, um es auf einen aktuellen Stand zu bringen.[29] Dafür spricht nicht zuletzt der letzte Eintrag, der die Ermordung seines Auftraggebers schildert.[30]

Richtet man den Blick auf die räumliche Gewichtung der einzelnen Teile, so zeigt sich das markante Übergewicht der Kriegsberichterstattung deutlich. Denn nicht weniger als 362 der 525 Kapitel sind der Eroberung Preußens und Litauens gewidmet. Dabei zeigt sich in der Berichterstattung eine eigentümliche Konstellation, wenn die Schilderung der Kriegszüge immer wieder von Wunderberichten durchbrochen wird. Doch die zunächst eigentümlich anmutende Anordnung des Stoffes erklärt sich aus der Funktion des Werkes: „Peter von Dusburg will den Ordensbrüdern seiner Gegenwart das Ideal des wahren Ordensbruders vor Augen stellen und es ihnen zur Nachahmung empfehlen. Aus diesem Grunde findet bei ihm ein steter Wechsel von kriegerischen Handlungen, in denen sich die Ordensbrüder bewähren, und von Wundern und wunderbaren Vorgängen, durch welche Gott die Ordensbrüder belohnt, durch die Gott aber auch … selber in den Krieg eingreift."[31]

5. Überlieferung

Gelegentlich ist vermutet worden, Peters Chronik habe den Ordensbrüdern als Tischlesung gedient, die den Brüdern durch die Regel vorgeschrieben war. Obwohl das Geschichtswerk von seinem Inhalt und seiner moralischen Erbauungsfunktion dazu durchaus geeignet gewesen wäre, spricht dagegen die äußerst geringe Überlieferungsdichte. Während ein Autograf nicht existiert, liegen überhaupt nur vier Handschriften sowie drei Fragmente der Chronik vor; davon entstammt die früheste wohl dem frühen 16. Jahrhundert.[32]

Wenn aber die Chronik der Tischlesung in den zahlreichen Konventen gedient hätte, wäre die geringe Überliefungsdichte kaum erklärbar. Darüber hinaus muss der Umstand in Rechnung gestellt werden, dass nur ein geringer Teil der Laienbrüder des Lateinischen mächtig war, also überhaupt in der Lage gewesen wäre, dem Vortrag aus Peters Chronik zu fol-

---

[29]   So auch Scholz/Wojtecki: Einleitung (Anm. 25), S. 7.
[30]   Chron. terre Prussie (Anm. 4), S. 553 - 555.
[31]   Boockmann: Der Deutsche Orden (Anm. 8), S. 103.
[32]   Toeppen: Chronicon Terrae Prussiae. Einleitung, in: SRP I, S. 3 - 20, hier S. 12 ff.

gen. Eben dieser, den Hochmeistern keineswegs unbekannte Umstand hat
Luther von Braunschweig (1331 - 1335) womöglich dazu veranlasst, die
Preußenchronik durch Nikolaus von Jeroschin in deutsche Verse fassen zu
lassen.[33] Scheint also die Verbreitung der originalen Preußenchronik des
Peters von Dusberg eher bescheiden gewesen zu sein, hat sie ihre Wirkun-
gen durchaus entfalten können, indem sie prägend auf die ihr nachfolgende
Ordenshistoriografie gewirkt hat.[34]

III. Triftigkeitsanalyse

Neben der vielfältigen Rezeption, welche die Dusburg'sche Chronik erfahren hat, gibt es ein weiteres Moment, das ihre Bedeutung ausmacht, nämlich der bereits erwähnte Umstand, dass viele Ereignisse und Geschehnisse
der Eroberung Preußens durch den Deutschen Orden nur in ihr überliefert
sind. In vielen Fällen fehlen dokumentarische Quellen, die eine Überprüfung der von Peter mitgeteilten Aussagen ermöglichen würden. Es ist folglich von der Literarizität auszugehen, d.h. die Aussagen sind in einem Text
überliefert, der eine literarische Einheit darstellt, die einer bestimmten Gattung angehört, eben der Historiografie. „Die Einsicht, dass jede Quelle –
teils gezielte, teils unreflektierte – sprachliche Umsetzung und damit (literarische) Konstruktion der Wahrnehmung des Autors von den Vorgängen
seiner Zeit und seiner Geschichte ist, führt zwangsläufig dazu, die Geschichtsschreibung von ihrer narrativen Struktur her, als ‚Erzählung', zu
durchdringen."[35] Es ist folglich danach zu fragen: Wie hat Peter von Dusburg die Ereignisse, über die er berichtet, selbst wahrgenommen oder (von
anderen) erfahren? Wie hat er seine Wahrnehmungen und das, was er erfahren hat, deutend in (zeitliche) Zusammenhänge gebracht? Welchen leitenden Hinsichten ist er dabei gefolgt bzw. welche Theorien und Kategorien hat er dazu verwendet? Welche Bedeutung hat er schließlich den re-

---

[33] Zum Vorstehenden vgl. zusammenfassend Hasberg: Geschichtsschreibung im
      Deutschen Orden (Anm. 1), S. 119 - 121.
[34] Vgl. ebd. S. 122 f.
[35] Goetz, Hans-Werner: „Konstruktion der Vergangenheit". Geschichtsbewusst-
      sein und „Fiktionalität" in der hochmittelalterlichen Chronistik, dargestellt am
      Beispiel der Annales Palidenses, in: Laudage, Johannes (Hg.): Von Fakten und
      Fiktionen. Mittelalterliche Geschichtsdarstellungen und ihre kritische Aufar-
      beitung (Europäische Geschichtsdarstellungen, Bd. 1), Köln/Weimar/Wien
      2003, S. 225 - 257, hier S. 229 f.

konstruierten Zusammenhängen für die Orientierung in seiner Gegenwart beigemessen, welche Funktion wollte er ihnen durch seinen Text in der Gegenwart für die Zukunft geben?[36]

Um diese Fragen zu beantworten, ist es unumgänglich, die Chronik einer Triftigkeitsanalyse zu unterziehen, d.h. die narrative Argumentation, die Deutungszusammenhänge und Deutungskategorien aufzudecken (normative Triftigkeit), um die Geltungssicherheit des Mitgeteilten, das der Selektion und Akzentuierung unterliegt, festzustellen.[37] Nur schlaglichtartig können die Befunde nachfolgend wieder gegeben werden.

Narrative Triftigkeit

Peter von Dusburg nennt sein Werk schlicht ein *librum*.[38] In der Tat handelt es sich um eine Chronik, insofern man darunter *series temporum* (Isidor v. Sevilla) versteht, also einen von einem Autor in einen textlichen Zusammenhang gebrachten zeitlichen Verlauf.[39] Den Zusatz *terre Prussie* trägt das Buch zwar ebenfalls zu Recht, ihn verliehen ihm allerdings erst die Editoren, die im 19. Jahrhundert die räumliche Beschränkung des Wer-

---

[36]   Die Formulierung der Fragen erfolgt in Anlehnung an Rüsen, Jörn: Historische Vernunft (Grundzüge der Historik Bd. 2), Göttingen 1983, S. 90 - 116. Vgl. auch Hasberg, Wolfgang: Nugatoria expeditio. Der so genannte Kinderkreuzzug in den Vorstellungen von Zeithistorikern und Vergangenheitshistorikern, in: Seidenfuß, Manfred/Reese, Armin (Hg.): Vorstellungen und Vorgestelltes. Geschichtsdidaktik im Gespräch (Fs Uwe Uffelmann), Neuried 2002, S. 49 - 96, hier S. 62 f.

[37]   Vgl. o. S. 133 das Schema zur Triftigkeitsanalyse, das wiederum im Anschluss an Rüsen: Historische Vernunft (Anm. 36), S. 90 - 116 formuliert ist. Wenn H.-W. Goetz: „Konstruktion der Vergangenheit" (Anm. 35), S. 234 ff. Auswahl, Anordnung und Deutung als die Elemente der literarischen Gestaltung eines Geschichtswerkes benennt, die es aufzudecken gilt, um zur Vorstellungswelt des Autors vorzudringen, ist dazu die Analyse der empirischen, der narrativen und der normativen Triftigkeit erforderlich. Es bleibt offen, um wessen Auswahl, Anordnung und Deutung es sich handelt. Gemeint ist wohl der Stoff. Richtig müsste bereits von Vorstellungsinhalten ausgegangen werden, von Vorstellungen über das Vergangene, Vorstellungen über Deutungsmuster, Deutungskategorien von (historischen) Zusammenhängen, als auch von Vorstellungen über deren Bedeutung für die Gegenwart. Deshalb sollte an der von Rüsen eingebrachten Terminologie festgehalten werden.

[38]   Chron. terre prussie (Anm. 4), S. 26, 34 u.ö.

[39]   Vgl. Goetz, Hans-Werner: Proseminar Geschichte: Mittelalter, 2.Aufl. Stuttgart 2000, S. 124.

kes dadurch kenntlich zu machen suchten. Zwar steht das Preußenland ohne Zweifel im Mittelpunkt der Darstellung, wie allein das räumliche Übergewicht zu erkennen gibt, das ihm zugestanden wird (s. Abb. 2). Allerdings hat bereits Peter von Dusburg die vornehmliche Berücksichtigung der preußischen Geschichte dadurch zu kompensieren versucht, dass er seiner Darstellung Marginalien beigefügt hat, in denen die Geschehnisse und Verhältnisse außerhalb des Ordenslandes Erwähnung finden. Folglich handelt es sich um eine um weltgeschichtliche Informationen erweiterte frühe Form der Landesgeschichtsschreibung.

Erzählt wird keineswegs eine geradlinige Erfolgsgeschichte. Peter von Dusburg spricht vielmehr nicht selten von den Misserfolgen, um die Notwendigkeit eines regeltreuen, gottgefälligen, auf den ursprünglichen Missionsgedanken konzentrierten Ordenslebens um so deutlicher hervorzukehren, das alleine den göttliche Beistand gewährleisten kann, ohne den alles Bemühen des Ordens vergeblich bleiben muss. Das macht deutlich, auf welchem Sinnbildungsniveau sich die historische Argumentation bewegt. Es geht dem Chronisten darum, an die Anfänge des Ordens (Teil I) und an den Beginn der Preußenmission (Teil II) zu erinnern, d.h. *traditionale Sinnbildung* zu betreiben.[40] Indem der dritte Teil das Kriegsgeschehen mit den wundersamen göttlichen Eingriffen zu einem unlöslichen Geflecht des historischen Wandels verknüpft, wechselt er vornehmlich auf die Ebene *exemplarischer Sinnbildung* über. Denn wie die regeltreuen und gottesfürchtigen Vorfahren den Beistand Gottes erfahren und glänzende Siege errungen haben, so prophezeit Peter seinen Mitbrüdern, würden auch sie in ihren Bemühungen erfolgreich sein, wenn sie ihren Vorgängern gleich täten. Wenn Peter andererseits davon berichtet, wie die weniger glaubensfesten Ordensbrüder, die sich infolge des zunehmenden Reichtums immer weiter von der Regel und vom ursprünglichen Missionsauftrag entfernt haben, von der Strafe Gottes ereilt worden seien, warnt er seine Leser vor einem solchen Lebenswandel, der unweigerlich zum Misserfolg, letztlich zum Verlust des Seelenheils führen wird. Der Chronist verbindet also ihm überliefertes bzw. selbst erfahrenes historisches Geschehen mit Anekdoten und Wunderberichten zu einer narrativen Einheit, die vor allem eins erwei-

---

[40]   Zur traditionalen Sinnbildung s. Rüsen, Jörn: Lebendige Geschichte (Grundzüge der Historik, Bd. 3), Göttingen 1989, S. 43 - 45 sowie ders.: Die vier Typen des historischen Erzählens, in: Ders.: Zeit und Sinn. Strategien historischen Denkens, Frankfurt a.M. 1990, S. 153 - 230, hier S. 179 - 181.

sen soll: die Gottgefälligkeit des Deutschen Ordens und seines Wirkens in Preußen. Beides wird am Beistand Gottes deutlich, der sich in vielzähligen wundersamen Eingriffen erwiesen hat.

Es muss dahingestellt bleiben, inwiefern der Chronist hier eine bewusste oder unbewusste Konstruktion vorgenommen, ob er selbst an die Existenz der von ihm berichteten Wunder geglaubt oder sie berechnenderweise seiner Chronik integriert hat. Fest steht hingegen, dass das Vorgehen nicht singulär ist. An den Pöhlder Annalen hat H.-W. Goetz gezeigt, wie hier in ganz ähnlicher Weise verfahren wird, und festgestellt, dahinter stünde ein für die mittelalterliche Geschichtsschreibung typisches Geschichtsinteresse, das in erster Linie ethische, erzieherische Zwecke verfolge.[41]

Der moralischen Unterweisung seiner Ordensbrüder wollte wohl auch Peter mit seiner Chronik dienen. Der älteren Forschungtradition zufolge handelt es sich bei seiner Chronik um ein Erbauungsbuch, das u.a. die Absicht verfolgte, die Kampfbereitschaft zu erhöhen. Die jüngere Richtung charakterisiert die Chronik indes als politische Kampfschrift, die der historischen Unterfütterung der im Konflikt mit Polen zu verteidigenden Ansprüche gedient habe. Ihre Funktion habe darin bestanden, die Rechtmäßigkeit der Ansprüche des Ordens durch den Verweis auf die im frühen 13. Jahrhundert geschaffenen Rechtsgrundlagen, vor allem aber durch den Verweis auf die Gottgefälligkeit der Inbesitznahme Preußens durch den Deutschen Orden historisch zu erweisen. Als Propagandaschrift habe die Chronik die Aufgabe erfüllen sollen, einerseits der Kurie gegenüber die Ansprüche des Ordens zu begründen, andererseits außerhalb Preußens neue Kreuzfahrer für den drohenden Krieg gegen Polen zu gewinnen.[42]

Beide Funktionen schließen sich gegenseitig nicht aus. So ist davon auszugehen, dass es sich bei der Dusburg'schen Chronik, der offiziellen Chronik des deutschen Ordens, um eine Propagandaschrift handelt, in der Wunderberichte und Kriegsberichterstattung zu einer narrativen Einheit verschmolzen wurden, um die mit ihr verbundenen Absichten erfüllen zu können. Wenn die beiden letzten Editoren der Chronik es auch für unangemessen halten,[43] so muss doch festgestellt werden: Es geht diesem Geschichtswerk nicht vorrangig darum, vergangenes Geschehen festzuhalten,

---

[41] Goetz: „Konstruktion der Vergangenheit" (Anm. 35), S. 250 f.

[42] Die Diskussion zusammenfassend vgl. Hasberg: Geschichtsschreibung im Deutschen Orden (Anm. 1), S. 118 - 123.

[43] Scholz/Wojtecki: Einleitung (Anm. 25), S. 11.

um es an die Nachwelt zu überliefern. Die Niederschrift der Chronik war vielmehr durch aktuelle politische Interessen motiviert. Sie sollte nicht der Inventarisierung vergangenen Geschehens dienen, sondern der Orientierung in der Gegenwart. Sie sollte aufrütteln zum Heidenkampf oder zum Kampf gegen das den Heidenkampf behindernde christliche Polen. Sie sollte aufrufen zur Parteinahme für den Deutschen Orden. Dabei erscheint die Frage müßig, ob es sich bei der Preußenchronik um eine bewusste (historische) Konstruktion handelt,[44] denn die Vergangenheit aus einer anderen als der Ordensperspektive zu betrachten, lag außerhalb des für den Autoren Denkmöglichen.

Normative Triftigkeit

Wendet man sich der normativen Triftigkeit zu, gilt es, die vom Autor geknüpften Zusammenhänge transparent zu machen, indem diese beschrieben und die hinter ihnen stehenden Deutungskategorien aufgedeckt werden. Auf diesem Wege werden Denk*inhalte* und Denk*weisen* des zeitgenössischen Schriftstellers sichtbar.[45]

Der Standort des Autors und seiner Chronik werden durch den ihr beigegeben Widmungsbrief eindeutig als ordensoffizielle Sichtweise entlarvt. Offenkundig handelte Peter von Dusburg im Auftrag oder zumindest mit Zustimmung des Hochmeisters, von dessen Approbation er die Verwendung der Chronik abhängig machte. Auf Grund ihres Charakters als Propagandaschrift nimmt es nicht wunder, dass für die diskursive Erörterung der Deutschordensgeschichte in der Dusburg'schen Chronik kein Platz ist. Sie dient der Identitätsbefestigung nach innen, der Werbung für den Deutschen Orden und seinem Wirken in Preußen nach außen. Dass diese Feststellung mühsam aus dem narrativen Arrangement herausfiltert werden musste, macht deutlich, dass der Chronist selbst seine tiefer liegenden Aussageabsichten nicht preis gibt. Seinem Prolog zufolge geht es ihm allein um die Darstellung des vergangenen Geschehens, um die Verdienste der Ordens-

---

[44] Ob dafür bereits der Begriff „Fiktion" angemessen wäre, sei dahin gestellt. Auch Goetz: „Konstruktion der Vergangenheit" (Anm. 35) scheint ihn nicht gelten lassen zu wollen.

[45] Zur Unterscheidung von Denkinhalten und Denkweisen vgl. Goetz, Hans-Werner: Moderne Mediävistik. Stand und Perspektiven der Mittelalterforschung, Darmstadt 1999, S. 277.

brüder herauszustellen. Warum ihm dies ausgerechnet in der Situation des Jahres 1326 von Bedeutung zu sein scheint, teilt er nicht mit.

Ebenso wenig lässt er sich über die seinem Werk zugrunde liegenden theorieförmigen Hinsichten aus. Grundlegend ist offensichtlich das biblische Tun-Ergehen-Prinzip, wonach am weltlichen Schicksal des Einzelnen oder einer Gruppe ersichtlich wird, inwiefern dessen respektive deren Verhalten gottgefällig war. Indem der letztendliche Erfolg des Missionierungsbemühens allen Lesern bekannt ist, erweist die Darstellung Peters den Deutschen Orden als gottgefälliges Instrument in der Hand Gottes.

Denn er will die Taten, die Gott durch den Deutschen Orden vollbracht habe, für alle sichtbar werden lassen, weil es – wie das alttestamentliche Buch Tobit vermerkt – ehrenvoll ist, die Werke des Herrn zu enthüllen.[46] Dieselbe programmatische Funktion erfüllt der Bezug auf das Buch Daniel. Wie darin anempfohlen wird, will Peter von den Zeichen und Wundern berichten, die Gott an und durch den Deutschen Orden be- oder gewirkt hat. Wundergeschichten fügt er dem Tatenbericht ein, um die Allmacht Gottes hervorzukehren. Zeichen Gottes stellen für ihn die Erfolge des Ordens in Preußen dar, der damit zu einem Werkzeug in der Hand Gottes wird.[47]

Eine weitere leitende Hinsicht, die immer wieder in der Darstellung des Geschehens Aufnahme findet, ist der Vergleich mit den Makkabäern. Um die religiöse Überzeugung nicht preiszugeben, ließen sie ihren materiellen Besitz in Jerusalem zurück und konzentrierten sich ganz darauf, für das Gesetz, für die Sache Gottes zu kämpfen. Der Vergleich mit den Makkabäern appelliert an die Ordensbrüder, diesen Glaubenskämpfern gleich zu tun: auf irdischen Besitz zu verzichten und sich für den Heidenkampf bereit zu halten.[48]

---

[46] Chronica terre Prussie (Anm. 4), S. 26.
[47] Ebd., S. 28.
[48] Bereits 1221 bezeichnete Honorius III. den Orden als *novi sub tempore gratiae Machabei* (vgl. Scholz/Wojtecki: Einleitung (Anm. 25), S. 13). Auf die Bedeutung der Makkabäer-Tradition im Deutschen Orden macht insb. Bauer: Peter von Dusburg (Anm. 4), S. 33 aufmerksam. S. auch Auffahrt, Christoph: Die Makkabäer als Modell für die Kreuzfahrer, in: Elsas, Christoph u.a. (Hg.): Tradition und Translation. Zum Problem der interkulturellen Übersetzbarkeit religiöser Phänomene (Fs Carsten Colpe), Berlin 1994, S. 362 - 390.

Schließlich gehören die Deutschordensritter für Peter der *nova militia*,[49] der neuen Ritterschaft an. Die eigene Todeszuversicht wie die Tötung der Ungläubigen, die permanente Kampfbereitschaft gehören ebenso wie die Einhaltung des Gehorsams, der Ehe- und Besitzlosigkeit zu diesem Ideal, das Peter von Dusburg in seiner Vorrede zwar nicht eigens entfaltet, das er seinen Lesern dennoch immer wieder an plastischen Beispielen vor Augen hält.[50]

Obwohl Peter von Dusburg die mit seiner Chronik beabsichtigten Wirkungen letztlich nicht kund tut, legt er die für Auswahl und Anordnung der in die Darstellung der Zusammenhänge aufgenommenen Vergangenheitspartikel verantwortlichen Deutungskriterien im Prolog durchaus offen, so dass der Leser – zumindest vordergründig – über sein Geschichtsinteresse unterrichtet wird. Ob dieses sich allerdings in dem Mitgeteilten erschöpft, oder nicht doch tiefer liegende – politische und ethische – Motive den Chronisten oder seine Auftraggeber zur Abfassung des Geschichtswerkes bewogen haben, muss aufgrund des narrativen Arrangements füglich bezweifelt werden.

Empirische Triftigkeit

Im Rahmen der empirischen Triftigkeitsprüfung geht es um die Klärung der Geltungssicherheit des Mitgeteilten. Wollte der Geschichtsschreiber objektiv berichten? Welche Quellen standen ihm zur Verfügung? Auf welche bezieht er sich? Und vor allem: Ist er sich des Quellenbezuges bewusst? Inwiefern nimmt er die Selektivität seines Wissens und seiner Vorstellungen wahr? Weiß er Bescheid über die Selektivität und Akzentuierung seiner Darstellung? Lenkt er sie bewusst? Macht er sie transparent? Diese und eine Reihe weiterer Frage gilt es zu klären, um die empirische Triftigkeit einer historischen Narration zu hinterfragen, d.h. auszumachen, wie nahe das Mitgeteilte der vergangenen Wirklichkeit kommt bzw. kommen konnte.

So sehr die vorstehenden Ausführungen die subjektive, besser: ordensoffizielle, Sichtweise Peters zu erkennen gegeben haben, so nachdrücklich

---

[49] Vgl. Bauer: Peter von Dusburg (Anm. 4), S. 39 ff.
[50] Vgl. ebd., S. 39 - 43. Vgl. etwa die bekannte Keuschheitsprobe des Bruders Berthold, der, bevor er in den Orden eintrat, ein Jahr lang das Lager mit einer Jungfrau teilte, um seine Tugendhaftigkeit zu erproben (Chronica terre Prussie (Anm. 4), S. 350).

muss zu seiner Ehrenrettung bekundet werden: Peter ist ein gewissenhafter Historiker, der sein eigenes Tun durchaus kritisch reflektiert, wenn er beispielsweise gesteht, nur Weniges von dem, über das er berichte, kenne er aus eigener Erfahrung; das andere habe er von denen vernommen, die es miterlebt hätten, oder er habe es glaubwürdigen Erzählungen entnommen.[51]

Was die glaubwürdigen Erzählungen anbetrifft, so stützt der Chronist sich auf alle verfügbaren erzählenden Quellen, die bis 1326 zur Ordensgeschichte vorlagen.[52] Offensichtlich standen ihm auch das Ordenskalendarium und das Ordensarchiv in Königsberg zur Verfügung, wenngleich er von Letzterem kaum Gebrauch macht.[53]

Da er vornehmlich Ereignisse beschreibt, die zeitlich außerhalb seines eigenen Erfahrungshorizonts lagen, weiß er sich auf die mündliche Überlieferung verwiesen. Es verrät quellenkritisches Bewusstsein, wenn er als Problem feststellt, Vieles davon sei dem Gedächtnis seiner Zeitgenossen bereits entschwunden.[54] Eine Einsicht, die wiederkehrt, wenn er bemerkt, die Ereignisse während des zweiten Abfalls der Preußen (1260 - 1274) könne er nicht in der korrekten zeitlichen Abfolge berichten, weil auch diese Geschehnisse dem Gedächtnis verloren gegangen seien.[55]

In den wenigen Passagen, in denen er über seine Tätigkeit als Geschichtsschreiber reflektiert, erweist Peter von Dusburg sich als gewissenhafter Historiker, dem in aller Regel weitgehende Zuverlässigkeit attestiert wird.[56] Der Selektivität seines Wissens, die auch seine Darstellung beeinflusst, zeigt Peter sich durchaus bewusst. Gleichsam reflektiert er – das haben die Ausführungen zur normativen Triftigkeit gezeigt – die Maßstäbe

---

[51] Chron. terre Prussie (Anm. 4), S. 34.

[52] So Boockmann: Die Geschichtsschreibung des Deutschen Ordens (Anm. 4), S. 450.

[53] Insgesamt ist seine Quellenbenutzung allerdings noch unzureichend erforscht, so Scholz/Wojtecki: Einleitung (Anm. 25), S. 14 - 18. Vgl. auch Labuba, Gerard: Zu den Quellen der „Preußischen Chronik" Peters von Dusburg, in: Arnold, Udo/Biskup, Marian (Hg.): Der Deutschordensstaat Preußen in der polnischen Geschichtsschreibung der Gegenwart (Quellen u. Stud. zur Gesch. des Deutschen Ordens, Bd. 30), Marbrug 1982 u. Boockmann: Die Geschichtsschreibung des Deutschen Ordens (Anm. 8), S. 450.

[54] Chron. terre Prussie (Anm. 4), S. 34.

[55] Ebd., S. 256.

[56] Z.B. Toeppen: Geschichte der preußischen Historiographie (Anm. 12), insb. S. 5.

für die Auswahl und Anordnung seiner Darstellung. Ganz im Sinne der persuasiven Absichten, die mit seiner Chronik verbunden sind, unterlässt er es allerdings tunlichst, die einseitig vorgenommene Auswahl und Akzentuierung der Vorstellungsinhalte vor seinen Lesern diskursiv zu erörtern. Dass ihm selbst diese Perspektivverengung nicht bewusst gewesen sein könnte, scheint dem modernen Menschen kaum glaubhaft. Für den mittelalterlichen Historiografen indes galt es – wie H.-W. Goetz jüngst hervorgehoben hat –, nicht Geschichte aus vergangener Wirklichkeit zu konstruieren, sondern vergangene Wahrheit aufzufinden (inventum veritatem).[57]

IV. Didaktisch-methodische Anmerkungen und Hinweise

Findet erzählende Geschichtsschreibung Eingang in den Geschichtsunterricht, dann sollte sie zum einen in ihrer Eigenart als geschlossene, nach bestimmten Hinsichten arrangierte Sinneinheiten ernst genommen werden, hinter denen eine bestimmte Aussageabsicht steht, mit der ihre Urheber einen Beitrag zur sinnhaften Bewältigung gegenwärtiger Orientierungsprobleme für fest umrissene Adressatengruppen leisten wollten.[58]

Wie in der Mediävistik allerdings erzählende Quellen inzwischen nicht mehr ausschließlich als Vehikel für den Transport historischer Wissensbestände aufgefasst, sondern selbst zum Gegenstand des wissenschaftlichen Erkenntnisgewinns werden, indem ihre De-Konstruktion die ihrem narrativen Arrangement zugrunde liegenden Vorstellungen der Geschichtsschreiber ans Licht gebracht werden, so sollte auch der Geschichtsunterricht diese „veränderte Einstellung zu den Quellen"[59] nicht unbeachtet lassen. Mit anderen Worten: Auch im Geschichtsunterricht sollten sie Gegenstand des historischen Lernens werden, nicht in erster Linie, um aus ihnen historische „Fakten" zu extrahieren, sondern um an ihnen Formen des Umgangs mit Geschichte zu erlernen. Folglich sollten nicht die Geschicke des Deut-

---

[57]   Goetz: „Konstruktion der Vergangenheit" (Anm. 35), S. 244. Es scheint durchaus bedenkenswert, zwischen vergangener Wirklichkeit und vergangener Wahrheit zu unterscheiden, d.h. den Wahrheitsbegriff der mittelalterlichen Historiografen genauer zu hinterfragen.

[58]   Vgl. Hasberg, Wolfgang Ad fontes narrantes! Quellen – Quelleneinsatz – Quellenarbeit im Unterricht über das Mittelalter, in: GPD 30 (2002), S. 15 - 32, hier S. 20 f.

[59]   Goetz: Moderne Mediävistik (Anm. 45), S. 166 - 173.

schen Ordens in Preußen bei der Behandlung der Dusburg'schen Chronik im Vordergrund des Unterrichts stehen, sondern die Chronik selbst, und zwar in ihrer Eigenart als narratives Konstrukt.

Um das *narrative Arrangement* transparent werden zu lassen - was im Übrigen als Voraussetzung für eine sachadäquate Einschätzung des Quellenwertes derselben zu betrachten ist - erscheint es erforderlich,

- zunächst den Erzählplan aufzudecken. Einerseits lässt er sich dem Prolog entnehmen, in dem Peter von Dusburg ihn erklärt. Andererseits muss das dargebotene Quellenexzerpt den ursprünglichen Erzählplan so weit abdecken, dass es eine Überprüfung von Peters Plan zulässt.
- Zweckdienlich erscheint dazu, zunächst Anfang, Ende und Haupt- und Nebenabschnitt, Höhepunkte der Erzählung zu eruieren. Im vorliegenden Fall beginnt das Werk mit der Widmung des Buches an jenen Hochmeister, von dessen Tod am Ende des um die Supplemente erweiterten Buches berichtet wird. Zwischen diesen beiden Polen, dem hochmeisterlichen Auftrag zur Abfassung des Buches und dessen Tod, muss die Chronik eingeordnet werden, woraus sich bereits Hinweise auf seine Funktionen ergeben können.
- Ein weiteres Augenmerk kann den Funktionen der einzelnen Teile gewidmet werden. So lässt sich an den ersten beiden Teilen deutlich die normgebende Funktion der Gründung des Ordens vor Akkon und der Neueinrichtung in Preußen erkennen. Beides wird den Lesern als nicht zu hinterfragende Richtgrößen vor Augen gestellt. Sofern es im Unterricht gelingt, den Schülern diese Funktion anschaulich werden zu lassen, gewinnen diese auf konkrete Weise Einsicht in die Form traditionaler Sinnbildung.
- Dass der Hauptteil der Chronik der Eroberung Preußens und Livlands gewidmet ist, lässt eine grafische Darstellung der Kapitel- und Seitenverteilung (vgl. Abb. 2) leicht einsichtig werden. Im Unterricht kann sie von den Schüler selbst angefertigt werden. Das Quellenexzerpt muss sowohl Erfolgs- als auch Misserfolgsberichte enthalten, damit beide Aspekte des Tun-Ergehen-Prinzips herausgearbeitet werden können: Halten die Ordenritter sich am offenbarten Willen Gottes, ist ihnen sein Beistand sicher, verstoßen sich gegen ihn, folgt die Strafe auf den Fuß.
- Schließlich kann auf der Grundlage einer entsprechenden Exzerpierung der Quelle den Schülern auch das Ineinander der Wunder- und Kriegsberichte vor Augen gestellt werden. Das für den modernen Leser zu-

nächst unvereinbar erscheinende Nebeneinander dürfte die Frage nach dem Grund für dieses eigentümlich anmutende Arrangement aufkommen lassen. Die Schüler können diesen selbst finden, wenn sie erkennen, dass die gottgewollte Kriegshandlung als ebenso verdienstvoll betrachtet wird, wie die Frömmigkeit der Gläubigen, die in den anderen Episoden und Anekdoten durch göttliche Zuwendung belohnt wird. Sie erkennen, dass für den Chronisten Kriegsdienst und Gottesdienst dasselbe sind und dass für die Ordensritter beides zur Erfüllung ihrer Christenpflichten gehört.

- Die offenkundig mit der Chronik verbundenen ethischen und politischen Absichten lassen sich durch eine quellenimmanente Analyse nicht ans Licht heben; dazu bedarf es der Einbeziehung des historischen Kontextes, in der sie entstanden ist. Die Einsicht aber, dass eine Quelle, dass Geschichtsschreibung sich nicht aus sich selbst heraus erklären kann, sondern dass stets der kulturelle Nährboden Berücksichtigung erfahren muss, aus dem sie erwachsen ist, wäre eine Erkenntnis, die – ließe sie sich im Unterricht erzielen – nicht hoch genug einzuschätzen wäre. Denn sie kann zur Erkenntnis führen, dass Geschichtsforschung, Geschichtsschreibung, Geschichtsbewusstsein stets vom gesellschaftlichen und kulturellen Umfeld beeinflusst werden, in dem sie angesiedelt sind.

Die *normativen Hinsichten*, denen Peter von Dusburg sich verpflichtet weiß, deckt er im Prolog offen auf.

- Im Unterricht erforderten sie einerseits eine präzisere Erklärung, die sich u.U. durch den Rekurs auf die angeführten Bezugsstellen erarbeiten ließe. Die Schüler könnten durch die praktische Tätigkeit lernen, wie sehr die mittelalterliche Geschichtsschreibung der Bibel als Richtschnur verpflichtet ist.
- Herausgearbeitet werden kann, dass Gottgefälligkeit und Wundergläubigkeit für den Chronisten unhinterfragbare Größen darstellen, die der Gestaltung seiner Darstellung zugrunde liegt. Die verengte (christliche) Perspektive, der Peter folgt und die er seinen Lesern zumutet, lässt sich aus dem Prolog ableiten. Ihre Verwurzelung im christlichen Gedankengut der Zeit dürfte selbst nicht-christlichen Schülern des beginnenden 3. Jahrtausends erschließbar sein.
- In selbstständiger Erarbeitung, angeleitet durch der Lerngruppe angemessene enge respektive offene Fragen, lässt sich der Frage nachgehen,

inwieweit Peter in seiner Darstellung seinen Darstellungsparametern wirklich folgt.

In Bezug auf die *empirische Triftigkeit* wird es im Geschichtsunterricht nur in Einzelfällen möglich sein, durch einen externen Quellenvergleich als empirisch triftig zu erweisen. Aber darum sollte es im Geschichtsunterricht, der die Geschichtsschreibung selbst zum Gegenstand (einer De-Konstruktion) macht, auch nicht vorrangig gehen. Im Vordergrund des in ihm realisierten historischen Lernprozesses steht nicht das, *was* historisch erzählt wird, sondern *wie* historisch erzählt wird. Deshalb ist es erforderlich, die Schüler mit den beiden oben angeführten Stellen zu konfrontieren, an denen Peter sich mit seinen Erkenntnismöglichkeiten auseinandersetzt, und exemplarisch zu überprüfen, inwieweit er in seiner Darstellung Konsequenzen daraus zieht. Im günstigen Fall wird dabei ersichtlich, dass Peter sich bei der Anwendung seiner normativen Prämissen von den eingeschränkten Erkenntnismöglichkeiten ebenso wenig beeinflussen lässt wie in der Ausführung seines narrativen Plans. Sofern dies gelingt, wäre ein wesentlicher Schritt auf dem Weg zur erkenntniskritischen Analyse historischer Sinnbildungsangebote gegangen, der den Schülern auch in ihrem Umgang mit der sie umgebenden (Geschichts-) Kultur von Nutzen sein kann.

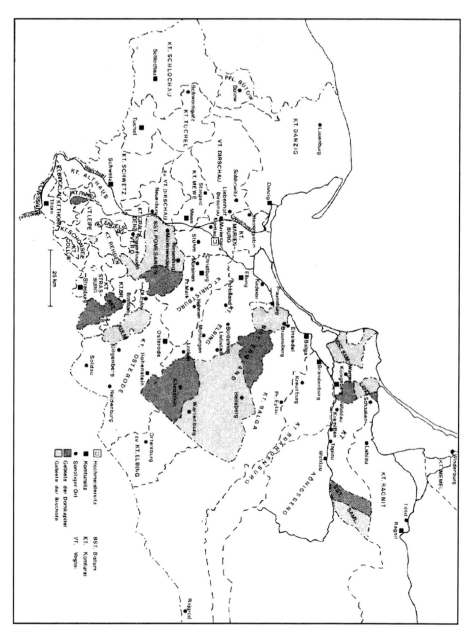

Abb. 2: Preußen um 1400[60]

---

[60] Übernommen aus Boockmann: Der Deutsche Orden (Anm. 8), Anhang.

V. Quelle[1]

I. Widmungsbrief

Dem ehrwürdigen und Christus ergebenen Mann, Bruder Werner von Ursel, dem Meister des Hospitals Sankt Marien des Hauses der Deutschen zu Jerusalem, entbietet Bruder Peter von Dusburg, Priester desselben heiligen Ordens, den schuldigen Gehorsam und seinen Gruß! Mit welch sorgfältiger Umsicht und umsichtiger Sorgfalt die alten und heiligen Väter die wunderbaren Werke unseres Herrn Jesus Christus, die er selbst oder durch seine Diener zu wirken die Gnade hatte, zu seinem Lob und seiner Ehre und zur Belehrung der Gegenwärtigen und Zukünftigen aufgezeichnet haben, ist einem jeden offenbar, der seinen Blick auf sie richtet. Sie merkten nämlich auf jenes Wort des Tobias, dass „die Werke des Herrn zu enthüllen ehrenvoll sei" (Tob 12,7). Ihren Spuren bin ich gefolgt, auf dass ich nicht mit dem nichtswürdigen und unnützen Knecht, der das ihm von seinem Herrn anvertraute Pfund verbarg, in die äußere Finsternis hinausgeworfen werde. So habe ich die Kriege, die wir und unsere Vorgänger, die Brüder unseres Ordens, siegreich geführt haben, aufgezeichnet und in diesem Buch niedergelegt. Ich überantworte es Eurem verständigen Urteil und bitte demütig - da ja niemand sich selbst genug ist -, es überprüfen und etwa darin befindliche fehlerhafte Stellen verbessern zu lassen; so berichtigt soll es veröffentlicht werden, damit die Erinnerung an dies denkwürdige Geschehen der Nachwelt überliefert werde. Geschrieben und vollendet im Jahr der Menschwerdung des Herrn 1326.

Prolog

… Es ist kein Zweifel, dass die Brüder des Deutschen Hauses voll der Gnade und Kraft waren, als sie, wenige an Zahl, sich das so mächtige, wilde und unzählbare Prußenvolk unterwarfen, das selbst viele Fürsten trotz häufiger Versuche sich nicht im geringsten hatten unterjochen können. Es darf aber auch nicht übergangen werden, dass der Kampf in den Händen der Brüder einen so günstigen Fortgang nahm, dass sie innerhalb von elf Jahren nach dem Tag ihrer Ankunft im Preußenland die Völkerschaften, welche die Länder Kulm und Löbau innehatten, und jene Völker, welche die Länder Pomesanien, Pogesanien, Warmien, Natangen und Barten bewohnten, sich und dem Christenglauben machtvoll unterwarfen und unter ihnen viele Befestigungen, Städte und Burgen errichteten … Bezeichne also, guter Jesus, die dir ergebenen Knechte, durch die du so große Zeichen zu tun die

---

[1] Aufgrund des Umfangs muss die Preußenchronik in Form eines Exzerptes zum Abdruck kommen. Der Auszug folgt der Übersetzung von Scholz, Klaus/ Wojtecki, Dieter: Peter von Dusburg. Chronik des Preußenlandes (FStGA 25), Darmstadt 1984. Er wurde in die neue Rechtschreibung übertragen und an wenigen Stellen sprachlich geglättet. Die Proportionen des Dusburg'schen Erzählplans konnten nur bedingt eingehalten werden. Während der Prolog recht ausführlich wiedergegeben wird, wurde das Kapitel 4 (Marginalien) ausgelassen. Um einen verstehbaren Erzählzusammenhang zu wahren, erfolgte eine inhaltliche Konzentration auf die Eroberung Preußen.

Gnade hast, auf dass die Heiden verwirrt werden und jene sich fürchten vor deinen Zeichen, die an den Enden der Welt wohnen.

... Es gefiel dem Verfasser auch, kundzutun Gottes Wunder, denn sie sind mächtig. Ein Gedächtnis an seine Wunder hat der mitleidige und barmherzige Herr durch die Brüder gestiftet ... Da ja die Seele, d.h. das Leben der Brüder, ehemals arm und hungrig, jetzt gesättigt ist mit zeitlichen Gütern, ist es notwendig, einiges zu berichten über vergangene Not und gegenwärtigen Überfluss, damit so nebeneinander gestellt die Gegensätze deutlicher hervortreten. Anfänglich strebten die Brüder, um die Feinde des Glaubens leichter zu überwinden, aus ganzem Herzen nach starken Pferden, tüchtigen Waffen und festen Burgen, und niemand gab sie ihnen. Um äußerlichen Schmuck des Leibes und um ihren Lebensunterhalt kümmerten sie sich nur, soweit es unbedingt notwendig war. Sie nahmen Leben und Lehre unseres Erlösers zum Vorbild, welcher spricht: „Wer mir nachfolgen will, der verleugne sich selbst und nehme sein Kreuz auf sich und folge mir!" (Mt 16,24). So verleugneten sie sich selbst, weil sie trotz vornehmer Herkunft, Macht durch Reichtum und freier Sinnesart dennoch den Anspruch ihrer edlen Geburt gering achteten und Niedriges und Niedrigstes demütig liebten, das sich für ihren Stand nach weltlicher Bewertung nicht ziemte; sie erwählten die wahre Armut und entäußerten sich des eigenen Willens. So ließen sie sich auf verschiedene und unendliche Nachteile, Gefahren, Sorgen und Kümmernisse um Christi Namen willen ein.

... So ist offenkundig, wie große Zeichen und starke Wunder der erhabene Herr durch die Brüder im Preußenland getan hat ... wie sie weiter unten zum Vorschein kommen. Aber da in den jüngsten Tagen gefahrvolle Zeiten bevorstehen, die Menschen nur sich selbst lieben und danach trachten werden, was ihres, nicht, was Jesu Christi ist, wird die Ungerechtigkeit überhandnehmen und die Liebe vieler erkalten. Deshalb, gütigster Jesus, gib ihnen einen verständigeren Sinn ein, auf dass sie nicht den Geist betrüben, durch den sie bezeichnet sind; erneuere die Zeichen, wiederhole die Wunder ...

Von der Gliederung dieses Buches

... Zuerst werde ich beschreiben, zu welcher Zeit, durch wen und wie der Orden des Deutschen Hauses seinen Anfang nahm, sodann, wann und wie die Brüder in das Preußenland kamen, drittens von den Kriegen und anderem, das sich in diesem Lande zutrug; wenig davon habe ich selbst gesehen, anderes von Leuten gehört, die es erlebten und dabei waren, das übrige habe ich aus glaubwürdiger Erzählung erfahren. Zum vierten werde ich auf dem Rande die Päpste und Kaiser vermerken, die seit der Zeit der Stiftung dieses Ordens regiert haben, und einige beachtenswerte Geschehnisse, die sich zu ihren Zeiten zutrugen.[2] Da ich aber wohl weiß, dass ich unzulänglich bin zur Erfüllung dieser Aufgabe - vor allem deshalb, weil diese Begebnisse aus dem Gedächtnis der jetzt lebenden Menschen schon fast entschwunden sind und - weil ich ohne Gott nichts vermag -, deshalb flehe ich dich an, guter Jesus, ... erleuchte meinen Verstand durch die Gnade deines Geistes und

---

[2] Dieser Teil des Buches wurde nicht in den vorliegenden Auszug übernommen.

gib mir Mund und Weisheit, dies Werk in Kürze zu vollenden, auf dass die, welche deine in ihm enthaltenen großen Zeichen und mächtigen Wunder vernehmen, auf dich hoffen, dich anbeten, dich verherrlichen und loben. Das wollest du, aus dem, durch den und in dem alles ist, mir gewähren, der du lebst und regierst in Ewigkeit. Amen.

Hier beginnt der erste Teil des Buches
Vom Ursprung des Ordens vom Deutschen Hause

1. Von der Gründung des Ordens vom Hause der Deutschen

Im Namen des Herrn, amen. Im Jahre seiner Menschwerdung 1190 zu der Zeit, als die Stadt Akkon von den Christen belagert und durch die Gnade Gottes aus den Händen der Ungläubigen zurück gewonnen wurde, waren im christlichen Heer einige fromme Leute aus den Städten Bremen und Lübeck, die als barmherzige Menschen mit mitleidigen Augen die verschiedenen und unerträglichen Mängel und Beschwernisse der Kranken im Heere bemerkten und daher in ihrem Zelt, das aus dem Segel eines auf deutsch „Kogge" genannten Schiffs gemacht war, ein Hospital begründeten; dort nahmen sie Kranke auf, dienten ihnen fromm und demütig, versorgten sie mildtätig mit den ihnen von Gott geschenkten Gütern und handelten barmherzig an ihnen, denn sie beachteten wohl, dass sie in der Person eines jeden Kranken oder Armen Christus selbst aufnahmen, der denen an seiner Rechten beim Jüngsten Gericht sagen wird: „Ich bin hungrig gewesen, und ihr habt mich gespeist, ich bin durstig gewesen, und ihr habt mich getränkt, ich war ein Fremdling, und ihr habt mich beherbergt, ich war nackt, und ihr habt mich bekleidet, ich war krank, und ihr habt mich besucht" (Mt 25,34 ff.) usw. …

Deshalb ging der Ratschlag aller der erwähnten Fürsten dahin, Herr Friedrich, der Herzog von Schwaben, möge eine feierliche Gesandtschaft an seinen Bruder, den erlauchtesten Herrn Heinrich VI., den König der Römer und künftigen Kaiser, schicken mit der Bitte, vom Herrn Papst die Gründung und Bestätigung des Hospitals zu erwirken. Der Papst stimmte demgemäß nach Anhörung der Gesandtschaft dem frommen Ansuchen der Bittsteller zu, verlieh dem Hospital „die Ordensregel der Brüder des Hospitals zu Jerusalem für die Armen und Kranken, die der Ritterbrüder des Tempels aber für die Kleriker, die Ritter und die übrigen Brüder und bestätigte sie im Namen des Herrn; er gestattete den Brüdern des Hospitals, das schwarze Kreuz und den weißen Mantel zu tragen, und gewährte ihnen alle Freiheiten, Privilegien und Indulgenzen, die die verehrungswürdigen Häuser der Johanniter und der Templer vom apostolischen Stuhl erhalten hatten, um sie frei zu gebrauchen wie jene.

… So wurde der ehrwürdige Ritterorden der Brüder des Hospitals St. Marien des Hauses der Deutschen zu Jerusalem begründet, bestätigt und mit vielen Privilegien ausgestattet. Dies ist der auserwählte Weingarten des Herrn Zebaoth, den du, Jesus Christus, eingerichtet hast ... Du hast seine Wurzeln gepflanzt und er erfüllte die Erde; darauf trugst du ihn weiter, vertriebst die Heiden aus den Ländern Preußen und Livland und pflanztest ihn dort, und so streckt er jetzt seine Zweige bis zum Meer aus und bis zum Flusse seine Schößlinge. Diese ehrwürdige Ritterschaft ist nicht nur auf Erden von den Menschen bestätigt, sondern auch im Himmel und auf der Erde als Urbild vielfältig vorausgebildet. Wir lesen nämlich in den alten Geschichtsbüchern, der große Patriarch Abraham habe mit seinen 318 Knechten für die Befreiung seines gottesfürchtigen Bruders gestritten ... Seit dieser Zeit begannen die Kämpfe der Gläubigen gegen die Scharen der Heiden; und der heilige Geist enthüllte seither, welche Gunst der, welcher den höchsten Platz in der Kirche innehat, solchen Kriegern zuteil werden lassen soll, indem er sie nämlich mit besonderem Wohlwollen in den Segen des kirchlichen Schutzes aufnimmt und ihnen, den Streitern für den Gekreuzigten, durch seine Indulgenzen und Privilegien den ihnen geschenkten Besitz bestätigt. Diejenige Ritterschaft scheint allein und vornehmlich als Urbild im Himmel und auf der Erde vorgebildet, welche an Christi Kreuzesschmach leidet und sich der Aufgabe geweiht hat, das den Christen gebührende Heilige Land von der Bedrückung durch die Heiden zurück zu gewinnen ... Weil [König] David nun ein Prophet war und ein vertrautes Werkzeug des Heiligen Geistes, schaute er Gegenwärtiges wie Zukünftiges in den Schriften der Wahrheit an und lehrte durch die Unterscheidung seiner Mannschaft, dass in den jüngsten Zeiten das Haupt der Kirche, Christus, Wächter haben werde, die ihre Seelen für kostbarer als sich selbst erachten und ihr heiliges Schwert sich an die Hüfte gurten würden, um wie die tapfersten Männer Israels, die das Bett Salomos umgaben, die nächtlichen Schrecken des finsteren Unglaubens von den Landen der Christen zu vertreiben (Ps 44, Hld 3,7 f.) ... Diesen geistlichen Orden also, der sich zum Nutzen der heiligen Kirche immer weiter ausbreitet, haben die verschiedenen Päpste mit freudigem Blick angesehen und ihn mit sehr vielen Privilegien, Vergünstigungen und Freiheiten befestigt und verherrlicht ...

5. Von Bruder Hermann von Salza, dem vierten Meister

Bruder Hermann von Salza, der vierte Meister, leitete den Orden sehr viele Jahre ... Er war beredt, freundlich, weise, umsichtig, vorausschauend und bei allen seinen Taten ruhmreich. Als er nach seiner Wahl den schwach entwickelten Zustand des Ordens sah, äußerte er in Gegenwart einiger Brüder den Wunsch, er wolle ein Auge dafür geben, wenn sein Orden während seiner Amtszeit nur so stark würde, dass er zehn Ritterbrüder unter Waffen hätte und nicht mehr. Aber was hast du getan in dieser Sache, oh guter Jesus, der du gerechten Bitten immer geneigt bist und nicht ablässt, fromme Gebete gnädig anzusehen? Ist sein Wunsch enttäuscht worden? Sicherlich nicht. Nein, den Wunsch seiner Seele hast du ihm im Überfluss erfüllt. So sehr nämlich erstarkte der Orden während seiner Amtszeit, dass nicht lange nach seinem Tode 2.000 Brüder edlen Geblüts aus dem deutschen Reiche im Orden gezählt wurden. Auch der berühmte Landgraf von Thüringen, Herr Konrad, zu dessen Dienstmannschaft er selbst, als er noch weltlich war, gehört hatte, nahm mit zahlreichem, vornehmem Gefolge das Ordenskleid. Zu Zeiten dieses Bruders Hermann wurden dem Orden auch bessere päpstliche und kaiserliche Privilegien erteilt. Überdies wurden dem Orden großartige Schenkungen in Apulien, Romanien, Armenien, Deutschland, Ungarn - nämlich das Burzenland genannte Gebiet -, in Livland und Preußen zu seinen Zeiten zuteil. So sehr wurde der Orden nämlich durch ihn erhoben, wie man es in der Welt noch nicht vernommen hat … So kam es [auch], dass der Herr Papst selbst und der Kaiser, damit der Bruder Hermann größere Verehrung genösse, ihm und seinen künftigen Nachfolgern im Meisteramt des Ordens vom Deutschen Hause den Rang eines Fürsten übertrugen, und zum Zeichen dieses Fürstenstandes übergab der Herr Papst ihm einen Ring, und der Kaiser gestattete ihm, das Wappen des Reichs auf seiner Fahne zu führen …

Es beginnt der zweite Teil
Von der Ankunft der Brüder vom deutschen Hause im Preussenland

1. Von der Verwüstung des Kulmerlandes durch die Prußen

Zur Zeit, als der edle und berühmte, christlichste Fürst Herzog Konrad die Herrschaft in Masowien, Kujawien und Polen inne hatte, gab es einen Bischof von Preußen mit Namen Christian vom Zisterzienserorden, der den Samen des göttlichen Wortes oft unter den Prußen ausstreute und sie ermahnte, den Götzenkult aufzugeben und den wahren Gott Jesus Christus anzubeten. Aber weil dieser Samen auf keinen guten Boden fiel, trug er keine Frucht. So sehr waren sie nämlich verstockt in ihrer Bosheit, dass keine Ermahnungen, an ihr Seelenheil zu denken, sie vom Irrtum ihres Unglaubens abbringen konnten. Eines jedoch war lobenswert an ihnen und höchst bemerkenswert, dass sie, wenn sie auch ungläubig waren und verschiedene Götter verehrten, nichtsdestoweniger Frieden mit den benachbarten Christen hielten und sie nicht an der Verehrung des lebendigen Gottes hinderten oder irgendwie belästigten. Aber das ertrug der Feind des Menschengeschlechts, der Widersacher des Friedens, nicht lange, sondern säte Unkraut dazwischen. Er stachelte sie nämlich zur härtesten Verfolgung gegen die Christgläubigen auf, so dass diese in wenigen Jahren teils hingemordet, teils gefangen und in dauernde Knechtschaft geführt, wenige durch die Flucht gerettet wurden und die Prußen das Kulmerland gänzlich zerstörten und zur Einöde machten …

5. Von der Schenkung der Länder Preußen, Kulm und Löbau an die Brüder des Ordens vom Deutschen Haus

Zur selben Zeit hatte der Orden vom Deutschen Haus durch Bruder Hermann von Salza, seinen Meister, an Brüderzahl, Reichtum, Macht und Ehre soviel gewonnen, dass sein weit verbreiteter Ruhm schließlich auch dem Herzog [Konrad von Masowien] zur Kenntnis kam. Von Gott wurde ihm eingegeben, die Brüder zu Verteidigung seines Landes, des Glaubens und der Gläubigen einzuladen, da er sah, dass die von ihm zu diesem Zweck eingesetzten Ritterbrüder Christi in dieser Sache keinen Erfolg hatten. Er rief also seine Bischöfe und Adligen zusammen, eröffnete ihnen seine Absicht und bat sie, ihm dazu einen heilsamen Rat zu geben. Sie stimmten einhellig seinem Wunsche zu, indem sie hinzufügten, sie hätten aus glaubwürdigem Bericht vernommen, die Brüder seien … beim Herrn Papst, dem Kaiser und den Fürsten Deutschlands höchst beliebt und willkommen, so dass sie ohne Zweifel hoffen dürften, der Herr Papst werde ihnen zuliebe eine Kreuzfahrt zur Unterstützung ihres Landes veranlassen. Der Herzog sandte also eine feierliche Gesandtschaft mit seinen Briefen an den Bruder Hermann, den Meister; als die ihm und seinen Brüdern den Grund ihrer Reise dargelegt hatten, entsprach der

Meister nach vielen Beratungen und verschiedenen Verhandlungen mit seinen Brüdern über diese schwierige Angelegenheit schließlich auf Anraten des Herrn Papstes, des Kaisers Friedrich II. und der Fürsten Deutschlands, die ihm in dieser Sache mit Rat und Hilfe beizustehen versprachen, den Bitten des Herzogs. Daher schickte der Meister den Bruder Konrad von Landsberg und einen anderen Bruder seines Ordens zum Herzog von Polen, um das Land Kulm zu erkunden und zu sehen, ob die Gesandtschaft nach dessen Willen verfahren sei ... Hierauf gab Herr Konrad, der Herzog von Polen, nach reiflicher Überlegung, wie oben bemerkt, auf Rat, mit einhelligem Willen und ausdrücklicher Zustimmung seiner Gemahlin Agafia und seiner Söhne Boleslaw, Kasimir und Ziemowit den gegenwärtigen und zukünftigen Brüdern des Deutschen Hauses die Länder Kulm und Löbau und das Land, das sie mit der Gnade des Herrn aus der Hand der Ungläubigen in Zukunft würden erobern können, mit allem Recht und Nutzen, wie er selbst und seine Vorfahren es besessen hatten, zu ewigem Besitz, wobei er sich kein Recht oder Eigentum daran vorbehielt, sondern auf jeglichen Rechts- oder tatsächlichen Anspruch verzichtete, der ihm, seiner Gemahlin, seinen Söhnen oder Nachfolgern daran zustehen könnte. Und damit diese Schenkung fest und ewig bestünde und von niemand in Zukunft angezweifelt werden könne, gab er ihnen mit seinem Siegel bekräftigte Urkunden. Dies geschah um das Jahr des Herrn 1226 ...[3]

6. Von der Bestätigung der oben beschriebenen Vorgänge und der Mahnung des Herrn Papstes an die Brüder

Als aber die Verwüstung des Landes Polen durch einen Klagebericht des Herzogs der römischen Kurie zur Kenntnis kam, da fühlte der heiligte Vater und Herr Papst Gregor IX. Mitleid mit ihm und bestätigte, um den Gefahren in Zukunft vorzubeugen, die ganze Übereinkunft mit den Brüdern des Deutschen Hauses im Namen des Herrn als rechtmäßig und vernünftig und erlegte den Brüdern zur Vergebung der Sünden auf, sie sollten das dem gekreuzigten Herrn zugefügte Unrecht rächen und das den Christen gebührende, aber von den Ungläubigen besetzte Land zurück gewinnen ...

7. Vom neuen Krieg der Brüder des Deutschen Hauses gegen das Prußenvolk

Viele Kriege sind von alters her gegen die Prußen geführt worden, wie die alten Geschichten berichten, nämlich durch Julius Caesar, auch durch neun Brüder aus Schweden mit Namen Gampti, durch Hugo genannt Potyre, schließlich durch Bruder Christian, den Bischof von Preußen, und durch die Ritterbrüder Christi, die Brüder von Dobrin genannt wurden. Aber bei einer günstigen Gelegenheit töteten die Prußen ihre Häuptlinge und anderen Anführer oder jagten sie weit fort, warfen so das Joch der Knechtschaft von ihren Nacken ab und fielen in ihre früheren Irrtümer zurück. Nun aber beginnen die Brüder des Hospitals Sankt Marien des Hauses der Deutschen zu Jerusalem neue Kriege gegen sie. Neue Kriege sind es, die der Herr erwählt hat, um die Tore der Feinde umzustürzen; denn, wenn sie nun

---

[3] Der Kruschwitzer Vertrag, der hier gemeint ist, kam tatsächlich erst 1230 zustande. Vgl. o. S. 246.

einen oder mehrere Häuptlinge oder Anführer an einem Tage töteten oder verdürben, dann würden am selben oder am folgenden Tage anstelle der Toten andere bessere oder gleich gute aufstehen. Und neu ist nicht nur der Kampf, sondern auch die Art des Kämpfens, weil nicht allein mit stofflichen, sondern auch mit geistlichen Waffen der Feind geschlagen wird, nämlich mit dem Gebet ... So heißt es von Judas Makkabäus, er habe in zwei Kriegen nicht gebetet, nämlich gegen Antiochus Eupator, und da siegte er nicht, sondern musste weichen, und sodann gegen Bachides und Alchimus, und da fiel er selbst in der Schlacht, und das Heer der Kinder Israel wurde in die Flucht geschlagen ... So haben wir einen neuen Kampf und eine neue Art des Kämpfens, in der wir mit geistlichen Waffen die Feinde des Glaubens und der Kirche überwinden ...

10. Von der ersten Burg der Brüder des Deutschen Hauses namens Vogelsang

Nachdem nun die Waffen, die zum Kampfe nötig sind, besprochen sind, wollen wir zum begonnenen Gegenstand zurückkehren. Da die schon erwähnten Brüder des Deutschen Hauses, nämlich Bruder Konrad und sein Gefährte, im Preußenland, das ihnen ja schon vor langem vom Polenherzog übertragen war, nicht hatten, wo sie ihr Haupt niederlegen sollten, gedachten sie schon von fern, so vorzugehen, dass sie den Weichselfluss mitten zwischen sich und den Prußen zum Schutz hatten. Sie baten den Herzog, ihnen eine Burg zu erbauen. Dieser ... versammelte sein Volk und ließ den Brüdern gegenüber der heutigen Stadt Thorn auf einem Berg eine Burg namens Vogelsang ... bauen. Dort widerstanden die Brüder mit wenigen Bewaffneten der unermesslichen Zahl der Heiden und sangen das Lied der Trauer und Schwermut. Denn sie hatten ja den geliebten Boden ihres Heimatlandes verlassen und waren in ein fremdes Land gegangen, wo sie viele Jahre leiden sollten ... Um es kurz zu sagen: Sie ließen allen Überfluss dieser Welt hinter sich, Freiheit, Bequemlichkeit und Ehre ...

13. Von Kreuzpredigt und Ablass für die Kreuzfahrer nach Preußen und Livland

Bruder Hermann von Salza, der Hochmeister, ein vorausschauender und in allem umsichtiger Mann, reiste inzwischen zum Herrn Papst und erbat unter anderem und erlangte, dass das Kreuz in den Reichen und Kirchenprovinzen gepredigt wurde, die der apostolische Stuhl zur Unterstützung des Preußenlandes bestimmt hatte; dieser Papst und später Papst Innozenz IV. gewährten den Kreuzfahrern, die Preußen und Livland besuchten, Privilegien und Ablässe wie den Jerusalempilgern ...

Es beginnt der dritte Teil
Über die Kämpfe der Brüder des Deutschen Hauses gegen die Prußen

1. Und zuerst vom Kampf gegen die Bewohner des Kulmerlandes

Bruder Hermann Balk, der Meister Preußens, setzte in der Absicht, die Sache des Glaubens voranzutreiben, mit dem erwähnten Herzog und dessen Heeresmacht über die Weichsel in das Kulmerland und erbaute flussabwärts am Ufer im Jahre des Herrn 1231 die Burg Thorn ... Nach einiger Zeit aber begründeten sie bei der Burg eine Stadt, die späterhin, während die Burg an ihrer Stelle verblieb, wegen der ständigen Überschwemmungen an den Ort verlegt wurde, wo Burg und Stadt Thorn sich jetzt befinden.

2. Beschreibung des Preußenlandes

Das Preußenland hat als Grenzen, innerhalb derer es gelegen ist, die Weichsel, das Salzmeer, die Memel, Rußland, das Herzogtum Masowien und das Herzogtum Dobrin. Die Weichsel ist ein Fluss, der von Krakau in das Land Pommerellen fließt und bei der Burg Danzig ins Meer mündet; er trennt Polen und Pommerellen von Preußen. Die Memel ist ebenfalls ein Fluss, der aus dem Reich Rußland herabkommt und bei Burg und Stadt Memelburg ins Meer mündet; er trennt Rußland, Litauen und Kurland gleichfalls von Preußen.

3. Von der Verschiedenheit und der Macht der Prußen

Das Preußenland zerfällt in 11 Teile. Der erste war das Kulmerland und die Löbau; er lag vor der Ankunft der Brüder vom Deutschen Hause gleichsam wüst. Der zweite Pomesanien ... Der dritte Pogesanien … Der vierte Warmien... Der fünfte Natangen … Der sechste Samland ... Der siebte Nadrauen ... Der achte Schalauen ... Der neunte Sudauen ... Der zehnte Galinden ... Der elfte Barten und Plicka ... Es gab kaum eine dieser Völkerschaften, die nicht 2.000 Reiter und viele tausend Fußkämpfer zum Kampfe bereitstellen konnte. Das reiche und wohl bevölkerte Samland konnte 4.000 Reiter und 40.000 Fußkämpfer aufbieten. Die edlen Sudauer übertrafen die anderen nicht nur durch den Adel ihrer Sitten, sondern auch an Reichtum und Macht. Sie besaßen nämlich 6.000 Reiter und eine beinahe zahllose Menge anderer Kämpfer. Jedes dieser Völker hatte viele und feste Burgen, von denen im Einzelnen zu berichten langweilig wäre. Erkenne daran die großen Zeichen Gottes und seine starken Wunderwerke: Sieben Brüder des Deutschen Hauses bauten mit wenigen Bewaffneten im Kulmerland eine Burg … und wagten zuerst den Angriff auf eine so wohl begüterte und unzählbare Menge Heiden; und danach bezwangen sie diese im Laufe von 53 Jahren, so dass nicht einer übrig blieb, der einen Hals nicht unter das Joch des Glaubens gebeugt hätte, mit der Hilfe des Herrn Jesus Christus, der gelobt ist von Ewigkeit zu Ewigkeit, amen …

5. Von der Abgötterei, den Bräuchen und Sitten der Prußen

Die Prußen hatten keine Kenntnis von Gott. Weil sie einfältig waren, konnten sie ihn mit dem Verstand nicht begreifen, und da sie die Buchstaben nicht kannten, konnten sie ihn auch durch die Schrift nicht erkennen. Sie wunderten sich anfänglich über die Maßen darüber, dass man einem Abwesenden seine Meinung durch einen Brief darlegen könne. Weil sie also Gott nicht kannten, deshalb verehrten sie in ihrem Irrtum jegliche Kreatur als göttlich, nämlich Sonne, Mond und Sterne, Donner, Vögel, auch vierfüßige Tiere, ja sogar die Kröte. Sie hatten auch Wälder, Felder und Gewässer, die sie so heilig hielten, dass sie in ihnen weder Holz zu hauen noch Äcker zu bestellen oder zu fischen wagten. Ferner lag mitten im Gebiet dieses ungläubigen Volks, nämlich in Nadrauen, ein Ort namens Romow, der seinen Namen von Rom herleitete[51]; hier wohnte einer, der Criwe hieß und den sie als Papst verehrten; wie nämlich der Herr Papst die gesamte Kirche der Gläubigen regiert, so lenkte jener mit Wink oder Befehl nicht nur die Prußen, sondern auch die Litauer und die anderen Völker Livlands. Er besaß solches Ansehen, dass nicht allein er selbst oder jemand aus seinem Geschlecht, sondern auch ein Bote mit seinem Stab oder mit einem anderen bekannten Zeichen, wenn er das Gebiet der Ungläubigen durchzog, von den Königen", den Adligen und vom gemeinen Volk große Verehrung erfuhr. Auch hegte er - wie im Alten Testament - das ewige Feuer. Die Prußen glaubten an die Auferstehung des Fleisches, allerdings nicht so, wie sie es hätten tun sollen. Sie glaubten nämlich, wenn man vornehm oder gering, reich oder arm, mächtig oder machtlos in diesem Leben sei, so werde man es auch nach der Auferstehung im künftigen Leben sein. Daher wurden mit den verstorbenen Adligen Waffen, Pferde, Knechte und Mägde, Kleider, Jagdhunde, Beizvögel und andere Dinge, die zu einem adligen Leben gehören, verbrannt ...

Nach dem Sieg brachten sie ihren Göttern ein Opfer dar; von allem, was sie durch den Sieg erlangt hatten, gaben sie den dritten Teil dem Criwe, der es verbrannte ... Die Prußen begannen selten etwas Wichtiges, ohne vorher nach ihrem Brauche durch das Los von den Göttern erfragt zu haben, ob es gut oder schlecht für sie ausgehen werde. Aus überflüssigen oder kostbaren Kleidern machten sie sich nichts, und auch heute noch achten sie sie gering; wie man die Kleider heute ablegt, so zieht man sie morgen wieder an, ohne sich darum zu kümmern, ob man sie verkehrt trägt. Ein weiches Lager und feine Speisen kennen sie nicht. Als Getränk haben sie einfaches Wasser, ein Honiggetränk oder Met und Stutenmilch; diese tranken sie früher aber nur, wenn sie vorher geweiht worden war. Ein anderes Getränk kannten sie in den alten Zeiten nicht. Ihren Gästen erweisen sie soviel Freundlichkeit, wie sie nur können ... Nach einer alten Sitte kaufen die Prußen auch heute noch ihre Frauen für eine gewisse Summe Geldes. Daher hält der Mann seine Frau wie eine Magd; sie isst nicht mit ihm am Tisch und muss den Hausgenossen und den Gästen täglich die Füße waschen ... Ungehindert geht der Arme bei ihnen von Haus zu Haus und isst ohne Scheu mit, wann er will. Geschieht ein Totschlag bei ihnen, dann gibt es keine Aussöhnung, bevor nicht der Totschläger oder einer seiner Verwandten von den Verwandten des Erschlagenen getötet worden ist ...

8. Von Kreuzfahrern und der Erbauung von Burg und Stadt Kulm

Als nun also das Kreuz Christi im ganzen deutschen Reich gepredigt und der neue Krieg, den der Herr im Preußenland erwählt hatte, und Ablass und Freiheit für diesen neuen Krieg verkündet wurden, da gerieten die in Unruhe, „deren Herz Gott angerührt hatte", nämlich auserwählte und berühmte deutsche Krieger; sie hefteten das Kreuz an ihre Schultern, bereiteten sich für den Kampf vor, um das dem gekreuzigten Herrn angetane Unrecht zu rächen, und wiesen alles von sich ab, was ihren heiligen Vorsatz hätte verzögern können. Sie hielten sich an das Heil bringende Mahnwort des Hieronymus, welches sagt: „Selbst wenn dein Vater auf der Türschwelle steht und dein Bruder dir am Halse hängt und deine Mutter die Brüste entblößt, die dich genährt haben, so tritt auf Vater und Mutter, schreite über sie hinweg und eile zur Kreuzesfahne!" Als diese Kreuzfahrer nach Thorn gekommen waren, baute der Meister Bruder Hermann mit ihnen Burg und Stadt Kulm im

Jahre des Herrn 1232 an der Stelle, wo jetzt die alte Burg liegt. Bewaffneten, wie man sie nie zuvor in Preußen gesehen hatte, erbauten die Stadt Marienwerder und verstärkten die schon vorher errichtete Burg.

11. Von einem Sieg der Christen, bei dem 5000 Prußen getötet wurden

Darauf zogen der Meister Bruder Hermann und andere Brüder zur Winterszeit, als durch die strenge Kälte alles gefroren war, mit den erwähnten Kreuzfahrern, in denen der Wunsch entbrannt war, die Kühnheit der Prußen zu dämpfen, in das Gebiet Reisen; sie töteten und fingen dort sehr viele Menschen und rückten dann an den Fluss Sorge vor, wo sie das erlebten, was sie schon lange gewünscht hatten. Sie trafen nämlich auf ein großes Prußenheer, das sich in Waffen versammelt hatte und schon zum Kampfe bereit stand. Als sie es mannhaft angriffen, wandte es sich zur Flucht. Aber der Herzog von Pommerellen und sein Bruder Sambor, die erfahrener im Kampf mit den Prußen waren, besetzten mit ihren Bewaffneten die Wege um die Verhaue, damit niemand entkommen könne, und erschlugen dann die Sünder in ihrem Zorn. Dort verschlang das geschwungene Schwert der christlichen Ritterschaft das Fleisch der Ungläubigen, hier schlug ihr Speer blutige Wunden, denn die Prußen konnten weder hierhin noch dorthin vor ihren Verfolgern entweichen, und so wurde ein großes Blutbad unter dem Volk der Prußen angerichtet; an diesem Tage fielen nämlich über 5000. Darauf kehrten die Kreuzfahrer alle freudig heim und lobten die Gnade des Erlösers.

12. Von der Erbauung der Burg Rehden und der wunderbaren Erscheinung, die ein Bruder dort hatte

Im Jahre des Herrn 1234, als die Prußen schon aus dem Kulmerland vertrieben waren, sammelte der Meister Bruder Hermann ein Heer aus Brüdern und Bewaffneten und erbaute die Burg Rehden am Rande der Wildnis, die zwischen dem Land Pomesanien und dem Kulmerland lag, an der Stelle, wo die Prußen ständig angriffen und der Zugang zum Kulmerland war. In dieser Burg lebte ein Bruder, der, getäuscht durch Teufelstrug, wahrhaftig glaubte, er könne im Orden vom Deutschen Hause nicht seine Seele erretten, und sich deshalb vornahm, in einen strengeren Orden einzutreten. Da sah er im Schlaf die Heiligen Bernhard, Dominikus, Franziskus und Augustinus mit ihren Brüdern vorbei gehen; er bat sie unter Tränen, ihn zum Mitbruder anzunehmen; sie aber wiesen ihn alle ab. Zuletzt kam die heilige Jungfrau Maria mit vielen Brüdern vom Deutschen Hause; er begann, sie demütig anzuflehen, sie möge ihn wenigstens in der Gemeinschaft seiner Brüder bleiben lassen. Darauf sagte die heilige Jungfrau: „Das kann nicht gut sein, denn du glaubst ja, dein Orden sei so lässig, dass du in ihm nicht leiden kannst, wie du begehrst." Und sie zog die Mäntel der einzelnen Brüder beiseite und zeigte ihm die Wunden und Schläge, durch die sie von den Ungläubigen bei der Verteidigung des Glaubens getötet worden waren, und sprach: „Glaubst du jetzt, dass diese deine Brüder für den Namen Jesu Christi gelitten haben?" Und darauf verschwand die Vision. Als der Bruder erwachte und wieder zu sich kam, ging er ins Kapitel, wo die Brüder versammelt waren; er widerrief demütig, durch sein Erlebnis weise und erfahren geworden, seinen unbedachten Vorsatz, den er den Brüdern früher eröffnet hatte, als Irrtum und teilte ihnen allen seine Vision mit. Dieser Bruder wurde im Dienste Gottes nicht lange danach von den Ungläubigen erschlagen ...

21. Von der Erbauung einer Mühle und ihrer Zerstörung

Zu dieser Zeit wurden viele adlige und mächtige Männer aus Warmien von Reue ergriffen, denn sie sahen, dass Gott für die Brüder stritt, und sie gingen mit ihrem ganzen Haus und Gesinde zu den Brüdern von Balga[4] über; ihre Ankunft flößte den Brüdern neuen Mut ein: sie bauten an der Brücke über den Sumpf neben der heutigen Heerstraße an einem Fluss eine Mühle, befestigten sie wie eine Burg und ließen in ihr zwei Brüder und viele Bewaffnete als Bewachung zurück. Diese Burg belagerten die Prußen später mit einem starken Heer, eroberten sie und brannten sie nieder, wobei die Brüder und die bewaffnete Mannschaft getötet wurden.

22. Vom heiligmäßigen Leben der Brüder zu Balga

Wie sehr lautere Lebensführung, Tugend und Enthaltsamkeit und Strenge klösterlicher Zucht die Brüder in Balga und in den anderen Burgen lenkten, weiß nur er, der in alle Herzen blickt und dem nichts verborgen bleibt. Die Kapellen waren nie oder selten ohne Beter, und es gab keinen Winkel in den Burgen, wohin sich nicht nach Komplet und Matutin ein Bruder zurückgezogen hatte, um seinen Leib mit Ruten zu kasteien. Zu dieser Burg namens Engelsburg kamen Ordensmänner, die angesichts des Zustandes und Lebenswandels der dortigen Brüder fragten, welches der Name der Burg sei. Als sie erfuhren, dass sie Engelsburg hieße, antworteten sie: „Sie hat wahrlich einen treffenden Namen, denn ihre Bewohner führen ein engelhaftes Leben." ...

28. Wie Livland an die Brüder vom Deutschen Hause kam

Zu dieser Zeit bemühte sich Bruder Volkwin, der zweite Meister des Ordens der Ritter Christi in Livland[12], schon seit sechs Jahren durch eine feierliche Gesandtschaft bei Bruder Hermann von Salza, dem Hochmeister des Deutschen Hauses, darum, dass sein Orden dem Deutschen Orden einverleibt würde. In dieser Angelegenheit reiste der Meister Bruder Hermann mit Bruder Johann von Magdeburg, dem Gesandten des Bruders Volkwin, zum Herrn Papst. Währenddessen kam Bruder Gerlach der Rote aus Livland mit der Botschaft, Meister Volkwin mit seinen Brüdern und viele von den Kreuzfahrern und vom Volke Gottes seien in der Schlacht gefallen. Daraufhin vollendete der Herr Papst die Angelegenheit, kleidete den Bruder Gerlach und den Bruder Johannes zum Orden des Hospitals Sankt Marien vom Hause der Deutschen ein, indem er ihnen den weißen Mantel mit dem schwarzen Kreuz übergab, und erlegte ihnen und den anderen Brüdern des Ordens der Ritter Christi in Livland zur Vergebung aller ihrer Sünden auf, den Habit des Deutschen Ordens anzulegen. Danach sandte Bruder Hermann, der Hochmeister, den Bruder Hermann genannt Balk, den Meister des Preußenlandes, mit 40 Brüdern und vielen Bewaffneten nach Livland; dort leitete der Bruder Hermann Balk

---

[4]   Burg an der Ostseeküste, südwestl. von Königsberg.

den Orden ... etwa sechs Jahre lang, kehrte dann nach Deutschland zurück und verstarb in Frieden.

29. Von Bruder Poppo, dem zweiten Meister des Preußenlandes

Bruder Poppo von Osternohe, der zweite Meister des Preußenlandes, amtierte sieben Jahre lang"; er verzichtete auf sein Amt und kehrte nach Deutschland zurück. Nicht lange danach wurde er zum Hochmeister gewählt.

30. Von mannigfacher Not der Brüder und der Christgläubigen in Preußen

Anfänglich litten die Brüder und die anderen Christgläubigen im Preußenland vielfältigen und unglaublichen Mangel an Speise, Trank, Kleidung und den anderen, zum menschlichen Leben nötigen Dingen. Wenn sie etwa Felder bebauen wollten, so konnten sie das nur zur Nachtzeit tun, und was sie unter großer Gefahr und Mühsal gesät hatten, das ernteten andere, die sich die Frucht ihrer Mühen aneigneten. Aber siehe, wie wunderbar die Gnade Gottes in ihnen wirkte: Es war ihnen eine Lust und Freude, solches für Christi Namen leiden oder auch den Kelch des Heil bringenden Martyriums trinken zu dürfen.

31. Vom ersten Abfall der Prußen vom Glauben

... Es würde zu lange dauern und über meine geringe Begabung gehen, wenn ich im Einzelnen darlegen wollte, wie machtvoll und großartig, wie geschickt und tüchtig der Meister und die Brüder, gleich neuen Makkabäern, Hand anlegten, das Land der Christen zu erweitern und zu vergrößern, die Feinde zu bekämpfen und deren Festen zu erobern; über ihre Schlachten und Siege wird die ganze Kirche der Heiligen bis zum Ende der Welt sprechen. Als also alle die erwähnten Burgen durch die Gnade Gottes zu Lob und Ehre Christi erbaut waren und die benachbarten Völker ringsum ihre überaus starren Nacken dem Glauben und den Brüdern unterworfen hatten - dies jedoch nicht ohne den Tod sehr vieler Heiden und viel Vergießen christlichen Blutes -, und als der Glaube an Christus bei den Heiden schon große Fortschritte gemacht hatte, da konnte die alte Schlange, der giftige Drache, der Feind des Menschengeschlechts ein solches Gedeihen des Glaubens und der Gläubigen nicht lange ertragen, dass nämlich die heilige Kirche im Preußenland wuchs, der Gottesdienst sich verbreitete, die Heiden verwirrt, die Christen erhöht wurden und immer neue Zeichen und Wunder geschahen; gleichsam tief innen verletzt durch die tödliche Wunde seiner Bosheit, begann er auf tausend Arten zu überlegen und mit verschiedenen Listen Sorge zu tragen, wie er sein Gift heimlich einträufeln, den Weinberg des Herrn verwüsten und auf dem Acker des Herrn Unkraut säen könne. Endlich erregte er die härteste Verfolgung gegen den Glauben und die Schar der Gläubigen ...

43. Von der Bedrängnis der Brüder nach dem Kampf

Über diese Niederlage der Brüder empfand Swantopolk große Freude; er häufte Missetat auf Missetat, fügte den Brüdern immer neue schmerzhafte Wunden zu und bemühte sich auf jede Weise, ihnen ihr von höchster Not bedrücktes Volk abspenstig und seinem verbrecherischen Willen durch Bitten und Geschenke willfährig zu machen. Aber wenn auch Einige sich von ihm bestechen ließen und ihm heimlich gewogen waren, so sorgten doch Gottes Vorsehung und die Vorsicht der Brüder dafür, dass niemand solches öffentlich zu zeigen wagte. So wurden seine Machenschaften zunichte, und er erreichte sein übles Ziel nicht.

53. Von einem Sieg

… Der Meister Bruder Poppo schickte Späher aus, die eingehender erkunden sollten, was Swantopolk tat; dann vereinigte er sein Heer mit dem des Herzogs Kasimir bei der Burg Wyszegrod, und dort schlug man das Lager auf. Die Kundschafter kehrten zurück und berichteten, Swantopolk stünde mit einem starken Heer bei der Burg Schwetz und befestige sie. Es schien also allen ratsam zu sein, ihn dort anzugreifen; von Kulm wurden 10 Berittene vorausgeschickt, die das feindliche Heer beunruhigen sollten und mit 20 Mann von der Gegenseite zusammentrafen und einen ihrer Krieger töteten; die übrigen 19 erblickten die Fahne der Brüder und suchten das Weite; und als sie auf der Flucht zu Swantopolks Heer kamen, flohen alle; nur wenige konnten sich in die Burg retten, die anderen ertranken alle oder fielen durch das Schwert. So wurden 1.500 Mann vom pommerellischen Kriegsvolk an diesem Tag von den Brüdern erschlagen. Die Brüder sagten Gott für den Sieg Dank und kehrten mit reicher Beute voller Freude im Herrn zurück.

55. Nochmals von einem Sieg

… Als der Legat des apostolischen Stuhls das Kreuz in eigener Person gepredigt und durch andere in den dazu bestimmten Reichen und Kirchenprovinzen hatte predigen lassen, waren Fürsten und Adel Deutschlands bewegt über die Not des Preußenlandes, und der Herzog von Österreich sandte seinen Truchsess Drusigerus mit viel Ritterschaft und kriegsgeübten Männern zu Hilfe, ebenso kam der Ritter Heinrich von Lichtenstein und mit ihm viele Kreuzfahrer. Mit ihnen und dem Herzog Kasimir drangen der Meister und die Brüder mit ihren Leuten nach Pommerellen ein, durchzogen es machtvoll und feindselig neun Tage und Nächte lang und verwüsteten es, so dass es dort keinen Winkel gab, den sie nicht mit Raub und Brand heimgesucht hätten. Währenddessen brachte Swantopolk mit seinen Untergebenen und den Neubekehrten des Preußenlandes ein riesiges Heer zusammen und folgte den Brüdern, die mit ihrem Heer heimwärts zogen; nachts blieb er jeweils an der Stelle, wo die Brüder zuvor ihre Zelte aufgeschlagen hatten, band seine Streitrosse dort an, wo die Pferde der Brüder gestanden hatten, schloss so aus der Zahl der Zelte und der Verschiedenheit der Spuren, dass sein Heer doppelt so stark sei wie das der Brüder, freute sich sehr darüber, ermutigte die Seinen und tröstete sie mit den Worten: „Morgen werden wir es vollbringen, dass Pommereller und Prußen das Joch der Deutschen auf ewig loswerden." Als die Brüder am Morgen weiter zogen, griffen einige aus dem Heer Swantopolks den Beutetross an, der sehr lang war - er nahm nämlich zwei Meilen ein -, und töteten 30 Mann von der Bewachung. Der Meister sandte ihnen Drusigerus zu Hilfe, der aber voller Furcht floh, als er schon viele erschlagen sah. Das bemerkte Herr Heinrich von Lichtenstein, stürzte sich plötzlich auf die Feinde und brachte die Beute, die sie weggenommen hatten, wieder an ihren Platz zurück. Daraufhin kam Swantopolk den Seinen mit drei Heerhaufen zu Hilfe, bei deren Anblick die Polen voller Schrecken alle die Flucht ergriffen außer dem Ritter Martin von Kruschwitz, dem Bannerträger, und dem Herzog Kasimir, auf dessen Rat man sofort nach Herrn Heinrich von Lichtenstein schickte. Inzwischen stellten die Brüder sich zur Schlacht auf. Als Swantopolk aber bemerkte, dass die Brüder nicht fliehen wollten, befahl er den tausend besten Männern seines Heeres, von ihren Pferden abzusteigen, und trug ihnen auf, die Brüder unter großem Lärm und Geschrei anzugreifen und, gedeckt durch ihre Schilde, die Pferde der Christen mit den Speeren zu erstechen; dabei sagte er: „Sie sind mit schweren Waffen beladen und können nicht zu Fuß kämpfen." Als beide Heere zur Schlacht aufgestellt waren, kam Herr Heinrich zurück, betrachtete die Feinde und sagte zu den Brüdern: „Gefahr ist im Verzüge, wir wollen auf sie losgehen!" Sie warfen sich mit Ungestüm auf die Feinde, es entstand ein furchtbarer Kampf unter ihnen und von Swantopolks Heer blieben 1.500 Mann tot auf dem Schlachtfeld, von den Christen aber wurde niemand tödlich verwundet; sie verloren nur 10 Streitrosse, die durch die Speerstiche der Feinde umkamen. So kehrten die Brüder und die Kreuzfahrer mit 1.600 Pferden der Feinde, anderer übergroßer Beute und einem ruhmreichen Sieg heim, den sie mit der Hilfe unseres Herrn Jesus Christus errungen hatten, der gelobt ist in Ewigkeit, amen. Der Truchsess Drusigerus aber, der vorher mit seinen Männern vor dem Kampf furchtsam geflohen war, meldete in der Stadt Thorn, die Brüder, die Pilger und das ganze Heer der Christen seien in der Schlacht gefallen, und es erhob sich solches Wehklagen bei den Christgläubigen im Kulmerland und in Polen, wie es die Welt noch nicht gehört hat. Als die Brüder aber am folgenden Tag um die Vesperstunde mit ihrem Heer siegreich heimkehrten, gab es große Freude beim christlichen Volk, so groß, dass sie sogar des vorigen Tages Trauer übertraf.

56. Vom Friedensschluss zwischen Swantopolk und den Brüdern

So war das Land Pommerellen durch ein gerechtes Gottesgericht verwüstet worden, und Herzog Swantopolk, der vorher brüllend wie ein Löwe mit erhobenem Haupt umherging und suchte, wie er die Brüder und den Glauben, bei dessen Neupflanzung im Preußenland viel christliches Blut vergossen worden war, verderben könnte, bat jetzt, zahm wie ein Lamm, mit bescheidenem Blick und gesenktem Kopf, die Brüder demütig, sie möchten geruhen, ihn in ihrer gewohnten Güte in Gnaden wieder anzunehmen. Die Brüder bedachten, dass er, in die Enge getrieben, sein Fuchsherz voller List und Verschlagenheit immer unter einem schlichten Schafspelz verbarg, und fürchteten, von ihm wiederum betrogen zu werden, wie es am Ende ja auch kam, denn er brach die mit seinem Eid bekräftigten Friedensverträge ein drittes Mal. Aber weil man das Gut des Friedens immer annehmen soll um dessen willen, der den Frieden schafft und liebt, Jesus Christus, deshalb richteten die Brüder nach mancherlei Beratungen den früheren Frieden mit dem Herzog in der bisherigen Form mit Rat der Kreuzfahrer wieder auf ...

64. Vom frommen Leben der Brüder zu Christburg

In der Burg Christburg lebten Brüder, die Gott ergeben, von wunderbarer Enthaltsamkeit und eifrig in der Befolgung der Regel waren. Dazu waren sie tüchtige Kämpfer im Kriege, so dass man mit Recht von ihnen sagen konnte, dass sie zu Hause ein mönchisches, im Felde jedoch ein ritterliches Leben führten. Unter diesen Brüdern war einer von Gleißberg, der ein so heiliges Leben führte, dass am Karfreitag, als der Gottesdienst in der Kirche gefeiert wurde und er sich in der gewohnten Weise kniend neigte, um das Kreuz zu küssen, das hölzerne Bild des Gekreuzigten sich erhob, seine Arme ausbreitete und ihn mit den Armen umfangen und umarmen wollte. Der Bruder aber hielt sich dessen für unwürdig und sprach: „Es ziemt sich nicht, Herr, dass du einen so niedrigen Sünder umarmst." Es gab [dort] auch noch einen anderen Bruder, der bis zu seinem Tode des Nachts ständig eine dicke Eisenkette wie einen Gürtel auf der bloßen Haut trug …

70. Von einer Prophezeiung über den Ausgang des Krieges gegen die Samländer

Nach der Erbauung der Burg Balga wollten die Samländer Leben und Treiben der Brüder sorgfältiger erforschen und vollständiger erfahren und schickten daher einen von ihren Ältesten nach Balga, den die Brüder, als sie den Grund seiner Reise kennen gelernt hatten, gern aufnahmen; in Remter, Schlafhaus und Kirche zeigten sie ihm alles, was sie taten. Als er nun vollständige Kunde vom Leben der Brüder hatte, kehrte er zu den Samländern zurück und sagte: „Die Brüder sind Menschen wie wir, das sollt ihr wissen; sie haben geschmeidige und weiche Leiber, wie ihr sie bei uns auch seht; in ihren Waffen, Speisen und anderen Dingen sind sie uns ziemlich gleich, aber in einem unterscheiden sie sich von uns: Sie haben nämlich eine Gewohnheit, die uns ohne Zweifel verderben wird. Sie stehen jede Nacht von ihrem Lager auf, kommen in der Kapelle zusammen - am Tage tun sie das mehrmals - und erweisen ihrem *Gott* die Ehre, und das tun wir nicht. Daher werden sie uns im Kampfe ohne Zögern überwinden." Und weil er gesehen hatte, wie die Brüder Kohl aßen, den die Prußen nicht verzehrten, und glaubte, es seien Knospen, setzte er hinzu: „Sie essen auch Grünzeug wie das Pferd und das Maultier; wer kann Männern widerstehen, die in der Wildnis ohne Mühe ihre Nahrung finden?"

71. Von der Unterwerfung der Samländer

Als die oben erwähnten Völker zur Einheit des Glaubens zurückgekehrt waren, blieben noch die Samländer übrig, zu deren Unterwerfung Christus im Jahr seiner Menschwerdung 1254 den König Ottokar von Böhmen sandte', einen Gott ganz und gar ergebenen und waffengeübten Mann, den Markgrafen Otto von Brandenburg, der auf dieser Pilgerreise des Königs Marschall war, den Herzog von Österreich, den Markgrafen von Mähren, den Bischof Heidenrich von Kulm, den Bischof Anselm von Ermland und den Bischof von Olmütz, zusammen mit einer ungeheuren Menge Pilger, und aus Sachsen, Thüringen, Meißen, Österreich, vom Rhein und aus anderen Teilen Deutschlands Herren, Ritter und Adlige, deren Sinn entbrannt war, das dem gekreuzigten Herrn getane Unrecht zu rächen. Das Heer war so groß, dass es mehr als 60.000 Kämpfer zählte; die Zahl der Wagen und Gespanne mit Waffen und Lebensmitteln habe ich nicht erfahren. Dies Heer kam also zur Winterszeit nach Elbing ... Da ... ritt der König von Böhmen seinem Heer bis zur Burg Balga voraus; die Brüder hatten es so eingerichtet, dass er dort einen alten Mann namens Gedune antraf - den Vater des Wissegaudus von Medenau, aus dem Geschlecht derer, die Candeym heißen -, der die ganze Heeresmacht der samländischen Krieger genau kannte. Ihn fragte der König, als erst eine schwache Vorhut des Heeres zu sehen war, ob er mit so vielen Bewaffneten etwas würde erreichen können; Gedune antwortete: „Nein." Darauf kam ein zweimal stärkerer Heerhaufen dazu; als Gedune ihn sah, antwortete er wie zuvor; zum dritten kam ein um das Dreifache größerer Teil des Heeres und auch das reichte ihm noch nicht; schließlich aber kam das ganze übrige Heer hinzu, welches das Eis bedeckte wie Heuschrecken die Erde, und als der König ihn jetzt fragte, ob er mit einem solchen Heer im Samland etwas würde erreichen können, da antwortete er: „Das genügt, ziehe, wohin es dir gefällt; du wirst erlangen, was du willst." ... Der König drang also im Gebiet Medenau mit seinem Heer ins Samland ein, verbrannte alles, was das Feuer zu verzehren vermochte, fing und tötete viele Menschen und blieb dort über Nacht. Am nächsten Tag kam er in das Gebiet Rudau und eroberte dort machtvoll eine Burg und richtete hier ein solches Blutbad unter dem Volk der Samländer an, dass die Adligen dem König Geiseln stellten und ihn anflehten, er möge geruhen, sie in Gnaden aufzunehmen, und nicht das ganze Volk vernichten. Danach kam er in die Gebiete Quednau, Waldau, Kaimen und Tapiau, und damit er hier nicht ebensolche Verwüstungen anrichtete wie in den anderen Gebieten, übergaben ihm die einzelnen Samländer ihre Söhne als Geiseln und verpflichteten sich bei Todesstrafe, den Geboten des Glaubens und der Brüder demütig zu gehorchen. Nachdem dies alles in gehöriger Weise geschehen war, lieferte der König die Geiseln den Brüdern aus und rückte bis zu dem Berg vor, auf dem jetzt die Burg Königsberg liegt. Er riet den Brüdern, dort eine Burg zur Verteidigung des Glaubens zu bauen, und überließ ihnen großartige und königliche Geschenke zur Unterstützung des Baus. Da er nun die Mühsal seiner Kreuzfahrt überstanden hatte, kehrte der König, ohne dass sein Kriegsvolk großen Schaden gelitten hätte, in sein Reich zurück.

72. Von der Erbauung der Burg Königsberg oder Tuwangste

Nach der Abreise des Herrn Königs von Böhmen bereiteten der Meister und die Brüder nacheinander die zum Bau notwendigen Dinge vor; sie sammelten die ihnen treuen Prußen, kamen mit einem großen Heer im Jahre des Herrn 1255 und erbauten an der Stelle, die jetzt die alte Burg heißt, die Burg Königsberg, nannten sie dem König von Böhmen zu Ehren „Burg des Königs" (bei den Prußen heißt sie Tuwangste nach dem Wald, der sich an dieser Stelle befand) und ließen in ihr den Bruder Burchard von Hornhausen als Komtur mit vielen Brüdern und Bewaffneten zurück. Später wurde die Burg an den Platz auf derselben Anhöhe verlegt, wo sie heute liegt, und mit zwei Mauern und neun Steintürmen umgeben.

73. Von der Verwüstung des Samlandes und der Erbauung der Burg Wehlau

Im selben Jahr, in dem Königsberg erbaut wurde, gerieten die benachbarten Völker der Nadrauer, Schalauer und Sudauer in Zorn darüber, dass die Samländer sich dem Glauben und den Brüdern ergeben hatten; sie befürchteten nämlich, dadurch selbst dem Glauben ebenfalls unterworfen zu werden, wie es später ja auch kam; daher durchzogen sie mit großer Heeresmacht raubend und brennend das Samland und fingen und töteten viele Menschen, und als sie abrückten, beschlossen sie, die Burg Wehlau zu erbauen, damit die Brüder und die Samländer in Zukunft keinen unüberwachten und leichten Zugang zum Land Nadrauen mehr hätten. Sie bauten also die Burg, ließen dort den Tirsko und seinen Sohn Maudelus mit vielen Kriegern zurück und zogen in die Heimat ab. Aber siehe, die wunderbare Vorsehung Gottes, die sich in ihren Plänen nicht täuschen lässt, bestimmte, dass das, was die Nadrauer zu ihrem Schütze getan hatten, ihnen später zum großen Fallstrick und Verderben wurde. Gott hatte nämlich die Herzen des Burghauptmanns Tirsko und der ihm beigegebenen Männer angerührt, so dass sie die Abgötterei verließen und sich zum Glauben an Christus und zu den Brüdern bekehrten, und sie wurden tüchtige Streiter für den christlichen Glauben.

84. Von einem Kampf in Kurland, bei dem 150 Brüder und viel christliches Volk erschlagen wurden

Im Jahr des Herrn 1260 kamen die Brüder Livlands und Preußens mit starken Heeren zusammen, um den Brüdern von St. Georgenberg Lebensmittel zuzuführen; als sie sich dieser Burg näherten, kam ein Bote und meldete, 4.000 Litauer hätten einen Teil Kurlands verheert, gebrannt, geraubt und viel Christenblut vergossen und führten Frauen und Kinder gefangen mit viel anderer Beute davon. Als sich die Brüder und das ganze Heer daraufhin zur Schlacht vorbereiteten, um die durch Christi Blut erlösten Seelen aus den Händen der Feinde zu befreien, sagte ein adliger Pomesanier namens Matto, Sohn des Pipin, auf die Frage des Marschalls Bruder Heinrich, wie man die Feinde angreifen solle: „Wir wollen unsere Pferde weit zurücklassen, so dass uns keine Aussicht bleibt, zu ihnen zurückzukehren, und wollen zu Fuß angreifen; dann wird das Volk, ohne die Hufe der Pferde, in der Schlacht standhalten, sonst aber ohne Zweifel die Flucht ergreifen." Diesem Rat widersprachen die Ritter des Dänenkönigs aus Reval und viele andere mit dem Hinweis, sie könnten wegen des Gewichts der Waffen ohne Pferde nicht lange im Kampf aushalten. Danach kamen die Kuren und baten demütig, man möge ihnen Frauen und Kinder frei zurückgeben, wenn Gott den Christen den Sieg schenken sollte. Die Brüder waren zwar geneigt, ihren Bitten zu willfahren, das gemeine Volk aus Preußen und Livland aber widersprach und bestand darauf, mit seinen Gefangenen nach dem bisher eingeführten Kriegsrecht zu verfahren. Deswegen gerieten die Kuren derart in Zorn wider den Glauben und die Schar der Gläubigen, dass sie bei Beginn des Angriffs der Brüder auf die Litauer abtrünnig wurden und die Christen feindlich im Rücken anfielen; unter dem Ansturm der Litauer von vorn und der Kuren von hinten ließ fast das ganze Kriegsvolk der beiden Länder die Bruder und ihre Getreuen im Stich und wich zurück. Doch blieben einige Adlige aus Preußen den Brüdern treu, und einer von ihnen, der Samländer Sclodo aus

Quednau, der Vater des Nalub, rief seine Verwandten und Freunde zusammen und sagte: „Heute sollt ihr euch an die schönen Kleider erinnern, die ihr von den Brüdern öfters erhalten habt, und statt ihrer schönen Farbe lasst heute das Kleid auf eurem Leibe vom Blut der Wunden rot werden, anstelle des süßen Mets oder Honigtranks, den ihr öfters aus ihrer Hand empfangen habt, trinkt heute die Bitternis des grausigen Todes zum Bekenntnis des wahren Glaubens an die ewige Dreieinigkeit!" Danach gingen sie mannhaft in den Kampf und stritten wie neue Makkabäer, und es entbrannte ein gewaltiges Ringen, bei dem auf beiden Seiten viele fielen. Endlich ließ der Herr zu, dass die Brüder nach langem Kampf den Sieg verloren, denn ihre ganze Heeresmacht war durch die Flucht des gemeinen Kriegsvolks sehr geschwächt, und es fielen in dieser Schlacht am Tag der heiligen Margaretha in Kurland auf einem Feld am Fluss Durbe Bruder Burchard, der Meister Livlands, Bruder Heinrich Botel, der Marschall Preußens, und mit ihnen 150 Brüder und vom Volk Gottes eine solche Zahl, dass ich sie nicht habe erfahren können. Nach dieser Niederlage verfolgten die Feinde das fliehende Kriegsvolk, das so furchtsam geworden war, dass drei oder vier Feinde hundert Christen erschlagen oder schändlichst verjagen konnten. Siehe, wie sehr sind unsere Feinde gestärkt worden durch die Menge der Beute, Pferde und Waffen, die sie aus den Händen so vieler Tausende von Erschlagenen geraubt haben, und nun rühmen sie sich ihrer Stärke. Darum vernichte ihre Kraft, oh Gott, und zerstreue sie, damit sie erkennen, dass niemand anders für uns kämpft als du selbst, unser Gott!

85. Von einer Vorhersage

… Als Bruder Hermann genannt Saracenus von der Burg Königsberg mit anderen Brüdern zum Kampf in Kurland ausrücken sollte, erschien ihm die heilige Jungfrau Maria und sprach: „Hermann, ich lade dich zum Mahl meines Sohnes!" Daher sagte Bruder Hermann, als er fort ritt, zu einigen Brüdern: „Lebt wohl, ihr werdet mich nicht wiedersehen, denn die Jungfrau, die Gottesmutter, hat mich zu den ewigen Freuden geladen!" …

87. Nochmals davon

Eine ganz ähnliche Vision hatte im Preußenland ein bäuerlicher Drescher, ein einfacher, rechtschaffener und gottesfürchtiger Mann. Als er vor der Tür seines Hauses stand, sah er deutlich in der Luft, wie die Brüder mit den Litauern kämpften, rief sein Gesinde zu sich und sagte: „Seht ihr denn nicht, wie unsere Herren, die Brüder, mit den Ungläubigen fechten? Jetzt fliehen die Prußen und die Livländer! Jetzt stehen die Brüder und nur wenige mit ihnen im Kampfe und wehren sich tapfer, von Feinden rings umgeben! Oh weh, jetzt fallen sie, nun sehe ich die heilige Jungfrau Maria, heilige Jungfrauen und Gottes Engel mit ihren Seelen in den Himmel emporsteigen!" Unter diesen Seelen waren, wie beide, die Klausnerin und der Bauer, sahen, zwei erhabener als die anderen, nämlich die des Bruders Hermann genannt Saracenus und die eines Bruders genannt von Gleißberg, von dessen heiligem Leben oben anlässlich der Erbauung der Burg Christburg die Rede war. Beide stimmten auch darin überein, dass die Seelen aller, die in der Schlacht in Kurland gefallen waren, gerettet wurden außer einer. Aus welchem Grunde sie

verdammt worden war, weiß ich nicht; Gott freilich weiß es. Daraus ist zu schließen und unbezweifelbar zu glauben, dass Christus selbst, durch den nichts auf
Erden ohne Grund geschieht, dies vergangene Unglück und das zukünftige, den
Abfall vom Glauben, an seinem Volke geschehen ließ, damit diese Erschlagenen
den verdienten Lohn im Himmel empfingen, die Überlebenden aber durch Gefahren mehr und mehr im Glauben gestärkt würden und die vernichteten, welche nicht
glauben, denn die Kraft des Glaubens gerät in der Sicherheit in Gefahr, in Gefahren aber ist sie sicher; und dasselbe kann man bei den guten Werken beobachten.

89. Vom zweiten Abfall der Prußen

… Im selben Jahre (1260) fügten die Prußen am Tag vor dem Fest des heiligen
Apostels und Evangelisten Matthäus, da sie sahen, dass die Brüder in diesem
Krieg große Verluste an Brüdern, wehrfähigen Männern, Pferden, Waffen und
anderen kriegsnotwendigen Dingen erlitten hatten, den Übeltaten neues Übel und
Schmerz über Schmerz hinzu: Sie fielen wiederum vom Glauben und den Gläubigen ab und kehrten zu ihren früheren Irrtümern zurück, und die Samländer wählten
einen namens Glande, die Natanger den Heinrich Monte, die Warmier den Glap-
pus, die Pogesanier den Auttume und die Barter den Diwan zu Befehlshabern und
Führern ihres Heeres …

99. Von einer Weissagung des Sieges

Ein Prusse sagte diese Niederlage der Samländer voraus und behauptete so fest, sie
werde eintreten, dass er sogar seinen Kopf dafür einzusetzen und zu den Königs-
berger Brüdern – ich weiß nicht, von welchem Geist getrieben – zu sagen wagte:
„Am Tag des heiligen Vinzenz werden die Samländer umkommen." Als das Heer
der Pilger sich aber am selben Tag zurückzog, zieh man ihn der Lüge, er blieb
jedoch weiterhin fest bei dem, was er anfangs gesagt hatte: „noch heute werden die
Samländer getötet werden, oder die Erde wird ihren Schlund öffnen und sie lebendig verschlingen wie Dathan und Abiron". Und wie er vorhergesagt hatte, so geschah es …

189. Vom dritten Abfall der Prußen vom Glauben …

Als die Brüder nunmehr unter zahllosen Mühen und Opfern und endlosen Entbehrungen jene wilde und ungezahmte Völkerschaft der Prußen nicht ohne sehr große
Verluste an Christen dem Joch des Glaubens zum zweiten Mal unterworfen hatten
und glaubten, dass Friede und Sicherheit herrschen würden, kam der plötzliche
Untergang. Denn der Widersacher des Menschengeschlechts, der Feind des Glaubens, der Nebenbuhler des Friedens, der Teufel, senkte sich in die Herzen jener
und rief sie dazu auf, wiederum die Ferse des Aufstands zu erheben und mit ver-
härteter Schlechtigkeit gegen den Stachel zu locken. Seinem Rat stimmten alle zu
außer den treuen Pomesaniern, und nach erfolgter Verschwörung schickten sie sich
an, das Laster des Abfalls vom Glauben zu begehen. Niemand wagte freilich öffentlich, sich den Brüdern entgegenzustellen, außer den Pogesaniem, die den Komtur von Elbing und Helwig von Goldbach, den Komtur von Christburg, und deren
Genossen mit bewaffneter Streitmacht angriffen und sie gefangen fortführten.

Aber einer namens Powida befreite sie sofort. Deren Kaplan, einen Priester, hängten sie am Hals an einem Baum auf, einen ihrer Knechte töteten sie, der Rest des Gesindes flüchtete und entkam nur knapp ...

221. Hier endet der Kampf in Preußen und beginnt der Krieg gegen die Litauer

Als im Jahre 1283 seit Beginn des Krieges gegen das Volk der Prüften schon 53 Jahre verflossen und alle Völkerschaften in diesem Land bezwungen und ausgerottet waren, so dass nur noch eine übrig geblieben war, die der hochheiligen römischen Kirche ihren Nacken noch nicht in Demut gebeugt hatte, eröffneten die Brüder vom Deutschen Hause gegen jenes mächtige, heftigsten Widerstand bietende und kriegsgewohnte Volk, das dem Preußenland nächst benachbart jenseits vom Memelfluss im Lande Litauen wohnt, den Krieg in folgender Weise.

Supplemente

10. Von der Zerstörung des Kulmerlands

Während dieses geschah, vollbrachte König Lokietek von Polen an demselben Tag das, was er schon lange geplant hatte, und fiel mit 6.000 Mnn voller Trug, trotz des mit dem König von Böhmen und dem Hochmeister abgeschlossenen Fiedens, in das Kulmerland ein und verwüstete es fünf Tage und fünf Nächte lang durchBrand und Raub. Wie unerhört und fluchtwürdig ist doch diese Schandtat: Jener König war vorher Herzog, unlängst ist er vom Apostolischen Stuhl zum König eingesetzt worden, damit er für die heilige Kirche, den Glauben und die Gläubigen ein um so eifrigerer, ergebenerer und tüchtigerer Vorkämpfer sei. Nun aber verteidigt er die Schar der Gläubigen nicht nur nicht, sondern er bekämpft auch jene grausam, die sie verteidigen. Und was noch schlimmer ist: Während der König von Böhmen und der Hochmeister und deren Heer dabei waren, die Heiden zu bekämpfen und das dem gekreuzigten Herrn widerfahrene Unrecht zu rächen, verübte er jene Missetat, von der gerade die Rede war.

20. Vom Tod des Hochmeisters

In demselben Jahr 1330 tötete an der Oktav von Sankt Martin im Winter Bruder Johannes von Endorf, ein Sachse und Bruder des Ordens vom Deutschen Hause, angestachelt vom Teufel und von eigener Sündhaftigkeit, den Hochmeister Bruder Werner, als dieser nach Beendigung des Vespergesangs aus der Kirche trat, weil dieser ihn wegen seiner Ausschweifungen öfters schalt. 0h, Johannes, du Brudermörder, was hast du getan? Schreit nicht das Blut deines Bruders von der Erde zu Gott? Wer hat jemals schon so Schreckliches gehört? Du hast nämlich eine Untat verübt, die seit Anfang der Gründung des Ordens nicht vollbracht worden ist. Du bist nicht der Bedeutung deines Namens gefolgt: Johannes heißt: „In dem die Gnade ist." Aber, oh weh, in dir war keine Gnade, denn, wenn dich auch der Hochmeister wegen deiner Vergehen zurechtwies, du hättest - wärest du einsichtig gewesen - ihn lieben sollen wie deinen Vater. So aber hast du ihn wie ein Narr gehasst. Warum bist du auf solche Güte nicht eingegangen? Warum hast du mit dem Wahnsinn des Judas an diesem Tage sein Essen und Trinken geküsst und dann sein Blut durch einen Dolchstoß in seinen Leib vergossen? Jener versuchte, dich durch Zurechtweisen vom Tod deiner Seele in das Leben zurückzurufen. Dort hast du ihm, indem du ihn erdolchtest, das Leben genommen und grausam den Tod gebracht. Wer gibt meinem Haupt Wasser und meinen Augen den Quell der Tränen! Beklagen werde ich Tag und Nacht, dass der Fürst meines Volkes so erbärmlich ermordet worden ist.

Manfred Seidenfuß

VON DER „REALEN" IN DIE MENTALE HEIMAT
Die Wallfahrt Eberhards im Bart zu den Heiligen Stätten (1468)

Wenig Spektakuläres weiß der Berichterstatter Johannes Münsinger von der Wallfahrt Eberhards und seines Gefolges nach Jerusalem zu erzählen. Nach Reibereien zwischen Muslimen und Christen, nach Stereotypen oder ethnozentristischen Sichtweisen über den Anderen im Heiligen Land sucht man vergebens. Der Schulpraktiker wird beim ersten Lesen diese Defizite sofort feststellen, künden doch bekannte Quellenausschnitte über das Verhältnis von Gläubigen dieser beiden Religionen zur Zeit der Kreuzzüge von konfliktreichen und vorurteilsbezogenen Verhaltensweisen.[1]

Spontan wird man beim Lesen dieser Quelle an die Gepflogenheiten moderner Pauschalreisender erinnert. Mehrere Tage weilen die Besucher in einem (vordergründig) fremden Terrain, sie besuchen die bekannten Sehenswürdigkeiten, ohne dabei in nennenswerten Kontakt mit der Bevölkerung und der dortigen Kultur zu kommen. Sie wissen nach der Rückkehr einiges von Jerusalem und dem Heiligen Land zu berichten, das sich allerdings nicht wesentlich vom Vorwissen vor dem Antritt der Reise unterschieden haben dürfte. Ignoranz und Desinteresse am Anderen? Nimmt man die Informationen auf der Oberfläche des Textes, kann man dieses Urteil fällen. Anders dagegen ist es mit der Wissensbilanz bestellt, wenn man die Beobachtungen und Erzählsequenzen der Hin- und Rückfahrt analysiert. Hier finden sich u.a. Passagen über fremde Kulturen und Herrschaften (orthodoxes Christentum, türkische Herrschaft), über Ereignisse an entfernten Herrschaftszentren (Kreta), oder über fremde Tiere (Delfine) und überstandene Gefahren.

Die folgende Darstellung orientiert sich an dem seit längerem bekannten Modell von W. Hasberg, das gedeutete Geschichte in erzählenden

---

[1] S. dazu der Unterrichtsentwurf von Buttig, Margit: „Das wahre Unheil war die Unfähigkeit zu begreifen ..." Über Entstehung, Hintergründe und Folgen von Feindbildern – dargestellt am Beispiel des ersten Kreuzzuges, in: Praxis Geschichte 5/1998, S. 14 - 18 und der Gliederungspunkt „Der erste Kreuzzug und seine Bedeutung in der Geschichtsdidaktik" bei Andreas Körber in diesem Band (S. 157 ff.).

Quellen einer Triftigkeitsanalyse unterwirft.[2] Folgende Fragen stehen im
Mittelpunkt:

– Inwiefern wird die Geltungssicherung der leitenden Perspektive durch
  die diskursive Einbeziehung konfligierender Sichtweisen geleistet (normative Triftigkeit),
– inwieweit nimmt der Berichterstatter Bezug auf noch existierende Quellen, Zeugen, etc. (empirische Triftigkeit) und
– inwiefern wird die Geltungssicherung des mitgeteilten Sinns durch eine
  Theorie abgestützt (narrative Triftigkeit)?

I.
Wallfahren in deutschen Klassenzimmern?
Zum didaktischen Ort und zum Stellenwert der Quelle

Quellen im Geschichtsunterricht einzusetzen, verlangt zumindest zweierlei
Reflexionen zu würdigen. Einerseits werden mit Quellen Inhalte, Ursprün-
ge des Wissens, erschlossen, andererseits sollen grundsätzlich und auf einer höheren Abstraktionsebene im Umgang mit Quellen Kompetenzen
angebahnt werden. Narrativierungen herzustellen verlangt für schulisches
Lernen, die Erzählung in das Heute hinein auszudehnen. Im Geschichtsunterricht werden historiografische Texte vorgelegt, die etwa in Schulbüchern
in Form von Schulbuchtexten in der Regel nach gegenwärtigen Fragestellungen und einer hypothetischen Zukunft präsentiert werden. Doch nicht
allein Schulbuchtexte legen Sinnstiftungen frei. Auch historiografische
Quellen beanspruchen - bisweilen in einem anderen zeitlichen Kontext -
den Status einer Erzählung, die Fakten nennt, Zusammenhänge herstellt
und im Hinblick auf eine jeweilige Zukunft Orientierungen anbietet. Am
Ort des institutionalisierten und zielgerichteten Lernens gilt es daher, nicht
nur die Vergangenheit zu rekonstruieren, sondern auch die vergangenen
und aktuellen Sinnangebote zu dekonstruieren.[3]

---

[2] Hasberg, Wolfgang: Problemorientiertes Erzählen im Geschichtsunterricht, in:
   Uffelmann, Uwe u.a.: Neue Beiträge zum Problemorientierten Geschichtsunterricht. Idstein 1999, S. 183 - 203, S. 197; ders.: Ad Fontes narrantes! Quelle -
   Quelleneinsatz - Quellenarbeit im Unterricht über das Mittelalter, in: GPD 30
   (2002), S. 15 - 31, S. 21 f., s. auch dessen Beitrag in diesem Band S. 109 ff.
[3] Siehe dazu: Hasberg: Problemorientiertes Erzählen (Anm. 2), S. 190, 196 f.;
   ders.: Ad Fontes narrantes! (Anm. 2), S. 20 ff.

In unserem Jahrhundert ist der Besuch der Heiligen Stätten keineswegs mehr reserviert für eine bestimmte Schicht. Angesichts der modernen Infrastruktur, der ungezügelten Reiselust der Bundesrepublikaner und trotz der durch den Nahost-Konflikt zurückgehenden Touristenzahlen ist der Verdacht - etwas überspitzt formuliert wohlgemerkt - angebracht, dass inzwischen „Wallfahrten" im nahen geografischen Raum die Aura des Faszinosums beanspruchen dürfen, während eine Jerusalemfahrt weiterhin zum festen Inventar deutscher Reiseziele gehören mag.

Dem postmodernen Schüler der Sekundarstufe I und II sind Wallfahrten auf den ersten Blick kein schillernder Sachverhalt mehr, mit dem es sich auseinander zu setzen lohnt. Andererseits wirkt diese kulturelle Praxis trotz Reformation und Aufklärung, trotz Rationalismus und Säkularisierung bis in die Gegenwart, freilich in einer Andersartigkeit, die Alteritätserfahrungen ermöglicht. Wer einmal die Scharen von Pilgern nach und in Santiago, Altötting, Einsiedeln, in Lourdes, Fatima, Rom oder in Jerusalem hautnah erleben, dort die Versammlung von Katholiken aus aller Herren Länder und das geschäftige Treiben von Andenkenhändlern beobachten konnte, würde eine vorzügliche Einführung dessen erhalten, wie es zu einem Wandel der von Johannes Münsiger beschriebenen Wallfahrt gekommen ist. Dies jedoch kann nicht vorausgesetzt werden. Deshalb sollte es in Vorbereitung oder nach dem ersten Lesen zu einer mentalen Vorbereitung einer fiktiven Wallfahrt kommen, um die Bedeutung von Wallfahrten ansatzweise zu erfassen.

Welche Orte stiften den Jugendlichen Sinn oder welche gegenwärtigen Sinnstiftungen führen an bestimmte Orte, an wen oder was wollen sie sich dabei erinnern, auf welche Ziele legen sie sich in einer Gruppe fest, wie können sie sich diesen Orten nähern und was bzw. wie würden sie ihren Mitschülern darüber berichten, könnten vorstrukturierte und zugangsöffnende Fragen sein. Diese vermutlich stark säkular geprägten Raum-Zeit-Pfade könnten „traditionellen" Wallfahrten, die am Schulstandort durchgeführt bzw. angeboten werden, gegenübergestellt werden. Warum in diesem Kontext nicht einmal den Versuch wagen, „Experten" einzubeziehen? Diese könnten die Positionen unterschiedlicher Konfessionen und Religionsgemeinschaften darlegen oder die Bedeutung der Wallfahrt zwischen Event, Bildungsinteresse und individueller Orientierung auf dem Feld von professionellen und marktorientierten Anbietern erläutern. Offenbar gehören bestimmte Orte, die Art und Weise der Annäherung an diese Orte und der Aufenthalt an diesen Orten - sei es nun Jerusalem oder Mekka - zu den Standardisierungen, die in einem Kollektiv gelten. Freilich verändert sich die Bedeutung der Orte. Durch die voranschreitende Gegenwart werden neue Orte in die Kultur integriert. Die Art und Weise der Annäherung und der Aufenthalt an den betreffenden Stellen unterliegt wiederum einem kulturellen Rahmen, der sich durch die Entwicklungen in anderen Bereichen verändert. Die Massen von heutigen Jerusalemreisen haben mit der Art der Vorbereitung, der konkreten Durchführung und dem sich Bewegen im Heiligen Land wenig mit der kulturellen Praxis gemein, die noch für Münsingers Gruppe den Handlungs- und Verhaltensrahmen absteckte. Grundsätzlich dürfte aber gelten, dass sich ein Reisender einen sinnstiftenden Ort auswählt, sich darüber informiert, den Reiseweg festlegt und dass er sich an diesem schon bekannten Ort in einem fremden Terrain anders verhält als in seiner Heimat.

Nach dieser explorativen, kontemplativen und partiell theoretischen Phase schließt sich ein erstes oder zweites Lesen der Quelle an, das schon durch den Umfang und durch bisweilen ermüdende Aufzählungen den Schüler vor ähnliche Belastungen stellt wie den Historiker. Folgende Module mit entsprechenden Basisqualifikationen[4] und knappen inhaltlichen Erläuterungen wären zu überlegen:

1. Re-Konstruieren

a) Ermittlung der Reiseroute mit entsprechenden Zeitangaben:

– Vergangenes aus Quellen analysieren und inventarisieren: Inhaltsanalyse (quantitativ und qualitativ), Zählen (gewichten):
Die Schüler erkennen durch Zählen und Ordnen die Route und die Dauer der Aufenthalte. Durch die an einigen Stellen nicht präzise festgehaltenen Zeitangaben werden sie wiederum an den Quellencharakter (Ursprung des Wissens) herangeführt.

---

[4]   Zu den Basisqualifikationen siehe: Pandel, Hans-Jürgen: Richtlinienmodernisierung am Beispiel des Faches Geschichte - Vom Umgang mit Kultur, in: Lisa-Jahrbuch (1997/98): Überarbeitung der Rahmenrichtlinien für Sekundarschulen und Gymnasien in Sachsen-Anhalt, Tagungsband, Dessau 2000, S. 101 - 113, S. 112 f.; s. die Präzisierung der Kompetenzen im Hinblick auf Geschichte als eine Historische Kulturwissenschaft: Hasberg: Kulturwissenschaftliche Erweiterung der Mittealter-Didaktik (in diesem Band, S. 109 ff.)

- Deutend aus Vergangenem Zusammenhänge rekonstruieren: Verstehen (auf hermeneutisches Sinnverstehen gerichtete Operationen), Kritisieren (Widersprüche nicht negieren, sondern positiv aufheben), Erklären: Die Schüler verstehen (durch das Zählen und Gewichten), dass die Reisegruppe auf dem Seeweg einer bestimmten Route gefolgt ist, die von den Wirtschaftsinteressen der venezianischen Kaufleute, durch die Sicherheitsinteressen von Passagieren und Mannschaft - man segelte schließlich stets am türkischen Einflussbereich entlang - und durch die geistigen Interessen der Pilgergruppe geprägt war. Sie müssten dadurch erklären können, dass sich die Reiseroute aufgrund dieser Prämissen und aufgrund nicht vorhersehbarer historischer Entwicklungen im östlichen Mittelmeerraum stets verändern konnte. Durch das Zählen (Gewichten) können sie Kritik üben, denn oberflächlich gesehen verbrachten die Pilger einen Großteil ihrer Zeit mit Warten, das durch die Wirtschaftsinteressen der Venezianer bedingt war. In diesem Falle sind keine Interessenkonflikte offenkundig geworden. Zudem können die Schüler im Neben- und Miteinander von Weltlichem und Geistlichem, von Kollektivem und „Privatem" bei Wallfahrten eine Gesamtstruktur des Phänomens erschließen.

b) Ermittlung der Verhaltensweisen

- Vergangenes aus Quellen analysieren und inventarisieren: Inhaltsanalyse, Zählen:
  Die Schüler ermitteln die Tätigkeiten Münsingers und der Reisegruppe. Sie sollten dabei auch hypothetisch erschließen, welche Tätigkeiten zu Beginn der Reise, vor dem Ablegen von Venedig, nach dem Aushandeln der Route mit den venezianischen Kaufleuten und dann bei der Ankunft in Palästina (Führung der Gruppe durch den Guardian der Franziskaner in Jerusalem) erwogen worden waren.
- Deutend aus Vergangenem Zusammenhänge rekonstruieren: Verstehen, Kritisieren (Widersprüche nicht negieren, sondern positiv aufheben), Erklären:
  Konnten Münsinger und die Reisegruppe mit dem konkreten Ablauf der Reise zufrieden sein? Die Schülerinnen müssten hier die Überlegungen aus dem ersten Teil (Vorbereitung) auf die konkrete Reise in Beziehung setzen. Sie erkennen, dass ihre zentralen Motive (Ablass, Nähe zu Christus und dem Bibelwissen, Ritterschlag [muss als Hintergrundnar-

ration angeboten werden]) erfüllt worden waren, wenngleich sich die Gruppe im Heiligen Land und sicher auch auf dem Schiff sowie während der Aufenthalte an Land vorgeschriebenen Verhaltensregeln unterwerfen musste.

Aufgrund eines fehlenden Bibelwissens dürfte es den Schülern erhebliche Probleme bereiten, die Stationen der Pilger im Heiligen Land und in Jerusalem im Speziellen in einen Sinnkontext zu bringen. Von daher sind Zusatzinformationen des Lehrers angebracht.

Sie kritisieren die von Eberhard getroffene Entscheidung, einen Teil der Gruppe ohne eine anschließende Wallfahrt zurückzuschicken. Sie zählen darüber hinaus auf, welche Ehren der Reisegruppe auf der Rückfahrt zuteil wurden und wie diese Ehren symbolisch verankert gewesen waren.

Indem sie nun erkannt haben, dass das Drehbuch im Heiligen Land längst vor der konkreten Ankunft geschrieben war, erscheint die gesamte Reise in einer neuen Narration. Die Reisegruppe suchte nichts Neues, sondern das Bekannte, das in der Heiligen Schrift und der Tradition präfiguriert war. Auch in diesem Kontext wären diese rekonstruierten Zusammenhänge in Beziehung zur Gegenwart zu setzen. Die Begegnung mit dem Bekannten oder der Vergangenheit gab der Reisegruppe Orientierung für die Zukunft in Form von Identitätsvergewisserung und Identitätsbestätigung (Gegenwart), was zweifelsohne weiterhin den modernen Reisenden interessiert.

2. *De-Konstruieren: Umgang mit Geschichte*

a) Formale Durchsicht des Textes: Inhaltsangabe, Zählen

– Durch das möglicherweise anfangs etwas verwirrende Schriftbild begegnen die Schüler einer „typischen" mittelalterlichen Quelle, die nicht mehr in Originalform (der Ursprungstext von Münsinger), sondern in einer Überarbeitung vorliegt. Die Schüler geben bzw. übernehmen Überschriften, stellen Umfangproportionen fest und vermuten, weshalb Crusius bestimmte Passagen in eine bestimmte Sprache umwandelte und weshalb er einige Passagen strich. Letzteres muss als Zusatzinformation bereit gestellt werden.

– Die Schüler analysieren bei ihrer Inhaltsangabe, inwiefern Münsinger „Fakten" benennt, Zusammenhänge herstellt und Deutungen vornimmt.

b) Vergangenes in historischen Narrationen entdecken: Inhaltsanalyse, Kritisieren, normative Prämissen der Deutungen frei legen (Kritisieren)

– Münsinger stellt verschiedene Aussagen über die Vergangenheit auf. Die Schüler entdecken, dass er in einigen Fällen seine Quellen explizit nannte (Zeitzeugen, Hören). In anderen Fällen bezog er sich auf die Tradition und in wenigen Fällen stellte er seine Beobachtungen in den Zusammenhang von Gehörtem und Gelesenem. Die Schüler erkennen, dass seine Aussagen in Übereinstimmung mit dem zeitbedingten Wissen standen. Münsinger übernahm aus heutiger und schon aus zeitgenössischer Sicht das für ihn Gültige bzw. Standardisierte, deren Bedeutung wir mit den aktuellen Wissenskriterien „wahr" und „falsch" nicht erfassen können.

c) Historische Narrationen auf ihre Orientierungsfunktion prüfen: Kritisieren, Erklären

– Nachdem in der Rekonstruktionsarbeit vermutet worden war, dass die Wallfahrt aus unterschiedlichen Motiven in Angriff genommen wurde, gilt es nun zu überprüfen, wie diese Zielebene im Text umgesetzt wurde. Durch den Bezug auf die formalen Überlegungen sollen die Schüler die einzelnen Ereignisse in einen Gesamtzusammenhang bringen und fragen, ob diese auf eine übergreifende Normativität zu beziehen sind. Diese Arbeit verlangt freilich Kreativität und die Kenntnis zeitbedingter Vorstellungen. Die Ereignisse laufen auf den Besuch der Heiligen Stätten zu bzw. prallen davon ab: Gefahren und Unabwägbarkeiten sind durchzustehen, erhebliche finanzielle und politische Mittel (steht nicht in der Quelle) sind einzusetzen, mentale Veränderungen zu respektieren für den geistigen Ertrag der Reise. Die auf der Rückfahrt erhaltenen Ehren und Aufmerksamkeiten können als Ergebnis dieser Pilgerfahrt verstanden werden, welche das Wachsen von Eberhard und seinem Gefolge in der Fremde und damit sicherlich auch in der Heimat verdeutlichen.

Die Wallfahrt und die Deutung der in diesem Umfeld stattgefundenen Ereignisse dienten der eigenen Orientierung, die jedoch schon vor der Reise ausgebildet war. Sie sollte keine neuen Perspektiven eröffnen, sondern das Bekannte verstärken. Deshalb ist es verständlich, dass diskursive Elemente vermieden bzw. nicht in Erwägung gezogen wurden.

d) Deutungszusammenhänge in historischen Narrationen offen legen: Erklären

– Die folgenden Operationen bedürfen der im Beitrag enthaltenen Zusatzinformationen und sind zumindest in der Oberstufe durchführbar. Mittels der formalen Durchsicht des Textes gelangen die Bearbeiter auf die zwei unterschiedlichen Gliederungskonzepte (subjektive Zeit und heilsgeschichtliche Zeit), einmal nach der subjektiven und dann nach der heilsgeschichtlichen Zeit. Die subjektive Zeit lässt Raum und Zeit für eigene Beobachtungen und Wahrnehmungen, die heilsgeschichtliche schränkt dagegen den Raum für subjektives Beobachtungswissen ein. Freilich werden die Wahrnehmungen auf der Überfahrt überwiegend mit dem vorhandenen Toposwissen in Beziehung gesetzt, wobei allerdings die subjektiven Wahrnehmungen am Beginn des geistigen Prozesses standen.
Der Text lässt sich daher als ein Konstrukt begreifen, das zwei verschiedene Wahrnehmungs- bzw. Vorstellungsweisen mit seinen parallelen textlichen Verankerungen mit sich schleppt. Heute wissen wir, dass sich bei diesen Texten jene durchsetzen werden, die sich am Beobachtungswissen ausrichteten. Diese verzichten jedoch nicht auf Toposwissen und auf Wissen des kulturellen Gedächtnisses. Diese Erklärung, dass sich durch Texte und die Gestaltungskriterien von Texten wiederum unsere Vorstellungen bilden, müsste ein nicht sehr anspruchsvoller Punkt sein.

II.
Zum Text von Johannes Münsinger

Vierzig Männer, darunter 25 Adlige, brachen am 10. Mai 1468 im schwäbischen Urach nach Jerusalem auf. Dass Reichsfürsten und reichsunmittelbare Grafen im 15. Jahrhundert ins Heilige Land zogen und darüber berichten ließen, war nichts Neues.[5] Johannes Münsinger (geb. 1426, gest. frü-

---

[5] Auszugsweise seinen genannt: Ludwig III der Bärtige, Pfalzgraf bei Rhein und Herzog von Bayern (30. Januar 1426 - 19. Februar 1427). Bericht des Johannes von Frankfurt; Graf Philipp d.Ä. von Katzenelnbogen (14. Juni 1433 - 3. Mai 1434): Bericht eines unbekannten Autors; Herzog Albrecht der Beherzte von Sachsen (5. März - 5. Dezember 1476): Bericht des herzoglichen Rentmeisters Hans von Mergenthal; auch der mit Eberhard bekannte Brandenburger beauf-

hestens 1502), Leibarzt des württembergischen Grafen, schloss im Auftrag Eberhards vermutlich im Jahre 1502 diesen Pilgerbericht ab.[6] Dieser wurde am Hof des Grafen aufbewahrt, zunächst wohl in Urach und dann in Stuttgart.[7] Schließlich fiel er in die Hände des Gelehrten Martin Crusius (1526-1607). Dessen Freund Samuel Heiden gab an, Münsingers Text oder eine Stuttgarter Handschrift aus Rottenburg überbracht zu haben. Crusius überarbeitete dann den Text zweimal. Nach der Anfertigung eines Exzerptes verfasste er daraus einen Abschnitt über die Heiliglandfahrt, der bestimmt war für seine Annales Suevici.[8]

Am 12. und 13. Mai 1587 machte sich Crusius an das Exzerpt und nahm Veränderungen vor. Er fügte in den deutsch geschriebenen Text lateinische Sequenzen und griechische Überschriften ein. Gestrichen wurden sogar ganze Absätze, was dem Humanisten und Protestanten Crusius nicht schwer gefallen sein dürfte: die 29 Kreuze, welche alle Stellen mit vollem Ablass markiert hatten, sowie die Abschnitte zum Ritterschlag am Heiligen Grab und über den Ausflug an den Jordan. Durch den plötzlichen Wechsel von dem einen in das andere Idiom schuf Crusius einen Text, der sich durch eine geradezu *makkaronische Sprachenmischung*[9] auszeichnet.

Doch nicht nur Johannes Münsinger bzw. sein Rezipient hielten dieses einschneidende Erlebnis für derart bedeutend, dass darüber berichtet werden musste. Dank der Aufzeichnungen von Anselm Eyb liegt ein weiterer Wallfahrtsbericht vor,[10] der jedoch aufgrund des hier verfolgten Ansatzes nicht berücksichtigt werden soll.

---

    tragte den Leibarzt: Markgraf Johann und Albrecht von Brandenburg (31. März - 25. September 1435): Bericht Dr. Hans Lochners. Reichert, Folker: Eberhard im Bart und die Wallfahrt nach Jerusalem im späten Mittelalter, in: Faix, Gerhard/ders. (Hg.): Eberhard im Bart und die Wallfahrt nach Jerusalem im späten Mittelalter (Lebendige Vergangenheit, Bd. 20), Stuttgart 1998, S. 9 - 59, S. 11 f..

[6] S. dazu Faix, Gerhard/Reichert, Folker: Johannes Münsinger. Peregrinatio illustris Wirtembergici comitis domini Eberhardi barbati in terram sanctam, in: ebd., S. 137 - 172, S. 137 - 142.

[7] Ebd., S. 139.

[8] Crusius, Martin: Annales Suevici (sive Chronica rerum gestarum antiquissimae et inclytae suevicae gentis), Bd. 1 - 3, Francoforti 1595 - 1596; Paraleipomenos rerum suevicarum liber, Francoforti 1596.

[9] Faix/Reichert: Johannes Münsinger (Anm. 6), S. 141.

[10] Birkmeyer, Regine: Anselm von Eyb. Pilgerbuch (1468), in: ebd., S. 173 - 201. Eine kommentierte Darstellung verfasste Birkmeyer, Regine: Die Jerusalem-

III.
Bericht über die Pilgerfahrt von Eberhart im Bart (um 1480)

Im Folgenden wird die von Gerhard Faix und Folker Reichert übersetzte peregrinatio vorgestellt. Beim Exzerpt von Crusius handelt es sich um eine Papierhandschrift (Mh 162, Universitätsbibliothek Tübingen, fol. 1^r - 10^v). Sie besteht aus 16 Blatt im Quart-Format. Aufgrund der Kürze des Textes kann die uns vorliegende Übersetzung in vollem Umfang abgedruckt werden, so dass der ursprüngliche Erzählplan, die ursprünglichen Hervorhebungen und die zu berücksichtigenden Umfangproportionen eingehalten werden.

Nach einer ersten Lektüre werden der formale Aufbau des Textes und die unterschiedlichen Erzählformen nicht in einem diffusen Gesamteindruck bleiben.

Überschrift	Peregrinatio illustris Wirtembergici comitis domini Eberhardi barbati in terram sanctam [fol. 1^r]		Datierung
Einleitung	Nennung der Pilger [fol. 1^v -fol. 2^r]		
Hauptteil	a)	Von Güterstein nach Venedig und Parenzo (Beobachtungen in Venedig) [fol. 2^r - fol. 3^r]	10. Mai bis 04. Juni ? 04. Juni - 28. Juni
	b)	Überfahrt ins Heilige Land: Beobachtungen und Geschichten [fol. 3^r - fol. 4^v]	28. Juni - 07. Juli
	c)	Ankunft im Heiligen Land und Reise nach Jerusalem: Beobachtungen, Geschichten [fol. 4^v - fol. 5^r]	08. Juli - 17. Juli 21. Juli- 10. Mai bis 27. Juni ?
	d)	Beschreibung der Heiligen Stätten [fol. 5^r - fol. 7^v]	
	e)	Rückfahrt von Jaffa nach Venedig bzw. nach Otranto über Rom nach Ulm [fol. 7^v - fol. 9^v]	
Schluss	f)	Zusammenfassung der Heiligen Stätten im Heiligen Land und „Ablassbilanz" [fol. 9^v - fol. 10^r]	
	g)	Zusammenfassung der Heiligen Stätten in Rom und „Ablassbilanz" [fol. 10^r - fol. 10^r]	
	h)	Altersangabe von Johannes	

fahrt des fränkischen Ritters Anselm von Eyb im Jahre 1468, in: Jahrbuch für fränkische Landesforschung, 59 (1999), S. 109 - 127.

Münsinger und Datum von der
Anfertigung des Exzerptes durch
Martin Crusius (12. und 13. Mai
1587) [fol. 10^v]

IV.
Zur normativen Triftigkeit

1. Erzählabsicht

Das nicht mehr vorliegende Autograf war für den Wallfahrer Eberhard geschrieben. Ob es für die württembergische Memoria verfasst war, muss bezweifelt werden, denn in der vorliegenden Fassung treten die Personen zugunsten des Notierens der Reiseetappen und der Beschreibung der Heiligen Stätten in den Hintergrund. Das uns vorliegende Exzerpt dagegen war eindeutig für die württembergische Memoria bestimmt, denn Martin Crusius gedachte sie in seine noch zu schreibende Schwäbische Chronik einzubauen. Schon deshalb konnte er mit der Vorlage und diesem Exzerpt nicht zufrieden sein, weil es nicht das Handeln von Eberhard in den Mittelpunkt stellte, sondern die Stationen und die damit zusammenhängenden Erlebnisse auf der Folie der Wahrnehmung des Ulmer Leibarztes darstellte und weil die Erzählform nicht in die der Annales Suevici passte. Es handelt sich folglich um einen Arbeitstext und gleichzeitig um die beste Überlieferung der Wallfahrt. Den letzten Feinschliff sollte er bei Aufnahme in den Abschnitt Heiliglandfahrt der Annales Suevici gewinnen. Aus dem Exzerpt wurde eine eigenständige Fassung. Die verbliebenen deutschen Teile übersetzte er ins Lateinische, kürzte den Bericht nochmals, so dass lediglich die Reisestationen benannt und wenige Orte beschrieben sind. Schließlich, so Crusius, könne man diese in bekannten Schriften finden.[11]

Es ist nun müßig zu spekulieren, ob vielleicht die gestrichene Stelle des Ritterschlags am Heiligen Grab (Hauptteil, Abschnitt d) ursprünglich so verankert gewesen sein könnte,[12] dass man von einem diesbezüglichen Erzählplan sprechen könnte. Dieses Ereignis findet sich nun am Ende der Einleitung: *Cum Eberhardo .... profecti in terram sanctam 40 viri, inter quos 25 nobiles, omnes facti equites,*[13] und sicherlich war es Eberhard ge-

---

[11] Crusius: Annales Suevici (Anm. 8), S. 425.
[12] Faix/Reichert: Peregrinatio (Anm. 6), S. 141.
[13] Ebd., S. 142; Birkmeyer: Jerusalemfahrt (Anm. 10), nennt irrtümlich S. 152.

wesen, der diese 25 nobiles zu Angehörigen der Ritter des Heiligen Grabes machte, womit er seine überragende herrschaftliche Stellung selbst in der Fremde unterstreichen konnte.

Das hier vorgestellte Inhaltsmuster folgt nur bedingt einem einheitlichen Erzählplan. Die Überschrift nimmt bereits unmissverständlich den Höhepunkt des Textes vorweg. Die beschriebenen Ereignisse laufen auf den Besuch der Heiligen Stätten in Jerusalem zu. Ein Bruch findet sich nach der Rückreise. Münsinger geht in einem zweiten Anlauf auf die 121 Heiligen Stätten und Orte in Palästina ein [fol. 9ᵛ - fol. 10ʳ], wobei er ursprünglich 29 benannte, die eine ganze Vergebung von Schuld und Pein versprachen. Danach folgen die Hauptkirchen Roms mit den Heiligtümern und Ablässen. Handelt es sich hier um eine Zusammenfassung oder um eine *geistliche Buchführung*[14] für die Reisegruppe oder für Eberhard im Besonderen? Münsinger geht mit keiner Silbe auf dieses gewichtige Motiv ein, wohl deshalb nicht, weil dieser Punkt vor gut 500 Jahren schlicht trivial war. Anders dagegen war es mit dem geistlichen Ertrag bestellt. Während die Pilgerliteratur die gesamte Ablassproblematik allgemein abgehandelt hatte, addierte Münsinger die an den besuchten Stätten gesammelten Ablässe auf, die bekanntlich dem Rotstift des Protestanten Crusius zum Opfer fielen.

Sinn und Richtung gewinnt der Bericht, wenn man die Ereignisse auf das zentrale Ziel, den Aufenthalt im Heiligen Land und die dort zu erwartenden Ablässe, bezieht. Münsinger scheut sich nicht, den Leser mit den Unabwägbarkeiten der Wallfahrt zu erfreuen; auch mit kleinlichen irdischen Rechnungen verschont er ihn: Todesfälle und Krankheiten,[15] die bedingungslose Akzeptanz von Verhaltensvorschriften im Heiligen Land[16],

---

[14]   Hippler, Christiane: Die Reise nach Jerusalem. Untersuchungen zu den Quellen, zum Inhalt und zur literarischen Struktur der Pilgerberichte des Spätmittelalters, Frankfurt a.M. u.a. 1987, S. 201 f.

[15]   Zunächst ein Begräbnis in Venedig, auf der Fahrt zwischen Venedig und Jaffa mussten drei, nicht zur Reisegruppe gehörende Tote ins Meer geworfen werden (einen Edelmann, einen Rat des Herzogs von Burgund und einen Metzger). Auch mussten zwei Kranke an Land gebracht werden, ein Edelmann von Parenzo und ein Trompeter (siehe S. 328). Auf der Rückfahrt ging ein Matrose über Bord, was nur lapidar notiert wurde (*der ward verloren*), S. 328).

[16]   *Danach der Tempel Salomos; den Christen ist der Eintritt verboten, es sei denn, sie wollen umgebracht werden oder ihrem Glauben abschwören (S. 328).*

die glücklich überstandenen Momente bei aufziehenden Unwettern[17] sowie die hier verschwiegenen enormen materiellen Ausgaben lohnten sich dann, wenn man in Jerusalem an den Mittelpunkt dessen gelangte, von dem alles seinen Ausgang nahm.

Der Text folgt einerseits dem alten Erzählplan der ersten Generation von Reiseführern.[18] Dies gilt für den Aufenthalt in Jerusalem. Hier bestimmen die im subjektiven und kollektiven Toposwissen verankerten Einzelfakten und Aussagen über die Vergangenheit den Text. Nur partiell werden Verbindungen zwischen subjektiven Wahrnehmungen und historischen Ereignissen hergestellt.

Um diesen Erzählkörper wird eine Zange mit einem gänzlich anderen Gliederungskonzept gelegt. Die Ereignisse werden in der Regel der realen Zeit zugeordnet. Münsinger nahm hier, wie in einem Tagebuch, Notiz von seinen Wahrnehmungen. Dabei kommt es an einigen Stellen zu Aussagen über die Vergangenheit,[19] wobei er seine Quellen (Hören) benennt und seinen Standpunkt vorsichtig offen legt. Mit zunehmender mentaler und geografischer Distanz zum Toposwissen eröffnet sich die Möglichkeit, Korrelationen von Toposwissen und Beobachtungswissen (besonders im Hauptteil, Abschnitt b.) anzustellen, was sich bis auf die Anlage des Gliederungskonzeptes hinein auswirkt.

2. Orientierung an höheren Normen

Der gesamte Bericht ist höheren Normen verpflichtet. Eberhard war der Führer des Pilgerzugs und er hatte den Zug zusammengestellt. Dass dieser Zug eine Fülle wichtiger politischer Entscheidungen in der Grafschaft notwendig machte, übergeht Münsinger wohlweislich, weil diese Punkte nicht zum eigentlichen Bericht der *res gestae* gehörten. In der Regimentsordnung vom 1. Mai 1468 hatte der Graf genauestens die Zuständigkeiten für

---

[17] *Wir aber wurden vom Sturm nach Korfu zurückgetrieben und glücklich errettet* (S. 328) und vor Erreichen des italienischen Festlandes gerieten sie nochmals in ein mächtiges Unwetter (S. 328).

[18] S. dazu die Seiten 311 ff.

[19] Unter anderem: Geschichte von der a) Belagerung der Burg durch die Johanniter: S. 328; b) Belagerung von Ragusa durch die Venezianer: S. 328; c) Schilderung der Stadt Ragusa: S. 328; d) Die Zähmung des Golfes von Antalya durch die Heilige Helena: S. 328; e) Vergleich von Jaffa: S. 328; f) Zerstörung der Kirchen in Jerusalem durch die Türken: S. 328.

verschiedene Angelegenheiten während seiner Abwesenheit gefällt und Anordnungen im Falle seines eintretenden Todes getroffen.[20]

Auswahl und Umfang des Gefolges, das ein gewisses Maß an Sicherheit gewährleisten und gleichzeitig das soziale Prestige von Eberhard unterstreichen sollte, waren zu überlegen, denn üblicherweise hatte dieser die nicht unerheblichen Kosten seiner engeren Begleitung zu tragen. Auch mussten die Pilgerwilligen sich bisweilen die Frage gefallen lassen, ob diese beträchtlichen Mittel nicht für sinnvollere Projekte hätten eingesetzt werden können.[21] Ohne entsprechende finanzielle Ressourcen und ohne entsprechende politische Kontakte zum Heiligen Stuhl war eine Jerusalem-Wallfahrt zu diesem Zeitpunkt undenkbar. Dadurch avanzierte diese peregrinatio zu einer „First-Class"-Reise des hohen Adels und seiner vornehmen Begleiter. Laien bedurften der Erlaubnis ihres Herrn, in Städten war der Bürgermeister zuständig. Im 15. Jahrhundert war der Kreis noch enger gezogen. Heiliglandwallfahrten ohne „Ticket" des Heiligen Vaters, das selbstverständlich seinen Preis hatte, wären mit der Exkommunikation teuer erkauft worden.[22]

Der württembergische Graf hatte sich also durch seine Unternehmung vor anderen Reichsfürsten und seiner Bevölkerung ausgezeichnet. Wenn darüber noch ein eigener Bericht angefertigt werden sollte, dürfte dies an der damals herrschenden Praxis gelegen haben, dieses exzeptionelle Ereignis festzuhalten. Johannes Münsinger respektierte und erhöhte die herausgehobene Stellung von Eberhard, die im Kontext der geografischen, politischen und kulturellen Begebenheiten stets neue Facetten annehmen sollte. Diesem Anliegen wird der Text gerecht.

Wer Eberhards zum Ritter schlug, erfahren wir nicht; lediglich dass dieser die anderen Adligen zu Rittern geschlagen hatte. Dies steht jedoch nicht am entsprechenden zeitlichen Ort, sondern in der Einleitung. Im Heiligen Land war es schon aus politischen Überlegungen nicht opportun, die übliche herrschaftliche Stellung an den Tag zu legen. Deshalb war es ratsam,

---

[20] Faix, Gerhard: Die Pilgerfahrt Eberhards im Kontext der Landesherrschaft, in: Faix/Reichert (Anm. 5), S. 65; Reichert: Eberhard (Anm. 5), S. 14. Für den Todesfall war ein Testament vorbereitet.

[21] Reichert: Eberhard (Anm. 5), S. 10 f., S. 15: Diesen Vorwurf musste sich Pfalzgraf Ludwig III. gefallen lassen, dem vorgeschlagen wurde, die Gelder besser für einen Hussitenfeldzug einzusetzen.

[22] Reichert: Eberhard (Anm. 5), S. 9 f.

sich als gemeiner Pilger zu verkleiden. Von Eberhard selbst ist in der Zeitspanne, die sich vom Aufbruch vom Kloster Güterstein und der Wahl der ersten Herberge über den Aufenthalt im Heiligen Land bis zur Teilung der Gruppe auf der Rückfahrt erstreckt, nicht die Rede! Dieser Sachverhalt lässt sich aber auch aktiv begreifen. Das Mitglied des europäischen Hochadels verhält sich wie ein gemeiner Christ und Pilger, der das stickige Quartier teilt, auf Eseln reitet und zu Fuß auf den Spuren Christi wandelt und nichts unternimmt, was den geistigen Ertrag seiner ausgewählten Gruppe gefährden könnte.

Anders jedoch ist dies in den anderen Abschnitten. Auf der Hin- und Rückfahrt ist der Graf nicht an diese Beschränkungen gebunden. Die exponierte Stellung von Eberhard kehrt nach seiner Erwähnung in der Einleitung erst wieder beim Verlassen der Levante zurück. Der Graf entschied bei Korfu, dass sich die Reisegruppe zu teilen hätte. Die Gruppe um Eberhard und Münsinger kehrte über eine andere peregrinatio maior, nämlich Rom, die andere auf dem bekannten Weg über Venedig in die Grafschaft zurück. Kausale und historische Schlüsse sucht man im Text vergeblich. Eberhard, so scheint es, hatte sich durch seine Wallfahrt ausgezeichnet, um nun von einem bedeutenden König und einem „Herzog" gebührend empfangen werden zu können. Ihm wurden auf Kreta und in Neapel Ehren zuteil, die ein außerhalb des Reichsfürstenstandes stehender Graf nicht unbedingt erwarten durfte. Der König von Neapel nahm ihn auf, lud ihn und sein Gefolge zu einem Festmahl ein. Gut beschenkt zog er von dannen: Eine goldene Halskette und zwei edle Pferde hatte er aus der Hand des Königssohnes erhalten.[23] Und schon zuvor, auf Kreta, hatte ihn ein venezianischer „Herzog" von Candia ehrenvoll aufgenommen, der ihn sogar *mit aller Pracht bis ans Wasser* geleitet hatte.[24]

Warum aber wird Eberhard auf der gesamten Hinreise nicht gewürdigt? Der Autor mag mit seinem Bericht eine Deutung unterstützt haben, die später in der württembergischen Memoria gepflegt werden sollte, wonach der später in den Reichsfürstenstand aufgestiegene Graf sich durch diese Wallfahrt seine Sporen erworben habe. Die Symbole von Eberhards Herrschaftsprogramm und die Würdigung derselben durch die (württembergische) Historiografie, die Palme, sein Wahlspruch „Attempto", sein namensspendender Bart und der blühende Weißdorn, werden mit der Palästi-

---

[23] Siehe S. 328.
[24] Siehe S. 328.

nafahrt in Verbindung gebracht. Diese erscheint nahezu als Metamorphose Eberhards *vom zügellosen Jüngling zum gereiften Landesherrn*.[25]

Gegen diese vage Interpretation, den Text als eine Hommage für einen herausgehobenen und verantwortungsbewussten Fürsten zu begreifen, spricht aber unter anderem, dass der Bericht nicht mit Eberhards, sondern mit Johannes Münsingers Wallfahrt endet. Eberhards kurzer Aufenthalt in Rom (15. Oktober) war so sicherlich nicht geplant. Welche Ereignisse dafür den Ausschlag gaben, ist nicht klar. Die turbulente Reichspolitik mit ihren Auswirkungen auf den süddeutschen Raum, der Dauerstreit zwischen Herzog Sigmund von Österreich und der Schweizer Eidgenossenschaft dürften die rasche Abreise wesentlich beeinflusst haben.[26] Der Leibarzt unterließ es jedoch, den Grafen als eine gereifte Persönlichkeit vorzustellen, der seine eigene Interessen denen der gesamten Grafschaft unterzuordnen bereit war.

V.
Zur empirischen Triftigkeit

1. Erzähltraditionen der Pilgerreise im Mittelalter

Spätestens nachdem Helena, die Mutter von Kaiser Konstantin, das Heilige Grab zu Beginn des 4. Jh. entdeckt hatte, reißt der Strom christlicher Pilger an jene Stätten nicht mehr ab, wo Jesus gelebt und gepredigt hatte, gekreuzigt und begraben wurde. Sicherlich waren auch andere Gnadenorte wert, besucht zu werden: die zwei anderen *peregrinationes maiores*, Rom und Santiago, aber auch wichtige Wallfahrten nach Aachen, Trier, zum Mont Saint Michel und zum Monte Gargano, nach Lough Derg, Einsiedeln, Mariazell oder Altötting waren denkbar. Jerusalem stellte sämtliche Wallfahrten in den Schatten. Selbst die Eroberung des christlichen Orients durch die Muslime und die bekannten kriegerischen Auseinandersetzungen konnten

---

[25]   Gerhard Faix: Traditionen und Legenden. Anmerkungen zur Rezeptionsgeschichte der Pilgerfahrt Eberhards, in: Faix/Reichert (Anm. 5), S. 85 - 135, S. 85 (Zitat), S. 135.

[26]   Siehe dazu: Faix: Pilgerfahrt (Anm. 20), S. 60 - 84, S. 78 - 81.

den Zustrom nur für kurze Dauer unterbrechen, nicht aber dauerhaft beseitigen.[27]

a) Die erste Generation der Berichte über die Heiliglandfahrt: Reiseführer und Reisehandbücher

Die Bedeutung dieser Pilgerfahrt hat sich in einem entsprechendem Schriftgut niedergeschlagen. Eine Fülle von Reiseführern, Reisetagebüchern und Reiseberichten ist überliefert.[28] Der württembergische Graf und spätere Herzog (1495) begab sich mit seinem Gefolge zweifelsfrei in die empirische Fremde. Diese war aber bestens bekannt und vertraut, denn die Heilige Schrift, Historienbücher und Schriften der Kirchenväter hatten schon trefflich in die einzutretenden Räume eingeführt. Diesem vorgezeichneten Reiseprogramm sahen sich die ersten Texte über die Pilgerfahrten seit dem 4. Jahrhundert verpflichtet. Dabei handelte es sich um Reiseführer bzw. Reisehandbücher, so genannte Itinerare: Wegstrecken, Übernachtungsmöglichkeiten und geografische Einzelheiten kamen zur Sprache.[29] Die Verfasser dieser Reiseberichte stellten sich ausschließlich den Bedürfnissen des Käufers zur Verfügung, aus dessen Perspektive der Be-

---

[27] Reichert, Folker: Die Erfahrung der Welt. Reisen und Kulturbegegnung im späten Mittelalter. Stuttgart 2001, S. 137. Darin seien insbesondere Kapitel I (Mittelalterliche Reisende und ihre Berichte) und VIII (Pilger und Muslime im Heiligen Land) empfohlen.

[28] Diese finden sich auch in einschlägigen Bibliografien: Tobler, Titus: Bibliographia geographica Palaestinae. Zunächst kritische Übersicht gedruckter und ungedruckter Beschreibungen ins heilige Land (1867), ND Amsterdam 1964; Röhricht, Reinhold/Meisner Heinrich: Deutsche Pilgerfahrten nach dem Heiligen Lande, Berlin 1880; Röhrich, Reinholdt: Deutsche Pilgerfahrten nach dem Heiligen Lande, ND der neuen Ausg. Innsbruck 1900. (überarb. u. erw. Fassung d. Ausg. Gotha 1889), Aalen 1967; Ders.: Bibliotheca geographica Palaestinae. Chronologisches Verzeichnis der auf die Geographie des Heiligen Landes bezüglichen Literatur von 333 bis 1878 und Versuch einer Cartographie, Berlin 1890; Ders.: Bibliotheca geographica Palaestinae. Chronologisches Verzeichnis der auf die Geographie des Heiligen Landes bezüglichen Literatur von 333 bis 1878 mit dem Versuch einer Kartographie. Verb. und verm. Neuausgabe mit einem Vorw. von David H. K. Amiran, Jerusalem 1963; Paravicini, Werner (Hg.): Europäische Reiseberichte des späten Mittelalters. Eine analytische Bibliographie, Teil 1: Deutsche Reiseberichte, bearb. von Christian Halm, Frankfurt a.M. 1994.

[29] Moritz, Reiner: Untersuchungen zu den deutschsprachigen Reisebeschreibungen des 14. bis 16. Jahrhunderts, Söcking 1970, S. 7.

richt zu schreiben war. Den gläubigen Christen interessierten pragmatische Dinge: was muss im Heiligen Land gesehen werden, wie gelangt man dorthin und wie hoch wird der Ablass sein? Diese Reiseführer waren nicht geschrieben worden, um das biblische Wissen und die darin eingelegten geografischen Einzelheiten zu verifizieren, sondern um das Bekannte andernorts aufzuspüren.

Die Ordnungskriterien für die Reiseerlebnisse und die Abfassung der Texte waren demzufolge die Tradition und die heilsgeschichtliche Einbindung. Aufgrund der paradigmatischen Textstruktur sind diese Reiseführer nahezu austauschbar und nicht ohne eine gewisse Ermüdung zu lesen, zumal man bereits damals gerne voneinander abgeschrieben hatte.

b) Die Auswertung des Textes nach den Modalitäten Toposwissen und Beobachtungswissen

Johannes Münsingers Text ist zu weiten Teilen redundant, und zwar dort, wo man ihn auf seinen Neuigkeitsgehalt befragt. Die Aufzählung der Heiligen Stätten in Jerusalem und in Rom sind nahezu in allen Reiseberichten der zeitgenössischen und früheren Reiseliteratur zu finden. Münsinger respektiert aber nicht nur dieses in seiner Sozialisation erworbene deklarative Wissen, sondern auch die Form, in der dieses Wissen präsentiert wird.

Das Korpus „Reiseliteratur" ist ein willkommenes Untersuchungsfeld für (mediävistische) Literaturwissenschaftler, für Geografen, Historiker und selbst für Wissenssoziologen, die sich mit der Entstehung, Verbreitung und der Wirkung von Wissen in unterschiedlichen Zeit- und Raumhorizonten beschäftigen. Es wäre dabei zu fragen, ob die Termini 'Toposwissen' (was war bekannt und leitend) und 'Beobachtungswissen' (was unterscheidet sich vom Bekannten) eine andere Beschreibung dessen sind,[30] was J. Assmann innerhalb der Erinnerungsdebatte mit den beiden Modi des Erinnerns meint.

---

[30] Diese Topoi beziehen sich zentral auf die o.g. Triftigkeitsanalyse: Das Bekannte schließt hier nicht nur die empirischen Fakten und Zusammenhänge (empirische Triftigkeit), sondern auch die Erzählweise ein (normative Triftigkeit).

	Kommunikatives Gedächtnis	**kulturelles Gedächtnis**
Inhalt	Geschichtserfahrung im Rahmen individueller Biografien	Mythische Urgeschichte, Ereignisse in einer absoluten Vergangenheit
Formen	Informell, wenig geformt, naturwüchsig, entstehend durch Interaktion, Alltag	Gestiftet, hoher Grad an Geformtheit, zeremonielle Kommunikation, Fest
Medien	Lebendige Erinnerung in organischen Gedächtnissen;	Feste Objektivationen, traditionelle symbolische Kodierung/Inszenierung in Wort, Bild, Tanz usw.
Zeit-struktur	80-100 Jahre, mit der Gegenwart mitwandernder Zeithorizont von 3-4 Generationen	Absolute Vergangenheit einer mythischen Urzeit
Träger	Unspezifisch, Zeitzeugen einer Erinnerungsgemeinschaft	Spezialisierte Traditionsträger

Abb. 1: Kommunikatives und kulturelles Gedächtnis nach J. Assmann[31]

	Beobachtungswissen	**Toposwissen**
Inhalt	Direkte Raumbeobachtung durch Augenzeugenschaft, Informationen aus erster Hand	Wissen der Überlieferung aus der Antike und der Bibel
Formen	Situationsabhängig, akzidentielle Beobachtungen, Status und Struktur von Alltagswissen	Gelehrtes Wissen, theologisches Wissen, eingebunden in eine Kosmologie, gestiftet, theoretisches Wissen
Medien	Erfahrung, schriftliche Fixierung;	Kommunikationsformen der Gelehrsamkeit, Texte, Karten;
Zeitstruktur	keine Angaben	Absolute religiös-kosmologische Vergangenheit
Träger	Kaufleute, Krieger, Pilger	Gelehrte

Abb. 2: Beobachtungswissen und Toposwissen[32]

---

[31]   Assmann, Jan: Das kulturelle Gedächtnis. Schrift, Erinnerung und politische Identität in frühen Hochkulturen, München 1999, S. 56.

[32]   Zusammengestellt nach: Wright, John Kirtland: The geographical Lore or the Time of the Crusaders - a Study in the History of Medieval Science and Tradition in Western Europe, New York 1965, S. 1 - 3, 255, 357, 359 - 361, Hassauer, Friederike: Volkssprachliche Reiseliteratur: Faszination des Reisens und räumlicher Ordo, in: La littérature historiographique des origines à 1500, Bd. 1 (Grundriß der romanischen Literaturen des Mittelaletrs, Bd. 11,1), Heidelberg

Dieses in Anlehnung an J. K. Wright und an Schütz/Luckmann zusammengestellte Modell, das unter anderem Wahrnehmungsgeografen interessiert,[33] wurde konzipiert, um die Erfahrung des Raums und deren wissens-
soziologische Wirkungsgeschichte für Individuen und Kollektive kenntlich
zu machen. Der Raum ist dabei die übergeordnete Kategorie, in der Plätze,
Landschaften, Naturphänomene, Kulturen beobachtet werden, wobei auch
historische Zusammenhänge zu ihrem Recht kommen. Dabei ist entscheidend, wie der Mensch zu Alteritätserfahrungen in fremden Räumen gelangte, wie sich Vorstellungen von fremden Räumen bildeten und entwickelten.
Die Reiseliteratur ist für diese Betrachtungsweise eine heuristische Größe,
die nichts anderes ist als *eine besondere Form von Alterität - räumlicher,
kosmologischer, geografischer, ethnologischer - in einem größeren Spektrum mittelalterlicher Alteritätserfahrungen.*[34] In einer historisch-gene-
tischen Betrachtung wird nun untersucht, wie dieser ursprünglich fremde
Raum mental beherrschbar und empirisch ausgefüllt wird. Überschneidungen zu dem Modell von Jan Assmann,[35] das die beiden Modi des Erinnerns
zu fassen versucht, liegen auf der Hand. Die Tradition, im speziellen Falle
die Bibel und die Kirchenväter, ist nicht nur für die Art und Weise der
Erinnerung maßgeblich, sondern leitete auch die Raumerfahrung und die
dort beobachtbaren Phänomene im Speziellen. Wenngleich dieses Modell

---

1986, S. 259 - 283, hier S. 267 - 271 und Schütz, Alfred/Luckmann, Thomas:
Strukturen der Lebenswelt, Neuwied/Darmstadt 1975.

[33] Die Wahrnehmungsgeografie beschäftigt sich v. a. mit Prozessen, die als der
eigentlichen Aktivität vorgeschaltet verstanden werden. Nach dem aktions-
räumlichen Modell von Horton, Frank. E./Reynolds, David R.: Effects of Urban Structure on Individual Behavior, in: Economic Geography 47 (1971), S.
36 - 48 werden Aktionsräume aus der vorfindbaren objektiven Raumstruktur in
einem zweischrittigen Selektionsprozess abgeleitet. Die subjektive Wahrnehmung konstruiert daraus einen subjektiven Wahrnehmungsraum („action
space"), der in einem zweiten Schritt weiter selektiert wird in denjenigen
Raum, der in einem bestimmten Zeitintervall tatsächlich genutzt wird („activity
space"). Dadurch gerinnen diese beiden zusammenhängenden subjektiven
Wahrnehmungsräume lediglich zu einer Abweichung des „objektiven" Raumes.

[34] Hassauer: Reiseliteratur (Anm. 32), S. 265.

[35] Jüngst wieder angewandt bei Hasberg, Wolfgang: Nugatoria Expeditio. Der so
genannte Kinderkreuzzug in den Vorstellungen von Zeithistorikern und Vergangenheitshistorikern, in: Seidenfuß, Manfred/Reese, Armin (Hg.): Vorstellungen und Vorgestelltes. Geschichtsdidaktik im Gespräch (Fs Uwe Uffelmann) Neuried 2003, S. 49 - 97, S. 60.

von Toposwissen und Beobachtungswissen aus analytischen Gründen zu überzeugen weiß, zeigen sich bei konkreten Fallanalysen Ungenauigkeiten. Zudem wäre zu fragen, in welchem Verhältnis Raumerfahrungen und historische Erfahrungen bzw. historische Sinnbildungen zueinander stehen. Werden letztere durch die Begegnung im Raum aktualisiert[36] oder sind diese inkorporiert in die Raumerfahrungen? F. Hassauer wendet dieses Modell auf die mittelalterliche Reiseliteratur an und kommt zu dem Ergebnis, dass es im Mittelalter aufgrund der Distanz und institutionellen Trennung der beiden Trägerschichten des Wissens zu keiner Amalgamierung der beiden Wissensbestände kam.[37] Ist dies denn so? Ist der Gelehrte im Kloster ein Träger des Toposwissens und der reisende, wallfahrende und darüber berichtende Mönch ein Träger des Beobachtungswissens? Oder wie soll man Marco Polo charakterisieren, als einen Kaufmann, einen Reisenden oder Gelehrten?[38] An dieser Stelle könnte eine eigene Abhandlung folgen, die an zahlreichen Beispielen die mangelnde Schärfe des Modells belegen könnte. Es sei nur an die vom Beobachtungswissen durchtränkten Abschweifungen des im späten Mittelalter lebenden Frater Felix Fabri, zugleich ein profunder Kenner des Toposwissens, erinnert. Hassauer bringt die Korrelationen der Raumerfahrungsmodi nicht zusammen, weil sie erstens die orale Verbreitung von Alteritätserfahrungen übergeht und sich - was aus methodischen Überlegungen gerechtfertigt ist - auf die schriftliche Fixierung derselben konzentriert. An dieser Stelle weiß der fließende Übergang der beiden Modi des Erinnerns bei Jan Assmann zu überzeugen, obwohl bereits das kommunikative Gedächtnis auf schriftliche Fixierung drängt,[39] was sich im konkreten Fall des Wallfahrtsberichts, der wiederum im strengen Sinne nicht als ein historiografischer Text verstanden werden muss, belegen lässt. Gerade bei Münsingers Text aus dem 15. Jahrhundert lässt sich die Verschränkung beider Wissensbereiche konstatieren, wobei sich der Autor noch deutlich dem Toposwissen verpflichtet sieht.

---

[36] Von Interesse wären dabei Bezüge zu der von Bernd Mütter inspirierten Richtung des „Histourismus" innerhalb der Didaktik der Geschichte: Mütter, Bernd: Kategorien des „Histourismus", in: ebd., S. 117 - 136.

[37] Hassauer: Reiseliteratur (Anm. 32), S. 270.

[38] S. dazu den Beitrag von F. Reichert in diesem Band, S. 59 ff. Auch bei Marco Polo lässt sich deutlich die Verschränkung von Toposwissen und Beobachtungswissen nachweisen.

[39] Hasberg: Nugatoria Expeditio (Anm. 35), S. 60.

Zweitens bezieht sich F. Hassauer auf ein wissenssoziologisches Modell, das die Entstehung der Wissensgesellschaft und die soziale Verbreitung des Wissens untersucht. Diese interessante Fragestellung wird allerdings in der Moderne bzw. Postmoderne durchexerziert, wobei der sozialen Positionierung der Trägerschichten eine entscheidende Rolle zukommt.[40] Dieses (wissens-) soziologische Modell lässt sich nur bedingt auf den mittelalterlichen Kontext anwenden, denn Gelehrsamkeit und Reisen bzw. Berichten über das Reisen in schriftlicher und mündlicher Form schließen sich keineswegs aus, ganz im Gegenteil. Man wird davon ausgehen dürfen, dass die Mehrzahl der Reisenden, bestens mit dem Toposwissen ausgestattet, in die damit vorgezeichnete Fremde aufbrachen. Beobachtungswissen sowie Korrelationen von Beobachtungs- und Toposwissen waren bereits im Mittelalter zumindest im kommunikativen Gedächtnis aufgehoben und spätestens im späten Mittelalter textlich festgehalten worden, so dass es Eingang in das kulturelle Gedächtnis finden konnte.

Abb. 4: Beispiel für die Rezeption der Pilgerfahrt in der Historienmalerei („Ritterschlag Eberhards am Heiligen Grab" (1843): Hofmaler Josef von Gegenbaur, Fresken im Neuen Schloss Stuttgart).

---

[40] Siehe dazu u.a. die interessante Monografie von Stehr, Nico: Arbeit, Eigentum und Wissen, Frankfurt a.M. 1994.

Deshalb erscheint es als gerechtfertigt, dass bei der Pilgerfahrt von Eberhards Gruppe das im kulturellen Gedächtnis abgelegte Toposwissen aktualisiert und gesucht wurde, wobei es gleichzeitig zu einer Anreicherung und Externalisierung des subjektiven Beobachtungswissens kam, das sich im kommunikativen Gedächtnis niederschlug. Auf dieses von Münsinger bereit gestellte Wissen bezogen sich im Folgenden Historiografen. Diese durchsuchten den Text aber nicht nach Raumerfahrungen, sondern nach der Bedeutung dieser Pilgerfahrt für die Herrschaft Eberhards. Die Umerzählung der Wallfahrt geriet nahe an eine Legendenbildung und an einen Mythos,[41] der sich im kulturellen Gedächtnis der Württemberger Geltung verschaffte.[42]

Der Blaubeurer Chronist Christian Tubingius schrieb im Jahre 1521 bereits davon, dass der Graf *sich in den Jahren der Pubertät der Ausschweifung hingab, Völlerei und Verlockungen frönte und mit Jungfrauen und Nonnen Unzucht trieb.*[43] Dieses Motiv, die Wandlung vom *Domitian Wirtembergs zum Titus*[44] hatte bereits der Erzieher und spätere Vertraute des Grafen, Johannes Vergenhans, in seiner Weltchronik veröffentlicht,[45] das von den späteren Geschichtsschreibern weiterhin bemüht wurde. Der exakte Zeitpunkt der Läuterung Eberhards brachte die Autoren zwar in Verlegenheit, zweifelsohne spielte aber die Pilgerfahrt eine zentrale Rolle.[46]

---

[41] Faix: Traditionen (Anm. 25), S. 90.

[42] Die folgende Abb. 4 nach ebd., Tafel VII unten, vor S. 129: Abgebildet in zahlreichen Geschichtswerken und auf vielen Postkarten.

[43] Tubingius, burrensis coenobii annales, S. 270: *postea pubertatis annis potius luxuriae operam dabat gulae et illecibus deserviebat virgines et vestales construbrabant.*

[44] Pfaff, Karl: Die Geschichte Württembergs für die Jugend bearbeitet, Stuttgart 1824, S. 60.

[45] Nauclerus, Johannes: Chronicon. Memorabilium omnis aetatis et omnium gentium chronici comentarii a Johanne Nauclero […] digesti in annum salutis 1500, Tübingen 1516.

[46] Faix: Traditionen (Anm. 25), S. 91. Zu den Konsequenzen der Pilgerfahrt für das Herrschaftsverständnis seinen auszugsweise erwähnt: Pfister, Johann Christian von: Eberhard im Bart, erster Herzog zu Wirtenberg, aus ächten, großentheils handschriftlichen, Geschichtsquellen, Tübingen 1822: Eberhard habe weitreichende Erfahrungen und Kenntnisse erworben (S. 35), seine durch Ausschweifungen ruinierte Gesundheit verbessert (S. 38). Bossert, Gustav: Eberhard im Bart (Württembergische Neujahrsblätter 1), Stuttgart 1884: Eberhard habe *tiefe Eindrücke von der Macht und Weisheit des Christentums gesammelt* (S. 20). Rösslin, Johann Friedrich: Leben des ersten und merkwürdigen Her-

Nach diesen grundsätzlichen Überlegungen scheint eine Konkretisierung der Termini angebracht. Toposwissen sperrt sich heutigen Exaktheitsanforderungen und meint *schriftlich überliefertes „geografisches" Wissen, vor allem aus der Antike und der Bibel, dessen Glaubwürdigkeit sich der Autorität der Tradition verdankt.*[47] Das hatte Konsequenzen. In der „Fremde" sollte nicht Unbekanntes entdeckt, sondern nur Bekanntes wiedergefunden werden.

Toposwissen ist im Mittelalter zugleich theologisches Wissen und in eine Kosmologie eingebunden.[48] Beobachtungswissen dagegen häuft sich durch eigene und nicht mehr kosmologisch disziplinierte Erfahrungen an. Status und Struktur des Beobachtungswissens sind nach wissenssoziologischen Überlegungen im Alltagswissen aufgehoben.[49] Obwohl Reiseerfahrungen und Reiseberichte im (v.a. späten) Mittelalter bereits Wissenspotenziale im Bereich des Beobachtungswissens - also durch Authentizität und Augenzeugenschaft - anhäuften, hat sich, so eine bekannte These, der Topos des Toposwissens erst im Gefolge der frühneuzeitlichen Entdeckungsreisen zu Ungunsten des Beobachtungswissens geöffnet,[50] was so nicht haltbar ist (s.o.).

Die strukturierende Hilfe der Wahrnehmung in Form der tradierten Vorstellungen im Toposwissen schlug sich in den Texten nieder. Die Autoren traten bei diesem Genre hinter die Objekte. Der Erzählplan war wie folgt:[51] Nicht individuelle Reiseerlebnisse waren gefragt, sondern ein re-

---

zogs von Wirtemberg, Eberhard im Bart. Tübingen 1793: Sein Charakter sei besser geworden (S. 42). Gutscher, Jakob F.: Eberhard der Erste, Herzog von Würtemberg, in seinen wichtigsten Lebensverhältnissen besonders als Regent, Gesetzgeber und Vater seines Volkes. Mit einem Anhang bisher ungedruckter Urkunden, Stuttgart 1822: Er kehrte *geistig, wie sittlich überhöht* nach Hause (S. 7) und *so feurig, als er einst der Sinnlichkeit diente, huldigte er nun höheren, geistigen Werten* (S. 8). Schmidt, Friedrich W.: Das Leben Eberhards im Bart, ersten Herzogs von Württemberg. Eine vom Volksschulverein gekrönte Preisschrift (Volksschriften des Württembergischen Volks-Schul-Vereins 1), Stuttgart 1840: Eberhard habe seine *Liebe zu seinem Land* gefunden, da er *nirgends ein treueres Volk und einfachere Sitten angetroffen* hätte (S. 16).

[47] Hassauer: Reiseliteratur (Anm. 32), S. 269.
[48] Wright (Anm. 32), S. 2.
[49] Schütz/Luckmann (Anm. 32), S. 111 - 185.
[50] Hassauer: Reiseliteratur (Anm. 32), S. 270.
[51] „Erzähl"plan ist in diesem Kontext nicht korrekt. Es handelt sich eher um einen Plan für eine Chronografie.

striktiver „Pauschaltourismus". Die Ausarbeitung einer Reise sah sich der Pflege des Toposwissens verpflichtet. Dementsprechend wurden die Reisestationen nach den Kenntnissen der Heilsgeschichte und der Bibel ausgearbeitet, wie sie die Autoren kannten.[52] Deshalb ist es unwahrscheinlich, dass die beschriebenen Lokalitäten tatsächlich alle gesehen worden waren und dass die dargestellten Reisestationen der realen Reise entsprachen. Dies lässt sich bei der Heiliglandfahrt von Ludolf von Sudheim im 14. Jahrhundert beobachten. Der Text beginnt mit der Beschreibung Alexandrias, des Nils, der aus dem Paradies entspringt und an dessen Ufern die bekannten Balsamgärten liegen (Ludolf, 129); es folgt die Beschreibung des Sinai und des Roten Meeres (Ludolf, 123), die Reise geht weiter durch die Wüste Sin (Ludolf, 133) und führt ins gelobte Land (Ludolf, 139), nach Bethlehem (Ludolf, 140) und Jerusalem (Ludolf, 142) zum Calvarienberg (Ludolf, 146) und schließlich ins Tal Josaphat (Ludolf, 150).[53]

c) Die zweite Generation der Reiseberichte: Durch Subjektivität zu Objektivität

Erst im 15. Jahrhundert wird diese Erzähltradition aufgebrochen. Die Angabe der historischen Zeit und die Wiedergabe der authentischen Reiseroute bestimmten nun die Textstruktur. Während wir vom heutigen Standpunkt aus geneigt sein mögen, den Bericht von Johannes Münsinger als eine Ansammlung von (objektiven) Reisestationen mit (wenigen) dazugehörigen Eindrücken zu lesen, bedeutete die hier umgesetzte Erzählweise zweifellos eine textliche Perspektiverweiterung, die sich der subjektiven Wahrnehmung und nicht mehr ausschließlich der kulturell gepflegten heilsgeschichtlichen Vorstellungen verpflichtet sah. Die Subjektivität hielt Einzug, weil nun nicht mehr allgemein über eine idealtypische, sondern über eine konkrete Wallfahrt berichtet wurde. Damit verloren die Texte an Allgemeingültigkeit. Sie waren nicht mehr Reiseführer mit Angaben über eine mögliche, sondern Berichte über eine wirkliche Reise. Auch wenn es in der Sache keinen Unterschied macht, ist es etwas anderes, einen bekann-

---

[52] Das bedeutet nicht zwangsläufig, dass der Leser Anspruch auf eine theologisch-korrekte räumlich-zeitliche Reise gehabt hätte, die der Chronologie der Heilsgeschichte entsprochen hätte. Dies war die Ausnahme.

[53] Nach Huschenbett, Dietrich: Die Literatur der deutschen Pilgerreisen nach Jerusalem im späten Mittelalter, in: Deutsche Vierteljahrsschrift für Literaturwissenschaft und Geistesgeschichte 59 (1985), S. 29 - 46.

ten Sachverhalt als Wahrnehmung eines konkreten Reisenden und nicht als Wiedergabe beglaubigten Faktenwissens vermittelt zu bekommen; denn für die Pilger ist das Beobachtungswissen im 15. Jahrhundert noch nicht so mächtig, dass es das theologisch-fundierte Toposwissen verdrängen könnte. Die Berichte aus dem 15. Jahrhundert deuten an, dass die Macht des Toposwissen in Bewegung geraten wird und dass in dieser Fremde nicht nur das Bekannte, sondern auch das Andere gesucht und - was wichtig ist - für würdig befunden wird, darüber zu berichten.

2. Aussagen über die Vergangenheit und Benennung bzw. Akzentuierung von Einzelfakten

Eine Pilgerreise ins Heilige Land bedurfte einer gründlichen Vorbereitung und Planung. Individuelle Gestaltungsspielräume waren begrenzt. Die Strecken von Herrenalb bis Venedig bzw. von Rom nach Urach dürften nach den damals üblichen Reisewegen und den Erfahrungen Eberhards konzipiert worden sein, die er spätestens im Umfeld seiner Heirat mit Barbara de Gonzaga aus Mantua im Jahre 1474 gewonnen hatte. In der Serenissima musste dann die Überfahrt mit venezianischen Kaufleuten und mit deren wirtschaftlichen Interessen abgestimmt werden. Diese Interessenkollision gab aus der Perspektive der Pilger bisweilen Anlass zur Klage, weil sich die Ankunft bzw. Rückkehr der erwartungsfrohen Reisenden wegen der Handelsgeschäfte in die Länge ziehen konnte.

Festgelegt waren selbstverständlich der Aufenthalt und die Reisestationen im Heiligen Land. Die Wallfahrer hatten ihren vertrauten profanen Raum und ihre reale Heimat verlassen und wechselten in einen anderen geografischen, aber bekannten sakralen Raum. Sie trafen auf eine bekannte, die himmlische Heimat, deren Topografie der gesamten Christenheit bekannt war. Das Spannende spielte sich aus heutiger Sicht zwischen diesen beiden bekannten Räumen ab. Zwischen Italien und Palästina war der Berichterstatter partiell heimatlos. Hier gibt Johannes Münsinger an wenigen Stellen Einblick in seine Wahrnehmungen und zeigt, wie er diese *terra incognita* mit wiederum bekannten mentalen Inhalten zu beherrschen versucht. Die unten angeführten subjektiven Eindrücke, die sich auf Aussagen über die Vergangenheit durch den expliziten und impliziten Hinweis auf Quellen beziehen, dürfen m.E. nicht als zeitgenössische Akzentuierungen interpretiert werden, die uns jedoch heute bei weitem mehr interessieren.

Sie sind stattdessen vielmehr dem Rahmen dieses exzeptionellen Erlebnisses untergeordnet.

Das Mitgeteilte entspricht dem zur Abfassungszeit Wissbaren. Johannes Münsinger orientierte sich an dem im Toposwissen Abgespeicherten. Die Heilsgeschichte und die im Umlauf befindlichen Reisebücher der ersten Generation, die spätestens vor dem Ablegen in Venedig beschafft und gelesen wurden, standen ihm zur Verfügung und waren ihm vertraut. Das zeigte sich auch dadurch, dass er die dort abgelegten Missverständnisse in der Regel unwidersprochen übernahm.[54] Seine zweite wichtige Informations- und Deutungsquelle schöpfte er aus dem Erfahrungswissen seiner Zeitgenossen, die er während der Reise befragen konnte.[55]

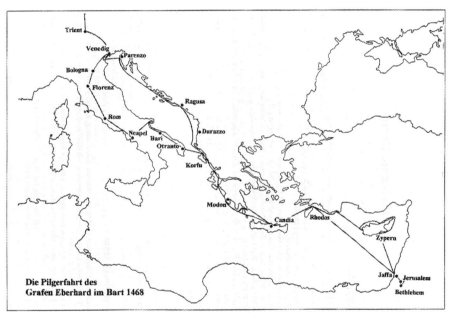

Abb. 5: Die Wallfahrt nach Jerusalem von Eberhard im Bart (1468)[56]

---

[54] Beispiele dazu: Die Entführung der schönen Helena, der Aufenthalt von Paulus auf Kreta, die Belagerung durch die Johanniter, die Zähmung des Golfes von Antalya durch die Heilige Helena, die topografische Einordnung des Berges Ararat und die Lage Alexandrias, die Ohrfeige des Malchus und der Vergilsche Tunnel bei Neapel.

[55] Die Franziskaner im Heiligen Land, S. 328; Die Matrosen, S. 328 und S. 328; Die Zeitgenossen in Venedig: S. 328; Durch Hören, S. 328.

[56] Nach Faix/Reichert: Eberhard (Anm. 5), S. 223.

Münsingers Bericht ist nicht die Summa der Erlebnisse, sondern die Gewichtung der Ereignisse, die ihm und Eberhard während der Wallfahrt zuteil wurden. Zum Reisen gehört bekanntlich auch Warten. Warten mussten sie auf der Hinfahrt in Venedig, in Ragusa (Dubrovnik), auf Kreta und auf Rhodos, während der Rückfahrt auf Zypern, Rhodos, auf Kreta, dem Peloponnes und Korfu. In sicheren Häfen und während eines längeren Aufenthaltes wie in Ragusa blieb Zeit, um Impressionen zu verarbeiten und Reflexionen über die politische und militärische Lage der Region anzustellen.[57]

Nach dem Ablegen von Parenzo folgt ein interessanter Teil, der Gewusstes, Gehörtes und Gesehenes narrativ verknüpft. Die Pilger kamen spätestens in Ragusa mit zwei fremden Kulturen in Berührung, der griechisch-orthodoxen und der türkischen, und bereits davor war die Galee in Sichtweite am osmanischen Herrschaftsbereich entlang gesegelt. Die Eroberung von Konstantinopel und die im Abendland brisante „Türkengefahr" dürfte den Schiffspassagieren bekannt gewesen sein und der Fahrt eine eigene Würze verliehen haben. Vergangenheit, Gegenwart und Zukunft kommen bei Münsinger zusammen. Er betrat eine gut befestigte Stadt an der süddalmatischen Küste, die schon durch ihre reichen Reliquienschätze sich als eine bedeutende auszeichnete. Diese befand sich im Interessengeflecht zwischen Ungarn, Venedig und den osmanischen Türken. Ihre besondere Lage und ihre Stellung als bedeutender Warenumschlagplatz musste mit einer strukturellen Labilität erkauft werden, die ein geregelter Handelsverkehr zwischen Adria und dem Balkan bedingte. Dies wurde ihm bei dieser historischen Betrachtung klar. Er sah auf den Märkten bemerkenswerte Handelswaren dieser Stadt und gewichtete dabei den Einzelfakt Menschenhandel, den er unmissverständlich beschrieb und deutete.[58] Und auch das Erscheinungsbild der Frauen verdiente ob der Andersartigkeit festgehalten und eigens gezeichnet zu werden: *In jener Stadt vergrößern die Frauen ihre Köpfe durch die Kleidung.*[59]

Aufmerksamkeit erregte auf der Fahrt nach Jaffa noch eine andere historische Deutung. Durch Heilige und durch heilige Handlungen können klimatische Gefahren außer Kraft gesetzt werden. Nachdem die Heilige Helena im Golf von Antalya ein Kreuz aus dem Material der Schüssel versenkt

---

[57] Reichert: Eberhard (Anm. 5), S. 26.
[58] Siehe S. 328.
[59] Siehe S. 328.

hatte, in der Christus seine Jünger gewaschen hatte, verlor dieses Meeres-
gewässer seinen Schrecken.[60] Nun war auch der Blick frei für das Toposwissen, denn *von diesem Meerbusen aus kann man die höchsten Berge
Armeniens erkennen, auf denen Noahs Arche liegen blieb.*[61]
Dieser Einschub von Beobachtungswissen, der freilich durch Lektüre erinnert sein konnte, weicht mit zunehmender Dauer wieder dem Toposwissen.
Dieses genießt funktionalen und identitätsstiftenden Status, wenn die geografischen Breiten des Toposwissens verlassen werden. Ständig bewegte
sich die Gruppe im Einflussbereich der Türken entlang, der Türke war
zwar nicht erkennbar wie auf Rhodos[62] und in Ragusa[63], dessen Präsenz
jedoch mental vorhanden. Man segelte vorbei an Monemvasia, das sich der
Belagerung durch die Türken (bis 1540) zu erwehren hatte.[64] Nun kommen
auch die geografischen Koordinaten durcheinander. In dieser Fremde war
man dem Gesagten der Matrosen ausgeliefert. *Von Zypern ist es nicht weit
bis Alexandria, einer gewaltigen Stadt, wie unsere Schiffsleute sagen.*[65]
Dieser Einschub von Alexandria, das damals offenbar ganz nahe bei Zypern gelegen sein soll, gab den Wahrnehmungen durch eine heilsgeschichtliche Einbindung eine sinnstiftende Richtung. Diese Passagen, zwischen
einer fremden Kultur der Türken und einer anderen der Griechen verankert,
sollten das Beobachtbare und Erlebte mit den Vorstellungen und mit dem
Bekannten versöhnen. Der Leibarzt bezog sich auf Gehörtes und Gelese-
nes. Münsingers Geschichte von Helena, die angeblich nicht in Sparta,
sondern im antiken Kythera entführt worden sei, gibt davon Zeugnis. Auf
Kreta stießen sie auf die griechische Christenheit mit einem Erzbischof und
dem Apostel Paulus, obwohl dessen Anwesenheit dort nicht biblisch bezeugt war. Zwischen Kreta und Rhodos gab die Geschichte der Arche Noah Heimat und auf Zypern war es wieder die Heilige Helena und Noahs
Arche. Die „Fremde" scheint der Raum zwischen Venedig und Jerusalem
gewesen zu sein, der in Einklang zu bringen war mit dem empirischen
Toposwissen, was - wie gesagt - heutigen Exaktheitsanforderungen nicht
stand zu halten vermag. Spätestens in Jerusalem und dann wieder in Rom

---

[60] Siehe S. 328.
[61] Ebd.
[62] S. 328.
[63] S. 328.
[64] Reichert: Eberhard (Anm. 5), S. 27.
[65] S. 328.

gelangte er dauerhaft in seine vorstellungsbedingte bzw. wahrnehmbare Heimat.

Wenn die Gruppe nach der Überfahrt wieder festen Boden unter den Füßen fand, ist dies wörtlich zu nehmen. Die Passagiere hatten Glück, denn schnell wurde ihnen erlaubt, an Land zu gehen und dort auf das Geleit nach Jerusalem zu warten. Das war nicht selbstverständlich, achteten doch die muslimischen Gewalten auf eine penible Kontrolle der Pilgerströme, was mitunter einen Aufenthalt von bis zu zwei Wochen bedeutete[66] - und dies in einem Gemäuer, dessen Enge, schlechte Luft und schlimme hygienische Verhältnisse in zahlreichen Pilgerberichten festgehalten wurde.[67] Münsinger ordnet die Erlebnisse bis zum Erreichen Jerusalems genau. Am Sonntag hatten sie Ramla erreicht. Die Verhältnisse im dortigen Hospital waren deutlich besser als in Jaffa.[68] Sie unternahmen einen Ausflug nach Lydda. Am Donnerstag brachen sie von dort auf, streiften Emmaus und erreichten am frühen Freitagmorgen Jerusalem. Der Autor hatte in diesen 10 Tagen genug gesehen, um seine Beobachtungen in eine bescheidene ethnografische Fassung zu bringen. Wohl in Ramla wurde er allabendlich Zeuge, als die Minarette angezündet, die Muslime nach Sonnenuntergang auf den Dächern beteten und des Nachts zum Gebet drängten. Seine Notiz der Vielweiberei dagegen dürfte ein Resultat von Erzählungen oder von Informationen der Franziskanermönche gewesen sein. Zumindest schloss er sich nicht dem Vorurteil an, muslimische Männer könnten sich bis zu zehn Nebenfrauen leisten.

Die wichtige Funktion der Franziskaner übergeht Münsinger. Ein Guardian hätte sie am Samstagmorgen zu den Heiligen Städten geführt. Die förmliche Begrüßung durch die Mönche und die von den Franziskanern unterbreiteten Verhaltensregeln,[69] die ihrer Navigation im muslimischen Jerusalem die notwendigen Koordinaten gab, war ihm keine Silbe wert. Mit dem Eintritt in den Mittelpunkt des Universums wird auch das alte Gliederungskonzept des Berichts außer Kraft gesetzt oder anders formuliert: die subjektive Ordnung des Textes wird durch die kulturell dominier-

---

[66] Reichert: Eberhard (Anm. 5), S. 29 f.
[67] Hans von Mergenthal nannte diesen Ort einen *Eselstall*, Johann Meisenheimer ein *stinckend Loch* und Georg Spalatin ein *alt wüst Loch*: Reichert: Eberhard (Anm. 5), S. 30.
[68] Reichert: Eberhard (Anm. 5), S. 30.
[69] Felix Fabri gibt darüber in seinen Sionspilgern detailliert Aufschluss.

te des Toposwissens ausgehebelt. Eine atemberaubende Auflistung der heiligen Orte folgt.

Zunächst ging es zur Grabeskirche, dann wurde der *Via dolorosa* gefolgt und in umgekehrter Reihenfolge verfolgte man das Leiden Christi entlang der Stationen. Die Württemberger spulten dabei das von den Franziskanern praktizierte und begleitete Programm ab, das vor und nach ihnen die christlichen Pilger beschritten. An der fünften Station, wo Simon das Kreuz nahm, an der sechsten, wo Veronika Blut und Schweiß Jesu abgenommen und bei der vierten, wo Maria beim Einblick ihres Sohnes ohnmächtig geworden, hielten sie an. Münsingers dichter Bericht braucht schon aufgrund seiner positivistischen Fülle nicht nochmals beschrieben zu werden.

Die zentrale Bedeutung der Grabeskirche zeigt sich in der Frequenz des Besuches. Dreimal, so der Kalender, weilte dort die Gruppe, am ersten Tag, in der Nacht vom 12. auf den 13. Juli, als die Zeremonie des Ritterschlags durchgeführt wurde, und am Vortag der Abreise am 16. Juli. Neben Einkehr und Besinnung, Andacht und Gebet, Beichte und Prozessionen kommen sie mit anderen Liturgien in Kontakt. *Im Tempel wird beständig von achterlei Zungen gebetet, die sich alle Christen nennen; es sind dies Griechen, Lateiner, Jakobiten, Armenier, Inder, Georgier, Syrer.*[70]

Gelangten die Pilger überhaupt in das weltliche Jerusalem? Der Großteil des Kurzprogramms richtete sich auf die Imitatio am Leben und Leiden Christi. Die Erinnerungsstärke der heiligen Orte lässt nur partiell individuelle Erinnerungen zu. Wo man auch wandelt, überall hört man die Predigten Christi, sieht dessen Taten und spürt dessen Nähe. Auch die Ausflüge an den Jordan, nach Bethlehem, etc. waren ausschließlich für das Nacheifern reserviert. Diese Imitatio schloss jedoch nicht aus, die Lage und Beschaffenheit der Örtlichkeiten akribisch festzuhalten. Münsinger orientierte sich hier an der bekannten Pilgerliteratur. Die biblischen Quellen hatten sich über klare geografische Distanzen ausgeschwiegen. Deshalb musste der bekannte (mentale) sakrale Raum mit irdischen Maßeinheiten vermessen werden, um den fremden (realen) Raum zu überwinden.[71] Deshalb sahen sich zahlreiche Texte der Aktualisierung und Präzisierung von Daten verpflichtet. So wissen wir, dass man vom Berg, wo Maria gestorben war,

---

[70] S. 328.
[71] Der schon erwähnte Anselm Eyb, ein Mitglied dieser Pilgergruppe und Autor eines weiteren Berichts über diese Wallfahrt, zeichnet sich als eifriger Vermesser aus.

in 30 Schritten zu einem *Hüttlein* gelangt, in dem der Herr *dreimal betete und Blut schwitzte. Einen Steinwurf davon* trifft man auf einen *großen Stein*, wo Christus die Jünger zurückließ, als er sich zum Gebet zurückzog. Und in weiteren *30 Schritten* findet sich der Platz, wo die *Juden Christen ergriffen.*[72]

Neben der Imitatio und der Schaffung eines „realen" Vorstellungsbildes muss ein dritter Aspekt genannt werden, der heutige Erlebnis- und Erfahrungspädagogen interessiert haben dürfte. Christus ließ wenig Greifbares zurück. Die Orte waren in der Regel mit klaren Assoziationen aus zweiter Hand gesättigt. Durch das Abschreiten der Wege Christi, durch das Beschauen des Fußabdrucks auf dem Ölberg, durch das Zeigen der dargestellten Passionsinstrumente in der Grabeskirche oder beim Aufsuchen der Gräber der unschuldigen Kindlein in Bethlehem sahen die Pilger real und unmittelbar Christus und andere Gestalten aus der biblischen Geschichte. Jerusalem war, wer es freilich zu nutzen verstand, eine riesige Kontaktreliquie.[73]

Wenngleich das Toposwissen eindeutig die Bewegungen in Jerusalem und die Textfassung redigieren halfen, wird der Autor bisweilen auf die empirischen Tatsachen geführt. Schon durch die Instruktionen der Franziskaner wurde ihm bewusst, dass bestimmte Wege und bestimmte Verhaltensweisen tabu waren. Das Besichtigungsprogramm dürfte darauf schon Rücksicht genommen haben. Münsinger teilt unmissverständlich mit, dass der Eintritt zum Tempel Salomos, der Felsendom, verboten sei, *es sei denn, sie wollen umgebracht werden oder ihrem Glauben abschwören.*[74] Der Rundblick vom Ölberg dürfte die Diskrepanz von Toposwissen und empirischer Realität gefördert haben. Die Heiligen Orte, an denen es einst Kirchen gab, waren zu sehen, *aber viele waren unter den Türken zerstört.*[75]

Mit der Rückfahrt von Jaffa schert Münsinger wieder in die alte Erzählweise ein. Über Rhodos gelangte man nach Candia auf Kreta, wo der Graf mit den in seiner Kultur üblichen Aufwartungen bedacht wurde. Münsinger weiß nun wieder die einzelnen Etappen mit Beobachtungen anzureichern. Die Winde waren nicht immer wohlgesonnen. Ein Sturm warf die Pilger an die Insel Kassos, vor dem Erreichen von Methoni an der West-

---

[72] S. 328.
[73] Reichert: Eberhard (Anm. 5), S. 42.
[74] S. 328.
[75] S. 328.

küste des Peloponnes ging ein Schiffsknecht über Bord und nach dem Ablegen von Korfu entkamen sie nur durch Glück einem gewaltigen Sturm.

Der Abstecher nach Italien diente der Fortführung von Besuchen Heiliger Stätten, in Bari (San Nicola), auf dem Monte Gargano (Michaelsheiligtum) und natürlich in der Ewigen Stadt, wo die Erzählung vom Schweißtuch der Veronika in gewisser Weise eine Fortführung der Pilgerfahrt fand. Der Aufenthalt in Neapel wurde bereits erwähnt, wo man auch mit den antiken Stätten und antiken Schriftstellern in Kontakt gekommen war.[76]

VI.
Zur narrativen Triftigkeit

Münsinger wollte seine mitgeteilten Sinnangebote nicht mit einer kritisierbaren Theorie verknüpfen. Die Heilsgeschichte und die Tradition waren unverrückbare Fixpunkte und Deutungskategorien für die subjektiven Wahrnehmungen und für die Abfassung des Textes. Dies zeigt sich deutlich beim Erreichen Jerusalems. Der Autor wechselt auf das alte Gliederungskonzept der ersten Generation von Reiseberichten. Er sucht das Bekannte im vertrauten sakralen Raum und akkumuliert solche Daten (Aufzählungen der Heiligen Stätten, Vermessung des Raumes), die schon seine Vorgänger interessiert hatten.

Zwischen Italien und Palästina reicht allerdings das Toposwissen nicht aus, die subjektiven Wahrnehmungen zu leiten. Im Unterschied zu früheren Reiseberichten will Münsinger jedoch diese assoziativen Einschübe in seinem Bericht aufgehoben wissen, womit er sich auch textlich um eine Perspektivenerweiterung bemüht. Dabei wird deutlich, dass er sich nicht auf das Fremde einlässt. Das zu seiner Zeit und in seinem Vorstellungshorizont vorhandene Wissen ist ihm eine mächtige Orientierungshilfe für die Verarbeitung seiner subjektiven Eindrücke in einem fremden Raum und in einer fremden Kultur. Dieses bisweilen krampfhafte Bemühen, durch Wissen Ordnung zu schaffen, Orientierung zu suchen und schließlich Heimat zu finden, zeigt sich auf der Überfahrt von Venedig nach Palästina, wenn er an den verschiedensten Stellen Bezüge zum Toposwissen und Korrelationen zwischen Beobachtung und vorhandenen Deutungskategorien herstellt.

---

[76] S. 328.

Die Literaturwissenschaften meinen diesen Fall unter dem großen Bereich der Reiseliteratur verhandeln zu wollen. Johannes Münsinger weist sich als ein Autor aus, der nicht nur das vorhandene Wissen zur Deutung des Geschehens, sondern auch die übliche Darstellungsform der res gestae respektiert. Der Rekurs auf die unterschiedlichen Berichtsweisen seit dem Beginn der Wallfahrten nach Jerusalem zeigte Münsinger als einen kundigen Literaten, der mit der Tradition und dem Neuen umzugehen verstand. Der Bericht folgt dort der Tradition der ersten Reiseberichte, wo die Macht des Toposwissens die subjektiven Wahrnehmungen bestimmte. Die *kollektive Autorität der Tradition*[77] wird aber aufgebrochen, wenn er sich mental und geografisch vom Toposwissen distanziert. Hier findet *die Stimme des kundigen Laien*[78] Raum, der die Reise nach der subjektiven Zeit und aus der subjektiven Weltsicht festhält.

J. Rüsen räumte bei der Anwendung der Funktionstypen der Historiografie (traditionale, exemplarische, kritische und genetische Geschichtsschreibung) auf eine mittelalterliche Geschichtsschreibung ein, dass dieses Konstrukt zweifelsohne ein theoretisches Instrumentarium zur Verfügung stelle, das jedoch im konkreten mittelalterlichen Zusammenhang unvollständig sei.[79] Münsinger arbeitet in weiten Teilen wie ein Chronograf. Er beschreibt und hält fest, was sich am Tag X bzw. in einer größeren Zeitspanne ereignete. Diese disparaten Eindrücke gewinnen durch den übergeordneten Rahmen der Wallfahrt eine Richtung und einen Sinn. Von daher lässt sich die fließende Grenze zwischen Historiografie und Chronographie bestätigen.[80] Ein chronografischer Text ist funktionstypologisch keine Geschichte, sondern eine *Proto-Geschichte*, also eine Ansammlung von Daten, *die ihren narrativen Leitfaden, der sie zu einer Geschichte ordnet, noch außer sich hat, obwohl sie zumeist erkennbar auf ihn angelegt ist.*[81]

---

[77] Assmann, Aleida: Die Legitimität der Fiktion, München 1980, S. 89.

[78] Ebd.

[79] Rüsen, Jörn: Funktionstypologie der historischen Narration, in: La littérature historiographique des origines à 1500, Tome 1 (Grundriss der romanischen Literaturen des Mittelalters, Bd. 11, 1), Heidelberg 1986, S. 40 - 49, S. 48.

[80] Ebd. Dem gegenüber fasst Goetz, Hans-Werner: „Konstruktion der Vergangenheit". Geschichtsbewusstsein und „Fiktionalität" in der hochmittelalterlichen Chronistik, in: Laudage, Johannes (Hg.): Von Fakten und Fiktionen. Mittelalterliche Geschichtsdarstellung und ihre kritische Aufarbeitung, Köln u.a. 2003, S. 225 - 257, hier S. 22 die mittelalterliche Chronistik als ein „Geschichtskonstrukt" auf, das ein zeitgemäßes Geschichtsbild schafft.

[81] Rüsen: Funktionstypologie (Anm. 79), S. 49.

Und in der Tat haben die Nachfolger von Münsinger, sei es Crusius oder seien es württembergische Geschichtsschreiber, diesen Bericht umerzählt und in eine historiografische Form gebracht.

Diese vorsichtige Einordnung des Textes gewinnt durch den Einsatz erhöhter Interpretationsenergie eine neue Sicht. Münsinger und sein Bearbeiter wählten bestimmte Einzelheiten aus, die durchaus einen narrativen Leitfaden erkennen lassen. Die Entbehrungen und Gefahren werden durch das Betreten der riesigen Kontaktreliquie Jerusalem gerechtfertigt. Der Graf reist als gemeiner Reisender und Pilger und wird auf dem Rückweg mit zeremoniellen Ehren überhöht. Eine solche Geschichte folgt einer „Historia magistra vitae"[82] und vergegenwärtigt *die zeitlichen Veränderungen der Vergangenheit im Lichte von regelhaften Vorgängen.* Gleichzeitig kommen Gegenwartserfahrungen als vergleichbare Vorgänge zur Sprache, die durch den Bezug auf zeitübergreifende Regeln verständlich werden.[83] Münsinger stellt seine Geschichte als Handlungsfolge dar, die als regelbestätigende Erwartung von Handlungsfolgen in die Zukunft weist. Die Handlungen werden in dieser exemplarischen Geschichtsschreibung als Vollzug überzeitlicher Handlungsregeln vorgestellt.

Die Geschichte der Wallfahrt weist in die Zukunft und trägt zur historischen Orientierung des Autors bei. Diese historische Orientierung war jedoch nicht das eigentliche Ziel der Reise, sondern eine hinzunehmende Begleiterscheinung. Er sieht sich während der Überquerung des Mittelmeers eingebunden in die zeitgeschichtlichen und längst vergangenen Veränderungen. Allenthalben ist der türkische Einfluss wahrnehmbar und beobachtbar. Aufgrund der historischen Veränderungen in Palästina ist er dort an eine strikte Einhaltung von ausgehandelten Verhaltensregeln gebunden, um überhaupt an das eigentliche Ziel des Unternehmens zu gelangen. Diese spannungsgeladenen Erlebnisse dürften sich durch die Begegnung und den Nicht-Kontakt mit anderen christlichen Konfessionen und

---

[82] Kosselleck, Reinhard: Historia Magistra Vitae. Über die Auflösung des Topos im Horizont neuzeitlich bewegter Geschichte, in: Ders.: Vergangene Zukunft. Zur Semantik geschichtlicher Zeiten, Frankfurt a.M. 1979, S. 38 - 66.

[83] Rüsen: Funktionstypologie (Anm. 79), S. 44 (Zitat ebd.).

mit anderen Religionen und Kulturen erweitert und vertieft haben. Spätestens beim Rundblick vom Berge Sion werden ihm durch den empirischen Vergleich zum Toposwissen die Veränderungen bewusst, die nur historisch verständlich werden.

Die Wallfahrt Eberhards im Bart
zu den Heiligen Stätten (1468)[1]

[fol. 1^r] *Die Wallfahrt des erlauchten Grafen von Württemberg, des Herren Eberhard im Bart, in das Heilige Land 1468.*

[fol. 1^v] *Mit Eberhard, dem Grafen von Württemberg und Mömpelgard, zogen vierzig Mann in das Heilige Land; darunter waren 25 Adlige, und alle wurden zu Rittern geschlagen: Herr Georg Bombast, Johanniter; Herr Veit von Rechberg; Herr Stephan Hess; Herr Hermann von Sachsenheim; Herr Hans Speth; Herr Hans Truchseß von Bichishausen; die Herren Brüder Wilhelm und Johannes von Stadion; Herr Johannes Nothaft; Herr Johannes von Stetten; Herr Johannes von Neuneck; Herr Konrad von Alfingen; Herr Ulrich von Rechberg auf Hohenrechberg; Herr Eberhard von Rechberg; Herr Ulrich von Westerstetten; Herr Wilhelm von Münchingen; Herr Wilhelm von Zillenhart; Herr Wilhelm von Wernau; Herr Jakob Schenk von Stauffenberg; Herr Rennwart von Woellwarth; Herr Eglof von Riedheim; Herr Anselm von Eyb; Herr Christoph Ries, sein Kaplan; Herr Johannes Münsinger, sein Arzt; der Schneider Raur und Konrad Schott, sein Koch.*

[fol. 2^r] *Aus einer Handschrift von mittlerer Größe über die Reise zum lebenspendenden Grab des Gesalbten des Herrn, geschrieben mit eigener Hand (wie es scheint) von Johannes Münsinger auf Frundeck (Doktor der Medizin), vereidigtem Arzt zu Ulm, von den Ulmer Bürgern zur Reise zum Heiligen Grab ermächtigt.*
Im Jahre 1468 nach Christi Geburt, am 10. Mai, dem Tag des Heiligen Epimachus, war der wohlgeborene und großmächtige Herr Eberhard, Graf zu Württemberg und Mömpelgard etc., mein gnädiger Herr, im Kloster Güterstein[2] in Gegenwart seiner Prälaten durch den andächtigen Herrn und damaligen Prälaten, den Abt von Herrenalb, gesegnet worden und zum Heiligen Grab aufgebrochen; seine erste Herberge hatte er am selbigen Dienstag über Nacht in Blaubeuren. Die zweite Herber-

---

[1] Aufgrund der Kürze des Textes kann die vorliegende Übersetzung in vollem Umfang abgedruckt werden, so dass der ursprüngliche Erzählplan, die ursprünglichen Hervorhebungen und die zu berücksichtigenden Umfangsproportionen eingehalten werden. Die Übersetzung wurde durch vielleicht störende Editionseingriffe verändert: Angaben zur Foliierung stehen in eckigen Klammern [...], Ergänzungen und Kommentare von M. Crusius in runden Klammern (...), Einschübe der Bearbeiter finden sich in spitzen Klammern <...>, *Kursivschrift* meint lateinisches und die andere Schriftart (Courier) griechisches Idiom. An einigen Stellen wurden mir wichtige Erläuterungen auf der Basis der Edition von Reichert/Faix aufgenommen. Erstdruck in Faix, Gerhard/Reichert, Folker (Hg.): Eberhard im Bart und die Wallfahrt nach Jerusalem im späten Mittelalter (Lebendige Vergangenheit, Bd. 20), Stuttgart 1998. An dieser Stelle gilt dem Württembergischen Geschichts- und Altertumsverein e.V. Dank für die Druckgenehmigung.
[2] Güterstein bei (Bad) Urach, Kartäuserkloster (seit 1439) und Grablege der Uracher Linie des Hauses Württemberg (seit 1442).

ge nahm seine Gnaden bei Graf Eberhard von Kirchberg zu Illertissen, die dritte in einem Kloster des Benediktinerordens, genannt Ottobeuren; es liegt eine Meile von Memmingen entfernt. Die vierte Herberge zu Kempten im Kloster. Dort befindet sich eine Orgel ganz aus <...>.[3] Die fünfte in einem Markt Reutte unter Ehrenberg. Danach über Nacht in Zirl.

[fol. 2^v] Danach durch Innsbruck nach Sterzing. Dort in der Pfarrkirche ist das schönste Altarbild, das ich je gesehen habe.[4] Danach nach Brixen und durch Klausen. Dort liegen drei Burgen übereinander.[5] Wir blieben zu Bozen über Nacht. Dort ist die Luft sehr schlecht. Zwei Meilen weiter liegt ein Dorf, genannt Tramin. Es zahlt jährlich 24 000 Dukaten an Zins oder Gült. Wir ritten über den Kuntersweg, der ist sehr schlecht. Danach übernachteten wir in Trient und ritten zum Spital<meister?>[6] und blieben bei der Leiter über Nacht.[7] Von der Leiter nach Castellfranco zum Frühstück. Dann nach Mestre zur Übernachtung; das liegt eine Meile von Venedig, eine Meile von Treviso und drei Meilen von Padua entfernt.

Danach nach Venedig zum Deutschen Haus[8]; das war unsere Herberge. Von Urach nach Venedig sind es 71 deutsche Meilen, und zu Venedig haben wir viele herrliche Dinge und großen Reichtum gesehen. Viel Heiltum: die heiligen Barbara, Christophorus, Helena, Paulus den Martyrer, von Sankt Georg Haupt und Arm, von Sankt Nikolaus den Stab und das Öl, das aus seinem Grab herauslief, und auch sein Grab daselbst. Vieles wäre zu schreiben von Venedig. Denn dort liegt der Reichtum der Welt. Alles, was der Menschheit nottut, für Seele und Leib, das findet man da.

Am Dienstag nach Christi Himmelfahrt[9] starb [fol. 3^r] ein Bürger zu Venedig, er hinterließ vier mal 100 Dukaten an Barschaft und hatte vier Söhne. Man erzählte sich auch Dinge von ihm, die nicht löblich waren. Ich sah, wie man ihn über den Markus-Platz zu Grabe trug.

Am Samstag vor Pfingsten[10] fuhren wir von Venedig los. Von Dienstag bis Samstag waren wir vor den beiden Festen gelegen, die das Meer beschließen,[11] und

---

3   Textverlust.

4   Hans Multschers „Sterzinger Altar" in der Pfarrkirche Unserer Lieben Frau in Moos (1457/58).

5   Branzoll, Säben und die dazwischen liegende Frauenkirche (heutige Marienkapelle) mit Turm und Mauer.

6   Textverlust.

7   Steile Wegstrecke bei Primolano, wo noch 1833 ein Castello della Scala nachgewisen ist.

8   Das „Deutsche Haus" (auch „Sankt Georg", „Zur Flöten", „Zur Polten" oder „Zur Trinität" genannt), Gasthof bei San Bartolomeo, der deutsch bewirtschaftet wurde (nicht zu verwechseln mit dem Fondaco dei Tedeschi bei der Rialtobrücke, in dem nur Kaufleute unterkamen.

9   31. Mai.

10   4. Juni.

11   „Castell vecchio" und „Castello nuovo" beim „Porto di Lido".

fuhren vor eine Stadt, die im Meere liegt, genannt Chioggia; sie ist zwei Meilen von Venedig entfernt.

Danach zu einer Stadt, die heißt Parenzo, und wir blieben dort in einem Kloster am Pfingstsonntag zur Nacht. Parenzo liegt hundert Meilen[12] von Venedig entfernt. Vom Meer aus sieht man auf das Land Friaul. Dort befinden sich zwei Patriarchate, Aquileja und Grado, nicht weit voneinander. Dort liegt auch Triest, eine kaiserliche Stadt. Zu Parenzo beginnt das Land, das da heißt Istrien; und bei Parenzo liegt eine Stadt am Meer, genannt Umago, und dann Cittanuova, Orsera, Rovigno. Man sieht dort einen hohen Berg, genannt Caldier; dem folgt, wer von Venedig nach Parenzo fährt; auch dieser Berg liegt in Istrien. Danach sieht man ein Königreich, es heißt Dalmatien.[13] *Dort auf der linken Seite (der Kürze wegen mische ich auch einiges Lateinische unter) sieht man eine Bischofsstadt namens Yndra oder Zara, die von Parenzo 140 Meilen entfernt liegt. Als nächstes folgt eine sehr feste Stadt, Ragusa. Auf dem gegenüberliegenden Ufer [fol. 3ᵛ] steht der Türke, dem sie einen Tribut bezahlt, und mit der Türkei macht sie Geschäfte. Sechs Jahre lang haben die Venezianer diese Stadt vergeblich belagert, nachdem sie ein Kastell vor ihr errichtet hatten.[14] Nicht weit von der Stadt liegt auf einem Felsen ein Kloster des heiligen Andreas.[15] In der Stadt gibt es einen Markt, wo Menschen verkauft, entkleidet und beschaut werden,[16] ob sie denn irgendeinen Mangel haben. Ich hörte, es seien adlige Leute, die jährlich von bestimmten Inseln Tribute in Gestalt von Menschen erhalten, die sie dann verkaufen. Diese Insulaner seien Heiden, und die Menschen würden dort zur Arbeit gezwungen und eingesperrt wie in Ställen und nach Art des Viehs gefuttert. In jener Stadt vergrößern die Frauen ihre Köpfe durch die Kleidung. Es gibt dort einen Erzbischof. In der Kathedrale findet man folgende Reliquien: das Tuch, mit dem Simeon das Jesuskind auf seine Arme nahm*

---

12   Entfernungsangaben von hier an und auf der Rückreise bis Rovereto in italienischen Meilen zu 1000 (Doppel-) Schritten oder in Seemeilen zu ca. 1800 m.

13   Dalmatien war kein eigenständiges Königreich, sondern zwischen Ungarn und Venedig umstritten. Obwohl die dalmatinische Küste sich weitgehend in venezianischem Besitz befand, bezeichnete sich Matthias Corvinus als „rex Dalmatiae".

14   1205-1358 befand sich Ragusa, das heutige Dubrovnik, in venezianischem Besitz. Danach war die Kommune (die sich seit 1441 eine Republik nannte) weitgehend unabhängig und stand nur unter lockerer Oberhoheit der Könige von Ungarn. Zugleich ging ein jährlicher Tribut an die osmanischen Türken, zeitweilig auch an Ferrante von Neapel. Dass Venedig versucht habe, frühere Rechte geltend zu machen und die Stadt sechs bzw. sieben Jahre lang belagert habe, berichten auch Ulrich Brunner (S. 20), Pierre Barbatre (S. 115), Felix Fabri: Evagotorium in Terrae Sanctae, Arabiae et Egypti peregrinationem, ed. Hassler, Cunradus Dietericus, 3 Bde. (Bibliothek des Litterarischen Vereins in Stuttgart), Stuttgart 1843 - 49 Bd. 3, S. 360 f.; Paul Walter von Guglingen (S. 74) und Konrad Grünemberg (S. 38f.).

15   Insel vor Ragusa.

16   Diesen Sklavenhandel beschreibt auch Felix Fabri (Anm. 14), S. 361.

(es ist so gewoben, wie man die Handtücher wirkt), *Haupt, Arm und Fuß vom heiligen Blasius. Die Stadt erkennt auch den König von Ungarn als ihren Herrn an. Von Parenzo liegt sie vierhundert, von Venedig fünfhundert Meilen entfernt. Wir waren dort am Tag vor trinitatis, am Tag des heiligen Barnabas.*[17] Dort liegen auch zehn Mühlen[18] an einem Berghang mit wenig Wasser.

Von da an warfen wir drei Tote ins Meer: einen Edelmann, den Rat des Herzogs von Burgund und einen Metzger auf dem Schiff, und ließen zwei Kranke zurück: einen Edelmann zu Parenzo und einen Trompeter.

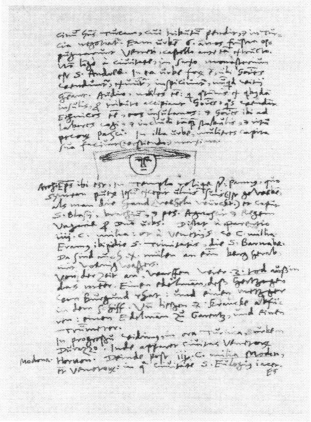

Abb. 6: Kopfschmuck der Frauen in Ragusa Grab (fol 3ᵛ)[19]

---

[17] 11. Juni.

[18] Die Anzahl der Mühlen variiert in den einzelnen Beschreibungen. Münsingers Angabe stimmt mit dem zeitlich nächsten Text (Friedrich Steigerwallder) überein.

[19] Tübingen, Universitätsbibliothek, Mh 162, fol 3v, nach Faix/Reichert, Münsinger, S. 147.

Auf der Weiterfahrt sahen wir an der türkischen Küste die Stadt Durazzo.[20] *Danach tauchte die venezianische Stadt Korfu*[21] *auf.* Dann nach 250 Meilen Modon, das ebenfalls den Venezianern gehört; in dieser Stadt liegt der heilige Eulogius. [fol. 4[r]] Gegenüber befindet sich eine Insel, genannt Sapiendza. Etwas über der Stadt liegt ein Schloß, das Giuncho[22] heißt. Weitere 150 Meilen von Modon, das auch Monopolis[23] genannt wird, liegt eine Insel; die nennen die Seeleute Kithira.[24] Von dort wurde Helena von Paris nach Troja entführt.[25] Es liegen drei Burgen auf der Insel. Eine heißt Cirico und liegt zur rechten Hand gegen Afrika, wo die Mohren leben. Auf der anderen Seite zur Linken liegt Konstantinopel, drei Tagereisen von unserem Weg entfernt. Von dort fuhren wir am Fronleichnamstag[26] weiter und sahen um die Vesperzeit einen schönen Schwarm von Fischen nahe bei der Galee die einander jagten und hoch über das Wasser aufsprangen, vier Spannen hoch.[27]

Von dort gelangten wir am Freitag nach Fronleichnam[28] *zu der Insel Kreta, zur Stadt Candia, wo ein Erzbischof sitzt. Es sind die Griechen sehr reich. Auf der Insel wächst sehr viel Malvasier,*[29] *weil sie lang und breit ist. Lang fünfhundert Meilen, breit dreihundert Meilen.*[30] *Man sagt, es gebe dort 350 Kirchen der griechischen Christen. Auf dieser Insel predigte der heilige Paulus, und in der Nachbarschaft befindet sich der Berg, zu dem er floh, als er sich mit den Griechen stritt.*[31]

25 Meilen weiter gegen Rhodos sieht man einen Berg mit Namen Olympus, von dem die Taube aus Noahs Arche einen Zweig brachte.[32] *Danach sieht man einen Berg, genannt Phileremos,*[33] *mit einer Burg, in der einst ein griechischer König*

---

20 Durazzo (Durrës, Albanien).
21 Seit 1386 in venezianischem Besitz.
22 Giuncho (Navarino).
23 Monopolis statt Modon ist sonst nicht nachgewiesen. Möglicherweise handelt es sich um eine Verwechslung mit dem apulischen Monopoli.
24 Kithira (Kythera).
25 Dass Helena auf Kythera gelebt habe und von dort nach Troja entführt worden sei, behauptete zuerst der Phryger Dares (De excidio Troiae historia, Ende 5./Anfang 7. Jh.) und wurde in der Folge von zahlreichen Pilgern kolportiert.
26 16. Juni.
27 Damit sind Delfine gemeint. Spanne, Längenmaß (ca. 21 - 26 cm).
28 17. Juni.
29 Malvasier: griechischer Likörwein, benannt nach der Stadt Monemvasia auf der südöstlichen Peloponnes.
30 Unzutreffend.
31 Dies berichtet auch Johann Meisenheimer sowie ein anonymer niederrheinischer Pilger. Samuel Kiechel erwähnt eine Kapelle auf dem „Paulusberg" bei Kandia, zu der eine Wallfahrt führe. Biblisch ist kein Aufenthalt des Apostels auf Kreta bezeugt.
32 Der Berg Kalo Limni auf Karpathos über dem Ort Olimbos?
33 Berg an der Westküste von Rhodos, 12 km südwestlich der Stadt Rhodos. - Das Folgende erzählen ähnlich Staigerwallder, Friedrich: Werner Kreuer

saß, der von den Johannitern belagert wurde; diese bemächtigten sich dieser Burg durch einen Geist [fol. 4ᵛ] *lichen, auf folgende Weise:* Er hütete die Schafe und Füchse, *und da er dessen überdrüssig war, begab er sich zu den Belagerern; auf seinen Rat hin zogen sie viertausend Schafen das Fell ab und nähten vierhundert Männer darin ein;* auf Händen und Füßen zogen sie mit dem Vieh in die Burg *und besetzten den Turm. Da bestieg der König ein Pferd nahm seine schöne Gattin hinter sich und stürzte sich kopfüber von dem Felsen, Als nun die Burg erobert war,* war man froh; und es sprach der Großmeister zu dem Priester, ob er genug habe. Der sprach: „Ja". Da ließ man ihm das Haupt abschlagen.

Ganz nahe bei der Türkei liegt die Insel Rhodos, so daß man fast einen Türken erkennen kann. Wir kamen nach Rhodos am Dienstag vor Johannestag.[34] *Am A-bend fuhren wir von dort wieder ab. Die Stadt ist sehr gut befestigt, und hat zum Meer hin fünfzehn Türme;* dort stehen vierzehn Windmühlen. *(In der Stadt) gibt es viele Gefangene, die Ketten an den Füßen tragen und arbeiten müssen.*

Hundert Meilen vor Zypern liegt ein Golf, den man nicht befahren konnte, *bis die heilige Helena in ihm ein Kreuz aus dem Material der Schüssel versenkte,*[35] *in der Christus die Füße seiner Jünger wusch. Von diesem Meerbusen aus kann man die höchsten Berge Armeniens*[36] *erkennen, auf denen Noahs Arche liegen blieb. Von, Zypern ist es, nicht mehr weit bis Alexandria, einer gewaltigen Stadt, wie unsere Schiffsleute sagten.*

Am Dienstag[37] *kamen wir nach Jaffa (einstmals Joppe). Einst gab es dort eine große Stadt; heute sind nur noch zwei Türme übrig* und einige Gewölbe dabei, *in denen die Pilger bleiben,*[38] bis ihr Geleit aus Jerusalem kommt. Aber obwohl wir

---

(Bearb.): Tagebuch der Heilig Land-Reise des Grafen Gaudenz von Kirchberg, Vogt von Matsch/Südtirol, im Jahre 1470. Bearbeitung und Kommentierung des von seinem Diener Friderich Staigerwallder verfaßten Reiseberichts (Essener Geographische Arbeiten 20), Paderborn 1990, S. 185; leicht abgewandelt Ottheinrich: Rott, Hans: Die Schriften des Pfalzgrafen Ott Heinrich, in: Mitteilungen zur Geschichte des Heidelberger Schlosses 6 (1912), S. 21 - 191, S. 82 und in Kurzform Dietrich von Schachtern: Beschreibung der Reise ins heilige landt, welche Herr landgraff Wilhelm, der ältere, anno 1483 (1491) Sontags nach Ostern vorgenommen, in: Röhricht, Reinhold/Meisner, Heinrich (Hg.): Deutsche Pilgerreisen nach dem Heiligen Lande, Berlin 1880, S. 162 - 245, S. 217 f. Die Johanniter eroberten seit 1306 die Insel.

[34] 21. Juni.
[35] Golf von Antalya (zeitgenössisch „Sankt-Helenen-Golf"); zur Legende vgl. u.a. Friderich Staigerwallder, S. 193, Ottheinrich S. 85.
[36] Kleinarmenien (armenia minor) in Kilikien. Der Berg Ararat mit der Arche Noah befindet sich allerdings in Großarmenien.
[37] 28. Juni.
[38] Der sog. St. Peters-Keller (Cellaria S. Petri), ein verfallenes Gewölbe, in dem alle neu eintreffenden Pilger registriert wurden und die Zeit bis zum Aufbruch nach Jerusalem verbringen mussten.

das Geleit nun hatten, *blieben wir dort bis Samstag*[39] *wegen des Festes der Opferung Isaaks durch Abraham, das die Heiden begingen.*[40] *Am Sonntag*[41] *in der Nacht kamen wir nach Ramla und verbrachten dort den Montag (St. Ulrichstag). Es liegt dreizehn Meilen von Jaffa entfernt.* [fol. 5ʳ] *Am Dienstag*[42] *ritten wir zur Stadt Lydda*[43]*, wo Sankt Georg enthauptet wurde, und kehrten am selben Tag nach Ramla zurück.* Das sind zwei Meilen.

Bei den Heiden werden in der Nacht auf den Türmen[44] *Feuer entzündet, und nach Sonnenuntergang beten sie auf den Häusern, die keine Dächer haben, da es selten regnet. Des Nachts treiben sie einander unter großem Geschrei zum Gebet an, und auch von den Frauen werden sie dazu ermuntert. Jeder Heide darf vier Frauen besitzen oder so viele, wie er ernähren kann. Wenn er aber eine in sein* Schlafzimmer *ruft, müssen ihr die anderen dienen als ihrer Herrin.*

(*Am Donnerstag*)[45] *ritten wir von Ramla über Emmaus*[46] *nach Jerusalem. Am Freitag, dem Kilianstag,*[47] *trafen wir frühmorgens in Jerusalem ein.*

Am Samstagmorgen[48] führte uns der Guardian zur Besichtigung der heiligen Stätten. *Zuerst zum Tempel*[49]. *Dort ist der Stein, auf den Christus hinsank, als er das Kreuz trug. Der Ort, wo Johannes, die heilige Jungfrau und Mutter und die beiden Marien*[50] *standen. Dort befand sich die Kapelle der heiligen Maria; die Kapelle der heiligen Engel; drittens die Kapelle des heiligen Johannes des Täufers; viertens die der heiligen Maria Magdalena. Diese Kapellen befanden sich einstmals im Tempel jetzt liegen sie außerhalb. Danach wurde uns das Haus der Veronika gezeigt, in deren Leintuch der Herr sein Gesicht eingedrückt hatte. Jetzt befindet es sich in Rom*[51]. *Dicht dabei liegt das Haus des unbarmherzigen Reichen* Lk 16[52].

---

[39] 2. Juli.

[40] Fest der Opfer (oder der Pilgerfahrt) zum Gedenken an die Opferung Ismaels, das 1468 auf den 2. Juli fiel. Die Erwähnung Isaaks geht wahrscheinlich auf ein Missverständnis zurück.

[41] 3. Juli.

[42] 5. Juli.

[43] Lydda (Lod).

[44] Minarette.

[45] 7. Juli.

[46] Überschrieben 4 milia a Rama, desertus.- Emmaus wird in der Kreuzfahrerzeit mit Abu Gosh, später mit El kubeibeh (Al Qubaybah), heute meistens mit einem Ort bei Latrun (dem früheren Imwaz, 'Amwaz) identifiziert.

[47] 8. Juli.

[48] 9. Juli.

[49] Die Grabeskirche, erbaut durch Konstantin, mehrfach zerstört (614, 969, 1009) und wiedererrichtet, als spätromanischer Kirchenbau durch die Kreuzfahrer (geweiht 1149), neuerliche Zerstörungen durch Feuer (1808) und Erdbeben (1927).

[50] Io 19,25.

[51] Angebliches Schweißtuch der Veronika, unter Papst Bonifaz VIII. 1292 nach Sankt Peter in Rom übertragen, 1527 geraubt und bald ,wiedergefunden', seit

Dann folgt der Scheideweg, an dem Simon aus Kyrene gezwungen wurde, das Kreuz hinter dem Herrn herzutragen.[53] Ein Gäßlein, *wo die Mutter ihren Sohn sah, der so kläglich sein* Kreuz *trug, und bewußtlos, zu Boden sank. Ein Gebäude mit zwei weißen Steinen, auf dem einen stand der Herr, auf dem anderen saß Pilatus. Das prächtige Haus des Herodes*[54]; *nicht weit von dem des Pilatus, in dem der Herr* mißhandelt wurde.

Danach der Tempel Salomos[55]; *den Christen ist der Eintritt verboten, es sei denn, sie wollen umgebracht werden oder ihrem Glauben abschwören. Dort beten die Heiden.*

[fol. 5ᵛ] *Danach ein schönes Haus, in dem* die Gottesgebärerin[56] *geboren wurde. Danach ein großer Graben, in dem die* Opfergaben *gewaschen wurden, die im Tempel Salomos dargebracht wurden.*[57] *Das Tor des heiligen Stephan, durch das er zur Steinigung geführt wurde. Unmittelbar davor liegt das Tal Josaphat, wo er gesteinigt wurde. Dort unten steht die Brücke, unter der der Bach Kidron hindurchfließt.* Darüber wurde das Holz des Kreuzes gelegt. *Dann die Kirche der heiligen Maria, wo sie begraben ist; man steigt 48 Stufen zu ihr hinab.*[58] *Nach ihrem Tod trugen sie die Apostel über den Berg Zion dorthin. Denn auf diesem Berg war sie gestorben. Von da dreißig Schritte weiter liegt ein (Hüttlein), in dem der Herr dreimal betete und Blut schwitzte.*[59] Einen Steinwurf davon im Garten *liegt ein großer Stein, bei dem der Herr die Jünger zurückließ, um zum Beten zu gehen; dieser Ort des Gebetes ist heute nicht mehr in dem Garten.* Wiederum dreißig Schritte entfernt *liegt der Ort, wo die Juden Christus ergriffen.* Beim Aufgang *zum Ölberg befindet sich der Platz, wo die heilige Maria bei ihrer Himmelfahrt Sankt Thomas ihren Gürtel ließ. Er war nicht zugegen, als sie starb. Auf halber Höhe des Ölberges befindet sich der Stein, auf dem der Herr am Palmsonntag über die Stadt*[60] *weinte. Auf dem Berg liegt der Ort, wo ein Engel Maria den Tod, und auch der Ort, wo er ihr die Auffahrt in den Himmel verkünde-*

---

dem 17. Jahrhundert im südwestlichen Kuppelpfeiler von Sankt Peter aufbewahrt. Das Haus der Veronika (6. Station) wird erstmals 1335 bezeugt.

[52] Lc 16, 19-31.

[53] Mt 27,32; Mc 15,21; Lc 23,26 (5. Station).

[54] Gemeint ist Herodes Antipas, Herr von Galiläa 4 v. Chr. - 39 n. Chr.

[55] „Felsendom", erbaut 688-691, nach islamischer Tradition zur Erinnerung an Mohammeds Himmelsreise; von Kreuzfahrern und christlichen Pilgern fälschlich mit dem salomonischen Tempel gleichgesetzt.

[56] Haus der Anna, Annenkirche. An der Stelle der Krypta befindet sich der Ort des Elternhauses der Maria (Protevagelium des Jakobus 5,2). 1192 wurde die Kirche in eine Koranschule umgewandelt und kam erst 1856 wieder in christliche Obhut.

[57] Teich Bethseda oder Schafteich.

[58] Marienkirche über dem (leeren) Mariengrab am Fuße des Ölbergs.

[59] Getsemane Grotte, die in byzantninischer Zeit als Ort des Verrats, seit der 2. Hälfte des 14. Jahrhunderts als „Grotte des Gebetes Jesu" betrachtet wurde.

[60] Jerusalem.

te. Vom Gipfel linkerband neben dem Ölberg liegt ein Berg, genannt Galilee[61], von dem aus man nach Galilea und Nazareth sehen kann, wo der Herr aufgezogen wurde. Ebenfalls auf dem Gipfel liegt die Kirche, von der aus der Herr zum Himmel fuhr, die Spuren seiner Füße sind noch heute im Stein zu sehen.[62] Die Höhle, in der die heilige Pelagia[63] lag. Der Ort, an dem die Apostel das Glaubensbekenntnis schufen. Was auch immer ein Heide bei Tage dort aufrichtet, bricht des Nachts zusammen. Die Stelle, an der Jesus die Jünger das Vaterunser beten lehrte. Der Ort, wo er predigte: „Selig, die arm sind vor Gott". Der Stein, auf dem Maria täglich ausruhte. Im Tal Absaloms Grab[64]. [fol. 6ʳ] Die Höhle, in der Sankt Jakobus sich verbergen wollte, bis der Herr wieder auferstanden sei. Im Tal Marias Brunnen, Christus die Windeln zu waschen. In demselben Tal der Brunnen Siloah, wo der Blinde sich die Augen wusch Joh 9. Der Berg Zion mit der Höhle, in der Petrus weinte, als er den Herrn verleugnet hatte. *Der Acker Aceldama, der einem Töpfer gehörte.[65] Der Ort, wo Jesaiah mit einer Säge zersägt und begraben wurde.*

Auf dem Berg Zion lag das Haus, in dem der Herr oft mit den Jüngern und seiner Mutter zusammenkam und wo er das heilige Abendmahl einsetzte. Dort ist heute noch die Kirche der Barfüßer.[66] *Dort befindet sich ein großer Teil der Säule, an der Jesus gegeißelt wurde. Der Ort der Ausgießung des Heiligen Geistes. Die Kapelle, wo Thomas den Finger in die Seite des Herrn legte. Der Stein, von dem Christus predigte; der Stein, auf dem Maria dort saß. Marias Gebetshaus. Die Gräber Davids, Salomos u. a.[67] Der Ort, wo das Lamm gebraten und das Wasser erwärmt wurde, mit dem der Herr seinen Jüngern die Füße wusch. Der Ort, wo der heilige Stephan zum zweiten Mal begraben wurde. Der Ort, wo Matthias zu den zwölf Aposteln gewählt wurde. Der Ort, an dem die heilige Maria starb, nachdem sie dort vierzehn Jahre nach der Auferstehung Christi gewohnt hatte. An dieser Stelle gibt es kein Gotteshaus mehr.* Nicht weit davon hat Sankt Johannes die erste Messe gelesen. *Und nahe dabei lag der Tempel der Aussendung der Apostel über den Erdkreis.*

Der Ort, wo die Juden Marias Leichnam hatten wegschaffen wollen. Das Haus des Kaiphas[68] und der Ort des Feuers, an dem Petrus leugnete, und der Ort, wo der Hahn schrie. Der Ort des Gefängnisses, in dem der Herr festgehalten wurde, als

---

61 Nordspitze des Ölbergs.

62 Lc 24,50-51. Die Himmelfahrtskapelle auf dem Gipfel des Ölbergs wurde 1198 in eine Moschee umgewandelt; der rechte Fußabdruck Christi wird noch heute gezeigt, der linke befindet sich mittlerweile in der al-Aqsa-Moschee.

63 Büßerin aus Antiochia.

64 Im Kidron-Tal.

65 „Blutacker".

66 Der Abendmahlssaal (Coenaculum) als Überrest von St. Maria in Monte Sion wurde 1335 von den Franziskanern übernommen und bis 1552 betreut.

67 Das angebliche Davidsgrab wird heute noch auf dem Berg Zion gezeigt.

68 Kapelle beim armenischen Kloster vor dem Zionstor, zwischen 1948 und 1967 schwer zerstört.

der Beschluß gegen ihn gefaßt wurde.[69] *Nicht weit davon ein großes Haus, in dem der böse Ratschluß gefaßt wurde, Christus zu töten. In der Nachbarschaft der Tempel des älteren Jakobus, wo er enthauptet wurde. Nicht weit vom Tempel des Engels steht das Haus des Hannas, wo Christus von Malchus*[70] geohrfeigt wurde.

[fol. 6ᵛ] *An allen heiligen Stätten gab es Kirchen; aber viele wurden unter den Türken zerstört. Sobald man den Tempel betritt, wird einem der Stein gezeigt, auf dem Maria Magdalena stand und der Stein, wo ihr der Herr erschien. Danach geht man zur Kirche Marias, wo ihr der Herr zuerst erschien.*[71] *In der Kirche befindet sich ein großer Stein, bei dem der Tote auferstand, als ihm von den drei Kreuzen das wahre auferlegt wurde. Außerdem befindet sich in der Kirche zur Rechten die Säule, an der Christus gegeißelt wurde. Auf dieser Seite stand das Heilige Kreuz, von dem noch ein Teil dort vorhanden ist. Im Tempel die Zelle, in der Christus war, als das Kreuz für ihn hergerichtet wurde. Der Ort, an dem um die Kleider Christi gewürfelt wurde. Tief steigt man in die Kapelle der heiligen Helena hinab. Und tiefer noch dorthin, wo das Kreuz Christi gefunden wurde, die Dornenkrone, die Nägel und die Kreuze der Räuber. An diesem Ort, der damals ein Behältnis allen Unrats war, verbargen die Juden das Kreuz, bis sie von Helena gezwungen wurden, es ihr zu zeigen. Zur Linken steigt man zur Kapelle hinauf, in der sich ein Altar und die Säule von Christi Geißelung befinden.*[72] *Danach folgt der Kalvarienberg, wo das Kreuz Christi stand, und ein Loch im Stein, eine Elle tief. Ein Riß im Fels tat sich auf, als Christus tot war. Am Ort von Christi Tod befindet sich ein Altar und daneben ein Altar für die heilige Maria.*[73]

Danach der Stein, auf dem Christus eingehüllt wurde, nachdem er vom Kreuze genommen war. Und so ist man von Unserer Frauen Kapelle bis hierher um den Chor des Tempels gegangen. Dann unter dem Chor, mitten in der Kirche, befindet sich das Grab Christi: ganz aus hartem Fels und hohl wie ein Backofen.[74] *Und im Chor, im Felsen, gibt es ein Loch; das ist der Mittelpunkt der Erde.*[75] *Mit so viel Kunst aber wurde der Tempel von Helena erbaut, daß er all die genannten Orte in sich schließt.*

---

69 Rechteckige Kapelle in „Kaiphas Haus".

70 Eigentlich Name des Knechtes, dem Petrus das Ohr abschlug (Io 18,10). Dass dieser mit dem Knecht des Hohepriesters identisch sei, geht aus Io 18,22 wörtlich nicht hervor, wurde aber seit Johannes Chrysostomos (gest. 407) von den Kommentatoren des Evangeliums angenommen. Daraus entstand die Legende, dass Malchus unter der Erde weiterleben und ewige Strafe leiden müsse.

71 Erscheinungskapelle.

72 Verspottungskapelle beim Abstieg zur Helenakapelle.

73 Golgothakapelle (Kalvarienberg) mit Kreuannagelungs-, Kreuzigungs-, Stabat-Mater-Altar und Felsspat (Mt 27, 51).

74 Das Heilige Grab in der Rotunde der Grabeskirche, im heutigen Zustand ein Werk des frühen 19. Jahrhunderts.

75 Weltmitte („Nabel der Welt") unter der Vierung des griechisch-orthodoxen Katholikon.

Vom Tor zum Haus des Pilatus, wo dem Herrn das Kreuz auferlegt wurde, bis zu der Stelle vor dem Tempel, wo er niedersank, sind es ungefähr 1012 normale Schritte. [fol. 7ʳ] Im Tempel wird beständig von achterlei Zungen gebetet, die sich alle Christen nennen; es sind dies: Griechen, Lateiner, Jakobiten, Armenier, Inder, Georgier, Syrer.[76] Sie alle haben ihre besondere Kleidung. Die Form des Heiligen Grabes mit seinem Überbau.

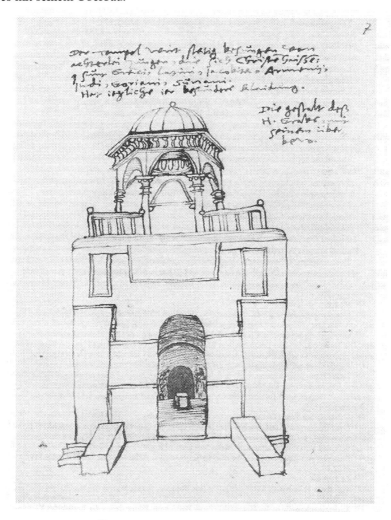

Abb. 7: Das Heilige Grab[77]

---

[76] Dann sind auch die Nestorianer gemeint.

[77] Tübingen, Universitätsbibliothek, Mh 162, fol 7ʳ (nach Faix/Reichert, Münsinger, (Anm. 1), S. 157).

[fol. 7 ᵛ] *Zwischen Jerusalem und Bethlehem liegen drei Zisternen. Dort hielten sich die heiligen Drei Könige auf. Der Ort, wo ihnen der Stern erschien. Ein zerbrochener Tempel, wo das Haus des Elias sich befand. Das Haus des Stammvaters Jakob. Nahe bei Bethlehem das ansehnliche und große Grab Rahels, seiner Frau. Eine Mauer in Trümmern, wo die Engel sangen: „Ehre sei Gott in der Höhe". Bethlehem liegt eine deutsche Meile von Jerusalem entfernt. Dort gab es ein herrliches Kloster.*[78] *Dabei der Ort, wo der heilige Hieronymus die Bibel aus dem Hebräischen ins Lateinische übersetzte, und sein Grab. Daneben liegt auch das Grab des heiligen Eusebius*[79]. *Im Hintergrund befinden sich dort auch die Gräber der unschuldigen Kinder. Auch wurde Jesus dort beschnitten. Der Ort seiner Geburt, über dem ein Altar errichtet wurde und ein wertvolles Bauwerk aus Marmor.* Wohlgeruch *des Platzes und der Krippe. Die Krippe schön, lieblich und zierlich. Das Loch, in dem der Stern der Magier verschwand. Die Kapelle der heiligen Katharina.*[80]

Danach begibt man sich nach Bethania. Dort zeigt man das Haus Simons, des Leprosen. Und das Grab des Lazarus. Außerdem das Haus Marias, der Schwester Marthas. Und das Haus Magdalenens. Hinter dem Ölberg lag Bethphage. Der Herr ritt über den Ölberg ein und dann durch die Goldene Pforte[81], *die jetzt geschlossen ist, nicht weit vom Stephans-Tor.*

Und nun zur Heimreise:

Am Dienstag vor Peter und Paul waren wir in Jaffa angekommen (28. Juni) und hielten uns drei Wochen lang im Heiligen Lande auf, das heißt: zurück auf den Dienstag vor Maria Magdalena (19. Juli) und kehrten dann auf unsere Trireme zurück und blieben bis Donnerstag vor Maria Magdalena.[82] *Dann legten wir ab und am Jakobstag auf Zypern*[83] *an (25. Juli).* [fol. 8ʳ] *Zu Salinis*[84] *gibt es ein Dorf mit einem weiten Platz, wo Salz von selbst gesotten wird und gleich Steinen aus dem Wasser geholt wird, bevor es ganz hart wird. Es ist schönes Salz.*

Weiter am Freitag[85] *und nach Paphos am Oswaldstag*[86]. *Am Samstag*[87] *brachen wir auf und kamen am Sonntag vor Mariae Himmelfahrt nach Rhodos. Auf Rhodos sahen wir folgende Reliquien: den Arm des heiligen Jakobus, den Arm des heiligen*

---

78 Offenbar das Franziskanerkloster bei der Geburtskirche.
79 Eusebios von Cremona, ein Schüler des Hieronymus.
80 Katharinenkapelle in der Geburtskirche zu Bethlehem. Pilger, denen der Besuch des Katharinenklosters auf dem Sinai nicht möglich war, konnten hier die Katharinenritterschaft erwerben.
81 Goldenes Tor in der östlichen Stadtmauer von Jerusalem.
82 21. Juli.
83 Königreich Zypern unter der Herrschaft der Familie Lusignan. 1468 regierte Jakob II.
84 Salinis (Larnaka/Zypern).
85 29. Juli.
86 5. August.
87 6. August.

Georg, einen großen Teil des Heiligen Kreuzes, ein großes Kreuz, gefertigt aus der Schüssel, in der die Füße der Jünger gewaschen wurden, eine der Dornen von Christi Krone und einen von den dreißig Silberlingen, die der Verräter erhielt.

Von Rhodos fuhren wir ab und nahmen Kurs auf Candia am Freitag nach Mariae Himmelfahrt[88]. Lango ist eine Insel des Johanniterordens auf Rhodos. Nicht weit davon liegt Nissiros, von wo Bimsstein in alle Länder gebracht wird. Sie besitzt zwei Burgen und gehört auch den Johannitern. Ebenso die Insel Piscopia,[89] die vier Burgen besitzt. Die Insel Karpathos gehört zu Kreta. Am Tag vor Bartholomaei[90] warf uns der Wind an die Insel Kassanon[91]. Dann gelangten wir auch nach Candia, wo mein gnädiger Herr ehrenvoll aufgenommen wurde vom Herzog von Candia[92], der uns mit Pfeifen und Trompeten entgegenkam. Wir blieben in Candia bis Sonntag nach St. Aegidii (4. September). Dann geleitete der Herzog meinen Herrn mit Pracht bis ans Wasser. *Am Montag nach Marien Geburt (12. September) kehrten wir nach Methoni zurück, einer festen Stadt auf Morea,[93] das die Türken besitzen. Am Abend fuhren wir ab nach Korfu.*

Zuvor jedoch sahen wir an Marias Geburtstag[94] eine besonders wehrhafte Stadt, die die Venezianer auf Morea besitzen: Monemvasia, das immer mit den Türken streitet, die es umgeben. jedes Haus hat dort einen Brunnen. Desselben Tages in der Nacht fiel ein Seemann aus der Galee; der war verloren. *Am Montag vor Matthaei (19. September) kamen wir nach Korfu, die festeste Stadt der Venezianer.* Es gibt dort zwei feste Bergschlösser in der Stadt.[95] *Gegenüber liegt die türkische Provinz Albanien.*

[fol. 8ᵛ] *Dort verließ mein gnädiger Herr die Trireme und fuhr nach Rom; nur den Grafen Kraft von Hohenlohe[96],* Herrn Veit von Rechberg, Herrn Hermann von Sachsenheim, Herrn Ulrich von Westerstetten, zwei Johanniter (Halfinger und Melchior von Rin), Meister Johannes Münsinger, Doktor der Medizin, Herrn Christoph den Kaplan, Jörg Süt, Veit Scherer, Meister Jörg Seidensticker, Hans Veßler, Meister Hans Kung den Koch nahm er mit. Die andere Gruppe fuhr von Korfu nach Venedig *am Tag vor Matthaei[97]* in der Frühe. *Wir aber wurden vom Sturm nach Korfu zurückgetrieben und* glücklich *errettet. An Matthaei[98] fuhren wir erneut aus und gelangten nach Cassopoli zur heiligen Maria gütig. Die Bevölkerung dieser Stadt hatte einst ein Drache dezimiert, aber durch die Anru-*

---

[88] 19. August.
[89] Piscopia/Tilos.
[90] 23. August.
[91] Kassanon (Kassos?).
[92] Es ist vom *duce Candiae* die Rede, dem für zwei Jahre bestellten venezianischen Statthalter auf Kreta.
[93] Morea (Peloponnes)
[94] 8. September.
[95] Alt- und Neu-Kofu.
[96] Kraft VI. Graf von Hohenlohe.
[97] 20. September.
[98] 21. September.

*fung Marias ging er zugrunde. Am Donnerstag kamen wir in einem mächtigen
Unwetter nach Otranto*[99] *und von dort nach Lecce, einer Großstadt in Apulien.*
Dort stehen immer noch die Bäume, die Sankt Franziskus gepflanzt hatte. Sie liegt
24 Meilen von Otranto entfernt. *Am Michaelstag*[100] *kamen wir nach Bari, wo der
heilige Nikolaus in einem silberverkleideten Altar ruht*[101] *und viele Zeichen tut.
Darunter befindet sich eine Grube, in die Öl aus seinen Gebeinen tropft. Es gibt
dort 38 silberne und vergoldete Lampen.* An den darauffolgenden Tagen kamen
wir in verschiedene Ortschaften Italiens.

*Dann nach Neapel. Dort durchquerten wir auf Pferden ein felsiges Gebirge durch
einen Tunnel, der von Vergil in einer Nacht geschaffen worden war.*[102] *Auch das
Haus des Vergil sahen wir, wo er eine Schule besaß; es hat viele Gewölbe.* In
Neapel empfing der König[103] am Montag vor Sankt Gallentag (10. Oktober) meinen gnädigen Herrn und sein Gefolge zu einem Festmahl, und er beschenkte meinen gnädigen Herrn mit einer goldenen Halskette, und der Sohn des Königs gab
zwei edle Pferde. Am Mittwoch[104] kamen wir nach Capua, einer großen Stadt. Am
Samstag vor Sankt Gallus (15. Oktober) kamen wir vor Rom an und ritten an Sankt
Gallentag[105] vor der Mittagszeit dort ein. *Nach Ulm in Schwaben kehrten wir am
22. November 1468 zurück.*

[fol. 9r] *Der Weg von Rom nach Schwaben*

*Wir blieben in Rom bis zum Mittwoch (26. Oktober) vor Simon und Juda. Dann
ritten wir: nach Sutri 24 Meilen.* Nach Bolsena 22 <Meilen> vor eine wehrhafte
Stadt Ronichlione, Viterbo (da liegt die heilige Rosa), Montefiascone und nach
Bolsena. Nach Acquapendente, nach „Alla Paglia" 18 Meilen an Simon und Juda.[106] Nach Buonconvento 22 Meilen am Samstag.[107] Nach Siena am Sonntag.[108]
Nach Tavarnelle 22 Meilen am Montag.[109] *Nach Florenz am Dienstag, dem Tag
vor Allerheiligen. Dann am Nachmittag nach Scarperia 14 Meilen.* Durch Firen-
zuola nach Scaricalasino an Allerseelen 24 Meilen. Nach Bologna 24 Meilen.
Nach San Giovanni 14 Meilen. Nach Mirandola 23 <Meilen>; dort wurden Pferde
genommen. *In eine bestimmte Gegend ritten wir 25 Meilen.* Nach Verona durch

---

[99] Otranto in Apulien,

[100] 29. September.

[101] Die Gebeine des heiligen Nikolaus von Myra, seit 1087 in San Nicola zu Bari.
Martin Crusius merkte bezeichnenderweise an: *Si credere factum est.*

[102] Die Grotta Vecchia aus dem 1. Jahrhundert, ein 705 m langer Tunnel, durch
den Possilippo (zwischen Neapel und Pozzuoli), dessen Bau im Mittelalter dem
„Magier" Vergil zugeschrieben wurde.

[103] Ferdinand I (Ferrante), König von Neapel 1458 - 1494 und sein Sohn Alfons
(II. gest. 1495).

[104] 12. Oktober.

[105] 16. Oktober.

[106] 28. Oktober.

[107] 29. Oktober.

[108] 30. Oktober.

[109] 31. Oktober.

die Leiter[110] 25 Meilen. Zu einem Dorf vor der Klause[111] 12 Meilen. An Borghetto vorbei nach Rovereto (*einer Stadt der Venezianer*) 25 <Meilen>. Nach Tramin[112] am Martinstag drei *deutsche Meilen, wo wir an Sankt Martin*[113] *blieben. Nach Neumarkt und Meran am Samstag nach Sankt Martin (12. November) vier Meilen.* Zu der Lug[114] dreieinhalb Meilen. Nach Mals drei Meilen. Über die Malser Heide bis nach Pfunds vier Meilen, *am Mittwoch*[115] durch die Finstermünz[116]; die fängt an in Nauders, eine Meile von Pfunds entfernt. Nach Landeck am Donnerstag nach Martini (17. November) vier Meilen.

[fol. 9v] Nach Nassereith in Richtung Vils am Freitag vor Sankt Elisabeth[117]. Nach Vils an Sankt Elisabeth.[118] Nach Kempten *am Sonntag vor Katharinentag*[119]. Nach Memmingen vier Meilen am Montag.[120] Nach Ulm am Dienstag[121] sechs Meilen.

An heiligen Stätten und Orten gibt es in Palästina 121. Darunter sind 29, an denen ganze Vergebung von Pein und Schuld gewährt wird; sie sind durch ein Kreuz gekennzeichnet. Die anderen haben sieben Jahre und sieben Quadragenen[122]. Eine Quadragen macht siebenmal vierzig Tage tödlicher Sünden. *Wenn die Pilger ankommen, erblicken sie die Heilige Stadt (Jerusalem); sie steigen von den Eseln und beten, der eine weint, der andere jubelt. Danach beziehen sie ein Hospital, in dem es viele steinerne Gewölbe und Kammern gibt; denn dort herrscht Mangel an Holz. Zu jenem Hospital bringen die Heiden Lebensmittel für die Pilger.*

Am folgenden Tag versammeln sich alle Pilger im Tempel, in dem sich das Grab des Herrn befindet, und die Franziskanermönche unterrichten die Pilger über die heiligen Stätten. Vor dem Tempel gibt es einen hübschen Vorhof, der 46 Fuß im Quadrat mißt. In der Mitte, nicht weit vom Kalvarienberg entfernt, liegt der Stein, auf den der Herr hingesunken sein soll und den die Pilger küssen. Von dort werden die Pilger im Morgengrauen durch die Gewölbe der Stadt [fol. 10r] und durch Basare und an Handwerksbetrieben vorbei geführt, bis man zu der Wegscheide gelangt, wo Simon aus Kyrene gezwungen wurde, das Kreuz zu tragen. Damals nämlich wurde der Herr vom Haus des Pilatus von Osten hergeführt, und Simon

---

110 Isola della Scala.
111 Die Veroneser Klause (Chiusa di Verona, Chiusa di Rivoli) beim Austritt der Etsch (Adige).
112 Entfernungsangabe spricht eher für Trient.
113 10./11. November.
114 Laaser Höhe?
115 16. November.
116 Felsenenge am Inn zwischen Nauders und Pfunds.
117 18. November.
118 19. November.
119 20. November.
120 21. November.
121 22. November.
122 Karen/Karin (von ahd. Chara: Trauer, Klage), das strenge, vierzigtägige Fasten oder auch die gesamte vierzigtägige öffentliche Buße; oft aber nicht immer mit einer Quadragene (Buße von 40 Tagen) gleichgesetzt.

kam von Norden, und Christus wurde nach Süden weitergeführt, wo er sich zu den Töchtern Jerusalems wandte und über ihr Weinen sprach. Dort wurde Veronicas Tuch auf Christi Antlitz gedrückt. Nicht fern davon ist der Ort, von dem die heilige Jungfrau Christus hinterhersah, wie er das Kreuz schleppte. Und dort lag ihre Schule, wo sie die griechische und die hebräische Schrift erlernte.[123]

Dann zählt Münsinger auf Deutsch auf.

Die sieben Hauptkirchen zu Rom mit ihren Heiltümern und Ablässen: 1. S. Giovanni in Laterano. 2. S. Pietro in Vaticano. 3. S. Paolo fuori le mura. 4. S. Maria Maggiore. 5.S. Lorenzo fuori le mura. 6. S. Croce in Gerusalemme mit der Heiliggrabkapelle. 7. SS. Sebastiano e Fabiano. In jeder gibt es jeden Tag 48 Jahre Ablaß und ebenso viele Quadragenen und zu einem Drittel Vergebung aller Sünden.

Im alten Rom ist der Brunnen, aus dem Öl floß in der Nacht, da Christus geboren ward.[124] Und dort gibt es jeden Tag tausend Jahre Ablaß. Zu S. Maria del Popolo befindet sich ein Bild Unserer Lieben Frau, von Sankt Lukas gemalt. Da gibt es jeden Tag tausend Jahre Ablaß und 14 Quadragenen. Zu S. Maria Lös uns von der Pein gibt es jeden Tag elftausend Jahre Ablaß. Zu S. Maria Traspontina, nahe bei der Engelsburg, stehen die beiden Säulen, an denen Sankt Peter und Paul gebunden waren. Da gibt es jeden Tag siebentausend Jahre Ablaß. *Und so weiter.*

Doktor Johannes Münsinger war noch 1502 am Leben, damals stand er im 76. Lebensjahr.

In Auswahl hab' ich's geschrieben am 12. und 13. Mai 1587.

Mir, Magister Martin Crusius in Tübingen, gab aus Rottenburg am Neckar das Autograph Herr Samuel Haiden, Doktor beider Rechte.

---

[123] Marias „Schule" wurde meistens beim Ecce-Homo-Bogen vermutet, gelegentlich aber auch mit einer *domuncula* beim Felsendom oder dann mit der al-Aqsa-Moschee gleichgesetzt.

[124] S. Maria in Trastevere.

AUTOREN

Dr. Hans-Werner Goetz (geb. 1947), Professur für Mittelalterliche Geschichte an der Universität Hamburg

Dr. Wolfgang Hasberg (geb. 1961), Professor für Mittelalterliche Geschichte und Didaktik der Geschichte an der Universität zu Köln

Dr. Andreas Körber (geb. 1965), Wiss. Assistent für Geschichtsdidaktik an der Universität Hamburg

Dr. Bea Lundt (geb. 1950), Professorin für Mittelalterliche Geschichte und Didaktik der Geschichte an der Universität Flensburg

Dr. Folker Reichert (geb. 1949), Professor für Mittelalterliche Geschichte an der Universität Stuttgart

Dr. Manfred Seidenfuß (geb. 1963), Wiss. Assistent für Didaktik der Geschichte an der Universität Regensburg

Dr. Uwe Uffelamm (geb. 1937), Professor für Geschichte und ihre Didaktik an der Pädagogischen Hochschule Heidelberg